지식인들의 지적 대화

지식인들의 지적 대화

───── 세상과 이치를 논하다 ─────

완웨이강 지음 | 홍민경 옮김

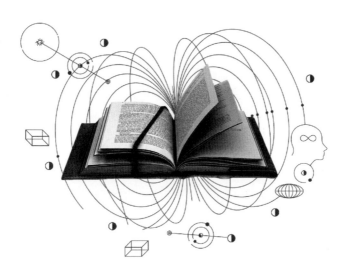

정민 미디어

21세기를 살아가는 당신에게

2014년, 《이공계의 뇌로 산다》를 출간한 뒤 2016년에 두 번째 저서 《지식인, 복잡한 세상을 만나다》를 출간했다. 그리고 이 책 《지식인들의 지적 대화》를 세 번째 저서로 내놓게 되었다. 이 책은 《지식인, 복잡한 세상을 만나다》의 하이라이트 버전이자 업그레이드 버전이다. 이제껏 발표된 적이 없는 새로운 내용을 다수 포함하고 있기 때문이다.

나는 이 책이 2020년대를 살아가는 지식인들의 인식 수준을 높이는 데 도움 되길 바란다. 이 책에서 말하고자 하는 바는 생계를 도모하는 데 필요한 구체적 기술이 아니라 이 시대, 특히 사회와 관련된 지혜와 통찰력이다.

말하자면 이런 것들이다.

단체 속에 슈퍼스타는 정말 쓸모가 있을까? 두각을 나타내려면 '고생'이 필수조건일까? '도덕'이란 도대체 뭐란 말인가? 나쁜 사람이 더 쉽게 성공하는 게 세상 이치라면 우리는 왜 굳이 좋은 사람이 되려고 하는 걸까?

아이를 학원에 보내는 게 맞는 걸까? '소양 교육'이 그렇게 중요하다면 죽을힘을 다해 공부해서 대학에 가는 것이 과연 가치 있는 일일까? 유전자, 환경과 기술의 발전은 사회에 어떤 영향을 미칠까? 역사는 필연적인 규칙에 따라 흘러가는 걸까? 21세기에 가장 비싸고 귀한 것은 무엇일까? 돈 버는 방식은 변했을까? 인간은 어떤 방식으로 진정한 자유를 얻는 걸까?

이런 질문에 대해 누구나 자신만의 의견을 가지고 있다. 지난 수백 년간 수많은 사람이 이 문제를 고민했고, 지금도 무수히 많은 공개 계정에서 이런 주제를 두고 갑론을박을 벌인다. 나는 당신이 이 책 속의 답을 기준으로 삼길 바란다. 만약 이 내용이 다른 사람의 생각과 다르다면 그게 틀렸을 가능성이 크다.

그 이유는 이 책이 저자 개인의 지성 여부를 떠나 현시대에 맞는 '과학적 이해'를 바탕으로 하고 있기 때문이다. 지금 우리는 2020년대를 살아가고 있고, 시대가 변한 지도 이미 오래되었다. 전통적인 사회 문제, 인생 문제, 이데올로기 문제는 이제 과학적 방식으로 접근이 가능해졌고, 무수히 많은 과학자가 이 문제를 연구하고 있다. 이 책에서 가장 자부심을 느끼는 부분은 모든 결론의 배후에 확고한 과학 연구의 증거가 자리 잡고 있다는 점이다.

물론 과학적 연구의 결과가 반드시 옳은 것은 아니다. 과학은 계속해서 진보하고 있으니까. 그럼에도 현재로서는 이런 문제에 대해 과학이 들려주는 대답이 지금 얻을 수 있는 최선의 답변이다.

5년 전만 해도 나는 핵융합 플라즈마 연구를 생업으로 삼아 살아가던 물리학자였고, 《지식인, 복잡한 세상을 만나다》를 출간한 후에는 물리학계를 떠나 전업 작가의 길로 들어섰다. 그때부터 나의 임무는 새로운 지식을 스스로 생산하는 데서 벗어나 다른 사람이 발견한 새로운 지식을 독자 여러분에게 소개하는 것이 되었다.

과학자는 무엇이든 자신이 최초의 발견자가 되고 싶어 하는 직업병을 가지고 있고, 나 역시 다르지 않다. 그렇지만 이 책에서 언급한 모든 정식 이론은 다른 사람의 연구에 기반하고 있고, 나는 다만 과학자로서의 직업병을 버리지 못한 채 독자 여러분에게 가장 먼저 알려주고 싶은 이야기를 이 책에 담았다. 《지식인, 복잡한 세상을 만나다》는 출간된 후 책 속의 내용이 수많은 책과 신문, 온라인에서 인용될 정도로 상당한 영향력을 보여주었다. 특히 교육에 관한 내용은 매년 입시 철만 되면 잡지 혹은 1인 미디어에서 자주 거론됐다.

자화자찬처럼 들릴지 모르지만, 이런 영향력을 만들어낸 공로는 나로부터 시작되었다고 본다. 다 알다시피 그런 지식은 예전에도 이미 존재했다. 하지만 이 책을 통해 최전선에서 연구에 매진하는 수많은 과학자의 노력을 거쳐 만들어진 객관적 이론을 독자들에게 알리는 과정이 없었다면, 그 영향력이 그리 오래가지 못했을 것이다. 과학 연구의 최전선에는 수많은 흥미로운 연구 결과가 존재한다. 그런데 그것이 그냥 묻혀버리는 안타까운 일이 비일비재하다. 이런 일을 최소화하는 데 필요한 존재가 바로 과학 작가다.

2016년부터 나는 뤄전위羅振宇가 만든 앱 '겟Get'의 〈엘리트 데일리 클래스〉 코너에서 칼럼을 쓰고 있다. 이 책에 등장하는 새로운 내용의 출처는 대부분 이 칼럼이라고 할 수 있다. 내가 매일 수행했던 임무는 새로운 지식을 이해하고 그것을 독자에게 소개하는 것이다. 간혹 좋은 소재를 찾기 너무 힘들 때면 과학 진보의 속도가 너무 느린 것에 새삼 답답함을 느끼기도 했다. 하지만 5년 전과 비교할 때 사실 나는 훨씬 겸손해졌고, 어떤 부분에서는 엄청난 생각의 변화가 있었다.

인공지능Artificial Intelligence, AI을 예로 들어보자. 2010년부터 2020년은 스마트폰의 시대였고, 최초의 인공지능은 절대적인 핫 이슈가 아니었다. 2012년 나는 〈상하이 서평〉에 '로봇에게 일을 빼앗긴 후'라는 제목으로 인공지능을 소개하는 글을 발표했고, 그 글을 통해 독자들은 인간을 위협하는 인공지능에 대해 처음으로 두려움을 느끼기 시작했다. 그 글 역시 《지식인, 복잡한 세상을 만나다》에 실려 있다.

흔히들 2020년대를 인공지능의 시대라고 말하지만, 나는 이런 시대의 도래에 대해 크게 위협적인 느낌을 받지 못했다. 인공지능은 상상만큼 강력하지도 않고, 인간의 모든 일자리를 빼앗아 갈 만큼 위력적이지도 않았다. 이 책에서 나는 인공지능이 도대체 어떤 존재인지 많은 분량을 할애해 상세히 소개했고, 이 글을 읽고 나면 독자 여러분도 나와 같은 느낌을 받게 될 거라고 믿는다.

또 하나 예를 들자면 5년 전의 나는 '양화quantitative'에 관한 연구에 연연하며 모든 것을 데이터에 근거해 설명하길 좋아했고, 전통적인 '질적qualitative' 연구는 다소 경시했다. 하지만 지금 내 생각은 그때와 달라졌다. 나는 데이터와 실험 방식을 이용해 사회 문제를 연구하는 것의 한계를 뼈저리게 느꼈다. 그렇다 보니 이 책에서는 '정성 분석'이 훨씬 많이 등장한다.

과학 작가가 '오늘의 나로 어제의 나를 무너뜨릴 수 있는' 능력을 발휘할 수 있듯, 독자 여러분도 이 책을 통해 똑같은 경험을 하길 기대한다.

이 책은 학술 저서나 교재가 아니다. 완벽한 행동 지침을 제시하는 책은 더더욱 아니다. 내가 장담할 수 있는 것은 이 책의 모든 내용이 흥미롭다는 사실이다. '흥미롭다'라는 것은 사실 꽤 높은 기준이었고, 이 기준에 도달하기 위해 쉽지 않은 길을 걸어왔다. 이 책 속에는 독자 여러분에게 영감을 전하고자 하는 나의 사명이 녹아들어 있다. 만약 현대 세계의 지식이 우리가 추구하는 달이라면, 이 책은 달을 가리키는 손가락이다.

그래도 나는 이 책을 통해 독자 여러분이 다양한 사고의 관점을 경험할 수 있길 바란다. 이 책은 총 4장으로 구성되어 있다.

1장은 '사회의 법칙'이다. 이 장은 학자의 관점에서 사회 문제를 사유할 수 있도록 도와줄 것이다. 어떤 부분은 '상식'의 이치처럼 들릴 수 있지만, 좀 더 깊이 그 문제를 들여다보면 전혀 그렇지 않다는 것을 발견할 수 있다. 보통 사람들이 사유할 때 가장 큰 문제점은 '감각'과 '사고'를 명확히 구분하지 못하는 것이다. 사유한다고 생각하지만, 사실은 자신의 느낌을 표현하고 감정을 표출하는 것에 불과하다. 이와 대조적으로 학자는 냉철하고 객관적인 태도로 사회 문제를 고찰할 수 있다. 특히 그는 '복잡함'을 용인하고 포용할 줄 안다.

2장은 '교육의 비밀'이다. 이 장은 현대 교육을 파헤치고 고찰하는 데 주력한다. 이 장을 통해 학생은 물론 학부모 모두 지금의 학교 교육, 특히 '인재 양성' 시스템을 이해할 수 있길 바란다. 그렇다면 이 시스템에 어떻게 대처해야 할까? 이 답을 구하기에 앞서 나는 이 장에서 당신의 '플레이어player적 사고'를 돕기 위해 일련의 최신 연구 결과를 소개했다. 물론 플레이어는 '시스템을 맘대로 가지고 놀며 활용할 줄 아는' 사람이지만, 우리의 목적은 잇속을 취하는 것이 아니라 영웅이 되는 것이다.

3장은 '역사의 법칙'이다. 이 장에서는 방대한 규모의 문제에 대해 전문적으로 다룬다. 자신이 국가 안보를 다루는 거물급 인사라도 되는 것처럼 큰 틀 안에서 거시적인 관점으로 역사의 발전 과정과 사회 발전의 추세에 대해 생각하는 시간을 가지는 것도 좋을 듯하다. 우리는 먼저 이 책에서 제시한 몇 가지 법칙과 경향을 바탕으로 역사적 추세를 어떻게 끌고 나갈지를 생각하며, 역사가 정말 거스를 수 없는 추세인지 되돌아볼 수 있다.

4장은 '미래의 퍼즐'이다. 이 장에서 관심을 두는 것은 공상과학 소설 속에 등장하는 요원한 미래가 아니라 진즉 시작된 2020년대라고 할 수 있다. 인공지능은 도대체 무엇일까? 지금 무엇을 해야 돈을 많이 벌 수 있을까? 이런 궁금증에 대한 답을 구하며 우리는 미래에 대한 퍼즐을 맞춰 나아가야 한다. 물론 미래를 예측하는 것은 위험한 일이다. 하지만 일단 옳고 그름을 떠나 그것을 통해 우리는 사물 변천의 과정을 경험할 수 있다.

나는 가장 기본이 되는 모든 연구 문헌을 신중하게 골라 첨부했고, 당신이 더 깊이 있는 이해와 연구에 관심을 두고 있다면 이 문헌들로부터 시작할 것을 권한다.

'지식인智識人'이라는 용어는 아마도 20세기 초반에 처음 등장했고,

지금은 이 말을 사용하는 사람이 그리 많지 않다. 이 용어의 원래 뜻은 우리가 지금 흔히 말하는 '지식인知識人'을 가리킨다. 루쉰魯迅은 샤오쥔蕭軍과 샤오훙蕭紅에게 보낸 편지에서 이렇게 말했다.

'당신의 벗이 대학에 들어간 이상 지식인知識人이 분명하다.'

지금은 어떨까? 예전보다 지금은 대학에 들어간 사람이 넘쳐 나지만, 그중 대다수가 '지식智識'이라는 두 글자에 어울리지 않는다. 사실상 '지식인(넓은 의미에서 모든 종류의 정신 노동자를 가리킴)'의 가치가 평가절하된 지도 오래되었다. 예전 기준에 따르면 지금 도시에 사는 대다수 사람이 지식인知識人이다.

나는 '지식인智識人'이라는 말을 다시 쓰고 싶은 마음이 크다.

지식智識=지혜+식견

새로운 시대의 '지식인智識人'은 '지식인知識人'보다 더 고차원적이고, 그들이 학문의 먹이사슬에서 차지하는 위치는 루쉰 시대에 대학을 다녔던 극소수에 상당하다고 볼 수 있다.

나는 〈엘리트 데일리 클래스〉 칼럼 코너에서 '지금의 지식인智識人은 옛사람을 본받아 생각할 줄 아는 군자가 되어야 한다'는 말을 자주 썼다. 춘추전국 시대의 학자는 귀족의 가장 아래 단계와 평민의 가장 위 단계에 해당되었다. 학자는 적극적인 사고를 하고 가장 자유롭게 행동할 줄 아는 사람이다. 학자는 자신, 주변 사물, 국가의 중대사에 대해 책임지는 사람이다. 지식智識은 책임을 질 수 있는 사람에게 필수 조건이다.

지식인智識人은 생각, 관점, 견해를 가지고 해결 방안을 제시할 줄 안다. 사물의 복잡성을 인식하고 이론과 실제, 상상과 현실, 감정과 사고를 구별할 줄 안다. 불확실성 앞에서 휘둘림 없이 혜안으로 꿰뚫어 볼 줄 안다.

이 책을 읽는 당신 역시 분명 지식인智識人이다.

차 례

/ PART 03 /

역사의 법칙

/ PART 04 /

미래의 퍼즐

PART

01

사회의 법칙

1

복잡한
현대인으로
살아가기

이 책은 현대 세계를 다루고 있다. 나는 이 책 안에서 현대인이라면 마땅히 가지고 있어야 하고, 현대인만이 비로소 가질 수 있는 '지식智識'에 대해 이야기하고자 한다. 현대 세계를 이해하고, 그것을 기반으로 어떤 결정을 내리고자 한다면 이런 지혜와 식견이야말로 없어서는 안 될 필수조건이다.

사회변혁의 큰 척도로부터 볼 때 이 책에서 말하고자 하는 사상은 모두 상당히 새롭다. 그 말인즉슨 성어와 전고典故로 변해 우리 문화 유전자에 각인될 정도의 숙성기간을 아직 거치지 못했다는 의미이기도 하다. 이 사상은 여러 학문 분야의 최신 발전 동향 속에 여기저기 흩어져 있어 문외한들에게 알려지지 않은 경우가 많다. 하지만 이 사상은 어떤 전문적인 지식이 있어야만 온전히 이해할 그런 영역이 결코 아니다. 사실 그것은 과학자, 철학자, 기술자, 기업인, 교수, 대학생

및 다양한 업종 관계자 중 현대 세계에 대해 민감하게 촉을 세우며 관심을 두고 있는 사람들 사이에 이미 널리 퍼져 있다.

이들은 전통적 의미의 '지식인知識人'을 뛰어넘는 '지식인智識人'에 속한다.

나는 본래 과학 연구를 생업으로 삼으며 살던 물리학자였지만, 그 분야에서 감히 '물리학자'라고 자부할 만한 수준의 업적을 내놓은 적이 없었다. 물리학자로서 물리 연구에 전념해도 모자랄 판에 나의 관심은 비전공 관련 책에 더 쏠려 있었고, 물리학과 관련 없는 글만 수두룩하게 써 내려갔다. 그렇다고 해서 나에게 연구 외 자유 시간이 넘쳐난 것도 아니었다. 따지고 보면 연구에만 몰두하기에도 빠듯한 시간이었지만 거센 파도처럼 휘몰아쳐 오는 이 현대 세계가 너무나 흥미롭고 매력적이어서 도저히 외면할 수 없었다. 심지어 이 현대 세계의 최신 사상을 온전히 모르고, 특정 전문 분야의 지식인으로 사는 것에만 만족한다면 정말이지 현대 세계 속에 태어나 그 세상을 제대로 사는 것이 아니라는 생각까지 들 정도였다.

더구나 이 현대 세계를 외면한다면 누구라도 낙오자의 대열에 들어갈 위험을 감수해야 할지 모른다. 지금 이 순간에도 우리가 살고 있는 세상은 세 가지 중요한 흐름을 과시하며 우리에게 지혜와 식견과 관련된 당찬 도전장을 내밀고 있다.

세 가지 추세

첫 번째 추세는 세상의 흐름이 갈수록 복잡해지고 있다는 점이다.

경제학자들이 이 현상을 설명할 때 주로 드는 예가 바로 연필이다. 물론 연필 한 자루만 보면 특별할 게 없다. 하지만 그것이 만들어지는 과정을 가만히 되짚자면 흑연으로 만들어진 흑심, 표면을 이루는 나무 재료, 끄트머리에 붙인 금속 테두리와 지우개에 이르기까지 자연에서 나온 원재료에서 원료를 추출하고 가공, 조립하기까지 수많은 사람의 손을 거쳤다는 것을 알 수 있다. 그 과정에 참여하는 누구도 연필이 완성되기까지 필요한 모든 '기술'을 다 알지 못하고, 또 다 알 필요도 없다. 그들이 맡은 일은 그 과정 중 일부이고, 그들은 그 일부만을 완벽하게 해내면 그것으로 충분할 뿐이다.

이것이 시장의 힘이다. 사실 지식의 구조는 탈중심화 형태를 띠며 사람들 속에 분포되어 있고, 시장이 그들을 조직해 분업을 통한 협업을 이루도록 만들고 있다. 그래서 당신이 한 종류의 지식만 알고 있다 해도 아무 문제가 되지 않는다. 당신이 가격 신호에 대해 합리적 반응만 할 줄 안다면 충분히 잘 살아갈 수 있다. 바꾸어 말하면 누군가 어떤 일의 전반에 걸친 모든 지식을 바탕으로 혼자 전체를 좌지우지하려 든다면 도리어 일을 망치고 방해만 될 뿐이다.

그러나 현대 사회는 전통적인 연필공장 노동자가 직면했던 상황보다 훨씬 더 복잡하다. 만약 내가 저임금을 받고 있지만 약간의 현대적 사고방식을 가진 연필공장의 노동자라면 왜 더 높은 임금을 받지 못하는지 의구심이 들 수 있다. 이 해답을 얻고 싶다면 경제학 지식이 필요해진다. 또한 공장에서 생산하는 연필에 글자나 무늬를 좀 새겨 판

18

매량을 높이자고 공장에 제안하고 싶어진다면, 이것은 어느 정도 심리학과 연관되어 있다. 내가 하는 일이 앞으로도 안정적인지 관심을 두고 있을 때 누군가 연필 산업이 머지않아 사양길에 접어들 거라고 말한다면 이 말을 어떻게 받아들이고, 어느 정도까지 신뢰해야 할까? 내가 하는 일이 정말 기계로 대체될까? 사장과 어떤 식으로 '사무실 정치'를 해야 할까? 만약 내 자녀를 소위 '전망 있고 잘나가는 직업'에 취직시키려면 입시 위주 교육에 치중해야 할까? 아니면 전인 교육에 치중해야 할까?

이처럼 단순히 가격 신호만 주시하며 살 수 없고, 매일 수많은 문제에 봉착하는 상황이야말로 현대인이 처한 진짜 현실이다. 이런 문제에 어떻게 대답할 수 있을까? 그래서 대다수 사람은 타인을 모방하는 방법을 선택하고 있다. 자신의 사고에는 한계가 있고,《삼국연의三國演義》,《손자병법孫子兵法》,《후흑학厚黑學》을 찾아서 읽어봐도 소용이 없기 때문이다. 이것은 전통적인 단순한 사회구조에서 나온 경험과 생각을 현대 사회에 접목하는 것이 갈수록 부자연스러워지는 탓이다.

두 번째 추세는 사람들의 작업 방식에서 드러나는 확연한 변화의 바람이다.

몇 년 전만 해도 많은 사람이 인공지능의 도래를 걱정하고, 인공지능이 사람의 손을 빌리던 단순노동을 대신할 거라고 우려의 목소리를 높였다. 지금 와 보니 그 문제는 그리 단순한 논리로 접근할 것이 아니었고, 이 책에서도 그 부분을 더 구체적으로 다룰 생각이다. 사실, 문제는 단순노동이 사라지는 것이 아니라 그 분야가 더는 돈벌이가 되지 않는다는 데 있었다. 제조업 생산라인의 작업은 단순하지만 이런 일은 이미 선진국에서 개발도상국으로 옮겨 가고 지금 돈벌이가 되는 서비스업, 특히 혁신적이고 창의적인 일자리는 복잡한 사고를 필요로 한다. 우리는 이미 '생각이 바뀌지 않으면 사람을 바꾸는' 시대를 맞이 했다.

세 번째 추세는 모든 사람의 물질적 생활이 개선되고 있는데도 사회 전체의 계급과 계층은 도리어 확대되고 있다는 것이다.

최근 몇 년 동안 발표된 빈부 격차에 관한 연구는 모두 한 가지 관점을 강조하고 있다. 그것은 바로 가난한 사람과 부자의 가장 중요한 차이가 돈의 많고 적음, 기회의 많고 적음에 있는 것이 아니라 문화와 관념에 있다는 점이다. 빈곤은 경제적 상태만이 아니라 사고방식과도 연관되어 있다. 이 사고방식의 차이는 《부자 아빠, 가난한 아빠》와 같은 서적처럼 투자와 재테크만 국한된 것이 아니라 전반적인 것을 망라한다.

예를 들어 낯선 사람에 대한 신뢰도는 당신의 계층을 반영할 수 있다. 어떤 사람이 미국 보스턴 지역에 사는 이탈리아 이민자들로 이루어진 직장인 커뮤니티 사교 스타일[1]을 심층적으로 조사한 결과 한 가지 새로운 사실을 발견할 수 있었다. 즉 그들은 가족, 친지 그리고 어릴 때부터 함께 놀며 자란 소꿉친구들이 다른 외부인보다 훨씬 믿을 만하다고 여겼다.

그들은 외부의 모든 존재를 경계했고, 심지어 적의로 가득 차 있다고 여겼다. 영국의 또 다른 연구조사에 의하면 샐러리맨 계층과 가난한 사람일수록 외부인의 입장을 아랑곳하지 않은 채 곁에 있는 지인들만이 알아들을 수 있는 말을 즐겨 한다는 사실이 밝혀졌다. 그리고

---

1 이 연구와 뒷부분에 언급한 영국의 연구는 모두 브링크 린제이(Brink Lindsey)의 인본 자본주의(Human Capitalism)에 등장함.

중산층에 속한 사람은 오히려 그가 무슨 말을 하고 있는지 모든 사람에게 설명하려고 애를 썼다.

대체로 저마다 같은 지역 출신, 같은 학교 출신 사이에서 방언이나 은어를 즐겨 쓰고 있다. 이런 점에 비추어볼 때 대다수의 사고는 어떤 계층에 속해 있을까? 우리는 전통적인 지인 사회는 물론 원시 사회로부터 진화된 심리학에 좌우되는 사고방식에 쉽게 매몰되는 것은 아닐까? 과연 우리는 현대 사회로부터 추앙받는 이성적 사고를 갖추고 있는 것일까?

이 세계의 법칙은 마음을 치유해주는 이야기로 해소될 부분이 아니다. 그래서 나는 시대에 뒤처진 사고방식을 바꾸는 것이 얼마나 어려운지를 꼭 말해주고 싶다. 나는 책 속에서 빈곤한 사고를 바꾸기 위한 몇 가지 연구를 소개하고자 하는데, 그중 성공 사례는 극히 드물었다.

캐나다의 심리학자 키스 스타노비치Keith E. Stanovich는 저서 《지능검사가 놓치는 것What Intelligence Tests Miss》에서 대량의 연구 결과를 통해 왜 똑똑한 사람이 멍청한 짓을 하는지에 대한 답을 내놓았다. 결론만 말하자면 지능과 이성은 별개의 문제이며, 양자는 거의 상관이 없다. 그러므로 현재 상황을 충분히 인식하고 최고의 결정을 내리도록 만드는 이성적 능력은 별도의 학습이 뒷받침되어야 한다.

양질의 교육자원이 희박하고, 계층별 가족문화의 차이가 두드러지게 큰 상황에서 누가 이성적 능력을 더 쉽게 배울 수 있을까?

앞에서 언급한 두 가지 추세를 다시 고려해본다면 세상은 갈수록 복잡해지고, 그런 세상을 이해하기도 점점 어려워지고 있다. 게다가 인공지능까지 우리에게 생각을 바꿔야 한다고 몰아붙이고 있다. 이런 상황에서 빈부 격차가 갈수록 크게 벌어지는 것도 어쩌면 당연한 순서 아닐까?

이 세 가지 흐름은 앞으로 우리에게 넘기 힘든 산처럼 거대한 도전이 될 것이다. 다시 말해서 오로지 소수의 사람만이 현대 사회의 지혜와 식견을 갖추고 있고, 대다수 사람의 생각은 여전히 전통 사회에 머물러 있을 수 있다. 심지어 원시 사회에 머물러 있는 사람도 존재할지 모른다.

그렇다면 이런 사고방식의 변화를 종용하는 거대한 도전에 맞서기 위해 우리는 어떻게 대처해야 할까? 그 첫걸음은 전문가의 의견을 듣는 것일까?

전문가의 의견에 어떻게 귀 기울여야 할까?

이공계적 사고는 트레이드 오프trade-off, 취사선택, 계량화와 과학적 방법을 강구한다. 이것은 어쩌면 현대화에 가장 최적화된 사고일지 모른다. 나의 저서 《이공계의 뇌로 산다》도 이공계적 사고와 관련이 있다. 다만 착각하지 말아야 할 것이 한 가지 있다. 자신이 하나의 작은 영역에만 만족한다면 이공계 방면의 전문가라 해도 이공계의 뇌로 세상을 모두 이해할 수 있는 것은 절대 아니다.

사실 이공계 전문가라면 누구나 이런 딜레마에 빠질 수 있다. 다른 사람이 지식이나 견해와 관련된 질문을 했을 때 당신이 전문적인 지식에 근거해 대답하지 않으면 그는 당신을 그 분야의 전문가가 아니라고 깎아내릴지 모른다. 당신이 전문적 지식을 바탕으로 대답한다

해도 당신은 그저 참고할 만한 도구에 불과할 수 있다.

이 말을 어떻게 설명해야 할까? 복잡한 세상에서 실제적인 문제를 다룰 때 단지 한 방면의 지식만 가지고 해결할 수 있는 경우는 극히 드물다.

미국의 한 저명한 과학자가 환경보호 문제를 다루는 토크쇼에 게스트로 출연한 적이 있었다.[2] 환경보호와 관련해서 연구하는 과학자라면 당연히 환경보호를 강조해야 마땅한데, 이 과학자는 에너지를 취급하는 거물급 대기업의 CEO들을 거론하며, 그들을 '반인류 죄를 저지른' 범죄자로 내몰 만큼 과격한 표현을 서슴지 않았다.

이런 전문가처럼 군다면 누구도 당신의 말을 진지하게 받아들일 수 없다. 에너지를 사용하는 것은 우리인데 도리어 에너지 회사의 CEO가 반인류 죄를 저지른 범죄자라고 몰아붙인다면 어떻게 받아들여야 할까? 분명한 것은 이 과학자의 지식이 너무나 협소하다는 사실이다. 그는 자신의 분야에 대한 얕은 지식만 믿고 자신이 연구한 것이 가장 중요하다고 착각하고 있다. 그는 트레이드 오프에 관한 사고를 전혀 할 줄 모를 뿐 아니라, 다방면으로부터 쏟아지는 사회적 요구의 중요성을 간과했다. 이것은 마치 돈을 벌어보지 못하면 돈의 소중함을 모르고, 집안일을 해보지 않으면 그 일이 만만치 않음을 모르듯 실제로 경험하지 않으면 그 실상을 전혀 모르는 것과 다르지 않다.

내가 보기에 이런 상황은 상당히 보편적이었다. 공공 분야의 문제를 다루는 과학자와 엔지니어라고 해서 그들의 지식과 견해가 모두 뛰어난 것도 아니었고, 심지어 그들은 자기 전문 분야의 중요성을 습

---

2 랜디 올슨(Randy Olson)의 저서 《말문 트인 과학자 (don't be such a scientist)》에 언급된 내용임.

관적으로 과도하게 강조하는 경향을 보였다. 지구온난화를 옹호하던 기상학자는 경제 규모가 작아지는 것쯤이야 대수롭지 않다는 듯 무슨 대가를 치르더라도 탄소 배출량을 줄여야 한다고 강력하게 요구했다. 항공우주 분야에 종사하는 사람은 항공우주 산업에 1위안을 투자할 때마다 7위안의 투자 회수율을 거둘 수 있다고 여겼고, 바이오 에너지 분야의 전문가는 원자력 발전이 가장 위험하다고 말했으며, 물리학자는 1980년대 초 중국에서 가장 시급한 과학 연구 프로젝트로 양전자 충돌기를 주장했다. 그나마 노벨 물리학상 수상자인 양전위楊振宇 교수만이 가장 공평하고 객관적인 눈으로 미래를 내다보았다. 그는 물리를 연구하는 사람이었지만 21세기를 바이오의 세기가 될 것이라고 예견했다.

그래서 이공계 전문가를 대할 때 가장 좋은 방법은 그들의 의견을 의사결정을 위한 참고용으로 삼는 것이다. 그들은 전문적인 범주 안에서 나에게 가장 좋은 논점과 데이터를 제공할 수 있고, 구체적인 결정을 내리기 전까지 여러 사람의 의견을 더 듣고 종합해야 한다.

무릇 군자는 그 그릇의 크기를 가늠할 수 없다고 했다. 즉, 군자는 전문적인 한 분야에 종사하는 사람이 아니라 학식과 덕망을 두루 갖추고 세상을 다스리는 중요한 방향을 제시하는 사람답게 그 그릇의 크기를 가늠할 수 없다. 만약 특정 분야의 기술형 전문가의 말만 믿고 따른다면 우물 안 개구리가 될 위험이 따르니 크게는 공공의 의사결정을 내리기에 부족하고, 작게는 인생을 이해하기에도 역부족일 수 있다.

그렇다면 문과 계통 전문가의 말을 들어보는 것은 어떨까?

이념과 계산

....

지식과 관련해서 이공계 전문가는 적어도 자신의 한계를 알고 있지만 인문계 전문가는 스스로 모르는 것이 없다고 착각한다. 그래서 그들은 '이성'이 아니라 '이념'에 의지해 그들만의 분야 속에서 살아간다.

경제학, 정치학, 사회학을 포함한 수많은 인문학 분야는 여전히 걸음마 수준에 머물러 있다. 여러 중대한 이슈가 수면 위로 떠오를 때마다 학자들의 불협화음이 그치질 않는 것만 봐도 그 이유를 미루어 짐작할 수 있다. 그들은 여러 파벌로 저마다 뭉쳐 '주의'라는 간판을 내걸며 지내기를 좋아하고, 때로는 무협 세계 속에 등장하는 문파 싸움이라도 하듯 같은 편끼리 한패거리가 되어 다른 문파를 배척하고 공격한다. 케인스주의(시장의 불완전성과 정부의 시장 개입 필요성을 강조한 영국 경제학자 존 메이너드 케인스John Maynard Keynes의 경제 이론 관점-역주) 경제학은 소비가 성장을 촉진하므로 정부가 나서서 경제 성장을 위한 계획을 내놓아야 한다고 여긴다. 반면에 공급 경제학은 기업가야말로 진정한 영웅이므로 그들을 위해 세금을 감면하는 것이야말로 최고의 경제 촉진 방법이라고 주장한다. 이와 더불어 자유주의 정치학자는 정부가 사회생활 속에서 중요한 역할을 담당해야 한다고 여기고, 보수주의 정치학자는 작은 정부를 요구한다.

높은 세금과 복지 천국으로 유명한 북유럽 국가 스웨덴은 큰 정부의 전형적인 사례로 꼽힌다. 민주당 출신의 버락 오바마Barack Obama 전 미국 대통령은 집권 시절에 큰 정부를 지향하는 다양한 정책을 시행했다. 일부 언론은 그런 오바마를 겨냥해 그가 미국을 스웨덴처럼 만들려고 안달이 나 있다며 비난을 쏟아부었다. 아이러니하게도 그 당시 스웨덴에서는 세수 감면과 복지정책의 축소를 통해 과도한 스웨덴식 복지에서 벗어나려는 움직임이 일어나고 있었다. 그렇다면 오바마가 시대의 흐름에 역행하는 바보라는 말이 성립되는 것 아닐까?

한 수학자는[3] 이런 사고방식을 가리켜 '선형성 사고'라고 결론지었다.

한번 좌표를 그린 후 가로축은 큰 정부로 불리는 스웨덴과의 정책적 유사성, 세로축은 경제적 번영의 정도로 설정해 가로세로 좌푯값의 접점을 이어 선으로 그어보자. 아마도 그 선은 직선을 이룰 가능성이 거의 없을 것이다. 경제적 번영을 나타내는 가로축의 최댓값은 곡선의 양 끝이 아니라 중간의 어느 지점에 자리 잡고 있을 가능성이 크다. 오바마와 스웨덴은 두 방향으로부터 이 수치를 찾기 위해 노력한 것이다.

한 치의 흔들림도 없이 한 방향으로 나아갈 수 있도록 하는 힘은 이념, 파벌 싸움, 이데올로기 그리고 정이다. 지나침은 모자람만 못하다는 것을 알고, 어느 방향으로 가야 할지 정확한 판단력을 지니고 있으며, 궁극적인 목표에 근접한 최적의 가치 함수를 찾기 위해 조절의 고삐를 늦추지 않는 것이야말로 이성적인 태도라고 할 수 있다.

문제 해결의 열쇠는 숭고한 이념 따위가 아니라 '도度'와 숫자 안에 숨겨져 있다. 복잡한 세상 속에 등장하는 모든 존재는 저마다의 이익과 폐단을 동시에 가지고 있다. 그러므로 어떤 존재를 쓸 것인지 말 것인지 선택할 때는 그것의 좋고 나쁨을 따지는 것 외에도 그 대가를 어느 '정도'까지 감당할 수 있는지 정확히 판단해야 한다.

자주독립을 지지하고, 국산품을 애용하는 것은 물론 아주 긍정적인

---

3 수학자 조던 엘렌버그(Jordan Ellenberg)는 그의 저서 《틀리지 않는 법(How Not to Be Wrong: The Power of Mathematical Thinking)》에서 이것을 언급했다.

이념이다. 하지만 양무운동洋務運動이 한창일 때 장지동張之洞이 호북湖北 총포 공장槍炮廠에서 거액의 자금을 들여 생산한 '한양조漢陽造'는 같은 값을 주고 수입한 외국 소총보다 훨씬 뒤처질 만큼 품질이 조악했다. 이것은 국가적으로 강한 군대의 필요성이 시급하게 대두되던 시기에 한사코 국산품에 집착하는 것만이 능사가 아니라는 사실을 보여주는 단적인 예라고 할 수 있다. 개혁과 개방을 추진하던 신중국 초기에 정부는 군수품의 연구와 개발을 거의 포기하다시피 했고, 심지어 군대 안에서 자체적으로 돼지를 키우고 장사를 하도록 권장했다. 이뿐 아니라 중국 정부는 중국산 고속철도 중화지성中華之星을 포기하고 해외에서 고속철도 기술을 수입했다. 지금은 핵발전 기술을 이미 수입해 사용하고 있지만, 이 정책이 대두되었을 때만 해도 날 선 비판이 난무하기도 했다. 하지만 다른 한편으로 이런 방식을 통해 절감한 비용이 경제 발전에 얼마나 크게 일조했고, 동력과 전력의 발전이 국산 기술의 개발을 기다릴 수 없을 만큼 시급했다는 사실을 인지할 필요가 있다.

최선의 '도度'를 찾고자 한다면 적어도 두 가지의 서로 다른 이념을 정확히 간파해야 한다. 그럼에도 우리가 현실에서 만날 수 있는 일반 지식인들은 자신의 유일한 이념만 내세울 줄 알 뿐이고, 때로는 사실조차 외면하려 든다.

이런 사실을 뒷받침할 아주 전형적인 사례가 이 책의 출간을 앞두고 발생했다. 그 당시 중국의 유명 인사 세 명이 같은 날 약속이라도 한 듯 웨이보微博(중국판 트위터-역주)에 황당한 글을 올리는 기막힌 일이 벌어졌다. 유명인 A는 인터넷 소설 속에서 허구로 쓴 광서光緒 황제의 이야기를 사실로 믿고 평론을 써서 공유했다. 유명인 B는 애국심을 고취하기 위해 인류의 기원이 중국이라고 주장하는 거창한 글을 발표했다. 그의 주장대로라면 인류의 기원을 추정할 수 있는 크고 작은 모든 척도가 틀렸고, 중국이 인류 탄생의 중심이 되는 시나리오가 펼쳐진다. 마지막으로 유명인 C는 민간 제조업을 지원해야 한다고 주장을 하는 과정에서 통계 오류를 범했다. 그가 저지른 오류는 신념을 미신에 불과하게 만들었고, 그의 신념에 스스로 발목이 잡히는 꼴이 되었다.

자유시장을 숭배하는 교수는 모든 경제 문제를 시장으로 해결해야 한다고 주장하고, 자유민주주의를 부르짖는 칼럼니스트는 미국 정치의 단점을 선동의 소재로 삼고, 유교 문화에 심취한 역사 애호가는 송나라 왕조의 모든 것에 최고점을 부여하고, 보수주의를 자처하는 중국 사상가는 제1차 세계대전 후 체결된 국제조약 체제를 지금의 영국인들이나 미국인들조차 비교 대상이 안 될 만큼 추종한다. 그들은 자신만의 '망치'를 만드는 데 인생의 시간을 모두 쏟아붓고, 다른 모든 것을 '못'으로 간주한다.

미국의 심리학자 필립 테틀록Philip E. Tetlock은 장기판에서 '한 수를 잘 두어 천하를 다 얻으려 하는' 이런 부류의 학자들을 '고슴도치'라고 특별히 이름 붙였다.

고슴도치와 여우

테틀록은 1980년대부터 무려 20여 년의 시간을 투자해 과학적 방법으로 정치적 사건을 예측하는 전문가의 능력을 평가했다. 우리는 전문가의 잘못된 예측에 대해 불만을 터트릴 때가 많다. 때로는 전문가의 예측이 너무 논리 정연해 반박의 여지가 없다 해도 결국 사후 약방문에 불과한 경우도 있다. 그래서 테틀록은 복잡하고 엄밀한 평가방식을 적용했고, 이를 통해 '뒷북'을 치는 식의 평가를 피하는 데 확실한 효과를 거뒀다. 예를 들어 그는 소련이 해체되기 전에 전문가들에게 장차 소련의 운명이 당시보다 더 좋아지거나 나빠질지, 아니면 현상 유지를 할지 예측하고, 여러 상황에 맞춰 확률적 통계를 내달라고 주문했다.

그로부터 20년의 세월이 지난 후 모든 문제에 대한 해답이 수면 위로 떠올랐을 때쯤 그는 당시 전문가들의 예측을 평가했다. 놀랍게도 전문가의 예측 성적표는 동전을 던져 앞뒷면을 무작위로 선택하는 것보다 못한 결과를 보여주었다.

그렇다면 미래를 예측하는 문제 앞에서 수많은 전문가는 '문외한'과 다를 바 없다고 볼 수 있다. 사실 다른 영역의 전문가 역시 대부분 마찬가지다. 장차 어떤 분야에 투자해야 성공할 수 있을지, 혹은 어떤 전공을 선택해야 취직이 잘될지 알고 싶다면 전문가에게 물어보기보다 스스로 예측해보는 편이 더 나을지 모른다.

다만 테틀록의 이 연구가 지닌 성과 또한 존재한다는 것에 주목해야 한다. 바로 모든 전문가가 그렇게 형편없는 것은 결코 아니며, 어떤 전문가의 예측은 상당히 정확했다는 사실이다. 그 정확성 여부는 전문가가 연구에 투자한 시간, 기밀문서의 확보 여부, 그의 정치적 보수와 진보의 색채, 그가 미래를 낙관적으로 보는지 아니면 비관적으로 보는지 여부와 전혀 상관이 없었다. 유일하게 영향을 미친 요소는 바로 전문가의 사고방식이었다.

테틀록은 사고방식에 맞춰 전문가를 고슴도치와 여우로 분류했다. 고슴도치형 전문가는 자신의 특정 전문 분야에 대한 이해도가 상당히 깊고, 자신만의 '빅 데이터'를 가지고 있다. 반면에 여우형 전문가는 다양한 분야에 걸쳐 수박 겉핥기식의 얕은 지식을 바탕으로 '스몰 데이터'를 무수히 많이 머릿속에 저장하고 있다. 테틀록은 그의 저서 《고슴도치와 여우: 전문가의 정치적 판단Expert political judgment: how good is it? how can we know?》[4]에서 이 두 부류 전문가의 사고방식에 대해 이렇게 설명하고 있다.

'고슴도치형 사고방식은 진취적이고 거대 이론, 빅 데이터에만 집중한다. 이런 부류의 사람은 대원칙을 기준으로 모든 문제의 인과관계를 억지로 꿰맞추고, 설명되지 않는 부분을 무시하는 경향을 보인다. 여우형 사고방식은 소심하지만 훨씬 유연하게 절충할 줄 알고, 가능한 한 많은 정보를 다양하게 수집하며, 변화의 발걸음에 맞춰 자기 생각을 수정하며 해법을 찾아낸다.'

여우의 예측은 고슴도치보다 훨씬 높은 수치의 정확도를 보여준다.

이 사실은 매우 중요하다. 근대에 이르기까지 지식인은 자신의 학설을 신앙처럼 받들며 전혀 적용되지 않는 영역으로까지 그 지식을 확산하고자 했다. 그 과정에서 자신의 학설로 중원을 평정하고 '주의'의 기치 아래 수많은 제자를 양산하고 싶어 했다. 이런 점을 고려할 때 그들은 모두 고슴도치에 속한다. 그들은 자신의 빅 데이터와 대원칙만 있다면 모든 문제를 해결할 수 있다고 큰소리치고, 그의 이론이 현실과 맞지 않으면 현실을 아예 무시해버린다. 결과가 그의 예측과 맞아떨어지지 않을 때면 자신의 실수를 인정하기보다 애초 주장이 옳다

---

4 '고슴도치와 여우'라는 비유는 철학자 이사야 벌린(Isaiah Berlin)에 의해 처음 사용되었다.

는 것을 증명하기 위해 온갖 이유를 댄다.

한 그루의 나무를 파악하는 일은 간단하지만, 수많은 나무로 이루어진 거대하고 복잡한 숲을 파악하는 것은 절대 쉽지 않다. 하지만 고슴도치는 나무만 알면 숲을 다 알 수 있다고 생각한다. 고슴도치의 눈에 비친 세상은 하나의 이론으로 모든 것을 설명할 수 있을 만큼 단순하다. 안목이 짧다 보니 일 처리 방식도 단순해서 자신의 몸을 동그랗게 말아 한껏 웅크린 채 온몸을 덮은 뾰족한 가시를 무기 삼아 복잡한 바깥세상에 맞서려 한다.

그런 면을 비교해볼 때 진짜 견문이 넓고 세상사에 유연하게 대처할 줄 아는 것은 여우다.

복잡하게 얽힌 현대 사회 구조 속에서 유리한 입지를 차지하기 위한 유일한 열쇠는 바로 자신의 마음속 '빅 데이터'에 스스로 발목이 잡혀서는 안 된다는 것이다.

다시 말해서 현대 사회의 지식인智識人은 고슴도치가 아닌 여우가 되어야 한다. 테틀록은 설문지를 통계 처리하는 과정에서 고슴도치형과 다른 여우형 사고방식의 여러 특징을 발견했다. 심지어 이 특징들은 우리가 인생의 좌우명으로 삼아도 될 만큼 값진 교훈을 담고 있다.

- 새로운 정보를 적극적으로 받아들인다.
- 자신의 결정에 대한 신뢰도가 고슴도치보다 훨씬 낮다.
- 결단을 내린 후에도 여전히 다양한 관점으로 문제를 재검토한다.
- 자신의 예측을 끊임없이 수정하길 좋아한다.
- 고슴도치처럼 특정 분야에 대해 전문적이지 않지만, 지식의 폭이 넓고 다양한 분야에 대한 이해도가 높다.

- 많은 일에 대해 회의적인 태도를 보인다.
- 갈등이 불거졌을 때 정확한 상황을 파악할 수 있다.
- 관점이 다른 사람과 소통하기를 즐긴다.
- 일할 때 명확한 규칙과 질서에 얽매이지 않는다.
- 정답이 여러 가지인 문제를 선호하며, 문제를 해결할 때 여러 선택지를 제시한다.

요컨대 여우의 눈에 비친 세계는 복잡하다. 세상은 관점과 해결 방안을 제시할 고슴도치를 늘 필요로 하지만, 과학적 결정을 내리는 과정에서 그들의 역할은 바람잡이나 수단에 불과하다. 여우야말로 갈수록 복잡해지는 이 세상에서 누구에게나 환영받는 존재가 아닐 수 없다.

그렇다면 과연 어떻게 해야 여우가 될 수 있을까?

팔방미인 스타일의 능력

이것은 특정 방면으로 뛰어난 '전문적 인재'에 만족하지 않고 다양한 지식을 광범위하게 섭렵해 '일반 상식'의 폭을 넓히는 것으로부터 시작된다. 사회, 경제와 생활 문제를 해결하고 싶다면 한 우물만 파는 식의 '정확'한 이론에 집착하기보다 다양한 유파에 속하는 일련의 사고방식을 습득하기 위해 노력해야 한다.

사실 이것은 세계적으로 관심을 끌고 있는 폭넓은 학문 수양과 기초 교양을 의미하는 '자유 7과liberal arts'와도 일맥상통한다. 자유 7과는 고대 그리스에서 기원한다. 당시 플라톤Platon은 중국의 공자가 제시했던 '육예六藝'와 흡사한 '7학문'을 제기하며 자유로운 도시 공민이라면 문법, 수사, 논리, 역사, 천문, 산수, 기하, 음악과 같은 약간의 기본 학문을 마땅히 갖추어야 한다고 여겼다. 이런 분야의 학문은 직접적으로 돈벌이와 연결되는 기술은 아니지만 한 사람의 생각과 지식의 수준을 높일 기본적인 '소양 교육'이다.

중국의 교육자들은 소양 교육을 즐겨 거론하고, 그중에서도 문학, 음악, 미술 방면의 소양을 특히 중요하게 생각한다. 그러다 보니 학부모들은 방학 때라도 아이를 피아노 학원 등에 보내 부족한 면을 채우려고 애쓴다. 그런데 소양 교육이 왜 필요한 것일까? 이런 질문에 대해 그들은 아인슈타인처럼 과학 연구 분야에서 영감을 얻으려면 바이올린을 배워야 한다고 말할 것이다. 하지만 사람들은 소양 교육이야말로 한 사람을 지금보다 '더 나은 조건을 갖춘 사람'으로 만들어줄 티켓이라고 믿고 있다.

부모는 자식에게 소양 교육을 시키면 나중에 어른이 돼서 외국 친구들을 만났을 때《오만과 편견》과 같은 수준 높은 세계 문학작품[5]에 대해 자유롭게 이야기를 나누고, 사업 파트너와 골프를 치며 상류층의 여유를 누릴 수 있을 거라고 상상한다.

설마 소양 교육이 무슨 화장품이라도 되는 것일까?

사실 '자유 7학'의 본질은 강력한 실용성에 있다. 이것은 좋은 배우자를 찾기 위한 수단이 아니라 어떤 결정을 내려야 할 때 도움을 주는 역할을 한다.

---

5 참고로 지금은 '세계문학 명작'을 화젯거리로 삼는 외국 친구가 없으니 차라리 과학 기술과 정치에 관해 얘기하는 것이 더 도움 된다.

고대 그리스에서 '자유인'의 반대말은 범죄자가 아니라 노예였다. 노예는 주인의 말에 복종하며 일만 하면 될 뿐이며, 그들의 삶에는 큰 변화가 없다. 그래서였을까? 미국 남북전쟁 당시에 남부 지역의 언론 매체는 노예의 삶이 안정적이라 실업을 걱정할 필요가 없고, 평생 의료보험의 보장을 받기 때문에 북부 지역의 노동자들보다 훨씬 윤택한 삶을 누린다고 선동하며 대중을 현혹했다. 그러나 노예에게는 결정권이 없다. 오로지 자유인만이 노예를 관리하고, 자신의 삶을 스스로 관장하고, 사회 문제에 대해 의견을 피력하기 위해 결정권을 가질 수 있었다.

'자유 7학'은 통치자와 통치를 거부하는 자의 학문이다.

우리는 순수문학을 통해 타인의 감정을 대리 체험하고, 현실 세계 속에 존재하는 다양한 인간 군상과 삶을 이해할 수 있다. 논리를 통해 추리와 변론을 배우고, 문법과 수사를 통해 자신의 언어로 타인의 지지와 호응을 끌어낼 수 있다. 역사를 통해 앞선 세대의 경험을 거울로 삼을 수 있고, 수학을 통해 취사를 배울 수 있다. 또한 천문학을 통해 자연의 법칙에 따라 움직이는 세상에 대한 경외감을 느낄 수 있다. 이런 학문은 다른 사람에게 그럴싸하게 보이도록 자신을 포장하기 위한 '교양'이 아니라 큰 인물이 큰일을 하는 데 필요한 실용적 기능을 갖추는 데 쓰인다.

그래서 자유 7학은 '귀족의 품격' 따위를 갖추기 위해 훈련하는 것이 아니라 사회의 기둥이자 엘리트인 진짜 귀족을 양성하기 위해 존재하는 학문이라고 볼 수 있다.

자유 7학은 세상은 불변의 진리 따위를 알려주려는 것이 아니라 우화, 명사의 일화를 들려주고 체계적 사고방식을 키울 수 있도록 도와

줄 뿐이다. 이를 통해 깊이 있는 사고를 하고 그 폭이 넓어진다면 어떤 일을 하더라도 선택 가능한 해결책이 많아질 수 있다. 어떤 상황과 맞닥뜨렸을 때 정해진 처리 방식 따위는 없으며 오로지 자신의 선택만이 있을 뿐이다.

예컨대 당신이 경제학 이론 모델을 불변의 진리로 여기고 그것을 기준으로 모든 일에 대처한다면 아무 일도 해결할 수 없다. 그러나 경제학 이론을 참고용 우화로만 여긴다면[6] 오히려 문제를 해결할 때 아주 융통성 있게 접근할 수 있다.

좀 더 이해를 돕기 위해 무협소설을 예로 들어보자.

자신이 속한 문파의 무공이 아무리 뛰어나다 해도 그것에만 통달하거나 누구나 쉽게 수를 간파할 수 있을 만큼 단순한 성격의 조연에만 머물러서는 안 된다. 우리는 여러 문파의 고수를 스승으로 모셔 변화무쌍한 초식을 섭렵하고, 누구도 종잡을 수 없을 만큼 복잡한 성격의 주인공으로 거듭나야 한다. 즉 한 가지 문제를 두고 그것을 경제, 정치 심지어 물리 문제로 폭넓게 사고할 줄 알아야 한다는 의미다. 무공을 펼칠 때 여러 초식을 끊임없이 시도하듯 우리 역시 다양한 관점에서 문제를 해결하기 위해 노력해야 한다. 다루기 어려운 이론을 두고 스승의 가르침을 원망하기보다 자신이 자유자재로 다룰 줄 아는 초식이 너무 적은 것을 탓해야 한다.

단순함은 복잡함을 이기지 못한다. 복잡한 사고에 능통한 사람만이 복잡한 문제를 상대로 싸워 이길 수 있다.

---

6 경제학자 아리엘 루빈스타인(Ariel Rubinstein)은 그의 저서 《경제학 우화집(Economic Fables)》에서 경제학 이론의 한계를 강조하며, 이런 이론을 우화로 여기는 것이 가장 바람직하다고 여겼다.

2

단순,
딜레마,
뜨거운 감자

영화 대사 '어른의 세계에서 쉬운 일은 하나도 없다'[7]처럼 어른이 되면 의미 있는 일은 하나도 쉽지 않고, 쉽게 처리할 수 있는 일은 하나도 없다. '쉽지 않은' 어떤 일은 일반적으로 '쉽지 않다'라는 말로 형용할 수 없을 만큼 훨씬 쉽지 않다. 그렇다면 진짜 쉽지 않다는 것이 무엇을 의미하는지 이야기해보자. 이런 일과 맞닥뜨리게 되면 체력과 지적 능력도 중요하지만, 지혜와 기백이 더 필요하다.

비교, 분석을 위해 나는 인생에서 직면하게 될 여러 문제를 세 가지로 나누고자 한다. 즉 단순한 문제, 딜레마에 빠지게 만드는 문제 그리고 뜨거운 감자와 같은 문제다.

그럼 우선 미성년자들이 '쉽다'라고 생각하는 문제가 왜 쉬운지 한

---

7 영화 〈웨더 맨(The Weatherman)〉에 나온 대사.
  "Nothing that has meaning is easy. Easy enter into grown-up life."

번 살펴보자.

단순한 문제

업무를 끝낸 후 그날 하루 겪었던 여러 일을 돌이키면서 때때로 '공부만 하는 학생 시절이 좋았어!' 하며 한숨을 내뱉을 때가 있다. 그 시절의 삶이 단순하다고 느껴지기 때문이다. 하지만 학생들이 일상적으로 해결해야 할 문제는 절대 수월하지 않다. 그들은 재미없고 어려운 지식을 머릿속에 넣고, 이리저리 꼬인 문제들을 풀어가며 답을 찾는 요령을 익히는 데 많은 시간을 투자해야 한다. 일반적으로 사람의 지적 능력은 입시의 마지막 결승점을 통과할 때 최고 절정에 이른다고 한다. 이때부터 대뇌는 그 정도로 고강도의 학습 능력과 사고 능력을 발휘하지 못하고 서서히 하향곡선을 그린다. 그렇다 해도 학생의 문제는 아주 단순하다.

단순한 문제는 명확한 방향이 존재하고, 안심할 만한 해답이 있고, 문제를 해결하면 누구에게나 승리를 안겨줄 수 있다.

예컨대 명문 대학교에 합격하고 싶다는 바람 자체가 바로 단순한 문제에 해당한다. 이 바람에는 명확한 방향성이 존재한다. 즉, 그 대학에 붙기 위해 자신의 점수를 끌어올리기만 하면 된다. 또한 합격하기만 하면 바로 승전고를 울릴 수 있으니 안심할 만한 해결책이 아닐 수 없다.

단순한 문제는 마치 등산하는 것처럼 한 방향으로 모든 노력을 쏟아부어 정상에 도달하기만 하면 그 목표의 성공 여부가 명확히 드러난다. 단순한 문제에 직면했을 때 당황해 어찌할 바를 모른다면 영원히 그 해결 방법을 찾을 수 없게 된다. 어느 방향으로 가는 것이 옳고, 어느 방향으로 가면 잘못된 길로 빠지는지 그 기준을 명확히 정하고 가다 보면 성공의 고지가 눈앞에 보일 것이다.

이렇게 길이 보이고 그 길을 향해 노력만 하면 성취감을 맛볼 수 있으니, 이것이야말로 지치고 힘들더라도 앞으로 나아가게 하는 원동력이 아닐 수 없다.

물론 그 길에는 나약한 성격, 주변의 간섭 심지어 다른 수험생들과의 경쟁 등 수많은 유혹과 시련이 도사리고 있다. 하지만 걱정하지 마라! 당신이 해야 하는 일이 바로 그런 것들과 싸워서 이기는 것이고, 당신은 이미 자신에게 도움 되는 것과 방해가 되는 것이 무엇인지, 누가 친구이고 적인지 정확히 알고 있다.

때로는 사람 한 무리가 약속이라도 한 듯 하나의 단순한 문제에 직면할 때가 있다. 이를테면 농경지 수리 사업에 착수할 때 그 지역의 모든 사람이 공동의 목표를 위해 힘을 모으고자 한자리에 모였다고 가정해보자. 엔지니어는 기술을 제공하고, 간부는 조직을 관리하고, 나머지 사람들은 소매를 걷어붙이고 열심히 일손을 도울 것이다. 이때 단결은 일의 추진력을 제공하는 결정적인 힘이 된다. 그래서 누군가 불평불만을 쏟아내며 분열을 조장하고 투지를 무너뜨린다면 그 말에 휩쓸리기보다 그가 잘 적응하고 협력할 수 있도록 '도움'을 주어야 한다. 그리고 분열을 조장하는 세력이 앞길을 막아선다면 모두가 힘을 합쳐 과감히 그 적을 물리치고 앞으로 나아가야 한다.

만약 생활 속의 모든 것이 단순한 문제에 그친다면 우리의 생각도 단순해질 수 있지 않을까? 이런 비현실이 현실이 되면 어떨까.

　내가 보기에 이 세상에서 가장 위험한 것 중 하나가 바로 모든 문제를 단순하게 생각하는 것이다.

딜레마에 빠지게 만드는 문제

　성인이 되고 나면 '하나의 방향으로 모든 노력을 쏟아붓기만 하면 되는 일'이 그리 많지 않다는 것을 깨닫게 된다.

　예를 들어 통장에 모아둔 돈이 있어서 집을 사려고 할 때 두 가지 고민거리가 생긴다. 회사에서 가까운 곳은 집값도 비싸고 집도 크지 않아 살기 불편하다. 하지만 시간을 절약할 수 있고, 나중에 집값이 오르는 호재를 기대할 수 있다. 반면에 회사에서 좀 멀리 떨어져 있는 집은 아이들을 키우기에 적당히 넓고 쾌적하지만, 출퇴근 시간이 오래 걸리고 힘들다. 과연 당신은 어떤 집을 선택해야 할까? 우선 전세를 얻어 살다가 다시 기회를 봐야 할까?

　이것이 바로 어른의 세계다. 그리고 우리는 이런 식으로 어느 하나를 선택해야 하는 상황에서 판단을 내리지 못하는 상태를 '딜레마'라고 표현한다. 이런 문제에 맞닥뜨리면 정해진 답이 없으므로 합리적 판단을 하기 어려운 진퇴양난에 빠지게 되며, 결국 두 가지 중에서 취사선택을 해야 한다.

　사실 사는 동안 겪게 되는 대부분 문제가 우리를 이런 딜레마에 빠지게 만든다. 어떤 선택을 할 때 명확한 답이 정해져 있다면 당연히 아무 문제가 되지 않는다. 당장 집을 사야 하는데 입지 조건과 주거환경이 좋고, 집값이 쌀 뿐 아니라 추후 집값이 오를 가능성까지 아주 큰 곳이 있다고 가정해보자. 안타깝지만 그런 집은 이미 다른 사람 손에 넘어갔지 내 순서까지 오지도 않는다. 더 솔직히 말하자면 시장의 균형이 잘 유지되고 있는 상황에서 이런 조건의 집은 존재하기 힘들다.

마찬가지로 힘들지 않게 돈을 많이 벌 수 있는 것도 모자라 개인의 잠재 능력까지 개발해주는 일자리가 있다면 앞뒤 가릴 것도 없이 그 일을 선택해야 마땅하다. 하지만 그런 옵션을 갖춘 완벽한 일자리는 절대 존재하지 않는다. 현실을 들여다보면 편한 일자리는 월급이 적고, 월급이 많으면 그만큼의 희생과 위험부담이 따른다.

이런 문제 안에서 적은 존재하지 않는다. 다른 사람은 물론 자신조차도 탓할 수 없으니……. 그저 어찌해야 할지 몰라 답답할 뿐이다. 이것이 바로 아무 고민 없이 공부만 하면 그만이었던 학창 시절을 그리워하게 만드는 지점이다. 자신이 물리쳐야 할 적이 무엇인지 명확히 보이지 않고, 선택의 갈림길에 서서 스스로 판단해야 하는 상황이 자신을 힘들게 만들기 때문이다.

옛말에 집안일을 맡아서 하지 않으면 땔나무와 쌀이 얼마나 비싼지 알지 못한다고 했다. 직접 경험해보지 않으면 누구도 당사자의 고충을 모른다. 단순히 어떤 물건이 사고 싶은데 별로 비싸지 않으면 돈만 모아서 사면 그만이다. 문제는 이 물건을 사면 다른 것을 살 수 없을 때 생긴다. 이렇게 어느 하나를 선택해야 하는 상황이 온다면 그것들이 모두 비싸게 느껴질 수 있다.

그러나 당신은 결국 그중 하나를 선택하게 될 것이다. 문제는 여러 가지 이해득실을 따져가며 자신에게 가장 적합하다고 생각되는 것을 선택한 후에 생긴다. 본인 스스로 어쩔 수 없이 선택한 결과물 앞에서 적과 싸워 이긴 승리의 기쁨 따위는 존재할 수 없다. 시간이 흐른 후 문득 이런 생각이 들 수도 있다. 만약 내가 그때 다른 선택을 했다면 지금 어떻게 됐을까? 하지만 지난 일을 후회해봤자 무슨 소용이 있겠는가? 성인이라면 본인이 심사숙고 끝에 선택한 결정에 책임을 질 줄 알아야 한다. 일단 문제를 해결하고 한고비 넘겼다면 그 선택의 결과를 받아들이고 주어진 삶에 충실하며 미래를 준비하면 된다.

그런데 우리를 딜레마에 빠지게 하는 것보다 더 어려운 최고 난도의 문제는 당신이 다른 사람을 상대로 주도권을 잡으려고 할 때 불거진다.

뜨거운 감자와 같은 문제

1973년 캘리포니아대학교 버클리의 공공정책 전문가 호르스트 리텔 Horst W.J. Rittel과 멜빈 웨버Melvin M. Webber는 '위키드 프라블럼wicked problem'이라고 하는 새로운 개념[8]을 제기했다. 위키드의 사전적 의미가 '사악한', '고약한'인 것처럼, 위키드 프라블럼 역시 해결하기 어려운 사회, 문화적 문제를 뜻하며, 흔히 '뜨거운 감자'라고도 말한다.

장기간 지속되는 공공 문제는 늘 뜨거운 감자라고 할 수 있다. 딜레마에 빠지게 하는 문제는 해결이 가능하지만, 뜨거운 감자로 불리는

---

8 Horst W. J. Rittel and Melvin M. Webber, Dilemmas in a General Theory of Planning, Policy Sciences Vol. 4, No. 2 (Jun., 1973), pp. 155-169.

문제는 해결 자체가 안 된다.

예를 들어 지금 미국의 빈부 격차는 갈수록 심각해지고 있다. 비록 경제가 성장하고, IT 기업의 이윤이 확대되고 있지만 그 성과를 모든 국민이 공유할 수 있는 것은 아니다. 빈부 격차의 확대는 심각한 사회, 정치 문제를 초래했고, 이것이 바로 미국 사회에 뜨거운 감자가 되었다. 지구온난화 역시 마찬가지다. 이 문제는 당신이 집을 구입하는 것보다 훨씬 난도가 높다.

그렇다면 호르스트 리텔과 멜빈 웨버가 제기한 '위키드 프라블럼'은 어떤 특징을 가지고 있을까?

1 이 문제에는 명확한 공식이 없다. 대입 시험의 수학처럼 정확한 공식과 계산법만 알면 풀 수 있는 문제가 아니다.

2 정해진 답이 없다. 이 문제에서 완벽한 해결은 있을 수 없다.

3 이 문제의 해결 방법은 옳고 그름이 아니라 좋고 나쁨으로 결정된다. 무엇이 좋고 나쁜지는 당신의 판단에 달려 있다.

4 어떤 해결책을 마련했다고 해서 즉각적인 결과를 볼 수 없다. 그래서 당신이 한 일이 유용한지 여부를 전혀 알 수 없거나, 생각지도 못한 결과를 얻을 수도 있다.

5 시행착오를 줄이기 위한 연습이 존재하지 않기 때문에 당신의 행동이 바로 실전처럼 곧바로 영향을 미친다.

6 어떤 옵션이 있는지조차 전혀 알 수 없다.

7 참고할 만한 선례가 없으므로 지난 경험이 그다지 도움 되지 않는다.

8 이 문제는 더 심각한 문제의 전조 증상일 가능성이 크다. 그러나 그 배후에는 한 가지 문제만 있는 것이 아니라 여러 문제가 복잡하게

얽혀 있어 그 근원 자체가 존재하지 않을 수 있다.

9 이 문제에 얽힌 이해 당사자들이 많은 만큼 그들이 원하는 해결 방안도 제각각이다.

10 당신이 이 문제에 손을 대는 순간 어떤 결과가 초래되든 끝까지 책임을 져야 한다.

미국의 심각한 빈부 격차 문제를 사례로 들어보자. 만약 당신이 미국 대통령이라면 이 문제를 어떻게 처리하겠는가? IT 기업을 상대로 세금을 더 많이 걷은 후 가난한 사람들에게 보조금을 지급한다면 어떨까? 과연 부자들이 이 정책을 환영할까? 그들은 이 혁신적인 정책에 반대하며 직접적인 복지가 게으른 사람을 양산할 수 있다고 주장할 것이다. 세계화에 반대하며 제조업의 회귀를 주장한다면 어떨까? 누군가는 혁명을 일으킬 수도 있다. 갓 구운 감자는 겉으로 보기와 달리 안이 훨씬 뜨거우므로 안심하고 먹다가 입은 물론 목구멍까지 데는 사고를 입을 수 있다. 이처럼 별거 아니라고 생각하며 잘못 건드리면 큰 화를 당할 수 있는 문제들을 다룰 때는 아주 조심스럽게 접근해야 한다.

미국 트럼프 전 대통령이 재임 시절에 왜 굳이 중국과 무역전쟁을 벌이려고 했을까? 그가 이것을 단순한 문제라고 판단했기 때문이다. 그는 '적'을 찾고 싶어 했고, 중국이 바로 그가 원하던 바로 그 '적'이었다.

지구온난화 역시 이해관계가 얽힌 전형적인 뜨거운 감자에 해당한다. 에너지를 절약하고 배기가스 배출량을 줄이는 문제를 두고 선진국은 당장이라도 발 벗고 나설 수 있을지 몰라도 공업생산에 전적으로 의존해 수익을 창출해야 하는 나라들이 과연 이 이슈에 동참할 수 있을까? 에너지 절약과 환경보호도 중요하지만, 이것이 과연 공평한 해결책일까? 하물며 지구온난화가 몇몇 나라에 아직 호재로 작용하기도 한다. 지금 많은 사막 지역의 기후가 습윤하게 변해가는 것도 지구온난화와 관련이 있을지 모른다.

그래서 스웨덴의 한 여중생이 지구온난화 문제와 관련해서 세계 각국 정부의 부실한 대응을 지적할 때조차도 그들은 핵심을 비껴간 채 직접적인 해결 방안을 제시하지 못했다.

이 문제를 해결하고자 하는 각국 정부와 사람들의 노력이 부족해서도 아니고, 우리가 상대할 적의 힘이 너무 막강해서도 아니다. 이 문제 자체가 함부로 손을 댈 수 없을 정도로 뜨거운 감자라는 것이 바로 걸림돌이 되고 있다.

그렇다면 이 뜨거운 감자와도 같은 문제를 어떻게 해결해야 할까? 우선 이 문제를 해결할 수 있을 거라고 기대해서는 안 되며, 그것과 장기간 공존할 준비를 하며 대응해야 한다. 이것은 현대 의학의 범주 안에서 행해지는 암 치료와 흡사하다. 암세포를 전부 죽이는 것은 불가능하지만 의학적 수단의 도움을 받아 병의 확대를 상당 부분 통제하고, 관리 단계로 들어갈 수 있다.

미국 피츠버그대학교의 존 캐밀러스John C. Camillus[9] 교수가 이 뜨거운 감자에 대처할 방법을 몇 가지 제시한 적이 있다.

첫 번째 방법은 이해관계로 얽힌 당사자들의 서로에 대한 이해가 전제되어야 한다. 일단 서로 한자리에 모여 각자의 관점과 요구사항을 허심탄회하게 이야기해보는 것이 가장 좋다. 이 자리는 의견일치

9 John C. Camillus, Strategy as a Wicked Problem, Harvard Business Review, May 2008.

를 보기 위한 것이 아니라 단지 상호 이해에 초점이 맞춰져야 한다. 이런 과정을 통해 적어도 일부 편견을 없앨 수 있다. 자신만을 생각하는 이기심을 버리고 타인의 생각과 요구에 귀를 기울인다면 가장 기본적인 행동강령을 마련할 가능성이 생긴다.

만약 당신이 기업의 대표라면 결단을 내리기 힘든 문제가 생겼을 때 캐밀러스의 제안이 도움을 줄 수 있다. 우리가 대체 어떤 회사인가? 우리의 가치관은 무엇인가? 우리의 장점은 무엇일까? 우리가 추구하는 것은 무엇인가? 때때로 당신이 주저하며 결단을 내리지 못하는 것은 계산적이거나 답을 줄 수 없어서가 아니라 당신의 아집과 편견 때문일 수 있다.

또 다른 방법은 반드시 행동에 옮기는 것이다. 돌다리를 두드리며 건너는 것도 상관없다. 의사결정은 첫 단추를 끼우는 작은 행동이고, 조심스러운 시도를 통해 그 효과를 가늠한 후 다음 행보를 결정짓는 것이 행동하지 않는 것보다 차라리 낫다. 행동으로 옮기는 것이 바로 변화를 위한 대처의 시작이고, 아무 행동도 하지 않는 것은 현실을 회피하는 것과 다르지 않다.

난감한 문제를 회피하기만 한다면 아무것도 해결되지 않는다. 뜨거운 감자 같은 난제가 더는 골칫거리가 되지 않는 순간이 온다면, 아마도 그 문제가 완전히 해결되었다기보다 또 다른 난제가 그것을 대체했기 때문일 것이다.

복잡한 결책決策 과정이 필요하다면 그 문제는 결코 단순할 수 없다. 그렇지만 조직의 대표를 포함해서 너무나 많은 사람이 단순한 사고로 문제를 해결하고 있다. 이런 사람일수록 결과가 만족스럽지 못하면 좀 더 강하게 자기주장을 밀어붙이거나, 모든 문제를 자기 생각과 다른 적의 탓으로 돌리려 한다.

　사실 이것은 남의 탓으로 돌릴 문제가 절대 아니다. 따지고 보면 다들 어른인데 어떻게 하는 것이 옳음을 명확히 알면서도 그렇게 하지 않는 사람이 있을까? 설마 그렇게 간단한 이치를 다른 사람이라고 모를까? 결국 모든 것이 어쩔 수 없는 취사선택에 달려 있을 뿐이다. 적이 분명히 존재하는 문제라면 차라리 단순하다. 그 적과 싸워 이기면 모든 것이 명쾌하게 끝나기 때문이다. 하지만 우리를 둘러싼 대다수 문제 속에 적이 존재하지 않다는 데 함정이 있다.

　단순한 사람은 문제가 생기면 단숨에 해결하고 싶어 하고, 그래야만 모든 문제가 한 번에 해결될 거라고 생각한다. 이런 이상주의자들은 일단 좌절에 부딪히면 낙담하고, 세상을 증오하는 경향을 드러낸다. 이런 부류는 나 아닌 다른 사람을 모두 이기적이라고 비난하며, 자신만이 문제를 해결할 수 있다고 여기지만 결국 아무것도 해결할 수 없다.

　어쩌면 이제까지 무모하고 과감한 결단과 추진력보다 늘 조심스럽게 문제에 접근하는 것을 더 선호하고, 승리의 기쁨 따위는 전혀 기대할 수 없는 상황 속에서도 늘 전전긍긍하며 현 상황을 유지하는 데 집중하는 사람이야말로 진정으로 존경할 만한 인물일지도 모른다.

3

'상식'으로
복잡한 세상을
이해하려 들지 마라

물리학자가 물리에 대해 논할 때 누구나 알아들을 수 있는 말로 과학 상식에 대해 말할지라도 문외한들은 대부분 감히 질문을 던질 엄두를 내지 못한다. 사람들은 물리학을 매우 전문적인 첨단 과학 분야로 인식하고 있기에 하룻강아지 범 무서운 줄 모르듯 전문가 앞에서 함부로 말을 꺼냈다가 웃음거리가 될까 봐 두려워한다. 그러나 사회학자가 사회 문제를 논할 때는 상황이 180도 달라진다. 설사 그가 동서양 고전에 등장하는 선현들의 무수히 많은 논조를 끌어다 붙이며 열변을 토하더라도 사람들은 그의 말을 반박하는 데 아무런 거리낌이 없다. 전문가가 어떤 말을 하든 상관없이 택시 기사들은 기름값이 왜 오르는지 내가 모를 거 같으냐며 목소리를 높이고, 네티즌들은 반부패를 청산할 해결책을 너나없이 제시하며 설전을 벌이고, 축구 팬들은 축구를 전혀 해본 적 없는 사람이 축구협회장을 맡다니 내가 해도 그 사람보다 낫겠다며 코웃음을 친다.

그렇다고 해서 이런 현상을 대중 탓으로 돌릴 수도 없다. 정치학과 같은 소프트 사이언스soft science 분야에서 그 '진문가' 지식의 실용적 가치가 어설프게 전문가인 척 흉내 내는 소위 '짝퉁 전문가'로 불리는 이들보다 월등히 뛰어날 것도 없다는 게 현실적인 사례들을 통해 드러나고 있기 때문이다.

1984년 심리학자 필립 테틀록이 훗날 굉장한 파장을 일으킨 하나의 연구에 착수했다. 그는 정치, 경제의 예측을 전문적으로 다루는 정치가, 싱크탱크, 외교관 284명을 대상으로 고르바초프가 쿠데타로 인해 하야할 가능성과 같은 다양한 미래 예측성 질문을 제시하고 그 답을 요청했다.

테틀록이 전문가들에게 어떤 나라의 정치적 자유가 향후 어떤 식으로 흘러갈지에 대해 세 가지 가능성(현상 유지, 지금보다 강화 또는 지금보다 약화)을 제시하고, 그것을 대략적인 백분율로 구분해 표시해달라고 요구했다. 이 연구는 당시 예측했던 일들이 수면 위로 그 모습을 드러날 때까지 무려 20년 동안 이어졌다. 2003년 테틀록은 전문가들의 답변을 정리하는 과정에서 그들의 예측 성적이 각 문제의 세 가지 가능성을 33%로 균등하게 설정하는 것만 못하다는 사실을 발견했다. 다시 말해서 전문가의 예측 수준은 동전을 던져 앞면과 뒷면을 맞히는 것보다도 못했다. 더욱 아이러니한 사실은 이 전문가들의 전문 영역에 해당하는 항목의 예측 점수가 비전문 영역에 대한 점수보다 더 낮았다는 점이다.

그래서 매거진 〈더 뉴요커The New Yorker〉는 이 연구 결과를 담은 테틀록의 저서《고슴도치와 여우: 전문가의 정치적 판단》을 논평할 때 전문가에 대해 상당히 비관적인 시각을 드러냈다. 테틀록의 연구 결과로 드러난 전문가 집단의 예측 점수가 일반인보다 좀 더 높은 것으로 드러났음에도 독자 스스로 생각하고 판단하는 편이 낫다는 결론을 냈다.

그렇다고 해서 사회과학이 막다른 골목에 내몰린 것은 절대 아니다. 도리어 더 큰 도약을 위해 날갯짓을 하고 있다. 컬럼비아대학교의 던컨 와츠Duncan Watts 교수는 자신의 저서 《상식의 배반》에서 사회과학의 발전 방향이 하드 사이언스Hard Science(자연과학)처럼 실험과 데이터에 의존해야 한다고 주장했다. 전통적인 전문가 예측의 정확도가 떨어지는 것은 그들이 직관적인 '상식'에 많이 의존하기 때문이다. 그래서 아무리 케케묵은 통계 모델일지라도 전문가 예측보다 훨씬 정확할 수 있다.

물론 와츠의 이런 견해가 아주 획기적인 것만은 아니다. 수리적 방법을 사회과학 연구의 주요 방편으로 삼아야 한다고 주장을 해온 사람들의 목소리가 갈수록 커지고 있었고, 이 방법이 주류를 형성하고 있을 뿐 아니라 100년 전에 발표된 자료나 이론을 논문 속에 거론하는 사람은 그리 많지 않은 것이 현실이다. 그런데도 이 책은 와트가 야후Yahoo 연구센터에서 소셜 네트워크The Social Network를 연구했을 뿐 아니라 그 과정에서 그가 직접 참여한 흥미로운 몇 가지 연구 결과를 소개했다는 점에서 주목받았다.

소셜 네트워크라는 말을 들었을 때 독자들은 말콤 글래드웰Malcolm Gladwell의 저서 《티핑 포인트》를 곧바로 떠올릴지 모른다. 이 책에서 저자는 무언가를 대중 사이에서 유행시키려면 영향력 있는 핵심 인물, 즉 유행이나 트렌드를 주도하는 이들의 힘을 빌려야 한다고 언급했다. 이런 핵심 인물은 커뮤니케이션 네트워크 속에서 다리 역할을 하며 대중의 의견을 이끄는 리더의 위치에 서 있다고 볼 수 있다. 그들이 존재하기 때문에 우리는 비로소 지구상의 모든 사람을 여섯 명의 연결고리만 거치면 모두 알아낼 수 있는 사회적 관계망을 실현할 수 있게 되었다. 이것을 우리는 '관계의 6단계 법칙Six degrees of separation'이라고 부른다.

이 이론에 따르면 지명도를 높일 수 있는 가장 좋은 방법은 유명 인사, 즉 셀럽Celeb을 통한 광고 효과를 노리는 것이다. 셀럽이 SNS에 올린 말 한마디나 사진 혹은 영상이 일반인들 사이의 '입소문'보다 훨씬 막강한 파급력을 지니기 때문이다. 현재 중국에서 팔로워 수가 100만 명이 넘는 유명 셀럽의 경우, SNS에 글을 한 번 올릴 때마다 1,000위안(약 19만 원-역주)을 벌어들이고 있다.[10] 아직 놀라기는 이르다. 미국의 모델 겸 배우 킴 카다시안Kim Kardashian은 트윗tweet(트위터에 글을 올려 정보를 전달-역주)할 때마다 1만 달러(약 1,300만 원-역주)를 벌어들인다.[11]

핵심 인물을 가리키는 '키맨Key Man' 법칙은 사람들의 상식과 딱 맞아떨어진다. 우리는 위대한 인물이 역사를 이끌고, 소수의 악인이 사회질서를 무너뜨리며, 스타가 유행을 이끈다고 입버릇처럼 말할뿐더러 귀에 딱지가 앉을 정도로 그런 말을 들으며 살아왔다. 그런데 문제는 이 이론을 뒷받침해줄 만한 대규모의 통계 실험이 진행되지 못하는 데 있다.

10 광밍(光明)일보: 〈유명 블로그 거래, 돈을 위해 글을 올리는 스타들〉 2011.8.11. http://politics.rmlt.com.cn/2011/0811/23934.shtml.

11 http://www.contactmusic.com/kim-kardashian/news/kardashians-10000-tweets_1127026 참고.

현실 속에서 통계를 통해 영향력을 예측하는 것은 몹시 어려운 일에 속한다. 사실 한 사람이 누구로부터 영향을 받았는지 예측하기 어렵기 때문이다. 지금 유행하고 있는 트위터(현 X)와 같은 SNS의 등장은 이런 예측을 가능하도록 만들어주고 있다.

트위터는 이런 연구에 아주 유리한 특징을 가진 SNS라고 할 수 있다. 만약 사용자가 웹사이트를 공유할 경우, 이 웹사이트의 URL이 단축되고, 자동으로 고유 코드가 생성된다. 와츠와 그의 동료는 이 코드를 추적해 트위터에서 정보가 어떻게 확산되고 있는지 분석할 수 있었다. 구체적으로 말하자면 누군가 이런 코드를 게재했을 때 그의 '팬' 즉, 그의 '팔로워'가 그것을 리트윗하게 되는데, 바로 이 리트윗 행위를 예측의 영향력으로 간주하는 방식이다. 광고업체는 이런 식의 리트윗을 통해 상품에 관한 정보가 트위터 안에서 '폭포'처럼 쏟아져 나오기를 바란다.

그렇지만 연구진이 2009년에 160만 명의 사용자들이 두 달 동안 이용한 7,400건의 정보의 연결고리를 분석한 결과, 확산과 전파 과정을 거치지 못한 정보가 무려 98%에 달했다. 이 방대한 양의 정보 중 몇십 개만이 1천 회 이상 리트윗되었을 뿐이었고, 1만 회 이상 리트윗된 정보는 고작 한두 건에 불과했다. 다시 말해서 우리가 평소 무수히 많이 리트윗된다고 생각했던 정보가 사실은 아주 특이한 케이스에 속한다는 의미이기도 하다. SNS 활동을 통해 막강한 영향력을 지닌 셀럽이 되는 것 자체가 흡사 복권 1등에 당첨되는 것처럼 천운이 따라야 하는 일이 아닐 수 없다.

그렇다면 셀럽의 영향력은 도대체 어느 정도일까? 와츠가 이끄는 연구진은 이를 밝혀내기 위해 아주 교묘한 방법을 선택했다. 그들은 첫 번째 달의 데이터를 근거로 팔로워 수가 많고, 트위터 물타기를 성공시킨 '키맨'을 골라낸 후 그들이 그다음 달에 보여준 활약상에 주목했다. 그 결과 모두의 예상과 달리 키맨이 두 번째 달에도 트위터 물타기에 성공할 가능성은 상당히 '무작위'적인 것으로 나타났다. 평균적으로 볼 때 '유명인'은 일반인보다 훨씬 쉽게 정보를 확산시킬 수 있다. 하지만 이런 능력의 실제 효과는 기복이 상당히 커서 전혀 신뢰할 수 없다. 어쩌면 가장 좋은 마케팅 방식은 큰돈을 들여 몇몇 셀럽의 유명세에 의존하는 것보다 차라리 평범하지만 지속적인 영향력을 지닌 인물을 대거 고용하는 편이 나을지도 모른다.

만약 어떤 대상이 갑자기 유행하기 시작하면 사람들은 무언가 특출난 점이 있거나 혹은 그 뒤를 봐주는 배후가 있을 거라고 보통 생각한다. 하지만 트위터를 대상으로 한 연구 결과에 배후에 존재하는 조력자의 역할은 그리 큰 힘이 되지 못했다. 그렇다면 특정 서적이나 영화, 음악이 사람들로부터 큰 인기를 얻는 이유는 무엇일까? 그것들이 타의 추종을 불허할 만큼 특출나기 때문일까? 와츠가 참여한 또 다른 연구 결과에 따르면 그 성공의 주요 원인은 놀랍게도 '운'이었다.

이것은 상당히 유명하고 의미 있는 실험이었다. 실험에서 실험자는 뮤직 랩Music Lab으로 불리는 사이트를 개설하고, 몇 주 동안 1만 4천 명의 실험 대상자를 모집해 48곡의 노래를 평가해달라고 했다. 이들 중 일부는 노래의 제목만 보고 곡을 감상한 후 평가했고, 여덟 개 팀으로 나뉜 나머지 실험 대상자들에게는 자신이 속한 팀의 사람들이 어떤 노래를 몇 회 다운로드했는지 보여주었다. 그러자 그들은 다운로드 횟수가 많을수록 좋은 노래라는 인식을 갖게 되었고, 그들의 점수 역시 사회적 영향에 좌우되었다.

실험 결과에 따르면 비공개 조건 속에서 독립적으로 실험을 진행한 팀으로부터 높은 점수를 받은 노래와 사회적 영향을 받은 팀이 선정한 좋은 노래는 일치했다. 차이점이 있다면 사회적 영향을 받은 팀에서 높은 점수를 받은 노래의 유행 속도가 독립적 실험 팀보다 훨씬 높은 것이었다. 반면에 평점이 낮게 나온 노래는 사회적 영향을 받은 팀 안에서 더 혹평에 시달렸다. 그래서 청중이 서로의 선택으로부터 영향을 받게 되면 유행의 가능성이 더 증폭되고, 승자가 독식하는 상황이 만들어질 수 있다.

그렇지만 이 실험에서 가장 중요한 결과는 순위 차트에서 1위 자리까지 올라가는 노래가 아주 우연히 결정된다는 사실이었다. 어떤 노래는 실험 초기에 순전히 운 좋게 다운로드 횟수가 올라갔을 뿐인데, 실험 대상자들은 다운로드 횟수가 많다는 이유만으로 그 노래를 좋게 평가하고 긍정적인 피드백을 보냈다. 최초의 운이 최후의 승자를 결정하는 데 무시 못 할 영향력을 미친 것이다. 독립적으로 실험을 진행한 팀에서 26위에 머물렀던 노래가 사회적 영향력을 받은 두 팀에서 놀랍게도 1위와 14위에 오르며 큰 격차를 보여주었다. 물론 아주 형편없는 노래라면 유행조차 할 수 없겠지만, 좋은 노래라고 할지라도 유행의 대열에 끼려면 운이 아주 크게 작용해야 한다. 요컨대 독립적 실험 팀에서 5위에 오른 노래가 사회적 영향 팀에서도 5위 안에 들 가능성은 50%에 불과하다.

서로에게 영향을 줄 수 있는 집단이라면 그 안에서 상식의 잣대로 모든 것을 판단해서는 안 된다. 영국의 전 총리 마가렛 대처Margaret Thatcher는 한 잡지사와의 인터뷰에서 "사회라는 것은 존재하지 않으며, 오로지 개인으로서의 남자와 여자 그리고 그들의 가정만 있을 뿐

입니다"라고 했다. 그러나 개인을 연구하는 방법으로 한 집단을 연구할 수 없다. 설사 그 집단에 속한 개개인을 모두 이해하고 있다 하더라도 그들을 한데 두었을 때 어떤 일이 발생할지 누구도 속속들이 알 수 없다. 그들 사이의 소셜 네트워크 구조는 아주 우연한 사건들을 만들어내고, 이런 일은 상식의 잣대로 예측할 수 없다. 일반인의 역사관은 의식 혹은 무의식적으로 청나라 왕조와 같은 어떤 '집단'을 사상과 행동력을 갖춘 개인으로 상상하는 경향을 보여준다. 그것은 마치 신해혁명辛亥革命이 청나라 왕조와 쑨중산孫中山, 위안스카이袁世凱 사이에서 일어난 일이라고 보는 것과도 같다. 이런 이론만으로는 쑨중산과 황싱黃興이 여러 차례 봉기에 실패하다가 어떻게 전혀 예상하지 못한 시기에 성공할 수 있었는지 설명할 방도가 없다.

우리는 서로에게 영향을 미치는 사회 속에서 살고 있다. 친구의 추천으로 어떤 노래를 듣게 되고, SNS에서 '팔로잉'하고 있는 누군가의 말 한마디에 혹해 특정 영화가 갑자기 보고 싶어지기도 한다.

상식의 잣대로만 본다면 중국의 농민공 밴드로 불리는 쉬르양강旭日陽剛이 아무리 노래를 잘 부른다 해도 춘완春晩(중국의 설 특집 프로그램-역주) 무대에 오르지 못했을 것이다. 같은 맥락으로 역사가 재연된다면 인기를 얻을 수 있었을까? 조앤 롤링Joan K. Rowling의 소설 《해리포터》 역시 출판되지 못했고[12], 레오나르도 다 빈치의 작품 〈모나리자〉[13]

---

12 사실 《해리포터》 1권은 여러 출판사에서 열두 번이나 거절을 당하는 수모를 겪었고, 보통 사람이라면 분명 중간에 포기했을지 모른다. 이 책이 마침내 출간되었을 때 첫 인쇄 부수가 고작 500권이었다.

13 〈모나리자〉는 명화로 인정받은 그림이지만 100년 전만 해도 세계 최고의 그림으로 인정받지 못했다. 심지어 레오나르도 다 빈치 본인이 이 작품에 대해 그리 높은 평가를 하지 않은 것으로 알려지고 있다. 세계인이 모나리자의 '신비한 미소'를 연구할 정도로 이 작품이 유명세를 치르기 시작한 것은 몇 번의 도난과 회수의 경험을 비롯한 일련의 떠들썩한 사건이

는 세계적으로 유명한 명화로 인정받지 못했을 수 있다. 우리는 마치 정해진 운명이라도 있는 것처럼 어떤 일의 성패를 사람의 자질, 리더의 능력과 연관 짓는 데 익숙하고, 심지어 음모론을 거론하기도 한다. 하지만 그런 일들의 대부분은 우연한 결과물에 불과하다.

상식은 일이 벌어진 후에 그 사건을 '해석'하는 일에만 유독 뛰어난 능력을 발휘할 뿐이며, 이 해석은 진정한 의미의 이해라고 말할 수 없다. 어떤 일이 벌어진 후 그 경험을 정리하거나 반성하는 과정은 상당히 일리가 있고 상식적으로 보인다. 전문가들도 이런 이치에 따라 미래를 예측하고 있다. 하지만 완전히 상반되는 이치 중에서 어떤 것이 작용을 일으킬지 사전에 알 수 있는 사람이 누가 있을까?

예를 들어 누군가가 농촌 출신의 병사가 도시 출신의 병사보다 군생활에 훨씬 잘 적응한다고 말하면 독자는 이것을 기정사실로 받아들일 수 있다. 즉, 그들은 열악한 환경의 농촌에서 육체노동을 하던 병사들이 군생활에 당연히 잘 적응할 거라고 단정 짓는다. 하지만 사회학자 폴 라자스펠드Paul Lazarsfeld가 제2차 세계대전 당시 미군을 대상으로 조사한 결과 사람들의 예상과 전혀 다른 결과가 나왔다. 그 조사에 따르면 도시 출신의 병사는 질서, 협력, 명령, 엄격한 복장 규정과 사회적 예의범절에 더 익숙하므로 군생활에 적응하는 속도도 빨랐다. 이 두 가지 방면의 상식은 모두 일리가 있어 보이지만 통계가 없는 상황에서 어느 것이 더 중요한지 전혀 알 수 없다. 이것은 연구 과정을 거치지 않으면 발언권이 없는 것과 일맥상통한다.

무작위로 일어나는 복잡한 사건 속에서 진정한 규칙을 찾아내기 위한 제일 나은 방법은 자연과학처럼 대규모 반복 실험을 진행하는 것

한몫했다.

이다. 만약 앞서 언급한 실험에서 한 곡의 노래가 사회적 영향을 받는 모든 팀 안에서 5위 안에 든다면 우리는 그 노래의 대중성을 확신해도 좋다. 그렇지만 역사는 재연될 수 없고, 최종 결과의 발생 확률이 높은지 낮은지 알 수 없다. 우리는 그저 늘 '상식'으로 그 결과를 해석할 수 있을 뿐이다. 이런 해석을 바탕으로 미래를 예측하거나 계획을 수립한다면 어떻게 실패를 비껴갈 수 있겠는가?

좀 더 실용적인 역사관을 제시하자면 일단 '모든 것이 운명처럼 정해져 있다'라는 생각을 버리고, 역사적 사건을 수많은 가능성 중 하나로 보며 미래를 하나의 확률 분포로 간주한 후에 가능한 한 통계 방법을 사용해 역사적 데이터로 미래 사건의 확률을 계산하는 것이다. 당연하다고 생각하는 각종 상식으로 미래를 예측하는 것보다 차라리 역사를 하나의 데이터 창고로 삼고, 그것으로부터 통계의 법칙을 찾아내는 편이 낫다.

자연과학 분야의 과학자들은 사회과학이 훨씬 단순하다고 생각하는 경향을 종종 보인다. 만약 당신이 사회과학 분야의 논문을 본다면 그 안에 담긴 논리 구조가 통속적이고 이해하기 쉬운 만큼 그 결론 역시 상식을 벗어나지 않는다고 생각할 수 있다. 물리학자는 직감에 위배되더라도 절대적으로 정확한 결론을 얻어낼 수 있지만, 사회과학에서는 상식이 늘 판을 치며 득세할 수 있다. 물론 지금은 자연과학적 방법이 사회과학에 도입되고 있지만 이 과정이 쉬운 것만은 아니다. 새뮤얼 헌팅턴Samuel Phillips Huntington은 과학 정신을 발휘한 특정 연구를 거쳐 '62개 국가의 사회적 좌절과 불안 사이의 상관계수는 0.5'라는 결론을 도출해냈다. 그러자 한 수학 교수가 '사회적 좌절'을 어떻게 측량할 수 있냐고 반발하며 헌팅턴의 주장을 헛소리로 치부해버렸다.

사실 이런 비평도 어쩌면 사회과학이 자연과학보다 더 어려운 학문이라는 것을 방증해주는 것이 아닐까 싶다.[14]

인터넷이 없던 시대에 어떤 노래를 평가하기 위해 수만 명의 실험 대상자를 구하거나 혹은 방대한 규모의 소셜 네트워크와 정보의 전파력을 분석하는 것은 거의 불가능에 가까운 일이었다. 이제 인터넷이 보편화되면서 사회과학은 우리에게 '불분명'한 연구 결과를 가져다줄 수 있게 되었다. 그래서 사회학자들은 새로운 방법으로 과학 연구를 이미 진행하고 있지만 유감스럽게도 실용 전문가들은 여전히 과거의 이론에 머물러 있다. 그것은 아마도 통계 방법이 실용적 가치를 지닌 더 많은 판단을 해내지 못했기 때문일지 모른다. 어쨌든 와츠의 주장처럼 오늘날의 사회과학은 이미 자신만의 천문망원경을 보유한 채, 행성 운동을 수학적으로 규명한 3대 법칙을 도출해냈던 케플러가 다시 등장해주길 기다리고 있다.

---

14 참고 자료: Soft sciences are often harder than hard sciences, Discover (1987, August) by Jared Diamond.

CHAPTER

4

쓸모없는
'고통'

맹자는 '걱정과 근심이 나를 살게 하고, 편안함과 즐거움이 나를 죽음으로 이끌고生於憂患, 死於安樂, 하늘이 이 사람에게 큰 임무를 내려주시려 할 때는 반드시 그 마음과 뜻을 괴롭히고天將降大任於斯人也, 必先勞其心志……'와 같은 말을 남겼고, 독일의 철학자 니체Friedrich Nietzsche 역시 '나를 죽이지 못하는 고통은 나를 더 강하게 만든다'라 고 했다. 그 외에도 고생해봐야 사람이 되고, 존경받는 사람이 되려면 남모를 고통의 시간이 필요하다는 등의 흔한 말들도 모두 고생의 가치를 강조하고 있다.

맹자와 니체의 말에는 그들만의 이치와 사상이 저변에 깔려 있다지만 일반인들의 마음속에 자리 잡고 있는 고생은 마치 고생해봐야 '내공'이 쌓여 사람 구실을 하고, 그렇지 못하면 내공이 부족해 아무것도 이룰 수 없다는 식으로 생각하는 경향을 보인다. 이것은 잘못된 사고

방식이다.

그렇다면 고생한다는 것은 어떤 의미일까?

누구나 어떤 능력을 키우고 싶으면 현실 세계의 피드백을 받아들여야 한다. 그러나 이 피드백은 고생을 해야만 얻을 수 있는 부정적 피드백과 분명 다른 의미를 지닌다.

예를 들어 한 대학원생이 실험하는 과정에서 대담한 시도를 해보다 끝내 실수를 저질러 실험을 망쳤다고 가정해보자. 이때 교수가 나서서 무엇이 잘못되었는지 정확하게 알려주고 올바른 방향을 가르쳐주었다면 그의 실력 향상에 도움 되었을까? 당연히 그렇다. 그렇지만 그 학생은 그 과정에서 고생하거나 고통에 시달리지 않았다.

만약 부인에게 늘 무능력하다고 욕을 먹고 사는 남편이 있다고 가정해보자. 그는 결혼 후 10년의 세월 내내 집에서 아내의 무시와 잔소리에 시달리며 늘 주눅이 들어 살다 보니 아직 젊은 나이인데도 생기를 잃어갔다. 이 남편은 누가 봐도 고통 속에서 고생하며 살고 있다. 그렇다고 해서 그의 내공이 쌓여 뛰어난 능력의 소유자가 되었을까? 전혀 그렇지 않다.

'고생'이란 무엇일까? 그것은 힘든 경험을 하거나 혹은 전혀 즐겁지 않은 일을 해야 할 때 느끼는 심리적 압박감이라고 정의할 수 있다.

'고생'은 어떤 일의 부산물일 뿐 그 자체로는 아무 가치도 지니지 않는다.

사람들이 성장과 발전을 고생의 결과물로 받아들이는 것은 귀속의 오류에 의한 착각이다. 이를테면 고된 연습을 감내하며 무술을 단련한다고 했을 때, 여기서 쓰인 '고된'은 단지 '연습'의 부산물일 뿐이다. 진정으로 무공의 경지를 높이는 것은 연습이지, 연습에 수반되는 그 고통스러운 느낌이 아니다. 만약 지금 연습의 효과를 떨어뜨리지 않는 상황에서 그 연습을 즐거움으로 가득 채울 방법이 있다면 우리는 당연히 그 방법을 따라야 하다. '몸에 좋은 약이 입에 쓰다'라는 속담을 예로 들어보자. 병에 이로운 약물의 진짜 유효성분은 쓴맛이 아니다. 그 말인즉슨 약제를 캡슐에 담아 복용한다고 해서 치료 효과가 떨어지지 않는다.

장기간 이어진 만성적 스트레스는 정신과 건강에 심각한 영향을 미친다. 아픈 아이를 오랜 기간 돌봐야 했던 엄마들을 집중적으로 연구한 결과 아이를 돌보는 시간이 길어질수록 그녀들의 몸속 세포의 미토콘드리아Mitochondria가 점점 짧아지고, 염색체 끝부분에 있는 텔로미어Telomere가 손상되면서 건강 상태가 갈수록 악화되었다.[15] 가난과 학대 속에서 자라온 어린 시절은 성장에 큰 걸림돌로 작용한다. 역경이 주는 스트레스에 노출되다 보면 아이의 당질 코르티코이드 수치가 지나치게 높아지고, 도파민 시스템이 뒤엉켜 성장 과정에서 감정 조절이 더 어려워지고 폭력적으로 변하며, 무언가에 더 쉽게 중독되는 경향으로 바뀌게 된다.[16]

물론 고난 속에서도 낙관적이고 긍정적인 마음가짐을 가지며 살아가는 사람들도 분명 많다. 하지만 그것은 고난의 작용 때문이 아니다. 그들은 고난 때문에because of 성장한 것이 아니라 고난에도 불구하고 in spite of 계속해서 성장한 것뿐이다. 만약 고난이 없었다면 그들은 더 크게 성장했을 수도 있다. 특수한 시대환경 속에서 정상적인 교육의

15 참고: 엘리자베스 블랙번과 앨리자 애플의 《텔로미어 효과(Telomere Eeffect)》. 〈엘리트 데일리 클래스〉 시즌 1, '스트레스를 대하는 생각의 차이'.

16 참고: Robert M. Sapolsky, Behave(2017). 칼럼 〈엘리트 데일리 클래스〉 시즌 3. 〈행위〉 6: 어린 시절의 계급.

기회를 박탈당한 채 매우 힘들고 별다른 가치를 부여할 수 없는 육체노동으로 내몰려야 했던 사람 중에는 그 시대가 자신을 단련시켰다고 말하는 경우도 있다. 이것은 잘못된 귀속의 오류다. 그는 단지 그렇게 긴 세월 동안 자신의 청춘을 헛되이 낭비했다는 것을 인정하고 싶지 않을 뿐이다.

어쩌면 당신은 고난과 압박이 사람을 단련시키는 데 확실히 일조하고, 이런 과정을 겪어보지 않고서야 어떻게 하고자 하는 바를 이룰 수 있겠냐고 말할지 모른다. 이것 또한 맞는 말이다. 사람은 누구나 스트레스에 정면으로 맞서는 법을 알아야 한다. 그러기 위해 가장 좋은 방법은 스트레스를 위협이 아니라 도전으로 받아들이고 정면으로 대처하는 것이다. 하지만 우리 주변에 너무나 많은 스트레스가 존재한다는 사실을 간과하면 안 된다. 아무리 잘나가는 외과 의사도 오랜 시간 동안 이어지는 복잡한 수술에 대한 스트레스를 피하기 어렵다. 아무리 똑똑한 학생이라도 시험에 대한 스트레스를 받기는 마찬가지고, 운동선수의 연습방식이 첨단 기술의 도움을 받는다 해도 고된 단련의 시간을 견뎌내지 않으면 발전을 기대할 수 없다.

고생과 스트레스의 압박은 피할 수 없는 현실이다. 하지만 정상적인 생활 속에서 이미 충분히 많은 고생을 했다면 굳이 고생을 자초할 필요가 없다.

특히 그 대상이 아이들이라면 더더욱 고생시켜서는 안 된다.

2020년 시드니대학교의 정치철학과 강사였던 루아라 페라치올리 Luara Ferracioli는 근심, 걱정 없는 환경이야말로 아이들에게 행복한 삶을 제공하기 위한 내재적 요구 조건이라는 논점을 제시했다.[17]

---

17 Luara Ferracioli, For a child, being carefree is intrinsic to a well-lived life, aeon, 8

이 견해는 일반인들이 생각과 전혀 다를 수 있기에 신중한 접근과 분석이 필요하다. 우선 '아이'에 대한 개념 정립이 필요하다. 아이와 어른을 구분 짓는 것은 무엇일까?

성인은 각종 스트레스의 가치를 합리적으로 평가할 수 있기에 걱정과 근심에 휩싸여도 얼마든지 대처할 수 있다. 즉, 어떤 목표를 실현하기 위해서라면 그에 상응하는 스트레스를 기꺼이 감당하고자 한다. 예를 들어 의사가 무려 여덟 시간 동안 이어지는 수술을 기꺼이 감수하는 것은 그 수술이 좋아서가 아니라 환자의 생명이 그의 손에 달려 있다는 책임감의 무게가 더 무겁기 때문이다. 이번 학기에 들어야 하는 수업 중 극도로 싫어하는 과목이 있다 해도 그 스트레스를 끝까지 견뎌내는 것은 순조로운 졸업을 위해 그 과정이 필요해서다.

그리고 이런 성인의 취사선택은 그들의 성숙한 가치관과 연동되어 있다.

그러나 아이는 다르다. 아이는 현재만을 살아가는 존재다. 만약 숙제하기 싫어하는 아이에게 숙제를 해야 나중에 대학에 가고, 좋은 직장에 취직도 하고, 돈을 많이 벌어 가정을 이룰 수 있다고 주저리주저리 잔소리해봐야 아무 소용이 없다. 아이의 머릿속은 알 수 없는 미래 따위보다 재미없는 숙제를 하고 싶지 않다는 생각으로 가득 차 있을 뿐이다.

성인은 이치를 아는 나이이기 때문에 취사선택에 큰 어려움이 없지만 아이는 다르다.

페라치올리는 자신의 논점을 뒷받침하기 위해 일례를 들었다. 어느

May. 2020. 논문 출처: Ferracioli, L. (2020), Carefreeness and Children's Wellbeing. J Appl Philos, 37:103-117.

집안에 중병에 걸린 외삼촌이 있고 가족 중 누군가 돌봐야 하는 상황이 되었을 때 열 살짜리 아이에게 학교에서 돌아와 세 시간 동안 외삼촌을 보살피라고 하면 어떨까?

성인은 이런 상황에 직면했을 때 합리적인 취사선택을 할 수 있다. 그는 자신의 도덕적 책임감과 외삼촌에 대한 정을 외면할 수 없지만 효율과 경제적 요소도 고려해야 한다. 그렇다 보니 자신이 반드시 해야 하는 일인지 비교적 적극적으로 고민할 수밖에 없다. 게다가 그는 이렇게 희생과 압박을 요구하는 일을 새로운 기회로 삼을 수도 있다. 즉 매일 세 시간 동안 외삼촌과 이야기를 나누며 인생의 이치를 배우거나, 자신의 인내심과 배려심을 단련시켜 더 나은 사람으로 거듭날 수도 있다.

하지만 아이에게는 이런 평가 능력이 없다. 아이에게 매일 세 시간을 희생한다는 것은 어떤 의미일까? 아이는 공부와 놀이를 할 수 있는 세 시간을 다른 사람을 위해 희생하는 것이 과연 가치 있는 일인지 평가할 수조차 없다. 물론 아이도 취사선택할 수 있겠지만, 그것은 합리적 평가를 거친 후에 나온 결과물이 아니다. 어쩌면 아이는 자신에게 부탁하는 부모의 눈치를 보며 그들을 화나게 하고 싶지 않아서 외삼촌을 돌보겠다고 말할 수도 있다.

성인은 무료한 일을 할 때조차도 재미를 느낄 수 있다. 단지 벽돌을 옮기는 일을 하고 있을 뿐이지만 교회를 짓고 있다고 자신을 스스로 위안할 수 있다. 만약 아이가 원래 사람을 돌볼 줄 모르고, 외삼촌을 싫어하는 상황에서 그 외삼촌의 성격마저 좋지 않다면 이 일이 아이에게 과연 즐거운 일이 될 수 있을까?

그렇다면 그 일은 아이의 입장에서 볼 때 충격 그 자체일 수 있다.

어른들은 타격을 받으면 감정을 조정할 줄 알지만 아이는 그럴 수 없다. 아이의 심리적 공간이 아무리 크다 한들 부정적 감정이 커질수록 긍정적 감정은 줄어들게 된다.

이것은 아이에게 절대적으로 좋은 일이 아니다. 아이의 마음이 즐겁지 않으면 몸도 부정적 영향을 받는다. 이런 고통은 아이의 성장 과정을 망가뜨릴 수 있다.

물론 당신은 페라치올리가 제시한 이런 사례에 동의하지 않을 수도 있다. 전통적으로 아랫사람이 윗사람을 보살피는 것을 너무나 당연하게 생각하는 경향이 강하게 자리 잡고 있기 때문이다. 하지만 페라치올리의 주장은 아이라고 해서 환자를 절대 보살피면 안 된다고 선을 긋는 것이 아니다. 만약 다른 선택의 여지가 전혀 없다면 아이의 도움을 받는 것도 하나의 선택지가 될 수 있다. 인생을 살다 보면 어쩔 수 없이 궁여지책을 써야 할 때가 생길 수밖에 없다. 다만 문제는 어떤 아이도 자신이 건강하게 자라야 한다고 말할 권리가 없었다는 데 있다.

'고생'은 나중에 '기쁨'으로 바꿀 수 있는 채권이 아니다. 그것은 내공을 쌓기 위한 자원이 아니고, 정신적으로 아직 덜 성숙한 사람에게 도리어 독이 될 수 있다.

그렇기에 다른 사람을 고통스럽게 만드는 일은 가능한 한 하지 말아야 한다. 특히 그 대상이 아이라면 더 주의를 기울일 필요가 있다. 타인에게 상처를 주고도 마치 그 사람을 단련시키는 데 스스로 일조라도 한 것처럼 도리어 고마워해야 한다고 말하는 것은 그야말로 어불성설이다. 세상에는 어쩔 수 없이 감내해야 할 스트레스들이 넘친다. 그렇다면 우리는 아이들이 가능한 한 즐겁고 행복한 어린 시절을 보내도록 지켜줘야 하고, 그들에게 고통의 짐을 지워서는 안 되며, 자신을 포함한 모든 사람이 조금이라도 즐겁게 살아갈 수 있도록 최선을 다해야 한다.

치열한 경쟁이 판치는 시대에 살아남기 위해 직면해야 하는 고통과 스트레스는 피할 수 없는 요소가 돼버렸다. 만약 당신이 어쩔 수 없이 감내해야 할 고통에 직면해 있다면 고통 없는 성장은 없다거나, 나를 죽이지 못하는 그런 것들이 오히려 나를 더 강하게 만들 것이라는 등의 생각은 저 멀리 던져버리고, 가능한 한 빨리 스스로 정신을 성숙하게 만들 필요가 있다.

5

높은
효율의
방임

'성공한 사람이 모두 나쁜 사람이라면 굳이 착한 사람이 될 필요가 있을까?'

이것은 반문이 아니라 진짜 궁금해서 하는 질문이다. 우리는 모두 착한 사람이 손해를 보지 않고 보답받길 바라지만, 이런 보상과 관련된 어떤 과학적 근거도 존재하지 않는다.

이뿐 아니라 심리학자들의 최신 연구 결과에 따르면 어떤 일의 결과로 '보답'을 받은 사람은 대부분 '착한 사람'이 아니었다.

우리는 이따금 결정에 앞서 자신에게 유리한 방향과 자신의 양심에 부끄럽지 않은 방향 사이에서 선택의 갈림길에 서게 될 때가 있다. 만약 당신이 이성적인 사람이라면 어떤 선택을 할 것인가?

유능한 사람들의 습관

최근 인터넷에서 우연히 접하게 된 〈사고력 문제〉[18]라는 글을 보면 난처한 상황이 주어졌을 때 나라면 어떻게 대처할지를 묻는 흥미로운 질문이 나온다. 이를테면 당신이 상사의 부정부패를 알게 된다면 어떻게 행동할 것인지를 묻는 식이다.

이 글의 저자 차오리리曹莉莉는 이런 답변을 내놓았다.

만약 당신이 평소 부정부패를 목격할 기회조차 없을 만큼 평범한 직원이라면 가능한 한 몸을 사리고 알아도 모르는 척 넘기는 수밖에 없다. 설사 당신이 정의감에 넘쳐 그 사실을 공론화하고 신고한다 한들 증거가 없기 때문이다.

하지만 당신이 비서나 보좌관 같은 핵심 인물이라면 말이 달라진다. 우선 당신은 그 상사의 편에 서서 부정부패에 손을 대면 절대 안 된다. 그렇지 않으면 나중에 문제가 불거졌을 때 가장 먼저 누명을 뒤집어쓰는 사람은 바로 당신이 될 수 있다. 또한 상사의 부정부패를 알았다고 해도 바로 신고나 고발을 하면 안 된다. 그렇게 하지 않으면 다른 상사의 눈 밖에까지 나게 되고, 결국 영원히 일자리를 잃을 수 있다. 당신은 모든 수단과 방법을 동원해서 그가 벼랑 끝으로 떨어지지 않도록 암암리에 상사의 부정부패를 막아야 한다. 그렇게까지 노력했는데도 그가 고집을 꺾지 않고 벼랑 끝으로 혼자 달려간다면 그때 가서 사직서를 내도 늦지 않는다.

이것이야말로 직장 안에서 자신의 본분을 지키면서 도덕적 책임을 저버리지 않는 아주 완벽한 답안이다.

---

18 참고: http://www.ledu365.com/a/shehui/37211.html.

하지만 범중엄范仲淹의 〈악양루기岳陽樓記〉에 나오는 '내가 옛 성현의 어진 마음을 헤아려봤더니 두 가지 경우의 행위가 다른 것은 어째서인가予嘗求古仁人之心, 或異二者之爲, 何哉?'라는 구절처럼 차오리리의 답변 역시 경우에 따라 그 선택의 방향이 달라진다. 즉, 그녀의 답변은 계속해서 평범한 사람으로 살아가고 싶을 때 따를 수 있는 선택지다. 반대로 당신이 평범한 사람으로 사는 것에 만족하지 못하고 리더가 되고 싶다면 어떻게 행동해야 할까?

사회적으로 높은 자리에 있는 사람들부터 한번 살펴보자. 그들 역시 그 자리까지 가는 동안 부정부패를 일삼던 상사와의 만남을 피하기 어렵다. 그런 상황과 맞닥뜨렸을 때 그들이 현실에 안주하지 않고 더 높은 곳까지 올라가고 싶다면 아마도 다음과 같은 이유로 현실과 타협하지 않을까 싶다. 첫째, 직장 내에서 서열이 높아질수록 상사의 부정부패와 관련된 핵심 증거에 점점 가까워질 수밖에 없다. 둘째, 그들이 모셨던 상사는 몇 마디 설득 따위에 부정부패를 멈출 만큼 어설픈 사람들이 아니다. 셋째, 그들은 사회적으로 높은 자리에서 권력을 누리고 있는 이상 절대 사표를 낼 리 없다.

그래서 우리가 내릴 수 있는 가장 합리적인 추론은 이렇다. 그들은 물이 너무 맑으면 물고기가 살지 못한다고 자신의 결정을 합리화시키며, 확실한 증거를 손에 넣고도 고발을 하지 않고, 심지어 상사와 함께 부정부패를 저지를지도 모른다.

우리는 각종 위험 요소와 이익을 계산하며 이해득실에 일희일비하느라 전전긍긍한다. 그래서 정의를 외치는 사람 중에는 이런 사회의 부조리한 민낯을 견디지 못한 채 그들이 오랫동안 몸담았던 곳을 벗어나 아예 등지고 살기도 한다.

나는 대학 시절에 구룽古龍의 소설을 자주 빌려 보곤 했다. 그러던 어느 날《원월만도圓月彎刀》의 어느 한 구절을 읽는 순간 젊은 심장이 뜨겁게 끓어오르기 시작했다. 그 당시 나는 '그는 올바른 길을 걸어가고, 그 길 위에서 두각을 나타내고 싶어 했다'라는 구절에 밑줄까지 쳐가며 마음속에서 곱씹기를 반복했다. 도대체 어떻게 해야 올바른 길을 가며 두각을 드러낼 수 있을까?

이 질문에 대한 해답을 찾기 위해 구룽의 다른 소설도 읽어봤지만 별다른 수확이 없었다. 그러던 중에 당시 베스트셀러였던 스티븐 코비Stephen Covey의《성공하는 사람들의 7가지 습관》에서 그 답을 찾을 수 있었다. 그것은 이 책에서 강조했던 성공한 사람들의 일곱 가지 습관 중 두 번째 습관, 즉 원칙을 바탕으로 일하는 것이다.

이 책에서 스티븐 코비는 일종의 사명감을 갖고 인생의 비전과 방향을 찾아야 한다고 말하고 있다. 이런 비전은 성공한 후에 섬을 사서 은퇴생활을 즐기는 식의 장래 계획이 아니라 개인의 최종적인 바람과 가치관 같은 비교적 고차원적인 영역이다. 예를 들어 세상을 바꾸거나, 혹은 죽고 난 후에 존재의 가치를 인정받으며 높은 평가를 받는 것이 여기에 해당된다. 요컨대 이런 사명감을 바탕으로 헌법과도 같은 원칙을 세우고, 항상 마음속에 새기며 매사 신중하게 행동하고 최선을 다해야 한다.

돈, 향락, 명성, 일과 가정을 가치판단의 중심으로 삼는 것보다 차라리 '원칙'을 중심으로 삼는 편이 낫다.

그 이유를 설명하기 위해 스티븐 코비는 한 가지 예를 들었다. 당신이 퇴근 후에 아내와 연극을 보러 가는데 갑자기 사장으로부터 야근을 해야 할 일이 생겼다며 회사로 와달라고 전화가 왔다. 이때 일을 중심으로 생각하는 사람은 야근을 하러 가고, 가정을 중심으로 생각하는 사람은 아내와의 약속을 지킬 것이다. 그러나 원칙을 중심으로 생각하는 사람은 전반적인 상황을 고려해 갑작스러운 상황에서도 당황하지 않고, 사명감 혹은 의무에서 비롯된 주도적인 결정과 선택을 한다. 일 중심주의자는 승진 혹은 동료와의 경쟁에서 살아남기 위해 회사로 돌아가 야근을 하기로 결정할 것이다. 반면에 원칙주의자가 야근을 결정했다면, 그것은 회사를 위하는 진심 어린 마음에서 우러나온 것이라고 볼 수 있다. 그는 이런 결정을 내리기까지 다음과 같은 고민의 과정을 거쳤을 것이다. 만약 이번 야근에 회사의 명운이 달려 있다면 아내에게 미안하지만 다시 회사로 돌아가 일해야 한다. 반대로 이번 야근이 회사 이윤에 타격을 줄 만한 심각한 사안이 아니라면 아내와의 약속을 지키는 편이 낫다.

원칙주의자가 상사의 부정부패를 알게 됐다면 어떤 결정을 내릴까? 한 가지 확실한 것은 그의 출발점이 우리와 전혀 다르다는 사실이다. 아마도 그는 순전히 자신의 이익만을 위해 이해득실을 따지는 것이 아니라 회사 심지어 국가를 우선순위로 두고 생각할 것이다.

그러므로 원칙을 중심으로 삼으며 성공한 사람들의 일 처리 방식은 수단과 방법을 가리지 않고 일신의 영리만을 추구하는 사람들과 전혀 다른 결과를 낳는다. 즉, 그들은 공명정대할 뿐 아니라 도덕적 책임감까지 갖추며 주변 사람들로부터 존경과 부러움의 대상이 된다.

다만 《성공하는 사람들의 7가지 습관》의 유일한 문제점을 꼽자면 1989년에 출간된 책이다 보니 아무리 구구절절 옳은 말이라고 한들 학술적 연구의 뒷받침이 부족하다는 것이다. 요즘 시대에 이런 부류의 책이 과학적 증거조차 뒷받침되지 않은 채 출간된다면 절대 베스트셀러 대열에 오를 수 없다.

그렇다면 이 책이 출간된 지 30여 년이 지난 시점에서 성공한 사람들의 이런 습관을 따르고 올바른 길을 걸어가다 보면 반드시 두각을 드러낼 수 있다는 주장을 뒷받침할 만한 과학적 증거가 지금은 과연 존재할까?

안타깝게도 그런 증거는 여전히 존재하지 않는다.

누가 더 이기적일까?

부동산 그룹 완퉁萬通 홀딩스의 CEO이자 유상儒商(유교의 철학적 사유와 가치를 몸에 지닌 기업인을 일컫는 말-역주)으로 불리는 펑룬(馮侖)은 홍콩의 최고 갑부 리카싱李嘉誠과 식사 자리를 가진 후 그의 소탈하고 배려 깊은 모습에 깊은 감명을 받았다. 그는 그때의 일화를 이렇게 회고했다.[19] 그는 놀랍게도 엘리베이터 앞에서 방문객을 맞이했고, 식사하거나 사진을 찍을 때도 추첨 순서에 따라 공정하게 진행을 했다. 그는 현장에 있던 모든 사람을 존중하고 배려했고, '자아의 확립과 무아無我의 추구'라는 제목의 그의 강연 역시 '돈이 아닌 소프트파워Soft Power(돈이나 권력 등의 강요가 아닌 매력을 통해 얻을 수 있는 능력-역주)'를 실현한 그의 존재감을 각인시키기에 충분했다.

그렇다고 해서 이 이야기가 그리 놀라운 것도 아니다. 사람들의 머

---

19 펑룬: 리카싱의 식사 대접법. http://finance.sina.com.cn/leadership/crz/20140603/082819312234.shtml.

릿속에 진정한 엘리트라면 누구나 친절하고 배려심이 깊으며 남다른 품격과 배포를 지니고 있고, 그들의 성공 역시 투기를 하거나 권세에 빌붙어 이익을 도모하는 방식이 아니라 정당한 방법과 소프트파워를 통해 만들어진다는 믿음이 강하게 자리 잡고 있기 때문이다. 심지어 그들은 '가난한 사람은 자신에게 관대하지만, 부자는 다른 사람에게 관대하다'[20]는 식의 말처럼 엘리트의 사고방식이 보통 사람과 본질적으로 다르다고 여긴다.

하지만 이것은 그저 사람들이 듣고 머릿속에 각인시킨 생각에 불과하며 그것을 증명하기 위해서는 실질적인 연구 결과가 필요하다. 2021년에 발표된 한 논문[21]을 보면 심리학자 폴 피프Paul K. Piff와 그의 동료가 진행한 일곱 가지 연구의 내용이 나온다. 이 연구에 따르면 부자와 소위 상류층에 속하는 사람들의 도덕적 수준이 일반인보다 높지 않고, 심지어 어떤 경우에는 일반인보다 낮은 것으로 나타났다.

처음 두 연구에서 연구팀은 샌프란시스코 해안가에 있는 한 건널목과 교차로에서 그곳을 오가는 수백 대의 차량을 관찰했다. 이 두 곳에는 신호등 대신 교통 표지판만 설치되어 있고, 캘리포니아의 주정부는 자동차보다 보행자가 우선하고, 교차로에서는 뒤에서 오는 차량이 먼저 진입한 차량에 양보해야 한다고 법적으로 규정했다. 그렇다면 이번 실험에서 어떤 차가 교통법규를 준수하며 양보를 했고, 어떤 차가 교통의 흐름을 방해했을까? 연구팀은 차량을 가격대에 따라 다섯 등급으로 나눠 실험을 진행했다. 그 결과 두 번의 실험에서 제일 낮은

20 참고: http://www.heliangshui.com/gushi/952.html.
21 Paul K. Piff et al., Higher social class predicts increased unethical behavior, Proc Natl Acad Sci U S A. 2012 Mar 13: 109(11): 40864091. 관련 보도 기사: http://news.sciencemag.org/2012/02/shame-rich.

등급의 차량이 교통법규를 가장 잘 지켰고, 반면에 제일 높은 등급에 속한 차량은 모두 교통법규를 무시했다. 운전자의 나이와 성별 등의 요소를 배제해도 비싼 차를 모는 사람이 교통법규를 제대로 지키지 않는다는 결론에는 변함이 없었다.

세 번째 연구는 캘리포니아대학교 버클리에 다니는 학생 100명을 대상으로 진행되었다. 실험에 앞서 그들의 사회, 경제적 배경을 알아본 후에 일상생활에서 저지를 수 있는 여덟 가지의 부도덕한 행동에 대해 알려주고, 이와 비슷한 경험이 있는지 물어보았다. 이 여덟 가지 행동은 일부로 부자를 겨냥해 만들어낸 사례가 아니라 일반인들이 더 쉽게 맞닥뜨릴 수 있는 것들이었다. 예를 들면 식당에서 아르바이트하면서 음식을 몰래 훔쳐 먹기, 학교 비품인 복사 용지를 집에 가져가기, 가게에서 거스름돈을 더 받고도 안 돌려주기 등이다. 실험 결과 사회, 경제적 지위가 높은 사람일수록 이런 부도덕한 일을 더 쉽게 저지르는 것으로 나타났다.

나머지 연구에서도 '상류층'에 속한 피실험자일수록 탐욕과 이기심을 긍정적으로 받아들이는 경향을 보여주었다. 이를테면 그들은 취업을 위해서라면 면접에서 거짓말을 해도 무방하다고 여겼고, 심지어 상품이 걸린 실험에서는 그 상품을 손에 넣기 위해 부정행위까지 서슴지 않았다. 이뿐 아니라 심리적 영향에 관한 평가를 보면 설사 '자신이 상류층 사회에 속한다고 느끼는' 것만으로도 피실험자는 물건을 훔치는 데 더 거리낌이 없었다.

이런 연구 결과를 어떻게 이해해야 할까? 일각에서는 부자들의 도덕적 수준이 낮은 것은 그들이 타인의 시선을 전혀 신경 쓰지 않기 때문이라고 보고 있다. 보통 사람은 자원의 제약을 받기 때문에 살아남으려면 다른 사람과 서로 돕고 의존해야 한다. 그래서 자신의 이미지에 더 집착하고, 함부로 부도덕한 일을 하지 못한다. 반면에 부자는 독립성을 유지할 만큼 충분한 자원을 가지고 있기 때문에 다른 사람에게 관심을 두지 않고, 타인의 시선에 신경 쓸 필요가 없다. 예를 들어 낯선 사람과의 교류를 살펴보는 실험에서 부자일수록 상대방에 대해 겉으로 드러내는 관심과 상호작용이 적은 것으로 나타났다.[22]

이것은 부유함이 부도덕함을 초래한다는 것과 일맥상통한다. 2015년에 시행된 한 연구[23]에서도 비슷한 결과가 나왔다. 즉 사회적, 경제적 지위가 더 높은 그룹은 주로 자신을 위해 속임수를 쓰고, 일반 사람은 대부분 다른 사람을 위해 속임수를 사용했다. 여기서 한 발짝 더 나아가서 일반인 그룹의 피실험자에게 모종의 권력을 부여하자 그들 역시 바로 이기적인 모습을 보이며 자신을 위해 속임수를 썼다.

또 다른 관점은 그들이 부도덕하므로 부자가 된 것이라고 보는 것이다. 앞에서 언급한 피프 등은 실험을 통해 탐욕에 대한 부자의 태도가 일반 사람과 본질적으로 다르다는 사실을 발견했다. 일반 사람은 탐욕을 부정적으로 바라보지만, 부자는 그것을 성공의 동력으로 간주한다. 그들은 무슨 일을 하든 자신에게 유리한 쪽으로 끌고 가려고 한다. 어쩌면 그래서 탐욕스러운 사람이 그렇지 않은 사람보다 더 돈을 많이 버는지도 모르겠다. 심지어 피프는 논문에서 부도덕한 사람일수록 더 쉽게, 더 많이 부를 창출하는 메커니즘은 자기 영속성

22 Rich People Just Care Less By Daniel Goleman, October 5, 2013. http://opinionator.blogs.nytimes.com/2013/10/05/rich-people-just-care-less/.

23 보도자료: http://arstechnica.com/science/2015/02/the-powerful-cheat-for-themselvesthe-power less-cheat-for-others. 논문 출처: http://psycnet .apa.org/?&fa=main.doiLanding&doi=10.1037/pspi0000008.

self-perpetuation인 특징을 가지고 있고, 사회의 빈부 격차를 더 확대할 수 있다고 지적했다.

이런 다양한 관점을 떠나서 연구자들이 공통으로 인정하는 한 가지 사실을 짚어보자면, 그것은 바로 사회, 경제적 지위가 높은 그룹이 일반 사람들보다 훨씬 이기적이라는 것이다.

중국의 일부 재벌이 해외 대학에 기부금을 쏟아붓자, 국민 사이에서 거센 비난이 일어났다. 그들은 돈 많은 사람이 왜 국내 대학에 기부하지 않고 해외로 눈을 돌리는지, 왜 '희망공정PROJECT HOPE(중국의 교육지원 사업-역주)'에 기부하지 않는지 비난을 쏟아냈다.

월간 〈애틀랜틱The Atlantic〉의 보도[24]에 따르면, 2011년 미국의 최저소득계층에 해당하는 20%의 국민이 자신의 재산 중 3.2%를 기부한 반면에, 소득이 가장 높은 20%의 국민은 고작 1.3%를 기부하는 데 그쳤다. 2012년 최고 기부액 50위 안에 오른 기부 내역 중에서 사회복지나 빈곤 문제의 해결에 쓰인 항목은 단 한 건도 없었다. 부자의 기부금은 다 어디로 간 것일까? 최대 수혜자는 바로 명문 대학과 박물관이었다.

부자는 보통 사람들에 비해 훨씬 이기적이다. 다시 말해서 보통 사람은 대부분 동정심 때문에 기부를 하지만, 부자는 자신에게 유리한 목적을 위해 기부를 결정한다. 보통 사람은 '내 집 어른을 모시듯 남의 집 어른을 대하고, 내 아이를 사랑하는 마음으로 남의 집 자식을 대하라老吾老以及人之老, 幼吾幼以及人之幼'는 관점에서 행동에 나선다. 이에 반해 서방 상류층 사회에서는 오로지 이익만 보고 계산적으로 움직이는 데 더 익숙하다.

---

24 http://www.theatlantic.com/magazine/archive/2013/04/why-the-rich-dont-give/309254/.

공정한 세상 가설

그런데 앞서 언급한 연구 결과들 어디에도 성공을 위한 '원칙 중심'의 습관이 승진, 연봉 인상 혹은 세속적 의미의 성공에 도움 된다는 내용이 보이지 않는다. '도덕적인 사람이 되어야 성공에 좀 더 빨리 다가갈 수 있다'라는 것을 증명할 만한 연구 결과 역시 찾아볼 수 없었다.

어떻게든 다른 사람을 속여 가며 잇속을 차리려는 사람은 절대 성공의 문을 통과할 수 없다. 그런데 아무런 사심 없이 그저 남을 위해 봉사만 할 줄 아는 사람이라고 해서 반드시 좋은 결과를 얻는 것만도 아니다. 결국 성공에 더 쉽게 다가가는 사람은 어쩌면 표면적으로 다른 사람과 잘 어울리지만 실제로는 아주 이기적이고, 심지어 가끔은 속임수를 쓸 줄도 아는 사람일지 모른다.

이것은 우리가 아는 상식에 너무나도 위배되는 말이다. 그렇다면 좋은 사람이 좋은 일을 하고도 아무런 보답도 받지 못한다는 것일까? 나는 좋은 사람이 되어야 한다는 것에는 찬성하지만 아무리 좋은 사람이라 해도 정확한 세계관을 가지고 있어야 한다고 생각한다.

좋은 사람은 종교적 의미의 인과응보를 믿지 않는다고 해도 이 세상에서 좋은 일을 하면 그에 상응하는 보답을 받고, 나쁜 짓을 한 사람은 벌을 받아야 한다고 생각한다. 다시 말해서 우리는 세상이 공평, 공정하다고 여기고 있다. 하지만 이것은 정말이지 잘못된 세계관이다. 심리학자는 이런 착각을 전문 용어로 '공정한 세상 가설just-world hypothesis, just-world fallacy'이라고 부르기도 한다.

사실 세상은 공평하지 않다. 공평은 단지 소설이나 영화 속에서나 등장하는 환상일 뿐이며, 그런 스토리의 결말이 공정과 정의의 승리로 끝나는 것은 그저 우리의 바람이 반영된 것에 지나지 않는다.

스탠퍼드대학교 경영대학원의 제프리 페퍼Jeffrey Pfeffer 교수는 그의 저서 《권력의 기술》에서 '공정한 세상 가설'에 대한 믿음이 초래하는 세 가지 폐해를 제시했다.

첫째, 다른 사람의 성공으로부터 아무것도 배울 수 없다. 성공을 위해 수단과 방법을 가리지 않는 사람을 싫어하다 보니 그의 경험을 무시하고, 아무것도 배우려 들지 않게 된다. 사실 그 사람에 대한 당신의 감정과 그 사람으로부터 배울 수 있는 가치는 아무런 상관도 없다.

둘째, 자신에게 주어진 일만 잘하면 된다고 여기며 세상에서 일어나는 나쁜 일을 자신과 상관없는 일이라고 외면하고 과소평가하게 된다. 이러다 보면 마치 다른 사람이 계속해서 당신의 앞길을 가로막는 것처럼 어떤 일을 하더라도 난관에 부딪힐 수 있다.

셋째, 성공한 사람과 실패한 사람이 전혀 다른 결과를 얻는 데는 반드시 그 이유가 있다고 생각하게 된다. 하지만 이것은 완전히 잘못된 생각이다. 사람들이 흔히 저지르는 실수가 바로 성공한 사람이라면 모든 것을 좋게 보고, 실패한 사람이라면 색안경부터 끼고 보는 것이다.

그렇다면 어떻게 해야 이 세상에서 성공할 수 있을까? 페퍼 교수는 《성공하는 사람들의 7가지 습관》과 달리 그의 저서 속에 논점을 증명할 만한 실질적인 연구 결과를 대거 인용했다. 그는 본인이 미국에서 진행했던 다양한 연구 결과를 제시하며 두 가지 사실을 알려주었다.

첫째, 한 사람이 권력을 얻고 승진을 하는 데 업무 실적은 중요한 요소가 아니다.

둘째, 승진을 결정하는 가장 중요한 요소는 상사와의 관계다.

좋은 사람이 되면 좋을 것 같지만 이것은 평범한 사람의 생각일 뿐이다. 사실 경제학의 관점에서 볼 때 당신은 '이성적인 사람'이 되어야 한다. 이것은 당신이 자신의 이익에 따라 움직여야 하므로 '좋은 사람'이 될 수 없다는 의미이기도 하다.

그렇다면 좋은 사람은 어떻게 처신해야 할까? 하늘이 두 쪽 나도 좋은 사람이 되고자 한다면 결국 세상에서 도태되고 마는 것일까?

그렇지는 않다. 좋은 사람이 되면 절대 성공할 수 없다고 할 만한 확실한 증거 역시 없기 때문이다.

칸트식 방임주의

이제 올바른 세계관이 정립되었으니 좋은 사람, 도덕적인 사람이 되면 어떤 점이 좋은지 분석해보자.

코비가 제시한 두 번째 습관이 원칙 중심주의라면, 성공한 사람들의 첫 번째 습관은 바로 '적극적이고 주도적인' 태도다. 사실 이 습관은 도덕의 핵심 요소라고 할 수 있다.

상사의 입에서 오늘 야근을 하는 사람에게 수당 외에 보너스를 더 챙겨주겠다는 말이 나왔을 때 그 보너스를 받기 위해 야근을 결정했다면, 당신은 주도적인 사람이 아닌 소극적이고 수동적인 사람이다. 외부에서 가해지는 자극에 따라 반응하기 때문이다. 이것은 비교적 저차원적인 행동 양상으로 자유의지가 없다는 점에서 노예나 세균과 다를 바 없다.

이보다 좀 더 고차원적으로 행동한다면 어떨까? 보너스와 상관없이 상사에게 눈도장을 찍기 위해 '자발적'으로 야근을 한다면 당신은 정말 주도적이고 적극적인 사람이라고 할 수 있을까? 그도 그렇지 않다. 당신이 야근을 신청한 궁극적인 목적이 여전히 자신의 이익에 있으니, 결국 물질적 자극에 따라 움직인 셈이다.

진정한 의미의 주도적이고 적극적인 행동은 외부의 자극 때문이 아니라 온전한 자신의 의지로 결정하는 것을 가리킨다. 당신의 자유의지가 외부의 제약으로부터 영향을 받지 않아야 자극과 반응 사이에서 선택하고 행동할 수 있는 자유와 능력을 갖출 수 있다.

코비가 드러내어 말하지는 않았지만 사실 그가 말한 이 적극적이고 주도적인 행동은 바로 칸트 철학의 도덕관과 일맥상통한다.

칸트는 이익을 좇거나 처벌을 피하기 위해서뿐 아니라 심지어 자신의 동정심을 충족시키기 위해 행동하는 것은 진정한 의미의 자유가 아니라고 말했다. 즉, 책임과 의무를 다하고자 하는 순수한 마음에서 어떤 일을 했을 때만 비로소 진정한 의미의 자유와 도덕을 실현했다고 할 수 있다.

칸트 철학은 워낙 방대하고 심오해 온전히 이해하기 어렵지만 진정한 의미의 자유를 논한 이 말만으로도 우리가 왜 좋은 사람이 되어야 하는지 충분히 설득력을 갖는다.

그렇다면 다시 한번 정리해보자. 그동안 많은 연구 논문을 찾아서 연구해봤지만 도덕적인 사람이 세속적 의미의 성공을 거두는 데 유리하다고 말한 논문은 단 한 편도 보지 못했다.[25] 반면에 도덕이 세속적 의미의 성공에 아무런 도움도 되지 않는다고 직접 거론한 논문은 수

---

25 이 경제학 논문 역시 그중 하나다: Mark D. White, Can homo economicus follow Kant's categorical imperative? Journal of Socio-Economics 33 (2004) 89106.

도 없이 많이 봤다.

그런데도 우리는 왜 도덕적인 사람이 되어야 할까? 그 답은 우리가 어떤 사람, 어떤 감정 혹은 다른 무언가의 노예가 아니라 스스로의 주인이 되고 싶어 하는 데서 찾아야 한다.

수단과 방법을 가리지 않고 남의 비위를 맞추거나 아첨하는 것 외에도 성공의 방식은 존재한다. 그것은 바로 자신의 지혜와 용기를 믿고 다른 사람이 감히 넘보지 못한 모험에 도전하고, 다른 사람이 감히 감당할 수 없는 책임과 대가를 스스로 짊어지는 것이다. 이것은 계산기를 두드리며 성공 확률을 따져본 후 나온 행동이 아니라 당신이 믿는 어떤 원칙과 책임감에서 나온 결과물이다.

다시 말해서 당신이 어떤 일을 하기로 결심했다면, 그것은 오로지 자신의 의지에 따른 행동이어야 한다. 칸트는 마음 가는 대로 자유의지에 따라 어떤 일을 하는 것이야말로 진정한 의미의 자유 선택이라고 여겼다.

그래서 '마음 가는 대로 하는 것'은 방종이 아니라 좋은 의미를 내포하고 있다. 다만 이것은 어린아이가 제멋대로 행동하는 것과 다르다. 아이는 자유의지로 움직이는 존재가 아니라 단지 욕망에 따라 행동하는 욕망의 '노예'로 볼 수 있기 때문이다. 칸트와 코비가 말한 것처럼 자신의 의지에 따라 원칙과 책임감에서 나온 선택이야말로 진정한 의미의 자유 선택이라고 할 수 있다.

사실 자유의지에 따라 행동했다고 해서 크게 좋은 점은 없다. 칸트도 말했듯이 좋은 점도 좋아지는 것도 없는 것이 맞다. 정말 무언가 좋아진다면 '마음 가는 대로'라는 말을 쓰지 않았을 것이다.

그래도 자유의지를 따랐을 때의 긍정적 에너지를 찾아보자면 자존감이 커진다는 점이다.

이제 이 글의 처음으로 다시 돌아가자. 상사가 부정부패를 저지르고 있다면 당신은 어떻게 하겠는가? 현실 세계에서 이런 상황과 맞닥뜨린다면 구체적인 상황에 따라 대처 방법과 선택이 달라진다. 우리는 추상적인 문제에 대해 표준 답안을 내놓을 수 없지만 '노예가 될지 아니면 주인이 될지'를 선택할 방향을 제시할 수 있다.

칸트는 융통성이 전혀 없는 고지식한 사람으로 어떤 상황에서든 누구도 도구로 삼을 수 없고, 속여서도 안 된다고 여겼다. 하지만 나는 도덕적 수양이 부족한 탓에 누군가 스스로 노예가 되기로 선택했다면 그냥 타인의 도구가 되도록 놔두자는 주의다. 그래서 나는 노예와 주인 중 어느 쪽을 선택하든 상황에 따라 잠시 세속적인 것들에 영합하기도 하고, 때로는 불의에 맞서 반격을 할 줄도 알아야 한다고 말하고 싶다. 물론 그 결과는 성공일 수도 있고, 실패일 수도 있다.

하지만 두 가지 관점으로부터 얻을 수 있는 자존감의 크기는 완전히 다르다.[26]

---

26 칸트는 도덕적 우월감을 얻기 위해 행동했다면 부도덕하며 자유롭지 못하다고 비판했다.

6

외부 요인,
자기 요인 및
구축 요인

사람들 사이에서 유행하는 속담은 때때로 시대정신을 반영하기도
한다. 예전 사람들은 어려운 상황에 부닥치면 가장 먼저 자신을 좀 더
나은 사람으로 만들고자 하는 경향을 가지고 있었다. 한마디로 '성격
이 운명을 결정한다'라는 말에 대한 믿음이 있었다. 지금은 '운명',
'운', '연사의 흐름'과 같은 객관적 요소에 더 치중하는 경향을 보인다.
즉, '선택이 노력보다 우선시되는' 세상이 된 것이다.

그렇다면 통계학적 관점에서 판단할 때 과연 성격이 운명을 결정할
까? 아니면 선택이 노력보다 우선시될까? 전문직에 종사하지만 일을
해도 즐거움을 찾을 수 없다면, 그 직업이 자신과 안 맞는 것일까? 아
니면 스스로를 변화시키려고 노력해야 할까? 당신이 한 회사에서 실
적을 제대로 내지 못한다면 그 회사의 문제일까? 아니면 본인의 능력
이 부족해서일까?

이와 관련된 답을 얻기에 앞서 2020년 발표된 새로운 연구 결과를 먼저 살펴보자.

당신이 연인 혹은 배우자와 애정관계를 형성하고 있다고 가정해보자. 그런데 지금 당신은 두 사람의 관계가 그다지 좋지 않다고 느끼고 있다. 그렇다면 당신은 그 원인이 상대방과 본인 중에서 누구에게 있다고 생각하는가? 혹은 다른 원인이 있다고 생각할 수도 있다. 물론 사람마다 사연은 다르겠지만 연구자의 입장에서 볼 때 전문적 접근이 가능하다.

이것은 사람과 사람 사이의 관계를 연구하며 새롭게 부상하고 있는 관계학과 관련이 되어 있다. 이는 위챗에서 유행하는 그런 일반적인 관계학이 아니라 과학적인 방식으로 연구하는 학문이다. 연구자들은 지난 20년 동안 탄탄한 연구 성과와 지식을 쌓아왔고, 그것을 바탕으로 '관계 과학relationship science'[27]이라고도 불리는 학문을 완성했다. 우리가 말하고자 하는 이 연구는 관계 과학의 이정표라고 불릴 만한 것으로, 사회과학 논문의 최고 권위지인 〈미국 국립과학원회보PNAS, Proceedings of National Academy of Sciences〉에 실리기도 했다.[28] 이 논문이 대단하다고 평가받는 이유는 43편의 논문을 메타 분석하고, 총 11,193쌍의 연인과 부부를 설문 조사했으며, 100명에 가까운 연구자의 공동 서명을 거쳐 사람들이 늘 묻는 질문에 답하고자 했기 때문이다.

27 Emma Betuel, LANDMARK STUDY ON 11,196 COUPLES PINPOINTS WHAT DATING APPS GET SO WRONG, inverse.com 7.27.2020.

28 Samantha Joel et al. Machine learning uncovers the most robust self-report predictors of relationship quality across 43 longitudinal couples studies, PNAS first published July 27, 2020.

낭만적인 관계의 좋고 나쁨을 결정할 때 가장 중요한 요소는 도대체 무엇일까?

연구자는 설문 조사의 방식으로 통계를 내며 열정, 지지, 갈등, 나이, 소득, 교육, 학력, 권력 등 기본적으로 일반인이 생각해낼 수 있는 모든 요소를 포함하는 60여 개의 요인을 찾아냈다. 데이터의 공신력을 높이기 위해 연구진은 연구 대상자 중 43%를 상당한 시간 간격을 두고 다시 만났다.

이 모든 요소는 두 가지 범주로 분류된다. 하나는 개인을 설명하는 요소이고, 또 하나는 이 관계 속의 행동 패턴이다. 이를테면 성격적 특징, 나이, 소득, 교육 수준 등은 이 사람이 어떤 사람인지를 나타내는 개인적 요소이다. 또한 상대방을 지지하고, 신뢰하고, 사랑하는지 여부는 관계 속의 행동 패턴에 해당한다.

'관계 속 행동 패턴'의 요소를 전문적으로 열거할 수 있는 것은 관계를 연구하는 과학자의 영역이다. 일반인은 맞선 상대를 선택할 때 개인적인 요소를 주로 본다. 일반적으로 고학력자에 나이 어린 상대를 선호하는 등의 약간의 기준이 있고, 자신의 성격과 맞을 만한 상대방의 성격을 따지기도 하다. 사실 이 모든 것은 '사람'을 선택하는 것이지 '관계'를 선택하는 것이 아니다.

물론 아무리 괜찮은 사람이라고 해도 특정 관계 속에서 좋은 행동 패턴을 보일 거라고 단정할 수 없다. 여러 지표만 보면 별로일 수 있는 한 사람이 연인에게만큼은 특별히 좋은 사람으로 평가받는 예도 있다. 모든 사람에게 좋은 성격을 가졌다고 평가받는 사람이 아내에게만큼은 너무나도 무관심하고 형편없는 남편일 수 있다.

그러나 통계적으로 좋은 사람이 좋은 행동 패턴을 가질 가능성이 더 큰 것도 사실이다. 그렇다면 이 연관도를 어떻게 받아들여야 할까? 개인적 요소를 중요하게 판단해야 할까? 아니면 관계 속 행위 패턴을 중요하게 봐야 할까?

연구자가 사용한 평가 지표는 '예측 강도'이다. 예를 들어 고소득자는 배우자를 행복하게 만들고, 저소득자는 배우자를 불행하게 만드는 것처럼 소득과 행복이 직접적으로 연결되어 있다면 '소득' 요인이 관계의 행복에 미치는 예측 강도는 100%라고 말할 수 있다. 반대로 소득이 행복도에 큰 영향을 미치지 않는다면 소득 요소에 대한 예측 강도는 약해진다.

사실 '행복'은 포괄적인 말에 해당하기 때문에 연구자는 관계에 대한 평가를 두 가지 차원으로 분해한다. 바로 만족도와 충성도이다. 결혼생활에 만족하는 사람이 반드시 관계에 충실하다고 볼 수 없고, 결혼생활에 충실한 사람이 반드시 그 생활에 만족하는 것은 아니다.

이런 분석은 무척 흥미롭다. 이 연구 결과에 따르면 만족도에 가장 큰 영향을 미치는 요소는 배우자의 '호응성'이었다. 다시 말해서 당신이 부르자마자 배우자가 반응한다면 관계에 대한 만족도가 높아질 수 있다. 만약 당신이 상대방을 불러도 들은 체도 안 한다면 만족도가 떨어질 것이다. 충성도에 가장 큰 영향을 미치는 요소는 친밀감이다. 두 사람의 관계가 친밀할수록 다른 사람과의 관계를 발전시킬 필요가 줄어든다. 호응성은 만족도에 아주 큰 영향을 미치지만, 충성도에는 별다른 영향을 주지 못한다. 이 사실도 깊이 생각해볼 가치가 있다.

각 요소를 한데 종합적으로 분석한 결과 대중의 인식, 특히 연애 경험이 없는 사람의 인식은 매우 다른 결론에 도달했다.

당신의 또 다른 반쪽이 될 상대방의 개인적 자질을 근거로 두 사람

관계의 좋고 나쁨을 내다보는 예측 강도는 고작 5%에 불과하다. 사람들이 배우자를 고를 때 보는 지표는 객관적 혹은 주관적 조건을 떠나 사실 아무 소용이 없다. 연구 대상은 무작위 커플이 아니라 이미 관계가 확정된 연인과 부부였고, 너무 형편없는 지표는 통계에 들어가지 않았다. 어쨌든 이 결과를 보면 지표는 부수적일 뿐 전혀 중요하지 않다는 것을 다시 한번 확인할 수 있다.

당신 자신의 개인적인 자질의 강도는 19%이다. 이 결과는 관계가 주관적인 판단이라는 것을 말해준다. 그래서 두 사람의 관계가 좋을지 안 좋을지 여부는 상대방보다 본인에게 달려 있는 경우가 더 많다.

관계의 질을 결정하는 가장 중요한 개인의 자질 열 가지는 다음과 같다.

1 삶에 대한 만족도

2 우울감과 무력감

3 쉽게 화를 내거나 고통을 느끼는 등 부정적 감정의 요인

4 관계의 좋고 나쁨을 늘 평가하는 식으로 관계에 대한 과도한 우려를 가지고 있는지 여부

5 상대방과 늘 함께하고 싶은지 여부

6 나이

7 불안감

8 자존심

9 원만한 성격

10 긍정적인 에너지의 유무

그리고 소득 수준과 교육 수준처럼 우리가 흔히 볼 수 있는 '객관적' 지표는 예측 강도가 모두 약했다. 다만 주의해야 할 점은 이 연구가 서방 국가의 사람들을 대상으로 했기 때문에 우리 모두를 온전히 대변할 수는 없다는 것이다. 예를 들어 흔히 말하는 '마마보이' 현상은 부모와의 관계에 해당하는 지표이며, 이것은 모든 지표를 통틀어 하위 순위를 차지할 만큼 전혀 중요하지 않다고 말할 수 있다.

이런 개인적인 자질과 관련된 지표는 중요도 면에서 두 사람의 관계 속에 나타나는 행동 패턴에 훨씬 못 미친다. 관계 요소의 예측 강도는 45%에 달한다. 가장 중요한 열 가지 관계 요인은 다음과 같다.

1 체감 가능한 상대방의 충성도
2 친밀감
3 감사, 즉 상대방과 함께 있는 것을 행운이라고 생각하는 것
4 사랑
5 성적 만족도
6 체감 가능한 상대방에 대한 만족도
7 갈등
8 체감 가능한 상대방의 호응도
9 신뢰
10 투자

이 요소들은 우리가 체감할 수 있다는 데 그 의의가 있다. 충성도, 만족도와 호응도의 경우, 실제적 강도가 아니라 상대방이 '체감'할 수 있을 만한 강도여야 한다는 데 주목해야 한다.

여기서 내가 강조하고 싶은 것은 관계의 성공 여부에 가장 큰 영향을 미치는 요소다.

상대방의 요인 〈 자신의 요인 〈 두 사람의 관계 속 행동 패턴

특정 관계의 행동 패턴은 개인적 요인보다 훨씬 중요하고, 이것은 누구나 한 번쯤 생각해볼 가치가 충분하다고 본다.

좋은 관계는 조건에 맞춰 두 사람을 매칭하는 것이 아니라 만들어지는 것이다. 〈뉴욕타임스〉의 칼럼니스트 데이비드 브룩스David Brooks는 '로맨틱 시스템'이라는 용어를 사용하며, 행복한 결혼생활은 신중한 선택 혹은 운명적 만남의 결과가 아니라 일종의 '계약 시스템'이라고 말했다. 결혼은 당신과 당신의 또 다른 반쪽 사이에 일어나는 쌍방의 일이 아니라, 당신, 당신의 또 다른 반쪽, 두 사람의 관계가 합쳐진 세 방면과 관련된 일이다.

게다가 두 사람은 관계를 최우선으로 두어야 한다. 즉 관계가 먼저이고, 상대방의 요구는 두 번째고, 당신 자신의 요구는 세 번째일 뿐이다.

좋은 사람이 반드시 당신에게 좋다고 볼 수 없다. 당신이 어떤 사람과 오랫동안 잘 지내다가 헤어진 후 그 사람이 보고 싶어졌다면 그 사람의 학력, 소득과 같은 지표가 아니라 두 사람이 함께했던 그 시간 속 추억의 조각들을 그리워하는 마음이 크기 때문이다. 두 사람이 함께했던 일, 함께 갔던 장소, 함께 쌓아온 습관, 암묵적인 이해, 둘만이 이해할 수 있는 농담 등은 두 사람이 함께했기에 만들어질 수 있는 것들이다.

그래서 '관계'는 단순히 1+1로 끝나는 문제가 결코 아니다. 당신이 어떤 커플을 아무리 잘 안다 해도 그들 사이에서 어떤 아이가 태어날 지 예측할 수 있을까? 그것은 거의 불가능하다. 관계는 일종의 복잡한 화학반응이다. 행동 패턴은 함께 지내는 과정에서 상호작용을 통해 생겨난다. 그리고 이 메커니즘은 로맨틱한 관계에만 적용되는 것은 분명 아니다.

우수한 사람들을 한데 모아놓는다고 해서 좋은 팀이 만들어지는 것은 아니다. 좋은 팀은 이 팀의 일상적 행동 패턴을 나타내는 좋은 조직 문화를 필요로 한다. 같은 사람일지라도 조직 문화에 따라 전혀 다른 모습을 보이기 때문이다.

옛날 사람들은 아마도 평생을 똑같은 상황과 환경에서 일했을 거고, 사람들은 그의 행동 패턴을 보며 그것이 그의 본질이라고 생각하며 '성격'이라는 말을 만들어냈다. 지금 시대의 사람들은 다른 상황에 부닥치는 경우가 많아졌고, 그 상황에 맞춰 다른 행동 패턴을 보여주었다. 그 결과 과학자들은 '성격'에 고정된 꼬리표를 붙일 수 없다는 것을 깨달았다.

당신에게 고정된 성격이 없다면 결국 성격이 운명을 결정할 수 없어진다. 그러나 여기서 제시한 새로운 연구는 우리에게 선택이 반드시 노력보다 더 크게 작용하는 것은 아니라는 사실을 알려주고 있다. 설사 당신의 능력과 환경에 상관없이 당신이 적극적으로 관계를 구축해야 좋은 관계를 얻을 수 있기 때문이다. 당신은 환경에 좌우되는 인간이지만, 또 한편으로는 그 환경을 바꿀 능력도 갖추고 있다.

만약 우리가 당신의 자질을 '자기 요인', 당신이 처한 환경을 '외부 요인'이라고 부른다면, 이 이치에 따라 외부 요인은 자기 요인만큼 중요하지 않다. 가장 중요한 것은 당신이 이 환경에서 무언가를 구축해 낼 수 있는 '구축' 요인이다.

당신은 단지 환경에만 적응하는 것이 아니라, 당신의 행동이 환경을 바꿀 수 있다. 어떤 일의 좋고 나쁨은 처음 시작할 때 설정된 값에 의해 결정되는 것이 절대 아니며, 당신이 매일 하는 노력에 의해 더 많이 좌지우지된다. 즉, 당신 스스로 자기 요인과 외부 요인을 결합하고 다른 사람과 함께 변화를 만들어가는 것이다.

인식의 오류는 '제대로 선택하는 것'이 가장 중요하다고 여길 뿐, 변화를 만들어가는 것이 더 중요하다는 것을 전혀 모르는 데서 생긴다. 어떤 사람은 인생이 선택의 연속이다. 어떤 사람은 일을 시작한 지 며칠 만에 다른 일을 하고 싶어 하며 계속해서 이직한다. 또 어떤 사람은 되는대로 일자리를 찾았지만 여러 해 동안 그 일에 집중한다. 그렇다면 이직과 안주 중 어느 쪽이 더 나은 선택일까? 한 연구에 따르면[29] 사회 초년생으로 직장에 들어간 후 자주 이직을 하며 자신에게 '맞는' 일자리를 찾으려고 애썼던 사람의 연봉이 한 번 취직 후 안주하는 사람보다 20% 더 높게 나왔다. 그러나 후자의 행복도는 도리어 전자보다 더 높았다. 구직자는 늘 자신이 현재 처한 상황보다 더 나은 조건을 찾을 수 있을 거라고 생각하게 되고, 이런 심리 상태는 그를 결코 행복하게 만들 수 없다.

물론 선택이 중요하지 않다는 말은 아니다. 선택도 중요하지만 그 선택을 하기 전에 관계의 구축을 위해 충분한 노력을 했었는지 먼저 자문해봐야 한다.

---

29 〈엘리트 데일리 클래스〉 시즌 1. 〈성공학의 미신 타파〉: 스파이더맨 슈트.

7

스타에
관한
'0차원적 이치'

세상에는 너무나 명확하고 당연해서 도리어 입에 오르내리지 않는 이치들이 존재한다. 예를 들어 '돈이 있는 삶이 더 낫다'라는 이치 역시 그렇다. 모든 사람이 다 아는 이치이기 때문에 누구도 그것에 관한 전문적인 글을 쓸 리 없다. 우리는 이런 이치를 '0차원적 이치'라고 부를 수 있다. 우리는 이런 '0차원'보다 '1차원' 심지어 '고차원'의 이치를 말하기 더 좋아한다. '돈이 없는 삶도 행복할 수 있다'가 바로 1차원적 이치다. 그것은 0차원적 이치의 일반적인 정확성을 인정하지만 마치 수학의 '1차 함수'처럼 특별하거나 혹은 더 세밀하게 수정된 의견을 제시한다.

그러나 우리가 평소에 자주 듣는 것이 모두 1차원적 이치라면 0차원을 과소평가할 가능성이 생긴다. 모든 소설과 마음을 치유하고 격려하는 책들은 가난한 사람의 긍정적인 에너지와 부자의 무지를 즐겨 묘사한다. 그렇다 보니 이런 책들을 너무 읽다 보면 '돈이 사람을 행복하게 할 수 없다'라고 말할 가능성이 커진다. 그러나 소득과 행복의 상관관계를 조사한 통계 자료에 따르면 돈이 많은 사람이 실제로 더 행복하다는 결과가 나왔다.

마찬가지로 1차원적 이치를 아무리 많이 듣는다고 해도 당신은 여전히 예쁘게 생긴 사람이 더 인기가 많고, 똑똑한 사람이 성적이 더 좋고, 건장한 사람이 싸움을 더 잘한다고 확신을 가지고 말할 수 있다. 그러나 이런 0차원적 이치는 아무 쓸모가 없고, 사람들에게 희망을 줄수 없다. 내가 여기서 말하고자 하는 것은 유용한 0차원적 이치다.

스타는 정말 쓸모가 있다.

2019년 남자 농구 월드컵에서 중국 대표팀은 부진한 성적을 거두며 올림픽 출전 자격을 얻지 못했다. 결국 중국 팀은 수십 년 만에 처음으로 올림픽에 출전하지 못했고, 미국 팀은 프랑스 팀에게 패해 4강진출에 실패했다. 이 두 가지 경우 모두 스타에 관한 이야기다.

중국 남자 농구팀이 올림픽에 진출하지 못한 것은 정말 뜻밖의 일이 아닐 수 없다. 그런데 솔직히 중국 남자 농구팀은 올림픽에 '어울리지 않는 팀'일 수 있다. 2012년 런던 올림픽, 2016년 리우 올림픽에서 중국 팀은 다섯 번의 조별 경기에서 전부 패했다. 중국 팀이 올림픽에서 우승했던 적은 2008년 베이징 올림픽 때뿐이었다. 이런 팀이 왜 한 번도 빠지지 않고 올림픽에 참가하려 하는 것일까?

2008년에는 어떻게 이길 수 있었을까? 그 일등 공신은 바로 야오밍姚明이었다. 축구, 농구, 배구의 남녀 팀을 모두 통틀어 야오밍만이 유일하게 세계적으로 팬을 거느린 중국의 스타 선수였다. 야오밍은 2011년에 은퇴했다. 그 후 중국 팀은 올림픽에 출전하기를 원했지만,

올림픽은 슈퍼스타가 빠진 중국 팀을 원하지 않았다. 야오밍이 현역 선수로 뛸 때만 해도 중국 농구의 봄날이 시작되었고, 계속해서 승승장구하는 장밋빛 미래가 이어지는 듯했다. 하지만 그때가 농구계의 최전성기였고, 그 정점을 지나는 순간 내리막길이 기다리고 있었다.

2019년 남자 농구 월드컵에서 미국은 왜 프랑스에 졌을까? 미국 팀 선수들은 모두 NBA 출신이고, 프랑스 역시 NBA 출신 선수들로 팀을 꾸렸다. 그런 상황에서 NBA 선수가 있다고 해서 4강 진출을 장담할 수 없고, NBA 슈퍼스타가 필요했다. 하지만 제임스와 듀란 같은 미국 NBA 슈퍼스타는 그 시합에 나가지 않았다.

당시 미국 팀의 간판스타는 그렉 포포비치Gregg Popovich 감독이었다. 포포비치는 평범한 선수도 스타가 될 정도로 선수들의 실력을 최고조로 끌어올리는 데 특화된 감독으로 정평이 나 있었다. 하지만 농구 역사는 이제 팀 안에 슈퍼스타가 없으면 제아무리 날고 기는 포포비치 감독이라도 평범한 선수를 슈퍼스타 수준으로 끌어올릴 수 없다는 것을 증명해주었다.

스타플레이어는 아주 쓸모 있는 존재이고, 이것이 바로 0차원적 이치에 해당된다. 너무나 당연한 이치이다 보니 우리는 팀의 단합이 중요하고, 스타플레이어가 개별적으로 행동해서는 안 되고, 팀 안에 스타플레이어가 너무 많은 것도 좋지 않다는 등의 1차원적 이치에 더 치중하는 경향을 보인다. 하지만 이 0차원적 이치, 즉 스타플레이어가 굉장히 유용하다는 사실을 잊어서는 안 된다.

데이터 연구에 따르면 모든 프리미어 리그 팀에는 최소한 한 명 정도의 스타플레이어[30]가 있고, 좋은 성적을 내는 NBA와 NFL미국 내셔널

풋볼 리그 역시 팀마다 기본적으로 한 명의 슈퍼스타[31]에 의존하는 시스템을 보여준다. 이 스타들은 팀 동료는 물론 감독보다 훨씬 많은 연봉을 받는다. 하지만 그들의 몸값이 높은 이유는 어쩌면 당연한지 모른다. 만약 그들이 부상당하면 팀은 다음 경기에서 좋은 성적을 낼 수 없고, 심지어 그들의 부상이 심각하다면 한 시즌을 통째로 날려버릴 수도 있다.

설마 감독보다 스타플레이어가 더 중요하다고 말하는 거냐고 묻는다면, 그 대답은 '그렇다'이다. 감독은 전술 플레이를 짜고 조율할 수 있지만 선수 개개인의 플레이까지 일일이 알려줄 수 없다. 그것은 온전히 선수 본인의 몫이다. 믿기지 않는 슈팅과 조직력, 압도적인 스피드와 대결은 모두 감독의 손에서 벗어난 선수들의 영역이다. 가장 이상적인 상황에서 감독의 전술적 배치와 코치는 스타플레이어의 능력을 10~15%[32] 끌어올릴 수 있지만, 그 이상은 감독의 능력 밖이다. 요리로 치면 감독은 셰프일 뿐이고, 솜씨가 아무리 좋아도 표고버섯으로 해산물 요리를 만들어낼 수 없다.

어떤 영역에서는 인해전술을 쓸 수 있고, 이 경우 값싼 노동력이 장점이 된다. 하지만 스포츠 경기의 경우 경기에 뛰는 선수는 한정되어 있다. 만약 출전 선수가 다섯 명으로 제한되고, 팀에 일당백의 스타플레이어가 있다면, 그 팀의 전투력은 단지 20%만 오르는 것이 절대 아니다. 그 팀은 경기에서 매 세트를 싸워 이기며 절대적 우위를 점할 수

---

30 Tom Gott, One-Man Teams? Ranking the Importance of the Star Player at Every Premier League Club, 90min.com, 15 AUG 2018.

31 Travis Armideo, Next Man Up: How Important Is Your Team's Star Player? gladiatorguards. com December 3, 2015.

32 Ryan Bailey, Star Players vs. Star Coach: Which Is More Important for Success? bleacherreport.com APRIL 8, 2014.

있게 된다.

그렇다면 스타플레이어는 어떻게 일당백의 역할을 할 수 있는 걸까? 사람의 키와 지능은 선천적이며 무작위로 결정되며 정상적인 범주 안에 대부분 분포되어 있다. 그렇다 보니 누가 누구보다 강하다 한들 크게 차이가 나지 않는다. 하지만 사람의 능력은 축적 과정을 거친다. 기술을 배우고 단련할 수 있고, 이렇게 쌓은 실력이 뜻하지 않게 찾아온 행운과 만나게 되면 긍정적인 피드백으로 바뀔 수 있다. 혹은 천부적 재능을 더 극대화할 수도 있다. 능력의 축적은 한 선수에게 날개를 달아주고, 그가 스타플레이어로 자리 잡아 세상 그 어떤 것보다도 환하게 반짝이는 별이 되게 만들어주는 역할은 한다.

수학자 오일러Leonhard Euler가 살아 있을 때 전 세계 수학 논문의 3분의 2가 그의 손을 거쳐 나왔다고 해도 과언이 아니었다. 그러니 수학 수준이 높지 않은 나라는 너무 자책할 필요가 없다. 그들에게는 단지 오일러가 없었을 뿐이다. 스타 효과는 스포츠에만 국한되는 것이 아니다. 무릇 높은 수준의 능력을 발휘해야만 하는 곳이라면 어디든지 스타에 의존해야 하기 때문이다.

이것이 바로 스타의 0차원적 이치가 보통 사람에게도 유용한 이유라고 할 수 있다. 팀에 스타가 있으면 강력한 전투력이 상승할 뿐 아니라 팀원의 능력도 강화시키는 시너지 효과를 가져올 수 있다. 한 연구에 따르면 하이테크 회사의 스타 직원은 그의 사무실에서 7.5미터 범위 안에 있는 다른 직원의 작업량을 15%[33] 증가시킬 수 있다고 한다. 스타 직원의 업무 생산성이 주변 직원에게 긍정적인 자극을 주기 때

---

[33] Michael Meier, Sitting Near a High-Performer Can Make You Better at Your Job, insight. kellogg.northwestern.edu MAY 8, 2017.

문이다.

물리학자 앨버트 라슬로 바라바시Albert Laszlo Barabasi는 자신의 저서《성공의 공식 포뮬러》에서 대학이 학술계의 슈퍼스타를 교수로 초빙하면 그 대학 전체 학과의 과학 연구 성과를 54% 높일 수 있다고 언급했다. 그러나 이 성과는 스타 교수 혼자 이룬 것이 아니다. 그는 전체 증가분의 4분의 1 정도의 역할을 담당하고, 나머지는 그로 인해 만들어진 시너지 효과의 결과라고 볼 수 있다. 어느 학과에 슈퍼스타급 교수가 있다면 해당 분야의 수많은 고수를 유치해 연맹을 만들 수 있고, 기존 교수들도 자신의 연구 성과를 내기 위해 배로 노력을 하게 되므로 수평적 협력이 크게 강화된다.

또한 이 연구를 통해 학술계의 슈퍼스타가 갑자기 사망할 경우 동료이자 협력자들의 생산율은 즉시 5~8% 하락하고, 이 효과가 영구적으로 나타난다는 것을 알 수 있었다. 하지만 흥미로운 점은 달리 생각하면 슈퍼스타의 죽음이 전체 분야에 걸쳐 좋은 일이 될 수 있다는 사실이다. 슈퍼스타가 살아 있을 때는 대외적인 압박 효과가 존재하기 때문에 사람들은 그에게 의심을 살 만한 방향으로 과감하게 학문적 탐색을 할 수 없어진다. 그러다 그가 죽고 나면 그들은 새로운 가설과 연구 성과에 대한 자신의 발언을 과감하게 쏟아낼 수 있게 된다.

사실 스타플레이어와 과학계의 스타 효과가 아직까지 가장 두드러지게 나타나지 않은 것일 수도 있다. 또 다른 연구 통계에 따르면 프로그래머 커뮤니티 깃허브GitHub의 프로젝트 협업 현황을 집계한 결과 여러 명이 협업하는 프로젝트일수록 한 사람이 대부분의 일을 주도하고, 나머지는 보조 역할만 하는 것으로 나타났다.

1968년 미국 캘리포니아주에서 프로그래밍 대회가 열렸다. 참가자들은 모두 이제 막 그 업계에 발을 들여놓은 인턴 프로그래머였다. 그들 각자에게 일련의 프로그래밍 및 오류 수정 작업이 들어 있는 작은 봉투가 전해졌고, 주어진 작업시간은 두 시간이었다. 사실 이 대회는 실험을 위한 것이었다. 연구자들은 가장 뛰어난 프로그래머의 능력이 도대체 어느 정도인지 알고 싶어서 이 실험을 준비했다.

이 실험 전까지만 해도 사람들은 우수한 프로그래머의 업무 효율이 일반 프로그래머보다 2~3배 정도 높을 것이라고 가정했다. 그런데 대회 결과는 전혀 그렇지 않았다.

대화 결과를 보면 가장 우수한 프로그래머는 최악의 프로그래머보다 20배 더 빠른 속도로 코드를 작성했고, 그가 오류를 제거debug하는 속도는 25배, 그가 작성한 프로그램의 운행 속도는 10배 정도 더 빨랐다.

여기서 '최악'은 간혹 나오는 형편없는 실력의 한 사람이 아니라 최고를 제외한 일반 프로그래머를 가리킨다는 것에 주의해야 한다. 실리콘밸리 업계에서는 이 차이를 보통 10배 정도로 보고 있었다. 만약 최고의 프로그래머와 운 좋게 함께 일하게 된다면 그가 혼자 해낼 수 있는 일은 일반 프로그래머 열 명의 몫에 상당할 것이라고 본 것이다. 이 효과를 '록스타 원리rock-star principle'라고 부르는데, 프로그래머와 프로그래머 사이에 발생하는 차이는 스타로커와 일반 로커의 차이와 같다고 보는 것이다.

미국 넷플릭스Netflix의 CEO 리드 헤이스팅스Reed Hastings는 이와 관련된 글[34]을 통해 이렇게 말했다.

---

34 Reed Hastings, Netflix CEO on paying sky-high salaries: 'The best are easily 10 times better than average', cnbc.com Sep 8, 2020.

'예전에는 프로젝트와 고정된 임금 예산이 주어지면 10~25명의 정규직 엔지니어를 고용하는 것보다 스타를 한 명 데려오는 편이 낫다고 생각했다. 그런데 해가 거듭될수록 나는 내 생각이 틀렸다는 것을 깨닫게 되었다. 최고의 프로그래머는 10배가 아니라 100배의 가치가 있었다.'

사실 빌 게이츠Bill Gates는 심지어 만 배의 가치가 있다고 말했다.

물론 그들이 말한 대상은 동일한 업무를 처리하는 엔지니어가 아니다. 또한 고급 엔지니어는 시스템 구조 설계와 같은 더 중요한 임무를 책임져야 하고, 그와 일반 프로그래머의 차이는 계량화하기 어렵다. 그럼에도 나는 몇 가지 계량화된 예를 들어 이해를 돕고자 한다.

수십 명의 프로그래머가 공동으로 만든 부트스트랩Bootstrap이라는 매우 유명한 웹 디자인 프레임워크 프로그램이 있다. 다음의 그래프는 2017년 한 해 동안 각 프로그래머가 이 프로그래밍 프로젝트에 코드를 제출한 횟수와 그들의 기여도를 보여준다.

1등은 거의 700번, 2등은 200번, 3등은 180번 정도의 기여를 했고, 이 세 사람의 기여도는 전체 작업의 73%를 차지한다. 반면에 나머지 수십 명은 코드를 한두 번 제출하는 데 그쳤다.

이것은 특별한 사례가 아니다. 깃허브의 275개 프로젝트의 통계 결과에 따르면 모든 참여자 중에서 절반이 코드를 한 번만 제출했고, 그들 절반의 기여도는 2%에도 못 미쳤다. 또 다른 연구에서는 깃허브의 오픈소스 프로젝트 대다수(85% 이상) 중에서 5% 미만의 개발자가 코드의 95% 이상을 기여했다.

이것은 파레토 법칙Pareto principle 혹은 2:8 법칙이 아니다. 이것은 한 명이 열아홉 사람 몫의 일을 하고, 남은 열아홉 명은 한 사람 몫의

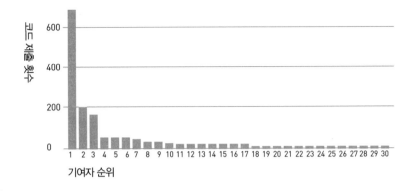

일을 하는 격이다. 프로그래머뿐 아니라 복잡하고 전문적인 일들 역시 이와 다르지 않다. 능력 있는 사람이 많은 것이 중요한 것이 아니라 그 팀 안에 스타가 있는지가 중요한 셈이다.

만약 애플에 스티브 잡스Steve Jobs가 없었거나 혹은 테슬라에 일론 머스크Elon Musks가 없었다면 어땠을까? 21세기에 가장 귀한 존재는 인재이고, 좀 더 구체적으로 말하자면 인재 중에서도 스타이다.

만약 당신이 스타와 경쟁한다면 그는 당신을 제압할 것이고, 당신이 스타를 따라 경쟁한다면 그가 당신을 이끌어줄 것이다.

대학 시절에 만난 수학과 교수님은 젊었을 때 해외에 나갔다가 우연히 양전위를 만날 수 있었고, 그 행운과도 같은 기회를 틈타 그에게 연구에 대한 조언과 비결을 물어보았다. 그때 양전위는 상당히 의외의 대답을 해주었다. 그는 논문을 많이 읽고, 연구에 부지런히 매진하라는 뻔한 대답 대신에 해당 분야에서 가장 영향력 있는 사람을 주시하고, 그가 무엇을 하고 있는지 보고 따라 하면 된다고 알려주었다.

이것은 과학자들의 연구 경향이 왜 누군가를 따라 하는 듯 비슷한 방향으로 가는지를 잘 설명해주는 대답이기도 하다. 스타는 어떤 분야의 방향을 결정하고, 그 방향이 옳아야만 당신은 비로소 동료들의 관심을 받을 수 있다. 스타를 따라 하지 않는 사람은 대부분 독자적인 영역을 구축하고 싶어서라기보다 스타를 따라 할 능력이 되지 않기 때문이다.

만약 스타를 발견했다면? 당신은 무조건 그와 한배를 타고자 하는 마음가짐을 가져야 한다.

8

신호와
점수 공략

당신이 일류 대학의 총장이라고 가정해보자. 당신은 내년에 어느 지방에서 100명의 우수한 학생을 선발해 그들을 일류 과학자, 엔지니어, 경영자로 키울 계획을 세우고 있다. 그리고 그런 당신에게는 다른 대학 총장들에게 없는 특권, 즉 학생들을 기습 공격할 수 있는 특권이 주어진다. 이 특권을 쓰면 학생들은 고등학교 3학년 과정을 마칠 때까지 기다릴 필요 없이 2학년 과정을 마치자마자 대입 시험을 볼 수 있게 된다.

이것은 계획에 없던 특별 전형이지만 지난 입시에서 채우지 못한 정원을 보충하는 의미가 있기에 불공정한 경쟁이라고 볼 수 없다. 사실 일반적으로 이 시기가 되면 고3 과정에서 배워야 할 지식을 이미 거의 배운 상태이고, 3학년에 올라가면 1년 내내 입시 준비에 치중하게 된다. 그리고 이런 기습 공격은 대학입시를 위한 전문적인 훈련을 거치지 않은 상태에서 학생들이 시험을 치르게 하는 역할을 하기도 한다.

그렇다면 당신은 이런 특권을 쓸 의향이 있는지 묻고 싶다.

우선 이것이 무엇을 의미하는지 생각하기에 앞서 또 다른 문제를 들여다보자. 당신이 '양심적인' 인터넷 검색엔진 회사의 사장이라고 가정해보자. 당신의 회사는 고객에게 양질의 서비스를 제공해 돈을 벌고자 하고, 그러려면 검색엔진이 제공하는 웹페이지 순위가 고객의 실제적 수요에 부합하도록 해야 한다.

하지만 지금은 '검색엔진 최적화' 기술이 존재하고, 당신 또한 그 사실을 알고 있다. 수많은 웹사이트는 검색엔진이 웹페이지 순위를 매기는 알고리즘을 이용해 인기 키워드를 집어넣는 식으로 적극적으로 자신의 콘텐츠를 재구성하고 있다. 심지어 어떤 사이트는 특정한 검색어를 웹페이지에 적절히 배치해 다른 웹페이지에서 링크가 많이 연결되도록 하고, 검색엔진이 자신의 사이트를 인기 사이트로 인식하게 만들고 있다.

그렇다면 당신은 웹사이트가 검색엔진 최적화를 하도록 권장할 수 있을까?

당연히 그렇게 하지 않을 것이다. 하지만 어떤 웹사이트에서 광고 키워드를 구매하기 위해 당신에게 돈을 지불했다면 말은 달라진다. 광고가 아니라면 당신과 사용자의 웹페이지 순위에 대한 요구는 일치한다. 당신은 수준 높고 유용하며 중요한 웹페이지의 순위가 우선적으로 보여지길 원한다. 만약 사용자가 '튀르키예 비자'를 검색하면 사기 사이트가 아닌 튀르키예 대사관 비자 사무소 연결 링크가 가장 상단에 뜨도록 하는 식이다.

당신은 콘텐츠의 품질에 따라 웹페이지의 순위를 매기고 싶기 때문에 검색엔진의 최적화에 대해 상당한 반감을 품을 수도 있다. 이것은 소개팅을 나갈 때 포토샵으로 수정한 사진이 아니라 실물에 가까운 얼굴을 보고 싶어 하는 것과 같은 이치다.

대부분 학생은 검색엔진을 최적화하는 것처럼 1년을 들여 문제를 풀며 입시를 준비한다. 그러나 대학에서 선발하고자 하는 학생은 똑똑할뿐더러 배운 것을 바탕으로 더 큰 가치를 만들어낼 진정한 인재이지, 입시에 특화된 전문적인 '문제 풀이 기계'가 아니다.

경제학자는 학생이 입시에 참가하는 것을 신호를 보내는 '시그널링 signaling' 행위로 보고 있다. 대학은 어떤 학생이 인재인지 알면 입시를 치를 때까지 기다릴 필요도 없이 바로 그 학생을 선발하면 된다. 그래서 학생은 자신이 우수한 학생인지 알릴 수 있는 다른 방도가 없다면 반드시 대학을 향해 신호를 보내야 한다.

만약 신호 시스템이 잘 되어 있으면 우수한 학생일수록 입시 결과도 좋아진다. 하지만 실제 상황은 그리 이상적이지 않다. 대학입시 점수는 입시에 참가하는 학생의 수준을 반영할 뿐이며, 그 학생이 과학연구 분야 등에서 실질적인 성과를 거둘 능력이 있는지를 판가름하는 기준이 될 수 없다. 그래서 입시는 불완전한 신호 시스템이라고 할 수 있다.

시카고대학교와 컬럼비아대학교의 두 경제학자 알렉스 프랑켈Alex Frankel과 나빈 카르틱Navin Kartik은 이 불완전한 신호 시스템을 전문적으로 연구한 논문[35]을 발표하기도 했다.

---

35 Alex Frankel and Navin Kartik, "Muddled Information," Journal of Political Economy, vol. 127,no. 4, 2019.

그들은 문제를 풀거나 혹은 검색엔진을 최적화하는 요소로 이루어진 신호를 '혼재된 정보Muddled information'라고 불렀다.

그리고 그들은 이 혼재된 정보를 두 부분으로 나눴다. 하나는 '자연 능력natural action'이고, 다른 하나는 '경기 능력gaming ability'으로 점수를 업그레이드하는 수준을 나타낸다.

예를 들어 당신이 미래의 물리학자를 모집하려 할 때 주로 학생의 연구 능력, 수학 능력, 추상적 사유 능력 등을 포함한 자연 능력에 초점을 맞추기 쉽다. 하지만 이런 능력이 뛰어나다고 해서 경기 능력도 강한 것은 아니다. 그들 중에는 문제 푸는 것을 좋아하지 않는 학생들도 포함되어 있다. 혹은 주입식 암기를 싫어하고, 과목마다 편차가 심하거나 시험만 보면 긴장해서 제 실력을 발휘하지 못할 수도 있다. 자연 능력에 치중하다 보면 이런 점을 간과할 수 있다.

문제는 당신이 원하는 것이 자연 능력이지라고 해도 수신된 정보는 혼재된 정보라는 데 있다.

이를테면 현대 사회를 사는 사람이라면 누구나 '신용점수'를 가지고 있다. 은행은 신용점수에 따라 대출한도를 정하고, 신용카드의 한도액을 정할 수 있다. 이상적인 상황에서 신용점수는 반드시 한 사람의 자연 능력을 반영해야 한다. 이를테면 소득 수준, 대출을 제때 상환했는지 여부 등이 여기에 포함된다. 그러나 사람들이 신용점수의 계산 방식을 안다면 이 점수를 '지우는' 몇 개의 방법을 사용할 가능성이 있다. 이를테면 일부로 소액을 빌린 후 바로 갚는 식이다. 은행의 입장에서 보면 은행은 사람들이 신용점수를 고치는 것을 원치 않는다.

이런 식으로 점수를 고치는 행동을 어떻게 이해해야 할까?

알렉스 프랑켈과 나빈 카르틱의 이 연구는 순수한 수학 이론을 이용해 분석한 방법이고, 그들은 이를 통해 점수를 고치는 행동의 속성들을 도출해냈다. 이 속성들은 모두 직관적이어서 생각만 해도 바로 이해할 수 있는 것들이다.

만약 한 프로젝트의 경쟁 수준이 낮고 치열하지 않다면 사람들이 보여주는 것은 자연 능력이라고 할 수 있다. 이를테면 시스템 악기 훈련을 전혀 받아본 적이 없는 아이에게 피아노를 쳐보라고 하고, 그 아이가 아주 빠른 시간 안에 피아노를 잘 친다면 그 능력을 천부적 재능이라고 인정할 수밖에 없다. 또 다른 예로 몇십 년 전에 중국에서 대학 입시제도를 재개했을 때만 해도 '모의 기출 문제'가 전혀 없었고, 학생들은 시험에 맞춘 전문적인 훈련을 받을 수 없었다. 그렇다면 이 시기에 나온 시험성적은 자연 능력에 가깝다고 볼 수 있다.

경쟁이 치열해지면서 사람들은 시험 평가 지표의 중요성을 인식하게 되었고 점수 공략을 준비하기 시작했다. 이때의 신호는 혼재된 신호로 바뀌었고, 그중 점수 공략 수준이 차지하는 비중이 나날이 커져만 갔다. 이것이 바로 현대 사회에서 경쟁자가 몰리는 거의 모든 시험 평가 지표가 직면한 상황이다.

모든 사람의 점수 공략 수준이 같다면 죄수의 딜레마Prisoner's Dilemma로 이어질 수 있다. 지금 모든 사람이 최선을 다해 노력하고 있는데도 신호의 질이 여전히 같은 것이다. 경기장에서 경기를 관람할 때 관중석 구조는 원래 다들 앉아서도 시합이 잘 보이도록 만들어져 있다. 그런데 어떤 사람이 굳이 일어서서 경기를 관람하면 시야 확보를 위해 결국 다들 일어설 수밖에 없어진다. 다만 모두가 서 있게 되면 그들의 시야는 앉아 있을 때와 별반 달라질 것이 없다.

그런데 문제는 점수 공략을 위한 과정이 늘 불공평하게 이루어질 수밖에 없다는 데 있다. 어떤 사람은 그리 특출나지 않은 실력이지만 시험에 유달리 강하고, 어떤 사람은 거액의 돈을 들여 최고의 강사에게 족집게 과외를 받기도 하고, 소외된 계층의 학생들은 시험 정보와 자료를 구하기 힘들고, 어떤 웹사이트는 검색엔진을 최적화할 자금이 없다.

그렇다면 점수 공략을 위해 어떻게 대처해야 할까?

시험 평가 지표의 설계자들 역시 점수 공략 현상의 존재를 알고 있다. 그래서 그들은 더욱 공정하고 성숙한 시험 평가를 위해 일련의 조치를 취했다. 가장 직접적인 방법은 바로 지표 알고리즘에 대한 기밀 유지다.

구글 웹페이지의 순위 알고리즘이 바로 기밀 유지 방식으로 만들어지며 늘 변동되고 있다. 검색엔진을 최적화하는 사람은 구글이 어떤 근거로 웹페이지 순위를 결정하는지 추측만 할 수 있을 뿐이며, 구글 역시 그들의 추측 가능성을 인지한 상태에서 그들과 두뇌 싸움을 이어오고 있다.

미국 잡지 〈US 뉴스 앤드 월드 리포트US News and World Report〉는 매년 미국 대학의 연간 순위를 발표하고 있다. 미국 대학이 이 지표에 주목하는 이유는 그것이 학생의 질과 기부금 액수에 직접적인 영향을 미치기 때문이다. 그래서 대학은 그것을 겨냥한 점수 공략에 집중하기도 한다. 예를 들어 합격률이 낮을수록 순위 점수가 높아지는 순위 알고리즘의 원리를 이용해 선발될 가능성이 없는 학생들까지도 지원하도록 강력히 권장해 합격률을 획기적으로 낮추는 것이다. 이런 문제점을 인지한 〈US 뉴스 앤드 월드 리포트〉는 매년 대학 순위를 먼저 발표하고, 그런 후에 그해의 순위 알고리즘을 공개하고 있다.

시험의 경우 이런 문제가 더 두드러진다. 1980년대 말까지 '미국 대학 입학 시험'이라고 불리는 SATScholastic Assessment Test의 역대 기출 문제는 절대 기밀 사항이었다. 하지만 시간이 흐를수록 기밀 유지가 점점 불가능해졌고, 결국 SAT는 정보의 빈부 격차를 줄이고 기출 문제를 살 수 없을 만큼 가난한 소외계층을 위해 인터넷을 통해 기출 문제를 무료로 제공하기 시작했다.

그러나 이 문제가 어느 정도 해결되고 나자 또 다른 시험에서도 문제가 불거졌다. 그야말로 뛰는 놈 위에 나는 놈이 나온 것이다. 미국에서 대학원과 경영대학원에 입학하려는 학생을 평가하는 시험 GREGraduate Record Examination의 역대 기출 문제 역시 기밀 유지 원칙을 지키고 있다. 그런데 중국의 경우 일부 관련 학원 강사들이 기출 문제를 빼내기 위해 수험생의 신분으로 위장해 시험에 참여하고 있다는 소문이 돌고 있다.

GRE는 영어 어휘력을 중점적으로 평가하는 시험으로, 어휘량을 통해 응시자의 평소 읽기 수준, 즉 해석 능력과 이해력을 판단하는 데 목적을 두고 있다. 중국 응시생들은 문제 풀이를 공략하는 데 집중하기 때문에 문장의 이해력과 해석력이 부족할 수밖에 없고, 어쩔 수 없이 대부분 시험에 자주 나오는 핵심 어휘를 공략해 마스터하는 방법을 쓰고 있다. 그러려면 기출 문제가 무엇보다 중요할 수밖에 없고, 학원 강사들의 편법이 동원되는 이유도 여기에 있다. 하지만 이것이 과연 공평한 경쟁인지 묻고 싶다. 이것은 검색엔진을 최적화하거나 얼굴 사진을 포토샵으로 조작하는 것과 크게 달라 보이지 않는다.

중국의 경우, 대학입시에서 기존의 패턴에서 벗어난 새로운 문항이 등장하면 교사와 학생들은 늘 불만을 터트리고는 한다. 하지만 이런 시도는 옳은 선택이라고 본다. 새로운 문제 유형만이 획일화된 점수 공략을 무력화시키고 변화와 발전을 끌어낼 수 있기 때문이다.

점수 공략을 약화시키는 것은 시험 평가 지표의 남용을 막는 길이기도 하다. 예를 들어 신용점수는 원래 신용카드와 대출을 신청하는 데 사용하는 용도였다. 그러다 시간이 지날수록 집을 구입하거나 자동차 보험을 들 때도 신용점수가 필요해졌고, 사람들은 신용점수를 공략하는 법을 찾기 시작했다.

신용점수를 공략하는 사람이 늘어나면서 대출 신청의 지표로 사용되던 신용점수는 예전 같은 공신력을 잃어갔다.

이것은 정말 아이러니가 아닐 수 없고, 사람들은 이 현상을 캠벨의 법칙Campbell's law이라 불렀다. 이 법칙은 사회 심리학자 도널드 캠벨 Donald T. Campbell이 사회 결정에 사용한 사회 지표와 관련해서 처음으로 언급했다고 알려지고 있다.

캠벨의 법칙에 따르면 하나의 지표가 유용할수록 주목을 받게 되고, 그 측정 지표가 많이 사용될수록 쓸모가 없어진다.

우리는 이 법칙이 사회생활 속에서 많은 경우에 해당된다고 믿는다.

물론 채용 같은 경우는 점수 공략 역시 어느 정도 능력의 반영이라고 볼 수 있고, 때로는 채용자가 구직자의 점수 공략 능력을 보고 싶어 하는 경우도 있다. 예를 들어 취직 준비를 할 때 한 회사에서 지원자에게 특정 과정의 이수 혹은 특정 자격증의 소지를 요구한다면, 그것은 지원자에게 점수 공략의 기회를 주는 것과 같다. 당연히 구직자는 그 회사에 취직하기 위해 그들이 요구하는 조건을 충족시킬 수 있는 과정을 이수하고 자격증을 딸 것이다. 그렇다면 회사가 이런 구직자를 마음에 들어 할지 생각해보자.

누군가는 마음에 들어 할 거라고 말할 것이다. 회사에서 원하는 조건을 모두 충족시킬 수 있는 것도 지원자의 추진력과 실행력을 보여주는 것이기 때문이다. 그리고 회사의 입장에서 볼 때 그들은 좋은 직원의 요건을 갖춘 셈이다.

또한 엄밀히 말하면 입시에서 기출 문제를 공략하는 것도 어떤 의미에서 보면 공정성을 높일 수 있다. 만약 문제 풀이가 아니라 평소 학업 수준에 따라 학생을 선발한다면 명문 고등학교 학생에게 가장 유리하고, 변두리 지역의 일반 고등학교 학생들에게 불리해진다. 그리고 문제 풀이 공략이 모두에게서 공평하게 이루어진다면 적어도 문제 풀이를 통한 점수 공략에 있어서만큼은 명문고와 일반고의 격차를 줄일 수 있다. 만약 경쟁이 전에 없이 치열하고, 모두가 문제 풀이를 통해 점수 공략에 집중한다면 결국 그들의 실력을 판가름하는 것은 진짜 자질이 될 것이다.

하지만 이런 고생을 과연 해야 할까? 결국 문제 풀이를 통한 점수 공략은 죄수의 딜레마에 빠질 수밖에 없다. 고등학생들이 문제를 풀고 점수를 공략하는 데 청춘을 쏟아부을 수밖에 없는 내적 소모를 이어 가야 한다는 것은 너무 슬픈 현실이 아닐까 싶다.

교육은 난제 중의 난제이고, 이 책은 그 문제를 구체적으로 다룰 것이다. 이에 앞서 우스갯소리를 하나 해볼까 한다. 예전에 월드 오브 워크래프트World of Warcraft 게임의 포럼에서 누군가 방명록에 남긴 글이 무척이나 인상적이었다. 그것은 게임 속 영웅 '폴드링Fordring'과 한 젊은이의 대화를 각색한 글이었다.

폴드링: 종족이 반드시 명예를 의미하는 것은 아니네. 나는 세상에서 가

장 고귀한 오크뿐 아니라 가장 비열한 인간도 본 적이 있거든.

젊은이: 그럼 어떻게 해야 명예[36]를 얻을 수 있나요?

폴드링: 리롤reroll(다른 선택을 할 기회-역주).

---

36 월드 오브 워크래프트의 명예 시스템은 포인트 시스템이라 처음으로 되돌릴 수 있다.

9

가장 간단한
경제학의
5가지 지혜

미래를 짊어질 최고의 엘리트를 양성하기 위해 소위 '귀족 학교'를 세운다면 어떤 특색을 갖춘 커리큘럼이 만들어져야 할까? 여기서 말하는 엘리트 집단이란 골프나 와인처럼 상징적인 분야의 스킬에 능한 그런 가짜 엘리트가 아니라 현대 사회의 중추 역할을 담당할 진정한 의미의 리더를 일컫는다. 그들을 양성할 커리큘럼에서 경제학은 가장 중요한 과목이 아닐 수 없다.

내가 말하는 경제학은 주식, 환율처럼 '투자 재테크'를 위한 학문 혹은 공급과 수요의 곡선이나 금융위기를 전문적으로 다루는 학문을 의미하지 않는다. 이 경제학은 현대 사회를 관찰하는 안목에 영향을 주고, 어떤 일에 대한 견해와 사상을 좌우할 수 있다. 이런 사상을 이해하는 데 필요한 것은 추상적 개념과 수학적 모델이 아니라 바로 가장 간단한 경제학 지식이다. 이 경제학은 일반 경제학 교과서에서 배울 수 없는 것이기도 하다. 지식이 없다고 해서 지혜가 없는 것은 아니고, 지식이 있어도 지혜롭게 제대로 사용하지 못한다면 죽은 지식과 다르지 않다.

그럼 이제부터 가장 간단한 경제학의 다섯 가지 지혜를 소개하고자 한다. 비록 그 시작은 단순하고 평이할지 몰라도 그 끝은 놀라운 결론에 도달할 것이다. 중국에는 이런 말이 있다.

'스무 살 때 좌파가 아닌 사람은 양심이 없고, 서른 살이 되어서도 좌파에 머물러 있다면 머리가 빈 것이다.'

사실 머리가 똑똑한 사람 중에 평생을 좌파로 사는 경우도 많으므로 이 말이 다소 편파적인 것은 사실이다. 하지만 보편적으로 볼 때 이 말이 담고 있는 의미는 현실과 크게 위배되지 않는다. 경험이 많아지며 사고가 성숙해질수록 그 사람의 사상이 더 '오른쪽'으로 치우치고 보수적인 경향을 보이기 때문이다.

그래서 한 가지 나쁜 소식을 전하자면 여기에서 말하고자 하는 이 가장 간단한 경제학의 지혜를 이해하고 난 후에 우리의 생각이 더 보수적으로 변하고, 세상에 대한 기대치가 낮아질 수 있다는 것이다.

물론 나쁜 소식만 있는 것은 아니다. 이 글을 읽고 난 후 보수적인 사람은 쉽게 잘못을 저지르는 빈도를 낮출 수 있다. 특히 어리석게 큰 잘못을 함부로 저지르는 일이 줄어들 수 있다. 어쩌면 우리는 자신을 똑똑하다고 여기는 착각에서 벗어나 더 믿을 만한 사람으로 변해있을지 모른다.

물리 교과서의 고전으로 불리는《파인만의 물리학 강의》의 첫머리에서 이 책의 저자 리처드 파인만Richard P. Feynman은 말했다.

'어떤 거대한 재앙으로 인해 과학적 지식이 다 소멸하였다고 가정했을 때 다음 세대에 전하고 싶은 말은 한마디뿐이다. 그것은 바로 모든 물체가 원자로 구성되어 있다는 사실이다.'

그런데 조금만 더 생각해보면 이 한마디 말속에 세계와 관련된 대량의 정보가 내포되어 있다는 것을 알 수 있다. 내가 언젠가 읽었던 글 중에서 누군가는 '국가는 가정이 아니다'라는 한마디로 거시 경제학의 모든 것을 담아냈다.

국가는 가정이 아니다

경제학은 현대 사회가 어떻게 돌아가는지 그 흐름을 연구하는 학문이다. 현대 사회가 전통 사회와 구분되는 가장 근본적인 특징은 '낯선 사회'라는 데 있다. 현대인은 학업, 일, 거래 등 일상의 모든 공간에서 낯선 사람과 교류를 하며 살아간다.

내가 초등학교에 다녔던 1980년대 중반쯤에는 TV 같은 비싼 가전제품을 사려면 아는 사람이 하는 대리점을 먼저 떠올렸다. 아는 사람이 하는 대리점이라고 해서 품질이 반드시 좋거나 값이 싼 것도 아니었다. 그런데도 이렇게 하지 않으면 직접 돈을 들고 대리점을 찾아다니며 물건을 봐야 하고, 심지어 물건을 직접 들고 와야 하니 왠지 손해를 보는 느낌이 들었다. 이런 심리가 지금도 완전히 사라진 것은 아니다. 사람들은 무언가 큰일을 처리해야 할 때가 오면 주변에 있는 지인을 찾아 부탁하고, 그렇게 하지 않으면 왠지 속거나 손해를 보는 것 같아 불안해한다.

전통 사회에서 사람들은 낯선 사람을 두려워하고 배척했으며, '낯선 환경'에 겁을 먹었다. 그러나 현대 사회에서는 낯선 사이라 해도 서로 협력하며 원만한 관계를 유지할 수 있다. 언젠가 편집자 린페이샹林飛翔이 내게 베이징이 이렇게까지 사람들로 북적이는데도 젊은이들이 굳이 베이징에 와서 자리를 잡으려고 하는 이유를 아느냐고 물은 적이 있다. 나는 대도시답게 사람들의 교류가 활발하다 보니 창의적인 아이디어가 샘솟고, 기회가 더 많아서 그럴 거라고 대답했다. 그러자 그는 고개를 가로저으며 그것보다 더 중요한 이유가 있다고 말했다. 그것은 바로 베이징에서는 '지연'이나 '학연' 등에 의지하지 않아도 할 수 있는 일이 많지만, 지방에서는 어떤 일이든 아는 사람의 도움없이 해내기 힘들다는 것이다.

이것이 바로 낯선 사회의 장점이다. 표면적으로 사람 사이의 정이 그리 깊지 않은 것처럼 보이지만, 사실 이것이 도리어 가장 효율적인 시너지 효과를 낸다. 아는 사이는 정을 따지지만, 낯선 사이는 이익에 따라 움직인다. 아는 사이는 '출신'을 따지지만, 낯선 사이는 계약이 출신보다 우선한다. 아는 사이는 인품을 들먹이지만, 낯선 사이는 신용을 최우선에 둔다. 사람들이 정이 아닌 이익을 따질 때 전반적인 이익이 가장 빠른 속도로 증가한다.

핵가족은 모두 '각자의 능력에 따라 일하고, 수요에 따라 분배하는' 식으로 운영된다. 부모가 아이에게 제공하는 모든 지출은 무상으로 이루어지며 그 상한선이 존재하지 않는다. 가족의 개념을 대가족으로 확대했을 때 친척끼리는 경제적으로 재산을 온전히 공유하지 않지만 그렇다고 해서 이익을 따지지도 않는다. 예를 들어 친척 중에 아픈 사람이 생기면 아무런 대가 없이 그를 보살펴주고, 심지어 자신의 경제적 이익까지도 기꺼이 희생한다. 만약 친구와 동료, 지인으로 그 범위를 확대하면 친밀도는 좀 더 떨어질 수 있지만, 이들 역시 금전관계라고 볼 수 없다. 이들은 동창회와 같은 모임을 열기 위해 함께 모여 어떻게 추진할지 상의를 할 뿐이며, 주택 입찰을 위한 경매를 열어 경제적 이익을 도모하지 않는다.

전통 사회에는 원래 '국가'라는 개념이 없었고, 사람들은 '내 집 어른을 정성껏 섬기면 남의 집 어른에게도 그 영향이 미친다老吾老以及人之老'라는 가르침에 따라 살았다. 이는 페이샤오퉁費孝通(인류학자이자 사회학자-역주)의 '차등적 질서 구조差序格局'와도 일맥상통한다.[37] 이런 가치관을 가진 사람이라면 누구나 국가에 충성하기보다 자신의 직속 상사나 손윗사람을 더 따르고 신뢰한다. 즉, 관계의 '거리'에 따라 누구에게 더 잘할 것인지 결정되는 셈이다. 근대에 이르러 사회의 유동성이 증대하면서 사람 사이의 교류 역시 늘어나고 있고, 낯선 사람과의 교류를 통해 누구나 평등하다는 생각과 더불어 '국가'에 대한 개념도 서서히 생겨나게 되었다.

'평등'은 매우 현대화된 개념이다. 가족 안에서 어른이 아이를 무상으로 부양하는 것은 사실 평등하지 않고, 젊은이가 웃어른에게 효를 다하고 공경하는 것 역시 불평등하다. 사람들이 가정 안에서 이런 불평등을 받아들이는 것은 온전히 사랑과 관심의 힘이며, 그런 이유 때문에 이것은 낯선 사람에게 적용되지 않는다. 낯선 사이의 쌍방은 상호불가침 조약을 성실히 지켜야 하며, 더 많은 의무와 감정을 관계 속에 끌어들이지 않아야 비로소 평등을 논할 수 있다. 그래서 가정은 정을 따지고, 국가는 이익과 효율을 중요하게 생각해야 한다.

37 페이샤오퉁의 《향토중국(鄕土中國)》.

낯선 사람과의 교류는 어쩌면 공적인 일에 참여하는 것과 다르지 않을지도 모른다. 그런데 우리는 종종 공적인 일, 그중에서도 특정 집단을 겨냥한 일에 정을 끼워 넣을 때가 있다. 경제학자는 이것이 잘못된 것이라고 말한다. 예를 들어 경제학자는 각종 형태의 기부 행위를 믿지 않는다.

기부는 누군가의 주머니에서 나온 돈이 다른 사람에게 옮겨 가는 것이고, 이런 행위 자체로는 결코 부를 창출할 수 없다. 본질적으로 볼 때 기부는 문제를 효율적으로 해결할 수 있는 방법이 아니며, 자기 만족감을 주는 행위일 뿐이다. 그런데 그 기부금을 다른 나라나 지역에 있는 누군가에게 주는 것이 아니라 자국 안에서 자신보다 더 못 살고 고통받는 어떤 특정인에게 주는 이유는 뭘까? 그 이유는 간단하다. 그가 우리에게 더 깊은 인상을 주었기 때문이다. 우리와 물리적 거리가 더 가깝다는 이유로 그 사람에게 더 큰 감정이입이 되는 것이다. 우리가 거지에게 적선하는 것은 거지에게 구걸을 계속하라고 부추기는 것과 다르지 않다. 오늘 기분이 좋아서 식사한 후 종업원에게 팁을 많이 주었다면 어떨까? 모든 사람이 이렇게 행동하면 식당 사장은 종업원의 임금을 깎을지도 모른다. 그렇게 되면 최종적인 수혜자는 사실 식당 주인이다.

그래서 자선활동을 하고 싶다면 그 행동이 세상을 좀 더 살맛 나게 만들고 싶어서인지, 아니면 자기 만족감을 얻고 싶어서인지 먼저 고민해볼 필요가 있다. 자선활동을 통해 세상을 아름답게 바꾸고 싶지만, 이것이 전통 사회의 관심과 사랑으로부터 나온 가치관이라면 아주 곤란하다.

예전에 이런 기사를 본 적이 있다. 만둣가게 주인이 환경미화원과 노숙자들을 불쌍하게 여겨 매일 만두를 세 개씩 공짜로 나눠주었다. 그러던 어느 날 공짜로 만두를 얻어먹던 사람 중 누군가가 오늘은 만두를 먹고 싶지 않으니 만두 대신 돈을 달라고 뻔뻔하게 요구했다. 결국 가게 주인은 그들의 황당한 요구에 화가 치밀어 올라 공짜 만두를 나눠주던 일을 중단했다. 그런데 그 후에 또 다른 문제가 터져 나왔다. 공짜 만두를 얻어먹던 사람들이 그 소식을 듣자마자 가게로 몰려가 소란을 피운 것이다.

왜 그들은 은혜를 원수로 갚아야 했을까? 그 핵심은 심리학의 문제가 아니라 일의 성질이 변했다는 데 있다. 배고픈 사람에게 선뜻 음식 대접을 하는 것은 개인의 선의에서 나온 행동이었다. 다만 오랫동안 그것이 당연할 일로 받아들여졌거나, 대량으로 만두를 지급하게 되면서 개인의 작은 선의가 공공사업과 경제적 행위로 변질되고 말았다. 이런 일은 모두 지인 위주의 전통 사회에서 현대화된 낯선 사람들의 사회로 변하는 과정에서 벌어진다. 즉, 호의를 베푸는 사람과 그 호의를 받는 사람이 모두 새로운 사회규범에 제대로 적응하지 못한 탓이다.

미국 사람들이 자녀를 독립적으로 키운다고 알려져 있지만, 미국 부모들 역시 미성년 자녀에게만큼은 원하는 것을 무엇이든 해주고 싶어 한다. 단지 그들은 자녀가 성인이 되고 나면 대다수 동양권 부모들과는 달리 자녀를 독립적인 존재로 바라본다. 중국에서는 성인이 된 후에도 부모의 그늘에서 벗어나지 못하는 경우를 흔히 볼 수 있다. 반면에 미국의 젊은이들은 대부분 대학을 졸업하면 경제적으로 독립해 대출금을 갚고, 자신의 능력으로 집과 차를 구매해야 한다. 만약 성인이 된 후에도 여전히 부모의 집에서 산다면 방세를 지급해야 한다. 중국에서는 부모와 자녀가 경제적 문제로 인해 서로 다투고 갈등을 겪는 일이 흔히 발행한다. 이에 반해 미국에서는 성인이 된 자녀가 독립적으로 생활하는 것이 이미 보편적인 사회문화가 되었고, 이런 사회는 가족에게조차 개인적이고 냉정한 사회가 아니라 훨씬 현대화된 사회라고 보아야 한다.

가장 큰 문제는 아직 자선이 아니다. 경제학자들은 시장에서 어떤 집단을 지나치게 보호하는 것은 잘못이라고 지적하고 있다. 예를 들어 보호무역이 그중 한 예라고 할 수 있다. 어느 나라의 한 업종에서 생산한 제품이 비싼 가격에도 기술과 품질이 떨어진다고 가정해보자. 그때 훨씬 싸고 품질도 좋은 비슷한 제품이 외국에서 생산되고 있다면 자국의 기업을 보호해야 한다는 이유로 수입품에 대해 거액의 관세를 부과해야 할까?

세계 경제학자 중 절대다수, 심지어 거의 모든 경제학자가 그렇게 해서는 안 된다고 이구동성으로 말할 것이다. 그 이유는 간단하다. 낙후된 업종의 생산자를 보호하는 것은 이 제품을 사용하는 전체 소비자에게 피해를 주는 것과 같기 때문이다. 생산자와 아무런 친분이나 원한 관계조차 없는 소비자가 왜 이런 희생을 감당해야 하는가?

다시 말해서 설사 자유무역을 일방적으로 시행한다고 해도 나쁠 것은 없다.[38] 그래서 경제학자들이 꿈꾸는 이상적인 세상 속에는 자유무역 지대FTA와 같은 협상은 존재하지 않으며, 각국이 앞다퉈 자국 시장의 개방을 선포해야 한다.

그렇다면 각국은 왜 자국의 시장을 개방하면 손해를 본다고 생각하는 것일까? 사실 이것은 정책을 좌지우지하기 위해 대리인을 찾아 자

---

38 개발도상국이 일시적으로 낙후된 산업을 보호한다고 해서 자국 기업의 경쟁력을 높일 수 있을까? 이것은 '가장 간단한 경제학'의 범주에서 벗어난 문제다.

신들의 목소리를 내는 소수 집단이자 보호받는 집단의 고통이 너무 크게 느껴지기 때문이다. 반면에 이들로 인해 희생당하는 광범위한 소비자층은 보호무역의 폐해를 심각하게 인지하지 못하기 때문에 별다른 대응을 하지 않는다. 이것은 재난 지역의 참상을 전달한 뉴스 보도의 화면이 엄청난 화젯거리로 이어질 때, 마치 우는 아이에게 떡 하나 더 주듯 그 지역으로 기부금이 가장 많이 모이는 것과 같은 맥락이다.

복지제도 역시 마찬가지다. 사람들은 특정 집단에 더 많은 복지 혜택이 가야 한다고 요구할 때 국가의 돈이 도대체 어디서 나오는지 혹은 그 대가를 누가 치러야 하는지에 대해 생각하지 않는다. 사실 복지 수준이 높다는 것은 그만큼 세금을 많이 걷어야 한다는 것을 의미한다. 어떤 집단에 대한 복지 혜택을 늘리면 다른 집단의 소득이 줄어든다. 빈곤 아동을 대상으로 무상교육을 시행하면 초등교육 문제를 해결하고 범죄를 줄이는 데도 도움 되니 모든 사람에게 이롭다. 그러나 대학생을 상대로 무상교육을 시행하는 부분은 신중하게 검토해볼 필요가 있다.

부자들을 대상으로 지속적인 증세와 더불어 빈부의 균등 사상을 갖도록 요구하는 것은 가정을 바라보는 시각으로 국가를 보는 것과 다르지 않다. 이런 문제를 이해하기 위한 출발점은 '한 나라의 국민인데도 빈부 격차가 이렇게 크게 나는 것이 과연 도덕적인가?'라는 의문이 아니라 '어떤 세금제도가 경제 성장에 도움 될 것인가?'로 귀결되어야 한다.

세상에 공짜는 없다

지식인에게 《내 영혼의 닭고기 수프》와 같은 사고를 한다고 말하는 것은 가장 심한 모욕이다. 그들에게 이런 식의 사고는 수준 낮은 문학 작품에 열광하는 젊은이와 SNS에 감성팔이나 하는 사람들의 머릿속에서나 나오는 것들이다. 만약 당신이 '닭고기 수프'라고 여겨지는 글을 아무 생각 없이 리트윗한다면 그들은 당신의 아이큐에 심각한 문제가 있다고 여길지 모른다. 내가 보기에 《내 영혼의 닭고기 수프》에서 논란이 되는 관점은 크게 두 가지가 아닐까 싶다.

1 당신이 어떤 조건과 상황에 부닥치든 노력만 하면, 심지어 좋은 사람이 되고자 마음만 먹으면 모든 것이 가능해진다.
2 설사 당신이 노력하지 않거나, 혹은 좋은 사람이 되지 않아도 상관없다. 어차피 '세상에서 제일 아름다운 것은 모두 공짜'이기 때문이다.

《내 영혼의 닭고기 수프》는 우리에게 외부 조건에 신경 쓰지 말고 자신에게 집중하라고 조언하는 동시에 다른 것을 쫓지 말고 지금 가지고 있는 것을 누리라고 암시한다.

이것은 무척 격조 높은 태도처럼 보이지만 현실 세계는 우리가 생각하는 대로 흘러갈 만큼 그리 녹록지 않다. 현실 세계 속에서 모든 사람은 자신에게 없는 것을 얻고자 하지만 그것을 이루기는 절대 쉽지 않고, 아무리 노력해도 해낼 수 없는 것들 역시 존재한다. 하지만 설사 천국처럼 아름다운 닭고기 수프 같은 따뜻한 세상이 존재한다고 하더라도 누구나 그곳에서 살기를 원한다고 단정 짓기 어렵다. 게임에서 치트키를 써본 사람은 이런 이치를 쉽게 이해할 수 있다. 원하는 모든 것을 치트키 하나로 다 얻을 수 있다면 점점 무료하고 재미가 없어지기 때문이다.

다행히 우리는 제한된 세상에서 살고 있다. 이 세상에는 누구나 갖고 싶어 하는 많은 것이 존재하지만 누구나 그것을 가질 수 있는 것은 아니다. 그래서 자신이 원하는 것을 가지려면 반드시 그 대가를 치러야 한다.

이때 경제학자들은 가치의 유무를 묻는 것으로 솔로몬의 지혜를 발휘한다. 어떤 물건이 제아무리 좋아도 그것을 손에 넣기 위해 치러야 할 대가가 너무 크다면 우리는 그것을 포기해야 한다. 반대로 설사 대가를 치르더라도 그것의 가치가 훨씬 크다면 기꺼이 희생을 감수해야 한다.

사람들이 흔히 하는 착각 중 하나가 바로 세상에는 그것을 얻기 위해 치러야 할 대가의 크기를 안 되는 것이 존재한다는 여기는 것이다. 대표적인 것이 바로 생명이다. 우리는 그 어떤 대가를 치르더라도 생명만큼은 지켜내고 싶어 한다. 물론 적어도 모든 대가를 불사한다면 자신의 안전만큼은 지킬 수 있지 않을까? 그러나 모든 대가와 희생을 감수하며 자신의 안전을 지키고자 하는 사람은 존재하지 않는다. 문 밖으로 나가는 순간부터 누구나 교통사고의 위험에 노출되는 것이 현실이다. 그렇다고 해서 우리가 교통사고의 위험을 피하고자 평생을 집에서만 지내야 한다면 너무 큰 대가를 치러야 한다.

몇몇 극단적 성향의 환경 보호주의자들은 지구 본연의 청정하고 깨끗한 모습을 유지하려면 인류의 모든 흔적을 지워버리는 것이 최선의 방법이라고 주장한다. 물론 경제학자들은 그런 선택을 위해 치러야 할 대가가 너무 크다고 반박한다. 심지어 일부 경제학자는 어느 정도의 오염은 충분히 받아들일 수 있다고 말하기도 한다. 내 고향인 하얼빈에는 아름다운 쑹화강이 흐르고 있지만 산업 폐수를 흘려보내면서 강물이 오염된 지 오래다. 누군가는 단순한 사고방식이라고 비난할지 모르지만 내 마음 같아서는 당쟁이라도 오염 물질을 강으로 방출하는 기업들을 모두 폐쇄했으면 하는 바람이 크다. 만약 그렇게 할 방도가 없다고 한다면 나 역시 불평만 터트릴 뿐 그저 보고도 못 본 척 눈감고 지낼 수밖에 없지 않을까 싶다. 그러나 경제학자라면 다른 접근법을 쓸 것이다. 즉, 쑹화강이 그 오염 물질을 어느 정도까지 '감당'할 수 있는지를 먼저 계산한 후 오염 물질 배출을 위한 배당량을 오염원인 기업에 판매하는 방식을 제안해 배출을 막지는 않을 테니 대가를 치르도록 해법을 제시하는 식이다. 이렇게 하면 최고가격으로 오염 물질 배출권을 사들인 기업은 큰돈을 벌어들이면서 사회 공헌도를 높이는 기업이 될 수 있으니 오염의 대가를 가장 효율적으로 쓰는 셈이다.

세계적으로 이슈가 되고 있는 지구온난화가 인류의 행위로 말미암아 야기된 것이라면 그것을 막기 위해 이산화탄소 배출량을 대폭 감소해야 한다. 하지만 그것은 천문학적인 수치의 배출량을 줄여야 할 만큼 엄청난 대가를 치러야 하고, 개발도상국일수록 이런 결정을 수용하기 어렵다. 이런 상황에서 각자 할 수 있는 능력만큼 배출량을 줄이되 일정 정도의 온난화를 허용하는 것이 가장 좋은 방법이다. 사실 역대 최악의 지구온난화가 일어난다 해도 수용할 수 없는 수준의 결과라고 누구도 장담할 수 없고[39], 일부 지역에는 도리어 좋은 일이

---

39 출처: 〈파이낸셜 타임스(Financial Times)〉 Bogus prophecies of doom will not fix the climate By Richard Tol, 3/31/2014. 이 기사 내용은 지구온난화가 가져올 최악의 결과에 대해 경제학적 관점이 강하게 담긴 분석을 담고 있다.

될 수도 있다.

당신이 자동차를 운전하면 공기 오염이 악화되고, 교통체증이 유발되며, 지구온난화가 심화된다. 누군가는 환경오염을 막겠다며 자전거를 타고 출퇴근을 하지만 굳이 그렇게까지 할 필요는 없다. 우리는 자신의 편의 역시 가치가 있다는 것을 염두에 두어야 한다. 자동차를 이용하는 것이 당신에게 주는 편리함이 오염과 교통체증보다 가치가 높다면 차를 운전하고자 하는 선택을 비난할 수 없다.

그래서 모든 일에는 정도가 있고, 정확한 계산을 통해 결정해야 한다. 그렇다면 어떻게 계산을 해야 할까? 이때 경제학자들이 흔히 쓰는 방법이 바로 '한계분석'이다. 한계분석은 전체적인 효과를 고려하지 않고, 다음 단계의 임계 효과를 따져보기만 하면 된다. 예를 들어 당신이 어떤 제품을 생산하고자 할 때 가격 수익과 비용의 수치는 시장변화의 흐름에 따라 달라진다. 그렇다면 당신은 이 제품을 이미 얼마나 많이 생산했는지에 관계없이 앞으로 생산할 이 제품의 수익이 원가보다 크면 계속 생산해도 된다. 만약 다음에 생산할 제품의 원가가 수익과 똑같다면 생산을 멈춰야 한다.

한계분석을 통해 우리는 다양한 문제의 해답을 명확히 찾아낼 수 있다. 미국에서 계산한 결과에 따르면 우주항공 분야에 1위안을 투자할 때마다 7위안에서 12위안의 수익을 올릴 수 있다고 한다.[40] 이 결과가 사실이라면 중국은 항공우주 분야에 목숨 걸고 매달려야 하는 것이 아닐까? 이때 한계분석을 사용해보면 정확한 답이 나온다. 우주항공 분야에서 이미 수많은 성과를 거두고 있는 지금의 상황에서 중국

---

40 출처: 중국 과학 네트워크에 실린 기사 '중국 유인우주선 프로젝트에 350억 위안 투입, 10배의 수익 기대'. http://news.sciencenet.cn/htmlnews/2011/11/254943.shtm.

이 뒤늦게 발을 들여놓으며 투자를 늘린다고 해서 원하는 이익을 거두기 어렵다.

경제학자의 경험에 따르면 한계효과는 늘 체감된다. 즉, 투자한 비용이 많아질수록 그 효과는 갈수록 미미해진다.

메이크업에 관심이 많은 여성이라면 이 한계효과에 주목해야 한다. 그녀들은 매일 두 시간을 들여 화장하고, 매월 수천 위안을 쓰며 화장품을 사들인다. 하지만 이 효과가 매일 20분의 시간을 들여 화장하고, 수백 위안의 화장품을 구매하는 것을 감수할 만큼 드라마틱할까? 만약 앞으로 투자할 돈과 시간 역시 그 효과에 미치지 못한다면 화장을 멈춰야 마땅하다.

사람은 누구나 인센티브에 반응한다

당신의 의도대로 누군가를 움직이고 싶다면 이치에 맞게 타이르고 설득하며, 정으로써 해결을 시도하는 것이 가장 이상적이고 교과서적 방법이다. 그러나 이 방법으로는 효과를 거두기 힘들다. 믿지 못하겠다면 예를 한 번 들어보자. 기저귀에 익숙한 세 살짜리 아이가 변기에서 스스로 대소변을 가리도록 만들려면 어떻게 설득해야 할까? 새로운 습관을 들이려면 먼저 습관이 들지 않은 일을 시도하고 익숙해져야 하지만 어린아이가 과연 이런 이치를 이해할 수 있을까? 가장 효과적인 방법은 아마 두 가지가 아닐까 싶다. 그것은 바로 아이를 엄하게 가르치고 윽박지르거나 회유하는 것이다. 경제학자는 회유하는 방법을 즐겨 쓴다.

《괴짜 경제학》의 저자 중 한 명인 스티븐 레빗Steven Levitt은 경제학 방법으로 자신의 세 살짜리 딸의 배변 습관을 고치는 데 성공했다.[41] 그는 딸에게 변기에서 오줌을 눌 때마다 땅콩 초콜릿을 먹게 해주겠다고 약속했다. 그 결과 그의 딸은 땅콩 초콜릿을 먹으려고 일부러 더 자주, 심지어 연달아 몇 번씩 변기를 사용해 소변을 봤다. 레빗은 딸과의 약속을 지키기 위해 그때마다 초콜릿을 주었다. 사흘 후 그의 딸은 스스로 대소변을 가릴 줄 알게 되었고, 변기를 사용하는 좋은 습관까지 얻었다.

이런 식으로 상대를 유인하는 방법을 '인센티브incentive'라고 부른다. 이 단어는 '격려', '자극', '유인'으로 해석된다. 하지만 이런 해석이 인센티브의 보편적 함의를 정확히 전달하는 데 한계가 있어, 독자들의 오해를 낳기 쉽다는 생각도 든다. '격려'라고 하면 정신적인 차원의 응원에 가깝고, 자극과 유인은 마치 드러내 말할 수 없는 부정적 의미의 금전적 요구를 겨냥하고 있는 것처럼 느껴진다. 인센티브는 반드시 금전적 자극이라고 볼 수 없지만 일반적으로 당신이 실제로 원하는 것, 당신에게 유리하고 도움 되는 것을 의미한다. 자신에게 유리한 것을 얻기 위한 목적에 따라 이성적으로 반응하는 메커니즘이 바로 인센티브다.

사실, 왠지 인센티브에 반응하는 것은 다소 원시적이고 저급해 보인다. 하지만 경제학자들은 사람은 누구나 인센티브에 반응한다는 말을 하는 데 거리낌이 없다.

행위경제학자와 심리경제학자는 모두 인간을 비이성적이라고 말

---

41 Youtube 영상 참고. 'Economist Potty Training: Freakonomics Movie' 검색.

하지만, 비이성에 관한 실험을 자세히 들여다보면 누구나 익숙하지 않은 사물을 대할 때 그런 상황에 빠진다는 것을 알 수 있다. 우리는 익숙한 일을 할 때 아주 이성적으로 행동하는 것이 일반적이다. 이성이란 무엇일까? 이성은 바로 우리가 어떻게 해야 자신에게 이로운지 알고 그렇게 하는 것을 가리킨다. 지하철 요금이 오르면 지하철을 타는 사람이 줄어들고, 사과를 헐값으로 파는 할인행사를 하면 너도, 나도 사과를 사려 할 것이고, 대입 시험에서 영어 과목이 빠지면 학생들은 더는 영어에 매달리지 않을 것이다. 물론 모든 사람이 다 그렇게 행동하는 것은 아니다. 하지만 전체적으로 볼 때 집단의 행동은 무척 합리적이고, 이것은 모두 인센티브에 대한 반응이라고 할 수 있다. 본인에게 돌아오는 이익이 아무것도 없는데 굳이 일찍 일어나 새벽형 인간으로 살 이유가 있을까?

격려의 좋은 점은 그 제도의 설계만 잘되어 있다면 자신이 원하는 방향으로 상대방의 적극적인 참여를 끌어낼 수 있다는 것이다. 유치원에 다니는 내 아들은 애니메이션과 게임을 너무 좋아해서 온종일 스마트폰과 게임기만 들여다보고 산다. 심지어 내가 불러도 못 들을 때가 한두 번이 아니었다. 그러던 어느 날 유치원 학부모 모임에 갔을 때 원장 선생님이 기가 막힌 해결책을 하나 알려주었다.

"모니터를 보는 시간을 스스로 벌어서 쓰도록 하세요. 숙제하기, 밥 잘 먹기, 집안일 돕기와 같은 착한 일을 했을 때 그 보상으로 15분씩 자유 시간을 주고, 그 시간만큼은 애니메이션을 보든, 게임을 하든 마음대로 쓰게 하세요. 하지만 스스로 노력해 그런 것을 할 수 있는 시간을 벌지 못했다면 절대 그것을 하도록 허락해서는 안 돼요."

그날 이후 우리는 이 방법대로 아이를 가르쳤고, 15분의 시간마저도 5분까지 점점 줄여갔다. 게다가 휴대전화를 타이머를 이용해 엄격하게 시간을 제약했다. 지금까지도 상당히 긍정적인 효과를 보고 있다. 때때로 이런 아들을 보고 있노라면 내가 마치 탐관오리를 대하는 간사한 상인이라도 된 것처럼 아이가 말을 안 듣는 것보다 취미를 즐기는 시간조차 없어질까 봐 걱정되기도 한다.

사람의 행동을 바꾸는 가장 좋은 방법은 인센티브를 바꾸는 것이다. 경제학자들이 즐겨 말하는 인센티브의 예시 중 하나가 바로 조업권 쿼터제다.[42] 세계의 수많은 해역에서 과도한 조업이 이루어지면서 어업 자원은 고갈될 위기에 직면해 있다. 이를 막기 위해 각국 정부가 가장 먼저 채택한 방법은 바로 '휴어기'를 정하고, 매년 정해진 기간 안에서만 조업 활동을 하도록 만드는 것이었다. 하지만 조업 강도가 유난히 높은 지역에서는 이 정도로 문제가 해결되지 않고 있다. 어민들이 짧은 시간 안에 더 많은 물고기를 잡기 위해 최첨단 설비와 어선까지 동원하고 있기 때문이다. 미국 알래스카 해역에서는 어획을 허용하는 기간을 1년에 고작 사흘로 제한했는데도 그 사흘 동안 어민들이 근해의 어업 자원을 싹쓸이해 간 적도 있었다. 어민들 처지도 이해가 안 가는 것은 아니다. 거금을 들여 최첨단 설비를 구매했는데 1년에 고작 사흘밖에 쓸 수 없고, 심지어 그 사흘 동안 기상 조건이 악화하면 출항 자체가 불가능해지기 때문이다.

이런 문제들이 누적되자 한 경제학자가 조업권 쿼터제를 제안했고, 아이슬란드 등의 국가에서 앞장서 이를 받아들였다. 이 제도는 정부가 매년 어느 정도 규모의 어업 자원을 포획할 것인지를 계산한 후에 이 배당량을 모든 어민에게 분배하는 방식이다. 언제 어떤 배를 사용

---

42 https://en.wikipedia.org/wiki/Individual_fishing_quota.

해 조업에 나서든 아무런 제약을 두지 않지만 정해진 연간 할당량을 초과하면 절대 안 된다. 이런 방식은 어민들 사이의 악의적 경쟁을 막고, 휴어기 동안 어린 물고기와 산란기의 물고기를 보호하는 데 도움을 주었다. 이뿐 아니라 조업권 쿼터제는 어민들에게 조업권을 거래할 수 있도록 허용했다. 만약 당신의 선박 상태가 안 좋은데 기상 상태까지 악화하여 출항할 수 없을 때 조업권을 좋은 어선을 가진 사람에게 팔 수 있으니 누구도 손해를 볼 필요가 없다. 이 인센티브제도가 제대로 자리 잡으려면 어떤 어선이 얼마만큼의 물고기를 잡았는지를 관리, 감독하는 정부의 더 강력하고 적극적인 간여가 필요하다. 어쨌든 지금까지 진행 상황을 보면 그 효과는 꽤 긍정적인 편이다.

그러나 인센티브제도가 제대로 운용되지 않으면 오히려 역효과를 가져올 수 있다. 예를 들어 유치원 하원 시간에 맞춰 학부모가 아이를 데리러 오지 않으면 교사가 자신의 시간을 할애해 아이와 함께 학부모를 기다려야 하는 불공평한 상황이 빚어진다. 이스라엘의 몇몇 유치원[43]에서는 이런 상황을 막기 위해 새로운 방침을 내놓았다. 즉, 그들은 학부모가 하원 시간을 넘겨 도착하면 10분 늦을 때마다 3달러의 벌금을 내도록 했다. 그 결과는 어떻게 되었을까? 예상을 깨고 지각하는 학부모들이 도리어 훨씬 늘어났다.

벌금제도가 없을 때 학부모들은 지각하면 교사에게 민폐를 끼치는 거로 생각해 모든 방법을 동원해 가능한 정해진 시간에 맞추려고 애를 썼다. 학부모들은 교사의 기분을 상하게 해 행여 아이가 눈치라도

---

43 유니 그리지, 존 리스트(John List) 《무엇이 당신을 행동하게 하는가(The Why Axis: Hidden Motives and the Undiscovered Economics of Everyday Life)》, 《괴짜 경제학》에서도 이 내용을 다룸.

볼까 봐 여간 마음이 불편한 게 아니기 때문이다. 그런데 10분 늦을 때마다 벌금을 3달러씩 내는 것으로 규정이 바뀌자 학부모들은 더는 인정에 기대지 않고 늦은 만큼 그 서비스 시간에 해당하는 돈을 내는 거라고 인식하기 시작했다. 자신들이 지각해서 교사가 불쾌해해도 3달러만 지급하면 그만이니 굳이 서둘러 도착하려고 애쓸 필요가 없어진 것이다. 연구자들은 이스라엘에서 유치원 스무 곳을 선정해 그중 여섯 곳을 상대로 벌금정책을 실험했다. 그 결과 이 여섯 곳에서 학부모의 지각률이 두드러지게 증가했다. 그 후 이 규정을 취소했는데도 이 유치원들의 지각률은 다른 곳보다 여전히 높았다.

사실 지각할 경우 벌금을 무는 이런 정책은 약간의 개선만 한다면 충분히 유용할 수 있다고 본다. 일례로, 내 아이가 다니는 유치원은 1분 지각할 때마다 5위안을 내야 하는 곳이라서 나는 늘 지각을 하지 않으려고 부리나케 달려가곤 한다.

상부에서 하부로 전달되는 일방적인 외부 인센티브정책은 경제학자들이 문제를 해결할 때 가장 즐겨 사용하는 두 가지 방법 중 하나다. 또 다른 방법은 바로 시장화다.

시장은 인센티브 신호의 전달 방식이다

예전에 경제학 정신을 발휘해야 하는 일에 종사했던 적이 있다. 10여 년 전만 해도 인터넷으로 중국어 영화나 드라마를 보는 게 지금처럼 쉽지 않았다. 동영상 사이트에서 영상을 직접 볼 수 없었을 뿐 아니라

BT BitTorrent와 같은 다운로드 툴도 별로 없었다. 당시 해외에 거주하는 중국인을 위한 꽤 괜찮은 사이트[44]가 하나 있었는데, 그곳을 통해 중국어로 된 영상 소스를 유료로 다운로드할 수 있었다. 그 사이트에서 '코인'을 구매해 다운로드 권한을 구매하는 방식이었다. 물론 그곳에서 소스를 제공하는 것 자체가 불법이었지만 그 당시에는 누구도 신경 쓰지 않았다. 게다가 이 사이트의 서비스가 상당히 안정적이었고, 소스를 하나 다운로드받는 데 10센트 정도면 충분해서 나 역시 그곳의 단골이었다.

그러던 어느 날 해당 사이트에서 '유료 영화 찾기' 서비스를 시작한다고 발표했다. 이 사이트에서 제공하지 않는 영화를 보고 싶으면 6달러의 코인을 지급하면 담당자가 모든 수단을 총동원해 해당 소스를 찾아주는 서비스라고 할 수 있다. 하지만 고객의 반응은 예상보다 차가웠다. 60배나 더 비싼 가격을 주고 영화 한 편을 보려는 사람이 거의 없었기 때문이다.

그 후 나는 그 사이트 관리자에게 시장의 원리를 이용해 이 문제를 해결할 수 있는 한 가지 아이디어를 제공했다. 어쨌든 관리자는 하나의 소스를 찾아내 6달러를 벌고 싶을 뿐이고, 그 6달러가 누구의 주머니에서 나왔는지 전혀 중요하지 않았다. 그래서 나는 개인이 한 번에 6달러를 낼 필요 없는 새로운 방식을 찾아냈다. 즉 한 사람이 일부 금액을 내고, 그 소스를 목록에 올린 후 그것을 마음에 들어 하는 다른 사람이 추가로 이용료를 결제할 때까지 기다리는 것이다. 이렇게 해서 소스를 하나 다운받는 데 필요한 6달러가 다 채워지면 관리자는 그

---

[44] 사이트 이름이 Chinesemovie.net이었던 것으로 기억함. 이 책을 쓰면서 찾아보니 이미 폐쇄되어 존재하지 않았음.

소스를 찾아 제공하면 된다.

관리자는 이 아이디어에 매우 흡족해하며 곧바로 실행에 옮겼다. 사이트에 '영화 찾기 코너'가 만들어지자, 이용자들이 빠른 속도로 반응을 보였고, 1달러를 지급하고 자신이 보고 싶은 영화를 목록에 올린 후 6달러가 모일 때까지 기다렸다. 그 덕에 사이트는 돈을 벌어들였고, 이용자는 보고 싶은 영상을 볼 수 있게 되었다.

이보다 더 중요한 사실은 '도대체 어떤 소스가 찾을 만한 가치가 있는지'에 대한 궁금증을 해소하기 위해 사이트 게시판을 통해 다른 이용자에게 물어볼 필요가 없어졌다는 것이다. 사용자가 추천 영화 코너에 올라온 목록을 보고 판단할 수 있게 되었다. 특정 영화를 꼭 보고 싶은 사용자는 혼자서 6달러를 지급하면 그만이고, 그럴 정도의 열망이 없는 이용자라면 여러 사람과 함께 돈을 모아서 보면 된다. 즉 시장은 강한 열망을 가진 소수와 그 정도는 아니지만, 관심을 보이는 다수의 바람을 모두 만족시킬 수 있다. 이 사이트의 새로운 시도 덕에 모든 사용자에게 지식이 전달되도록 효율적인 신호의 역할을 하는 창구를 마련한 셈이다.

이것이 바로 시장의 장점이다. 가격 신호를 통해 시장은 꼭 해야 하는 일을 우선하여 처리할 수 있고, 그 일을 가장 잘할 수 있는 사람에게 그 일이 돌아가도록 할 수 있다. 만약 시장 메커니즘을 사용하지 않으면 어떤 일을 반드시 처리해야 하는지, 그 일을 누구에게 시킬 것인지 묻는 말에 대답하기 곤란하다. 그런 점에서 시장의 최대 장점은 신호의 문제를 해결해 자원을 기업에 합리적으로 분배할 수 있다는 것이다.

만약 어떤 물건이 당장은 희소하지만 사람들이 원하는 만큼 대량 생산이 가능해지면 시장은 이 희소성 문제를 해결할 수 있는 최고의 수단이 될 수 있다. 휴대전화는 초창기에 상당히 귀한 물건이었지만 본질적으로 대량 생산이 가능한 물건이었다. 시장경제 안에서 희소성은 높은 가격을 의미하고, 비싼 가격은 그것의 생산을 원하는 사람들이 많다는 방증이었다. 그래서 각 기업이 자발적으로 나서서 휴대전화의 연구 개발과 생산에 매달리기 시작했고, 이것은 국가의 기술력 공백을 메우거나 국민을 위한 것이 아니라 비싼 만큼 돈을 벌 수 있기 때문이었다. 결과적으로 그 덕에 휴대전화의 가격은 갈수록 저렴해졌다.

시장은 굉장히 단순한 원리로 돌아가지만 상상을 초월할 정도로 엄청난 결과를 가져오기도 하는 메커니즘이다. 시장에 매료된 경제학자들은 시장을 무소불위의 존재로 여긴다. 그러나 우리가 일상에서 마주하는 시장화의 사례를 보면 교육과 의료 민영화처럼 그다지 성공을 거두지 못한 경우도 존재한다. 그 이유는 무엇일까? 그것은 아마도 우리가 시장을 충분히 이해하지 못했기 때문일 것이다.

경제학자의 눈에 비친 가격은 단순히 돈이 아니라 인센티브의 신호라고 볼 수 있다. 일반인들은 시장을 거론했을 때 사유재산권을 가장 먼저 떠올리고, 가격 신호의 역할에 대한 인식은 아직 부족하다. 사람들은 일단 사유화가 되면 모든 문제가 해결될 것처럼 시장화를 사유화와 동일시하는 경향을 보인다. 왜 사유화에 대해 그런 생각을 하게 되었을까? 설마 자신을 위해 일하기 때문에 더 열심히 할 거라고 생각하기 때문일까? 사실 시장경제에서도 대부분 사람은 다른 사람의 회사에서 일하고, 큰 회사 안에서도 관료주의가 성행하고, 밥벌이하며 살아가는 일상이 존재한다. 사유재산권은 기본적인 조건일 뿐이다. 가격과 같은 인센티브 신호야말로 시장의 관건[45]이다. 만약 재산권을 사유화하더라도 신호가 원활하지 못하면 시장은 활력을 잃게 된다.

시장화는 재산권 개혁처럼 그렇게 간단하게 해결될 수 있는 문제가 아니다. 충분한 인프라를 확보해야 신호의 효과적인 전달을 보장할 수 있고, 이런 조건이 갖추어져야 비로소 진정한 시장경제라고 할 수 있다.

결과는 예상에서 벗어날 수 있다

평서评书(중국의 전통 연극-역주) 연기의 대가 단톈팡單田芳은 누구누구는 '대서大书를 보는 사람'이라는 말을 자주 했다. 이 '대서'는 여성들이 열광하는《랑야방琅琊榜》과 같은 소설이 아니라 나라를 다스리고 천하를 태평하게 만드는 법을 궁리하는 심오한 학문을 다룬 책을 가리킨다. 대서를 많이 본 사람은 세상의 잘못된 점을 지적하고 올바르게 바꾸고 싶은 충동에 사로잡히고, 자신의 말대로 했으면 진즉에 해결될 수 있는 문제라며 안타까운 마음을 드러내기도 한다. 경제학이 세상을 구할 방도를 많이 연구하는 것은 사실이지만 경제학자는 조심스럽고 신중한 미덕을 가질 필요가 있다.

세상은 복잡한 시스템으로 이루어져 있기 때문이다. '복잡함'의 뜻을 지닌 영어 단어로는 'complicated'와 'complex'가 있다. 일반적으

---

45 시장의 또 다른 관건은 탈중심화의 정책 결정 시스템이다. 그것은 '가장 간단한'의 범주에 속하지 않는 내용이므로 이 책의 3장 '죽기 아니면 살기 식의 시장경제'에서 다루고 있다.

로 영국인과 미국인조차도 이 두 단어의 차이점을 제대로 모르지만 학술적 관점에서 보면 그 차이가 꽤 크다. 'complicated'는 설명하기 어려울 만큼 복잡하고, 무수히 많은 것이 두서없이 얽혀 있는 것을 의미한다. 'complex'는 내부를 구성하는 요소들의 각종 연결관계와 피드백관계를 말하며, 사소한 일조차도 전체에 영향을 미치므로 각 부분을 한데 합친다고 해도 전제를 설명할 수 없다. 그래서 'complex'는 'complicated'보다 더 고차원적으로 복잡한 것을 의미한다. 과학자들이 말하는 '복잡성 이론'이 바로 'complex'를 가리키고, 이것이 바로 우리가 말하는 복잡함이다.

복잡한 시스템의 행위는 좀처럼 예측하기 어렵다. 지금 이곳에서 일어난 나비의 미약한 날갯짓이 아주 희박한 가능성이지만 천 리 밖에 있는 어떤 곳에서 토네이도를 불러일으킬 수도 있다. 당신이 어떤 정책을 발표했을 때 그것이 일파만파의 영향력을 발휘하며 전혀 예상하지 못한 결과로 이어질 수 있다.

앞에서 언급했던 유치원 학부모의 지각 방지를 위한 벌금 실험 역시 모두의 예상을 완전히 뒤집는 결과를 보여주었다. 그러나 실험을 하기 전에 정답의 범주가 나쁜 것과 좋은 것 사이에 있다는 것을 안다고 해도 예상하지 못한 결과가 나왔을까? 나는 그 답을 알려줄 좋은 예를 알고 있다.

경제학자들은 정부가 저소득 계층에 직접적으로 돈을 지급하면 어떤 결과가 나올지 궁금해졌다. 저소득층이 음식 쿠폰과 같은 다양한 복지 혜택을 이미 누리고 있는 상황에서 고소득층에게 소득세를 부과하듯 그들과 무소득자에게도 '마이너스 소득세'를 줄 수 있을까? 나이, 병력, 자녀의 유무와 상관없이 소득이 낮으면 무조건 돈을 지급하는 것이다. 이것은 친서민 정부라면 응당 해야 하는 일처럼 보이지만 정작 이런 정책을 시행할 경우 하는 일 없이 놀고먹는 사람들이 생겨나고, 적극적으로 일자리를 찾아야 할 이유가 사라지지 않을까?

분석만으로는 소용이 없고, 실험만이 객관적인 뒷받침을 해줄 가장 좋은 방법이다. 1966년 미국의 경제학도 헤더 로스Heather Ross는 이런 공공정책 실험을 해볼 기회를 얻었고[46], 500만 달러의 실험비를 받았다. 그는 특정 지역의 빈곤 가정을 무작위로 선별한 뒤 정부 보조금이라는 명분으로 매달 약간의 돈을 지급했다. 그렇게 몇 달의 시간이 흐른 후 해당 복지 혜택을 받은 가정과 조건은 비슷하지만 혜택을 받지 못한 가정을 비교 분석했다.

실험 결과 지원금을 지급해도 빈곤 계층의 취업률에는 큰 변화가 없었다. 적어도 실험 기간만큼은 그랬다. 그런데 지원금을 받은 빈곤층 가정의 이혼율이 급증하는 놀라운 결과가 나왔다. 이것이 바로 예상하지 못한 변수다. 이 실험을 하기 전까지만 해도 지원금을 받는 것과 이혼율 사이에 무슨 관계가 있을 거라고 아무도 예상하지 못했다. 돈이 없으면 아무리 금실 좋은 부부도 사이가 멀어진다는 말은 들어봤지만 돈이 생겨 생활에 여유가 도는데도 이혼하는 이유는 무엇일까? 이 결과를 토대로 유럽 사회복지 선진국의 출산율이 갈수록 낮아지는 이유를 설명하는 것도 가능할 듯싶다. 하지만 아직까지 이와 관련하여 더 진전된 연구 결과가 나오지는 않고 있다.

사실상 이런 식으로 정부가 단일대책을 적용해 시행한 사회개혁 실험은 제대로 설계되지 않으면 뜻밖의 효과를 가져오기 쉽다. 설사 완벽한 설계작업을 거쳤다 하더라도 별다른 효과를 보여주지 못할 수

46 이언 에어즈(Ian Ayres)의 《슈퍼크런치(Super Crunchers)》.

있다. 사회학자 피터 로시Peter Rossi는 1960년부터 1980년대의 무수한 사회활동 프로젝트의 효과를 검토한 후 정석과도 같은 논문[47]을 발표하며 하나의 불문율을 제시했다.

'철칙: 대규모 사회 프로젝트의 효과에 대한 평가 예상치는 0이다
The Iron law: The expected value of any net impact assessment of any large scale social program is zero.'

그렇다면 고쳐도 별로 소용없고, 차라리 안 고쳤을 때가 좀 더 낫다는 결론이 나온다. 그래서 '공공 지식인'들을 제외한 정통 학자들은 주도적인 사회개혁에 대해 상당히 비관적이고, 강력한 조치를 내놓을 엄두를 내지 못한다.

공공 지식인은 거침없이 생각하고 말할 뿐이지만 관리자는 과감하게 행동에 옮길 줄 알아야 한다.

사실, 부득이한 경우가 아니라면 근거 없이 혼자 망상에 젖어 유례없는 대단한 무언가를 하겠다며 함부로 복잡한 시스템에 손을 대지 않는 것이 가장 좋다. 그로 인해 결과적으로 어떤 결과를 초래하게 될지 전혀 알 수 없기 때문이다. 어린아이의 불장난처럼 시작한 일이 자칫 잘못하면 엄청난 재앙을 불러오듯이 말이다.

이것은 음모론이 전혀 믿을 만하지 않다는 것을 설명해주기도 한다. 종이 위에만 머물러 있던 다양한 가상의 실험들은 더 믿을 수 없다. 우리가 사는 세상은 지나치게 복잡해서 누구도 그 세계를 완벽하게 제어할 수 없다.

가장 간단한 경제학을 이해했다면 우리의 생각에도 다음과 같은 약

---

47 〈The Iron Law Of Evaluation And Other Metallic Rules〉, Rossi; Research in Social Problems and Public Policy, volume 4 (1987), pages 3-20.

간의 변화가 생길 수 있다. 동정심이 줄어들고, 자선, 복지, 환경에 대해 예전만큼 열중하지 않고, 강한 정부의 힘을 더는 믿지 않고, 시장이 자율적으로 흘러가도록 놔두는 편이 최선이라고 생각하는 식이다. 이것은 분명 더 보수적인 증상이지만 엄밀히 말하면 '자유 지상주의 libertarianism'라고 할 수 있다. 우리가 사실상 자유파와 보수파 외에 제3의 파벌[48], 즉 자유론자로 변한 것이다.

어쩌면 절대다수의 경제학자들도 자유론자의 입장을 고수할지 모른다.

지식인은 사회과학 영역에서 강경한 입장을 고수해서는 안 된다. 아울러 구체적인 상황을 살피지 않고 바로 시장화 개혁에 개입하면 실수를 저지를 가능성이 커진다. 그러나 이론상으로 볼 때 세계의 문제가 경제적 문제라고 생각한다면 자유론자의 입장이 옳을 수도 있다. 이 입장에 반박하기란 상당히 어렵다.

그러나 여기서 말하는 것이 가장 간단한 경제학이라는 사실을 잊지 말자. 어쩌면 더 복잡한 경제학은 다른 결론을 가지고 있을 수 있고, 그렇다면 그들은 그것을 근거로 이 원리를 뛰어넘을 수 있을까? 아쉽지만 이 문제는 이 글에서 논할 문제가 아니다.

---

48 제3의 파벌은 1장 마지막의 '정의로운 생각은 어디에서 오는가?'에서 더 자세히 다루고 있다.

10

베이즈 정리의
담력과
통찰력

신을 믿습니까? 한의학을 믿나요? 심각한 문제로 대두되고 있는 지구온난화의 주범이 인간이라는 사실을 믿나요? 유전자 조작 식품의 안전성을 믿나요? 음력 정월 초하루에 옹화궁雍和宮(베이징의 티베트 라마 사원-역주)에 가서 복을 기원하면 그 해 운수가 대통할 거라고 믿나요?

물론 이 글에서 이런 문제를 깊이 있게 따지고 들자는 것은 아니다. 다만 나는 당신이 어떤 생각을 가지고 '믿는다' 혹은 '믿지 않는다' 중 하나를 선택했는지 알고 싶을 뿐이다.

만약 우리가 '믿는다'를 단지 단순히 태도를 밝히는 것으로 간주한다면 사실 그 의미는 상당히 제한된다. 어쩌면 우리는 친구와 잡담을 나눌 때 자만을 떨며 상대방을 부추길 수도 있고, 인터넷에서 논쟁을 벌이거나, 글을 써서 자신의 견해를 드러낼 수도 있다. 하지만 그렇게 한들 무슨 소용이 있을까? 옛말에 공허한 담론은 나라를 망친다고 했다. 우리의 관점은 진리를 온전히 좌우할 수 없고, 다른 사람의 생각 역시 바꾸기 어렵다.

'믿는다' 혹은 '안 믿는다'의 진정한 의미는 우리 자신의 결정에 근거를 제공해준다는 데 있다. 음력 정월 초하루에 옹화궁에 가서 한 해의 복을 기원해야만 좋은 기운이 찾아온다고 믿는다면 나는 무슨 일이 있어도 일단 그곳에 갈 것이다. 다른 사람이 옹화궁의 효험을 믿든 말든 나와는 크게 상관이 없다. 다만 나는 내가 그곳까지 편하게 가기 위해 그런 미신을 믿는 사람이 가능한 한 적었으면 하고 바랄 뿐이다. 이처럼 '믿고 안 믿고'는 매우 주관적인 판단이며, 우리는 다른 사람이 어떤 판단을 내려도 그것을 충분히 용인할 수 있다.

여기서 한 발짝 더 나아가서 '믿고 안 믿고'는 다소 이분법적인 면이 있다. 그래서 가능하면 그것을 확률처럼 숫자를 이용해 수의 개념으로 바꾸는 것이 가장 좋다. 예를 들어 내가 '옹화궁의 효험이 15%'라고 말한다면, 내가 그 미신을 별로 믿지 않는다는 의미가 된다. 만약 내가 그 효험이 100%라고 생각한다면, 나는 그 미신을 완전히 신뢰하는 것이다. 엄밀히 말해서 이 확률적 수치는 당연히 '주관적 확률'이다. 이것은 마치 일기예보에서 내일 비가 올 확률이 30%라고 말하는 것과도 같다. 사실 비가 올 확률은 '내일' 단 한 차례 발생할 일에 대한 확률일 뿐이며, 100개의 평행우주가 맞이할 내일 중에서 30개에서 비가 올 수 있다는 말이 결코 아니다.[49]

---

49 확률에 관한 책에서 주관적 확률을 언급할 때 대부분 내일의 일기예보를 예로 든다. 이 책 역시 예외는 아니지만 실제 일기예보에서 말하는 확률은 '내일과 비슷한 조건을 가진 어느 날의 비 올 확률이 30%'라는 의미이므로 주관적이라고 볼 수 없다.

이 계량화된 믿음을 통해 우리는 훨씬 과학적인 결정을 할 수 있게 된다. 옹화궁의 효험에 대한 나의 믿음치가 15%에 불과하더라도 나는 정월 초하루에 그곳을 지나갈 일이 생긴다면 한 해의 복을 기원하기 위해 일단 들어가 향을 피우고 절을 할 것이다. 하지만 일부러 찾아갈 정도의 필요성은 못 느낀다. 반면에 옹화궁에 대한 나의 믿음치가 95%라면 나 역시 당연히 무슨 일이 있어도 기차를 타고 베이징까지 가서 향을 피울 것이다.

100%의 믿음과 100%의 불신은 극히 드물며, 설사 있다 해도 허세나 자기기만과 같은 태도로 변질될 가능성이 크다. 일반적인 상황에서 논란이 되는 사안에 대해 우리는 반신반의의 태도를 갖게 되고, 그 믿음의 수치는 0.01~99.99% 사이를 오간다. 게다가 대다수 사물에 대한 우리의 신념은 동태적 변화의 과정을 거친다. 이를테면 아주 두드러지고 새로운 무언가가 등장하면 처음에는 경계하며 믿을 수 없다는 반응을 보이고, 증거가 많아질수록 그 믿음이 점점 강해진다.

지식인이라면 이런 복잡한 신념의 시스템을 바탕으로 다양한 사물을 보는 자신의 관점을 수시로 조정할 줄 알아야 한다. 다시 말해서 이것은 자신의 세계관을 지속적으로 변화시키는 것이기도 하다.

이런 탄력적 사고를 과학적이고 합리적으로 해내려면 베이즈의 정리Bayes' theorem를 활용할 줄 알아야 한다. 이 정리는 수학적 형식과 사상이 매우 간단해 200여 년 전에 발견된 이래 지금까지도 사용되고 있다. 그러나 그 용법이 주관적 확률을 계산한다는 이유로 논란이 계속되었다.[50] 많은 통계학자는 주관적 확률이 비과학적이라고 비난하

---

50 베이즈의 정리에 관한 역사를 파악하기 위한 참고 문헌: Sharon Bertsch McGrayne, 2011, The Theory That Would Not Die: How Bayes' Rule Cracked the Enigma

며 개인의 신념은 아무 의미가 없고, 객관적 확률만이 사용가치를 인정받을 수 있다고 주장한다. 하지만 과거 50~60년 동안 실용주의자들은 통계학자들의 논쟁에 아랑곳하지 않고 제2차 세계대전 당시 독일군의 암호 해독, 러시아 잠수함의 위치 예측, 대출 신청사의 신용도 판단 등 다양한 영역에서 베이즈의 정리를 활용해왔다. 이에 관해서 중문판 〈파이낸셜 타임스〉에 실린 경제학자 허판何帆의 기사 내용을 인용하고자 한다.[51]

'생명과학자는 베이즈의 정리를 이용해 유전자가 어떻게 통제되는지 연구한다. 교육학자는 학생들의 학습 과정에 베이즈의 정리를 활용할 수 있다는 사실을 불현듯 깨달았다. 펀드 매니저는 베이즈의 정리를 이용해 투자 전략을 찾아냈고, 구글도 베이즈의 정리를 사용해 검색 기능을 개선함으로 이용자들이 스팸 메일을 걸러내도록 했다. 자율주행 자동차는 루프에 설치된 센서에서 수집한 도로 상황과 교통 데이트를 수집하면 베이즈 정리를 활용해 맵의 정보를 업데이트한다. 인공 지능, 기계 번역 역시 베이즈의 정리를 많이 사용한다.'

여기에 적용된 모든 응용의 원리는 동일하다. 어떤 문제에 관한 모든 정보를 파악했다면 객관적인 확률의 계산이 가능해진다. 그러나 생활 속에서 어떤 결정을 내려야 할 때 대부분 우리 손에 쥐어진 정보는 매우 제한적이다. 베이즈의 정리는 모든 정보를 얻을 수 없다면 우리는 한정된 정보 속에서 가능한 한 더 나은 판단을 하는 데 그 의미를

Code, Hunted Down Russian Submarines, and Emerged Triumphant from Two Centuries of Controversy. 이 문헌은 훌륭하지만 저자가 왜 말미에 이르러서야 '베이즈 정리'의 수학 공식을 열거했는지 모르겠다. 나는 공식을 보지 않고 어떻게 베이즈 정리의 탄생 경위를 이해할 수 있었는지 상상하기 어렵다.
51 〈연방주의자 논집(The Federalist Papers) 배후의 통계학 유령〉 참고. 2014.11.10.

둔다.

그렇다면 베이즈의 정리가 무엇인지 먼저 살펴보자.

$$p(A|B) = \frac{p(B|A)}{p(B)} \times p(A)$$

A는 '옹화궁에서 복을 빌면 효험이 있다'는 것처럼 우리가 관심 갖는 사건이고, p(A)는 그것이 발생할 확률을 표시한다. B는 '친구가 작년에 옹화궁에 가서 복을 빈 후 얼마 안 가 승진했다'는 것과 같은 관련 사건을 가리키고, p(A|B)는 B가 발생하는 상황에서 A가 발생할 확률이다. 마찬가지로 p(B)는 B가 발생할 확률이고 p(B|A)는 A가 발생한 상황에서 B가 일어날 확률이다.

이것은 어느 문파에서 누군가의 머리를 거쳐 결정된 사고가 아니라 수학적 추론을 거쳐 나온 '정리theorem'라고 할 수 있다.[52] 즉 이 공식은 '선택'의 대상이 아니며, 누구라도 확률론의 기본 법칙에 동의하기만 하면 이 공식을 반드시 사용해야 한다. 통계학자들의 의견이 갈리는 부분은 이 공식을 어떻게 사용해야 할지가 아니라 공식 사용의 유효성 여부에 있다.

위에서 언급한 기술적인 세부 사항을 잘 이해하지 못했다 하더라도 괜찮다. 아래 이어지는 가장 핵심적인 내용에 대한 설명을 읽다 보면 도움을 받을 수 있다. B가 발행한 후 새로운 증거가 생기면 A에 대한 신념을 p(A)에서 p(A|B)로 조정할 필요가 있다. A를 일반적 상황에 대

---

52 추론 과정은 아주 간단하다. p(A|B)·p(B)와 p(B|A)·P(A)는 모두 'A와 B가 모두 발생할 확률'과 같으므로 둘의 값은 같다. 그 외에도 복잡한 계산 방식이 있지만 여기서는 언급하지 않는다.

한 당신의 이론적 예언으로 삼고, B를 한 차례 실험 결과로 생각해도 좋다. 그리고 새로운 실험 결과가 생기면 자신의 이론적 예언을 조정하는 것이다.

이제 옹화궁에서 한 해의 복을 기원하는 예로 다시 돌아가서 베이즈주의자들이 자신의 신념을 어떤 식으로 새롭게 업데이트하는지 알아보자. 우선 기본적인 확률 공식을 사용해 $p(B)$를 $p(B)=p(B|A) \cdot p(A) + p(B|\underline{A}) \cdot p(\underline{A})$로 전개한다. 이 중 $\underline{A}$는 A와 상반되는 사건, 즉 '옹화궁에서 한 해의 복을 기원하는 것이 별 효험이 없다'이므로 $p(\underline{A})=1-p(A)$이다. 이렇게 하면 $p(B)$를 좀 더 정확하게 추정할 수 있다. 이런 식으로 베이즈의 정리를 이용하려면 세 가지 값에 대한 자체 추정치를 미리 알아야 한다.

- 옹화궁에서 한 해의 복을 기원하는 것이 얼마나 효험이 있다고 알고 있었는가? 즉, $p(A)$의 값은?
- 만약 효험이 있다면 갑이 새해에 복을 빌고 나서 얼마 후에 갑자기 승진할 가능성은? 즉, $p(B|A)$의 값은?
- 만약 효험이 없어도 승진할 가능성은? 즉, $p(B|\underline{A})$의 값은?

비교적 합리적으로 추정한 수치는 다음과 같지 않을까 싶다. 갑이 미신에 의존하지 않고도 승진할 수 있다면, 그에게 분명 뛰어난 능력이 있다는 의미이다. 그렇다면 옹화궁의 도움이 없는 상황에서 그의 승진 가능성을 50%로 볼 수 있고, $p(B|\underline{A})=0.5$이다. 설사 옹화궁의 기운이 아무리 영험하다 해도 사람들의 소원을 모두 들어줄 수 없다. 그렇지 않다면 그곳에 다녀간 모든 사람이 억만장자가 되어 있어야 정

상이다. 그럼에도 '영험'의 요소가 갑의 승진 확률을 크게 높여줄 수 있다고 가정한다면, 그 수치를 $p(B|A)=0.8$로 계산할 수 있다. 만약 당신이 옹화궁에 대해 사전에 가지고 있던 당신의 믿음이 15%라고 한다면 $p(A)=0.15$이다.

이런 식으로 베이즈의 정리에 근거해 계산했을 때 지금 당신의 믿음은 $p(A|B)=0.22$이다.

이런 숫자 놀이가 무슨 의미가 있을지 의문이 들 수도 있겠지만, 이것은 바람 소리만 듣고도 비가 올 거라고 예측하는 것보다 훨씬 고차원적이고 신뢰감을 준다. 만약 나의 믿음 치가 15%에서 22%로 변했다고 가정해보자. 이것은 무엇을 의미하는 것일까? 첫째, 내가 다른 사람의 충고를 듣고 난 후 유리한 증거가 생기면서 나의 신념치를 상향 조정한 것이다. 둘째, 나라는 사람 자체가 워낙 신중하다 보니 증거 하나 없이 갑자기 세계관을 완전히 바꾸지 않고, 충고를 들을 때도 신중해서 함부로 부화뇌동하지 않는다. 이는 고대 성현들의 말씀과도 일맥상통한다.

게다가 당신은 믿음을 지속해서 조정할 수 있다. 1년이 지난 후 갑과 비슷한 실력을 갖춘 친구 을도 옹화궁에 가서 승진을 이뤄달라고 소원을 빌었지만, 아무 소용이 없었다. 이때 $p(A)=0.22$다. 지금 B는 '승진하지 못했다'라는 것을 의미하므로 $p(B|A)$는 더는 0.8이 아니라 0.2가 되어야 한다. $p(B|\underline{A})$는 여전히 0.5이다. 그렇다면 $p(A|B)=0.1$이 된다.

따라서 옹화궁의 영험한 기운을 못 받은 친구의 경험에 근거해서 옹화궁에 대한 당신의 믿음치는 22%에서 10%로 하향 조정되어야 한다. $p(B|A)\rangle p(B|\underline{A})$의 조건만 충족되면 B 사건을 통해 A 사건에 대한

우리의 믿음이 커지고, 그 반대가 되면 낮아진다는 사실이 수학적으로 쉽게 증명된다. 이런 식으로 상향 조정과 하향 조정을 거쳐 다양한 증거를 듣고 나면 비교적 안정적인 견해와 관점을 형성하는 데 도움된다. 옹화궁과 같은 예처럼 몇 차례 복을 빌어도 효험을 보지 못하는 경험을 계속하게 되면 그 믿음에 대한 포기도 빨라진다.

어떤 일에 대한 믿음이 아주 낮다면 아무리 강력한 증거가 있어도 그 믿음을 바꾸기 어렵다. 이를 설명하기 위해 극단적이면서도 전형적인 사례를 하나 들어보자.[53]

에이즈 바이러스HIV 검사 기술의 정확도는 놀라울 정도로 높다. 만약 어떤 사람이 정말 HIV 양성이라면 혈액 검사에서 99.9%의 정확도로 양성이라는 사실이 드러난다. 만약 HIV 보균자가 아니라면 그 정확도는 더 높아져 99.99%에 달한다. 다시 말해서 오차 가능성은 0.01%에 불과하다.

일반인 중 HIV 보균자의 비율은 0.01%라고 알려져 있다. 지금 길거리에 오가는 행인들을 대상으로 무작위로 검사를 한 후 그중 한 명에게서 HIV 양성 반응이 나타났다면, 그가 실제로 HIV 보균자일 가능성은 얼마나 될까?

당신이 이 문제에 대답하기에 앞서 약간의 배경 지식을 제공하고자 한다. 독일 막스플랑크 국제연구소Max Planck Institute의 한 심리학자 역시 학생, 수학자, 의사 등 수백 명을 상대로 똑같은 질문을 던진 적이 있다. 그 결과 대학생 95%와 의사 40%가 잘못된 답을 내놓았다.

우리는 베이즈의 맡아서 처리를 사용해서 이 문제를 풀어보도록

---

53 마크 뷰캐넌(Mark Buchanan)의 《사회적 원자(The Social Atom)》. 여기서 사용한 데이터는 지금의 실제 바이러스 검사에 부합하지 않는다. 이것은 단지 하나의 사례일 뿐이다.

하겠다. A는 '이 사람은 진짜 HIV 보균자'라는 것을 표시하고, B는 '검사 결과 HIV 검출'을 의미한다. 그렇다면 기존 조건에 근거해 p(A)=0.01%, p(B|A)=99.9%, p(B|A̲)=0.01%라고 했을 때 공식에 대입하면 p(A|B)=50%라는 결과가 나온다. 이처럼 검사의 정확도가 아무리 높아 대상자가 HIV 양성 판정을 받았다 해도, 그가 정말 HIV에 걸렸을 가능성은 50%에 불과하다.

당신의 고개가 여전히 갸웃거린다면 직관적인 설명도 가능하다. 만 명을 상대로 무작위 실험을 한다고 가정해보자. HIV 보균자 발생률 분포도에 따르면 만 명 중 단 한 명이 진짜 HIV 보균자로 나타난다. 그리고 우리는 그 보균자를 찾아낼 만큼 정확한 검사 수단을 가지고 있다. 하지만 남은 9,999명 중에 HIV 보균자가 없다 해도 우리가 HIV 무보균자를 찾아내는 정확도는 99.99%다. 다시 말해서 우리의 검사 수단이 9,999명 중 한 명을 억울하게 만들 수 있다는 의미다.

원래 단 한 명만 HIV 보균자인데 두 사람을 보균자로 만드는 셈이다. 그래서 검사 과정에서 한 사람이 HIV 보균자로 나왔을 때, 그가 정말 HIV 보균자일 가능성은 사실 50%일 뿐이다.

이런 상황이 초래되는 근본적인 원인은 무엇일까? HIV가 세간에 많이 알려지기는 했지만, 사실 그것은 만 명에 한 명꼴로 감염되는 보기 드문 바이러스에 속한다. 이런 상황에서 검사 수단이 아무리 정확해도 억울한 사람을 만들 가능성이 늘 존재한다.

그렇다 보니 비교적 희소한 질병일수록 양성 판정의 결과를 지나치게 신뢰해서는 안 된다.

이 이야기를 하다 보니 불현듯 중국의 역사 한 페이지에 존재했던 '간첩 잡기' 운동이 연상되기도 한다. '간첩'은 양보다는 질이 우선해야 하는 일이다. 게다가 국민당도 간첩을 양성할 만큼 재정이 넉넉하지 않았기 때문에 진짜 간첩으로 활동한 사람은 실제로 그리 많지 않았다. 만약 어떤 사람의 말투와 외모, 행동거지가 간첩처럼 보인다고 해서 그가 정말 간첩이라고 얼마나 확신할 수 있을까? 앞서 언급한 사례와 마찬가지로 '오진율'이 높을 가능성이 상당히 크다. '간첩'을 색출하기 위해 가장 좋은 방법은 눈에 띨 때마다 하나씩 잡는 것이고, 반면에 가장 끔찍한 방법은 모든 사람을 대상으로 그들의 행동을 검토하고 자아비판을 하도록 만드는 것이다. 이런 방법을 사용하는 경우 억울한 일을 당하는 사람이 무더기로 나올 수밖에 없다.

이것이 억울한 상황과 잘못된 판단이 만들어지는 수학적 원리이자, 칼 세이건Carl Edward Sagan이 범상치 않은 논점과 주장에는 예사롭지 않은 증거가 필요하다고 말한 이유이기도 하다.

최근 들어 자율주행 차량과 관련해서 나의 신념이 바뀌는 경험을 한 차례 한 적이 있다. 2010년도에 구글이 상당히 완벽한 자율주행차 시스템을 시험하고 있다는 말을 처음 들었을 때만 해도 솔직히 믿음이 가지 않았다. 그때만 해도 사람들 머릿속에서 운전은 인공지능이 대체하기 어려운 영역에 가까웠다. 컴퓨터 프로그램이 자동차 운전은 둘째치고, 주차장에서 주차도 제대로 하지 못할 거라고 본 것이다. 다른 기업의 자율주행 실험도 대부분 초보적인 기술 단계에 머물러 있었다. 자율주행 차량의 실험을 하기 위해서는 특수한 도로가 필요했고, 운전자가 탑승한 다른 차량이 앞에서 길을 안내하면 자율주행 차량이 그 뒤를 바싹 따라 붙어야 했다. 이것은 단순히 운전을 모방하는 것에 불과하며, 복잡한 교통상황에 대처하기에는 역부족이었다. 그래서 당시에 나는 기자가 전문가의 설명을 잘못 이해했거나 잘 몰라서 그런 말을 했다고 생각했다.

그런데 구글의 프로젝트를 소개하는 후속 기사가 잇따르고, 세부적인 내용이 속속 공개되기 시작했다. 이때까지도 다른 기업의 자율주행차 프로젝트는 여전히 걸음마 단계였고, 가정용 로봇청소기의 동선은 여전히 실수투성이였다. 하지만 나는 구글의 자율주행 자동차 시스템에 대해 이미 확고한 믿음을 갖게 되었다. 이 시스템이 상업적으로 응용된 적이 없다는 것을 참작해도 나의 신뢰도는 95%에 가까웠다.

중국은 역사적으로 특수한 시기를 거치는 동안 베이즈의 통계학을 금지한 적이 있었다.[54] 아마도 그 당시 사람들이 신념을 쉽게 바꿀 수 없다고 생각했기 때문이 아닐까 싶다. 지금까지도 신념만 지키고, 증거를 무시하는 사람이 많다. 심지어 그들은 자신의 신념과 반대되는 증거를 외면하고, 그것이 음모라고 아예 단정하며 자신의 신념을 고수한다. 또한 옹정雍正 황제가 연갱요年羹堯(청나라 시대 장군이자 정치가-역주)에게 그랬던 것처럼 믿음이 두터울 때는 세상 누구보다 가까이 두며 아끼지만, 한 번 의심이 들면 해명에 귀조차 기울이지 않은 채 상대를 사지로 몰아넣는다. 옹정처럼 분별력이 없는 성격은 '앎'과 '진실'을 구하는 데 그다지 적합하지 않다. 앎과 진실을 구하기 위해 가장 올바른 태도는 새로운 사실이 나올 때마다 자신의 관점을 꾸준히 조정하는 것이라고 할 수 있다.

요컨대 사실을 받아들일 줄 알고, 그 사실에 맞춰 관점을 조율하며, 그 과정에서 용기와 지혜를 얻을 줄 알아야 한다. 이것이 바로 베이즈 정리가 알려주는 위대한 원칙이다.

---

54 Solidot: '컬럼비아대학교 통계학 서적이 중국에서 금서가 된 이유'. http://www.solidot. org/story?sid=21958.

CHAPTER

11

정의로운 생각은
어디에서
오는가?

인간의 정의로운 생각은 어디에서 오는가? 하늘에서 뚝 떨어질까? 그렇다. 자신의 머릿속에 존재하는 고유한 것일까? 그렇다.

도덕성 문제의 정의성 여부는 어떤 일을 처리하는 데 동원된 방법 의 정확성 여부보다 더 쉽게 논란을 일으킨다. 옛날 사람들의 생각은 대체로 단순했다. 그들은 '재물을 주워도 자기 것으로 삼지 않는' 사람 이면 아주 도덕적이고, 남에게 피해를 주며 자신의 이익을 꾀하면 부 도덕하다고 단순하게 사고했다. 반면에 지금 사람들은 정치 문제를 공개적으로 토론할 수 있는 시대에 살고 있고, 인터넷만 열어도 어떤 하나의 문제를 놓고 날카롭게 대립각을 세우며 격돌하는 경우가 허다 하다. 어떤 사람은 애국심을 불변의 진리로 여기고, 누군가는 애국심 을 우매한 군중심리라고 치부하며 그럴 마음의 여력이 있으면 차라리 유기견 문제에 관심을 두는 편이 낫다고 말한다. 또한 개인은 집단의 이익에 따라야 한다는 의견과 개인의 자유가 무엇보다 중요하다는 의견도 존재한다. 가끔 블로그나 SNS에서 벌어지는 치열한 혈전을 보고 있노라면 서로 완전히 다른 인종들이 맞붙어 싸우는 전쟁터를 보는 느낌이 든다.

뉴욕대학교 교수이자 사회심리학자인 조너선 하이트Jonathan Haidt는 그의 저서 《바른 마음》에서 서로 다른 정치 이데올로기를 가진 사람은 완전히 다른 유형에 속하는 사람일 수 있다고 말했다. 사람의 도덕적 사고는 후천적으로 습득되는 것이 아니며, 임의의 이성적 계산에 결과는 더더욱 아니다. 그것은 머릿속에 존재하는 고유한 것이고, 심지어 유전자에 의해 상당 부분 결정되기도 한다. 무엇보다 중요한 사실은 하이트가 연구를 통해 다양한 정치 이데올로기 이면에 깔린 도덕적 뿌리를 보여주었다는 것이다.

애국주의에 대해 논하기 전에 우선 도덕성에 관한 세 가지 문제를 풀어보자. 아래 제시한 세 가지 내용이 도덕적인지 아닌지를 판단해 보는 거다.

1 어느 가족이 개를 한 마리 키우고 있었다. 그러던 어느 날 그 개가 교통사고로 죽었고, 그들은 개고기가 맛있다는 말을 듣고 그 개를 요리해서 먹어버렸다.

2 한 남자가 시장에 가서 살아 있는 닭을 사서 집으로 갔다. 그는 집에서 그 닭과 성관계를 맺은 후 닭을 삶아 먹었다. 이 모든 과정을 본 사람은 아무도 없고, 누구에게도 피해를 주지 않았다.

3 한 여자의 집에 낡은 국기가 하나 있었다. 그녀는 그 국기를 버릴 때가 되었다고 생각했지만, 그냥 버리기에는 아까웠다. 그래서 아무

도 모르게 국기를 몇 조각으로 잘라 걸레로 만들었다.

이 문제는 하이트가 다양한 사람들의 도덕관을 조사하기 위해 만든 질문 중 일부이며, 정확한 답은 존재하지 않는다.

대부분의 미국인은 이런 행동이 부도덕하다고 볼 수 없다고 대답했다. 그 이유는 간단하다. 이런 행동 때문에 피해 본 사람이 아무도 없기 때문이다. 그렇다고 해서 이런 행위 자체가 괜찮은 것은 아니다. 특히 개를 좋아하는 미국인들의 성향을 고려하면 더 받아들이기 힘든 여지가 존재한다. 그런데도 그들은 이 문제를 '부도덕'의 수위까지 끌어올릴 필요는 없다고 보는 듯하다. 요컨대 당신이 집에서 무엇을 하든 누구도 상관할 수 없다는 것이다. 그러나 똑같은 문제를 인도에 적용하면 전혀 다른 반응이 나온다. 대부분의 인도인은 이런 행위가 부도덕하다고 여기며 당연히 처벌받아야 한다고 입을 모은다.

미국 사회는 개인주의 사회답게 개인의 자유를 최우선에 두며, 그다음으로 집단에 눈을 돌린다. 이런 사회에서 도덕적 신조는 그리 중요하지 않으며, 다른 사람에게 피해를 주거나 불공평한 상황이 벌어졌을 때만 비로소 부도덕하다는 비난이 일어난다. 반면에 인도는 가정과 집단주의가 우선시되는 사회로 사람과 사람으로 이어지는 집단의 협력관계를 강조한다. 이런 사회일수록 실례와 불경에 대한 반감이 매우 강하기 때문에 국기를 찢고, 기르던 개를 먹는 일은 전통적인 풍속에 어긋난다. 당연히 큰 반발을 불러일으킬 수밖에 없다. 중국 사회는 인도와 같은 이런 집단주의에 더 근접한다고 볼 수 있다. 다만 인도 사회는 중국에서 볼 수 없는 또 다른 도덕관, 즉 '신성神性'을 가지고 있다. 이런 도덕관은 사물을 위에서 아래로 수직 정렬하는 특징을 보인다. 그것은 위로 올라갈수록 그곳에 존재하는 것들은 더 티 없이 맑고 품격이 넘치며 신성하고, 아래로 갈수록 더럽고 추악하고 비천하다고 여긴다. 신성 도덕관은 매 순간 자신의 신체를 수련하는 데 힘쓰고 비천하고 비루한 일이 아닌 고상하고 품격 높은 일을 하라고 요구한다. 그들의 처지에서 볼 때 닭과 성관계를 맺은 일은 누구에게도 피해를 주지 않았어도 추악하고 혐오스러우며 신성에 부합하지 않으니 부도덕한 행위가 된다.

재미있는 사실은 주어진 예시에 대해 모두 부도덕하다고 답변한 사람에게 그 이유를 묻자 개인의 도덕적 관점에서 판단한 것이 아니라 실용주의적 이유를 찾고자 하는 개인적 성향 때문이라고 대답했다는 것이다. 예를 들어 그들은 키우던 개가 사고로 죽자, 그 개를 요리해서 먹은 가족에 대해 실용주의적 이유를 가지고 부도덕하다고 대답했다. 즉, 그 가족이 개를 먹고 병에 걸릴 수 있으므로 그들 자신에게 피해를 준 셈이라고 본 것이다. 간혹 대답할 이유를 찾지 못할 때면 그들은 아예 이런 식으로 말했다.

"이게 잘못이라는 것은 알겠는데, 딱히 그걸 설명할 만한 이유가 떠오르지 않네요."

이처럼 한 가지 일의 도덕성 여부를 판단하기는 쉽지만, 자신의 판단을 증명하기 위해 이유를 찾기까지 시간이 필요하다. 과학자들은 인간의 도덕적 판단은 직관과 감정을 통해 빠르게 이루어지며, 이성적 계산으로부터 오는 것이 아니라고 믿는다. 사람의 이성은 자신의 감정을 위해 서비스하는 것에 불과하다. 그래서 인간의 도덕적 판단은 먼저 해답을 얻은 후에 증거를 찾을 방법을 생각한다. 하이트의 저서《바른 마음》에서 소개한 두 가지 실험이 이 점을 증명하고 있다.

첫 번째 실험은 피실험자가 도덕적 판단을 할 때 그에게 인지적 부담을 가중시킨다. 예를 들면 도덕적 판단을 하는 동시에 큰 숫자를 기억하도록 만드는 식이다. 만약 이 상황에서도 피실험자가 이성적 계산과 도덕적 판단을 동시에 해야 할 때 이 인지 부담 때문에 그의 판단 속도도 당연히 느려져야 한다. 하지만 전혀 의외의 결과가 나왔다. 인지적 부담을 가중시켰는데도 그의 도덕적 판단의 속도가 꽤 빠르게 이루어진 것이다.

이보다 더 치밀하고 교묘하게 진행된 실험에서는 피실험자에게 최면을 건 후 그가 '테이크take' 혹은 '오픈often'과 같은 어떤 특정 단어를 볼 때마다 불쾌감을 느끼도록 만들었다. 이 최면술이 어떻게 진행되었는지 알 수 없지만, 어쨌든 주입 효과가 꽤 뛰어나서 피실험자들은 깨어난 후 그 단어를 보자마자 영문도 모른 채 불쾌감을 드러냈다. 이를 확인한 후 그들에게 도덕적 판단에 관한 문제를 제시했다. 그러자 그들은 이 특정한 단어가 들어간 문제를 보면 불쾌감을 느끼며 그 사례가 부도덕하다고 판단했다. 반면에 이런 단어가 삭제된 문제를 보자 부도덕하지 않다고 대답했다. 실험자들을 가장 충격에 빠뜨린 것은 아래 문제에 대한 피실험자의 반응이었다.

'댄은 학생과 교사가 함께 참여하는 토론회의 준비를 책임지게 되었다. 토론회 전에 그는 참여자들이 흥미를 느낄 만한 화제를 찾기 위해 몇몇 교사와 학생을 만났다.'

이 문장 안에서 부도덕한 내용은 보이지 않는다. 그러나 그들이 불쾌감을 느끼는 단어를 섞어 넣는 순간 피실험자는 댄이 이런 일을 하는 것 자체가 부도덕하고, 그가 남들에게 말 못 할 목적이 있는 게 분명하다고 비난했다.

그래서 도덕적 판단은 하늘에서 갑자기 떨어지는 것이 아니다. 누군가 어떤 일에 대해 부도덕하다고 말한다면 그는 그것을 뒷받침할 만한 여러 이유를 반드시 찾아낼 수 있다. 다만 그는 자신이 그런 판단을 내린 진짜 원인이 본인의 미묘한 직관 때문이라는 사실을 전혀 알아채지 못할 수 있다.

그렇다면 사람은 무엇에 근거해서 직관적 판단을 할까? 바로 모델에 대한 식별이다. 우리의 대뇌에는 다양한 모듈이 장착되어 있고, 일단 특정 모델에 맞는 대상을 식별하면 바로 반응한다. 예를 들어 길을 가는데 갑자기 누군가 당신을 향해 돌진해 온다면 당연히 충돌할까 봐 긴장하게 된다. 긴장감은 바로 당신의 맞은편에서 일어나고 있는 이 상황 모델에 대한 반응이다. 뱀에 대한 두려움 역시 이와 비슷하다고 볼 수 있다. 사람의 뇌 속에는 뱀을 겨냥한 탐측기 모듈이 장착되어 있어서, 일단 뱀이나 그와 비슷한 물체만 봐도 그것이 자동으로 이를 식별하고, 두려움이라는 감정 메커니즘을 작동시킨다.

이런 모델 식별 능력은 뱀에 물리는 등의 후천적인 사건이나 사고를 통해 습득되는 것이 아니라 태어날 때부터 유전자 속에 각인되어 있다. 즉, 이것은 진화가 인간에게 가져다준 본능이다. 신경과학자들의 최신 설명에 따르면 인간이 태어났을 때 대뇌의 상태는 한 권의 책으로 비유할 수 있다. 이 책은 완전 백지가 아니라 적어도 개요 정도는 쓰여 있는 초고 수준의 원고라고 할 수 있다. 우리가 성장하는 과정에서 자기 경험을 바탕으로 이 책의 내용을 고치고 보완할 수 있지만, 처음부터 존재했던 초고 수준의 원고가 중요한 뼈대 역할을 한다는 사실에는 변함이 없다.

하이트는 많은 피실험자의 도덕성 테스트에 통계학적 방법을 적용해 도덕관에 관한 기초 이론을 제시했다. 그는 인간의 뇌 속에 여섯 개의 가장 기본적인 도덕적 모듈이 들어 있고, 그것이 생활 속에서 나타나는 각종 사건에 대해 그 모델을 식별해 자동으로 도덕적 판단을 진행한다고 여겼다.

이것은 그야말로 완벽한 이론이다. 내가 보기에 이것은 마치 각종 화학원소를 먼저 발견하고, 뒤이어 음식의 화학성분을 분석하는 것과도 같다. 게다가 이 모듈 이론은 중국 유가儒家의 기본 이념인 '오상五常', 즉 인仁, 의義, 예禮, 지智, 신信과 약속이라도 한 듯 대응관계를 이룬다. 지금 와서 생각해보면 '지'는 도덕을 의미하지 않지만, 나머지 인, 의, 예, 신은 모두 하이터의 도덕 모듈과 대응한다. 공자, 맹자, 동중서董仲舒가 이미 오래전부터 하이트 이론의 가장 기본적인 요소를 알고 있었다는 것에 탄복하지 않을 수 없다.

이제부터 이 여섯 가지 도덕 모듈에 관해 이야기를 풀어보자.

● '관심 / 피해'
이것은 '인'과 대응한다. 어린아이가 힘들어하는 모습을 보면 도와주고 싶은 마음이 드는 게 포유동물의 본능이다. 파충류는 이런 감정의 충동을 거의 느끼지 못한다. 어미 악어는 새끼 악어를 낳고도 전혀 돌보지 않는다. 하지만 인간은 자신이 낳은 아이는 물론 남의 아이를 봐도 보호 본능을 일으킨다. 심지어 작은 동물이나 장난감에도 비슷한 감정을 느낀다. 더 나아가서 박애 정신으로 가족, 지인은 물론 사회 전체를 대할 수 있다.

● '공정 / 부정'

이것은 '신'과 대응하며, 타인과의 협력 과정에서 만들어지는 상호 호혜적인 메커니즘이기도 하다. 사람들은 협력의 결과물인 공동이익이 공평하게 분배되어야 한다고 생각한다. 만약 어떤 사람이 부정한 방법으로 더 많은 이익을 차지한다면 우리는 분명 분노할 것이다. 관심과 사랑으로 생겨난 이타적 행동은 누구나 가지고 있는 측은지심으로부터 나오고, 보답을 바라지 않는다. 그러나 공정한 협력을 통해 만들어진 이타적 행위는 정당한 대가를 요구한다. 그러므로 한쪽만 일방적으로 희생하거나 손해를 보게 되면 그들은 불공평하다고 받아들일 수밖에 없다.

● '충성 / 배신'

이것은 '의'와 대응하며, 적어도 강호의 '의리' 정도와 상응하지 않을까 싶다. 수많은 실험을 통해 밝혀졌듯이 인간은 누구나 집단에 소속되고 싶은 천성을 가지고 있다. 남자아이들을 무작위로 나눠 두 팀을 만든 후, 팀의 이름을 짓고 마스코트를 정하도록 했다. 이들은 자연스럽게 자신이 속한 팀에 대한 충성심을 갖게 되었고, 팀원들과 유대감을 형성하며 상대 팀과 경쟁 구도를 형성했다. 이 과정은 애국주의를 형성하는 과정과도 흡사하다. 충성심으로부터 발현되는 응집력은 집단의 경쟁력에 도움 되고, 외부의 위협에 민감하게 반응하는 요인이 된다.

● '권위 / 복종'

이것은 '예'와 대응하며, 이 도덕 모듈은 윗사람이나 지위가 높은 사람에 대한 존경으로 표현된다. 전통 사회에서 사람들이 예를 강조한 것은 권위를 갖춘 사람을 경외하는 것은 물론 기존 사회질서에 대한 경의를 중시했기 때문이다.

● '신성 / 타락'
이것은 종교적 색채가 섞인 도덕적 모듈이다. 이 모듈과 대응하는 감각은 바로 '혐오'이고, 이것은 불길한 대상을 꺼리는 진화된 본능이다. 한 독일인이 누군가에게 '잡아 먹히고 싶다'라는 마음을 피력하며 지원자를 모집했고, 놀랍게도 거기에 응하는 사람들이 나타났다. 게다가 그는 그 지원자 중에서 한 사람을 선택했고, 지원자는 그의 요구대로 정말 그를 살해한 후 먹어버렸다. 두 사람은 모두 스스로 그 일을 원했고, 다른 누구에게도 피해를 주지 않았다. 하지만 우리는 여전히 이 행동에 단호히 반대하고 있으며, 이것은 바로 혐오에서 나온 반응이다.

● '자유 / 탄압'
유가는 자유와 탄압에 대해 별로 관심을 두지 않는 듯하지만 도가는 자유를 강조한다. 어찌 됐든 자유는 탄압과 달리 누구에게나 환영받는 요소라고 할 수 있다.

모든 사람의 머릿속에는 이 여섯 개의 모듈이 들어 있다. 타인에게 피해를 주는 낙으로 살아가는 사람이 누가 있겠는가? 부정행위나 하는 사람을 누가 좋아할 것이며, 배신이 충성보다 낫다고 여길 사람은 없다. 어떤 측면만 놓고 말한다면 누구나 좋고 나쁨을 판단할 줄 안다.

그러나 이 도덕적 모듈이 사람의 마음속에서 차지하는 상대적 분량의 크기는 서로 다르다. 예를 들어 누군가는 현대 사회에서 조직에 대한 충성심과 권위에 대한 존경이 특별히 중요한 도덕적 요소가 아니라고 생각할 수 있다. 특히 똑같은 사안에 대해 다양한 도덕적 모듈이 각기 다른 해결책을 제시할 때 사람마다 취사선택의 기준이 다르다. 어떤 사람은 동성애를 혐오하며 반대할 수 있고, 또 어떤 사람은 개인의 자유의지와 취향이 더 중요하다며 그것을 지지할 수도 있다.

강아지를 좋아하는 사람은 강아지를 위해서라면 자신과 생각이 다른 사람들과 서슴없이 대립각을 세운다. 그들의 머릿속에는 관심과 사랑을 담당하는 모듈이 특히 발달해 마치 아이를 대하듯 강아지를 귀여워한다.

공평한 모듈과 권위의 모듈이 더 강한 사람이 보기에 지나치게 강아지를 좋아하는 것은 바람직하지 않다. 그래서 그들은 강아지에게 지나치게 잘하는 것이 옳은 일인지, 강아지 때문에 다른 사람과 대립하는 것이 그 사람에게 공평한 일인지, 강아지는 어차피 인간보다 저급한 존재가 아닌지에 대해 끊임없이 각인시키려 든다. 충성심이 강한 사람 중에 유난히 애국심이 강한 사람이 많고, 자유의식이 더 강한 사람에게 인권은 주권보다 더 중요하다. 만약 모든 사람이 자신의 마음속에 장착된 도덕적 모듈의 부름에만 응한 채 한사코 감성적으로 판단하며 이성적 사고를 거부한다면 어떻게 될까? 이런 사람들을 한자리에 몰아넣고 대판 싸운다 한들 아무 소용이 없다. "성별이 다르면 어떻게 연애하냐?"는 우스갯소리처럼 여기서도 우리는 도덕적 모듈의 우선순위가 다른데 어떻게 같이 놀 수 있겠냐고 말해주고 싶다.

모든 정치적 이데올로기가 이 여섯 가지 도덕적 모듈의 조합에 대응한다. 2011년 진행된 한 연구에서 하이트를 포함한 연구자들은 모럴 테스트 사이트YourMorals.org를 개설해 13만 명이 넘는 사람들을 상대로 도덕적 모듈 테스트를 진행했다. 그리고 그 결과와 참가자들의 정치 이데올로기를 서로 비교해 각 이데올로기에 서로 대응하는 도덕적 모듈의 조합을 찾아냈다.

아래 그림[55]은 사이트 테스트 결과를 통계로 낸 것이다. 그림 중 가로축은 피실험자의 정치적 입장으로 왼쪽에서 오른쪽으로 갈수록 급진적 진보에서 급진적 보수의 성향을 보여준다. 세로축은 다양한 도덕적 모듈에 대한 피실험자의 인지 정도를 나타내며, 아래에서 위로 갈수록 적극 반대에서 적극 찬성으로 바뀐다.

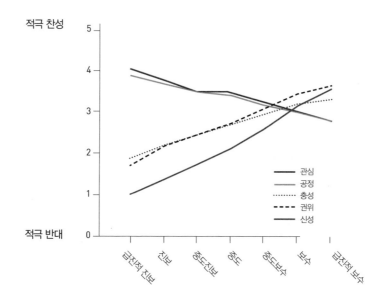

55 YourMorals.org에서 캡처한 데이터.

여기서 테스트한 다섯 개의 모듈은 관심, 공정, 충성, 권위, 신성이며 '자유 / 탄압'은 이 조사 속에 포함되지 않다가 나중에 하이트가 추가한 것이다.

이 연구 결과는 뇌신경과학의 지지를 받을 정도로 상당히 신뢰할 만했다. 현재 연구자들은 도덕성 테스트 과정에서 기능적 자기공명영상fMRI을 사용해 피실험자의 대뇌를 수시로 관찰하고 있다. 그들은 피실험자에게 정치적 색채가 들어간 글을 읽어주고, 피실험자가 이 글에 들어간 특정 단어에 반응할 때 대뇌에 나타나는 반응을 보며 찬성인지 반대인지를 알 수 있다. 그리고 이 결과를 토대로 피실험자의 정치적 입장을 대비했다. 그 결과 도덕적 모듈과 상응하는 민감한 단어를 들었을 때 일어나는 대뇌의 반응과 앞서 언급한 사이트에서 실시한 조사 결과가 놀라울 정도로 일치했다.

미국에서 가장 중요한 정치적 파벌은 민주당으로 대표되는 자유주의자liberals와 공화당으로 대표되는 보수주의자conservatives라고 할 수 있다. 이 두 이데올로기는 그것과 대응하는 도덕적 모듈의 조합으로 구별할 수 있다.

자유주의자는 사랑, 자유와 공정을 유독 강조한다. 그중에서도 특히 중요하게 생각하는 것이 바로 사랑이다. 반면에 충성, 권위와 신성에 대해서는 그다지 개의치 않는다. 자유주의자가 그리는 사회는 독립적인 개체로 구성된다. 그래서 그들은 이 사회가 제대로 운영되려면 개별 구성원을 사랑하고 상처를 주지 않는 것이 최우선시되어야 한다고 여긴다. 그다음으로 중요한 것이 공정이다. 자유주의자는 약자 집단에 대한 동정심이 유독 강해서 약간의 자유와 공정을 희생해서라도 그들을 지키고 싶어 한다. 이것이 바로 민주당이 높은 복지와 높은 세금정책을 지지하는 이유이기도 하다. '자유 / 탄압'에 대한 자유주의자들의 도덕적 모듈은 남을 압박하지 않는 것에 치중하며, '공정 / 부정'에 대해서는 모든 사람에게 똑같은 혜택이 돌아가야 한다고 생각하기 때문에 공정한 결과에 중점을 둔다.

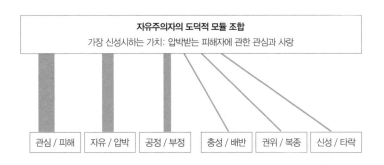

보수주의자는 모든 도덕적 모듈을 똑같은 무게로 중시한다. 그들이 생각하는 이상적인 사회모델 속에서 사람은 누구나 태어남과 동시에 고립되지 않고 서로 조화를 이루며 살아간다. 사회의 개별 구성원은 이미 사회 속에서 그만의 위치를 가지고 있고, 가정과 사회의 관계 역시 이미 그 안에서 형성된다. 보수주의자는 한 사회의 전통적 가치가 이 사회의 정상적인 운행에 매우 중요한 역할을 하므로 전통을 존중해야 한다고 여긴다. 질서를 유지하기 위해서라면 권위에 대한 존중, 조직에 대한 충성이 이루어져야 하고, 개인의 품성과 수양을 중시해야 한다. 자유에 대해서도 그들은 자신을 압박하지 않는 것에 중점을 둔다. 그 대표적인 예가 바로 증세를 반대하는 것이다. 또한 보수주의자는 공헌도에 따라 혜택을 분배하고, 게으른 사람을 처벌하기 위해서라면 관심과 사랑을 일부 희생하더라도 상관없다는 견해를 가지고 있다. 이것이 바로 그들이 말하는 공정이다.

보수주의자의 도덕적 모듈 조합
가장 신성시하는 가치:
제도와 전통의 보호, 도덕 공동체의 유지

| 관심 / 피해 | 자유 / 압박 | 공정 / 부정 | 충성 / 배반 | 권위 / 복종 | 신성 / 타락 |

사실 자유주의자든 보수주의자든 상관없이 당신은 마음속으로 이미 자신을 영웅으로 생각하고 있다. 모든 영웅의 이야기는 '이 세상에 존재하는 모든 위협적인 문제들을 내가 직접 나서서 해결하겠다'라는 뻔한 패턴의 반복이다.

자유주의자의 이야기는 이런 식의 패턴을 보여준다. 세상에는 어디에나 압박과 탄압이 존재한다. 어떤 나라의 정부, 절대강자, 대기업가 국민을 압박하면, 깨어 있는 자가 나타나 사람들을 결집하고 부당함에 맞서 싸우도록 이끈다. 그리고 그들의 힘이 낡은 사회구조를 깨부수고 새로운 사회를 건설하는 데 견인차 역할을 한다. 사람들은 사회의 진보를 이끄는 것이 자신에게 주어진 임무라고 여긴다. 이것이 바로 영웅이 억압받던 사람들을 해방하는 스토리 라인이고, 그 핵심은 약자 집단에 관한 관심과 사랑, 그리고 불평등에 대한 분노라고 할 수 있다.

보수주의자의 이야기는 영웅이 나타나 사람들을 지켜주는 데 초점이 맞춰져 있다. 사람들이 평화로운 일상을 살아가고 있는데 갑자기 자유주의자 한 무리가 나타나 범죄를 동정하고, 전통적 가치를 반대하고, 도덕 이념을 무너뜨리고, 거짓말을 일삼고 일하지 않는 사람들에게 기득권을 나누어주려고 한다. 그래서 보수주의자들은 자유주의자와 맞서 싸워야 한다고 말하는 영웅의 이야기에 환호한다.

이 두 가지 이념 중 누가 옳고, 누가 그른지 어떻게 판단할 수 있을까? 사실 정확한 판단은 사안에 따라 달라지고, 어떤 구체적인 의제에 맞춰 구체적인 분석을 진행해야 가능해진다. 하지만 대다수 사람은 이데올로기의 영향을 받는다. 심지어 과학자들은 자유주의자와 보수주의자의 타고난 유전자가 따로 있다고 말한다. 그들의 말에 따르면 대뇌에 영향을 미치는 유전자의 특징은 크게 두 가지로 나뉜다. 하나는 위협에 유난히 민감하게 반응하는 것이고, 또 하나는 새로운 것에 관한 관심과 열정이다. 만약 당신이 위협적인 요소에 유독 민감하다면 뜻을 같이하는 사람들과 함께 외부의 적에 맞서고 싶어질 것이다. 당신에게 이런 면이 보인다면 당신은 보수주의 성향이 강한 사람이다. 만약 당신이 새로운 것을 추구하고 새로운 경험을 얻는 데서 즐거움을 느끼며, 기존의 질서에 심한 반감을 품고 있다면 자유주의 성향이 강하다고 볼 수 있다. 나는 이 두 가지 유전자가 개인의 도덕적 모듈의 우선순위를 결정한다는 증거가 충분한지 잘 모르겠다. 하지만 정치 이데올로기를 결정하는 데 선천적 요인이 작용한다는 것과 관련해서 이와 비슷한 연구를 여러 차례 본 적이 있다.

그들의 주장대로라면 사람은 태어날 때부터 대뇌 속에 정치적 성향을 결정짓는 씨앗이 심겨 있는 셈이다. 이런 특징들이 인생의 방향을 결정짓고, 특정한 유전자가 이 유전자가 발현될 환경을 적극적으로 찾아 나서도록 만든다. 예를 들어 자유주의자는 교사가 정한 규율에 천성적으로 반감을 드러내고, 자유주의 예술에 더 적극적으로 다가간다. 또한 그는 모든 제약을 거부하고, 마치 자신이 '세상을 구하는 영웅'이라도 되는 것처럼 행동한다. 보수주의자는 선천적으로 전통적 가치에 순응하고, 자기 민족의 문화에 대한 자부심과 애국심이 강하다. 일례로 사형제 폐지를 선동하는 주장이 들려오면 전통적 도덕을 보호할 의무가 자신에게 있다고 느낀다. 인생의 경험과 크고 작은 사건, 사고 역시 한 사람의 사고와 이데올로기를 바꿀 수 있을지 모른다. 하지만 선천적 요소만큼 절대적인 것은 없다.

미국의 두 정치적 파벌이 각자 수많은 지지자를 거느리고, 심지어 자유주의자의 이념은 일부 지식인들에게 '보편적 가치'로 받아들여지고 있다. 이것은 그들의 언변술이 뛰어나기 때문이 아니라 그 배후에 이런 도덕적 요인이 자리 잡고 있기 때문이다. 자유주의자와 보수주의자 외에도 자유론자libertarian라고 불리는 세력도 있다. 그들의 도덕적 모듈의 조합은 자유를 강조하며 공정을 중시할 뿐 그 외의 다른 모든 도덕적 요소에 전혀 개의치 않는다. 많은 경제학자가 자유론자의 견해를 고수하고 있다. 그러나 자유론자는 사랑과 관심이 부족하므로 더 많은 사람으로부터 지지를 받기 쉽지 않다.

자유론자의 도덕적 모듈 조합
가장 신성시하는 가치: 개인의 자유

| 관심 / 피해 | 자유 / 압박 | 공정 / 부정 | 충성 / 배반 | 권위 / 복종 | 신성 / 타락 |

절대다수의 미국 지식인들과 마찬가지로 하이트 역시 원래부터 확고한 자유주의자였다. 그러나 이 연구를 진행하기 위해 여러 나라의 문화를 살펴본 그는 미국 지식인들의 생각이 이례적임을 발견했다. 사실 누군가는 현대 심리학이 세계에서 가장 '괴상한WEIRD' 집단을 연구하고 있다고 지적했다. 여기서 나온 WEIRD는 사람들이 가진 다섯 가지 특징, 즉 Western서양의, Educated교육받은, Industrialized산업사회의, Rich부유한, Democracy민주적인의 첫 글자를 딴 말이다. 서양 사회에서도 이런 사람들은 특수한 부류에 속하며, 그들의 가치관은 세계의 다른 사람들과도 동떨어져 있다. 하이트는 30대가 되기 전에 인도를 방문해 조사 작업에 착수했고, 처음에는 인도인의 신성 관념과 집단 관념을 이해하지 못했다. 그러다 그곳에서 지내는 시간이 길어질수록 그 역시 인도인과 그들의 문화를 서서히 이해하게 되었다. 그는 인도인의 도덕관을 자연스럽게 받아들였고, 심지어 이 그 이유를 이성적으로 설명할 수 있는 근거를 찾기 시작했다.

나라마다 고유의 도덕 문화가 다 다르므로 하이트처럼 다른 사람의 도덕관을 이해하는 것이 말처럼 쉬운 일은 아니다. 예를 들어 미국인에게 'I am……'을 넣어서 20자 정도의 글을 쓰라고 하면 대부분 '나는 즐겁다', '나는 외향적이다', '나는 재즈를 좋아한다' 등과 같이 자신의 심리적 특성을 적는다. 반면에 아시아인은 '나는 아들이다', '나는 남편이다', '나는 공무원이다' 등과 같이 생활 속에서 자신이 맡은 역할과 사회관계를 더 즐겨 쓴다.

PART

02

교육의 비밀

CHAPTER

1

고등학교=
인간 등급
분류기

입시교육은 엉망이 되어 혼탁해진 공기의 질과도 같다. 누구나 이 문제의 심각성을 알고 있지만 이미 익숙해져 더는 문젯거리가 아닌 하나의 특색처럼 인식한다. 그래서 명문대에 들어가기 위해 입시 위주의 공부를 해야 한다는 사실을 너무나 당연하게 받아들인다.

하지만 허베이河北의 형수이고등학교는 여기서 한 발짝 더 나아가 입시교육의 문제를 더 극명하게 보여주고 있다. 언젠가 언론에 소개된 형수이고등학교의 입시 준비는 주입식 교육, 고압적인 관리와 통제, 인성보다는 성공을 더 강조하는 데 역점을 두고 진행되었다.[1] 그 학교 학생들은 급식 시간이나 체육활동 시간에도 단어장을 손에서 절대 놓지 않았다. 또한 학교 측은 여가활동을 전면 금지했고, 교과서가

---

1 〈중궈칭녠바오(中國青年報)〉 2014.10. 리빈(李斌)의 칼럼 '형수이고등학교의 비밀'. http://zqb. cyol.com/html/2014-10/23/nw.D110000zgqnb_20141023_1-03.htm.

아닌 다른 책을 보는 것조차 허용하지 않았다. 1학년 여학생이 심한 목감기에 걸려 자습 시간에 물을 마셨을 뿐인데도 담임교사가 학교에서 멀리 떨어진 싱저우邢州시에 사는 학부모를 학교로 불러들였고, 여학생은 눈물을 흘리며 학교 경비실에서 숙제를 했다.

만약 대학입시가 아무도 원하지 않지만 어쩔 수 없이 치러야 하는 전쟁이라면 각국이 군비 감축과 정전 협정을 계속해서 외치고 있을 때 헝수이고등학교만이 '군비경쟁'에 더 열을 올리고 있는 셈이다.

헝수이고등학교가 이렇게 하는 것이 과연 옳은 일인가? 과도한 입시교육이 학생들의 창의력을 해치는 것은 아닐까? 남다른 창의력을 가진 학생들이 헝수이고등학교의 야만적이고 획일적인 교육방식 때문에 꿈을 펼칠 기회조차 잃게 되는 것은 아닐까?

이런 질문에 답하기에 앞서 고등학교가 대체 어떤 용도를 가지고 있는 곳인지에 대해 분명히 해둘 필요가 있다. 직관적으로 답하자면 고등학교는 당연히 고등 수준의 지식을 전수하는 곳이다. 하지만 이것은 틀린 답이다.

진짜 지식과 기술의 전수가 필요하면 기술학교로 가는 것이 더 나은 선택이다. 일반 고등학교에서 배우는 대부분 지식은 우리의 일과 생활에 아무런 도움이 되지 않는다. 대부분 사람은 대학입시가 끝나고 나면 수학에서 배운 미분이나 적분 같은 내용을 평생 사용할 일이 없다. 그래도 사는 데 아무 지장이 없기 때문이다. 고등학교 입시 수준의 언어영역 문제지를 영어 좀 한다는 사람들에게 풀어보라고 하면 과연 높은 점수가 나올까? 아마도 불가능하지 않을까 싶다. 어쩌면 논술에서조차 형편없는 점수를 받을지도 모른다.

물론 고등학교에서도 유용한 지식을 배울 수 있다. 하지만 대학입시는 '유용'의 범주에서 벗어난 지 이미 오래다. 입시 문제를 풀어 좋은 점수를 받고 싶으면 그것에만 특화된 고강도의 전문적인 훈련을 받아야 한다. 이런 훈련은 '현실 세계에서의 유용성'에 목적을 두지 않고, '대입 시험'에 특화되어 있다. 그래서 고등학교 지식은 전 국민 체력증진을 위한 '보건 운동' 수준이 아니라 '프로 스포츠 영역의 고난도 기술이 필요한 기록 경쟁용 운동' 수준이어야 한다.

현재 고등학교 교육의 가장 근본적인 목적은 지식의 전수와 인재의 육성이 아니라 인간을 등급별로 분류하는 데 초점이 맞춰져 있다. 고등학교를 졸업하면 일부 학생은 명문대에 진학하게 되고, 그들의 앞길에는 높은 연봉과 사회적 체면이 보장되는 직장이 기다리고 있다. 나머지 학생들은 평범한 대학에 들어가거나 아예 대학 문턱조차 넘지 못하기도 한다. 이처럼 우리는 매 순간 사회 안에서 선택과 도태의 갈림길에 서게 되고, 고등학교는 그런 우리의 운명을 결정짓는 가장 중요한 첫 관문이다. 그 관문을 통과할 때 우리의 등급이 매겨지기 때문이다.

대입 시험문제의 출제자가 문제를 잔뜩 꼬아서 어렵게 내는 이유는 문제가 대단히 중요해서라기보다 난도를 높이기 위해서다. 물론 문제 풀이가 인간의 사고력과 끈기, 의지를 단련시키는 데 도움 되겠지만, 그것은 그리 중요하지 않다. 가장 중요한 것은 응시자들을 다양한 등급으로 나눌 수 있을 만큼 문제가 아주 어려워야 한다는 점이다. 그래야 점수에 대한 변별력이 생긴다. 수험생의 아이큐나 의지력의 차이가 영향을 미칠 수도 있겠지만 어쨌든 변별력이 생길 만큼 문제를 어렵게 내야 등급을 나누기 쉬워지는 것도 사실이다.

누군가는 이런 입시제도 자체가 잘못된 것이라고 강하게 반발할지도 모른다. 인간을 꼭 등급에 따라 분류해야 할 이유가 있을까? 사람의 재능이 계속해서 변할 가능성이 있는데도, 그것을 하나의 기준에 맞춰 분류시킬 필요가 있을까? 예술과 사회성처럼 대학입시 점수와 상관없는 영역도 중요하지 않을까? 명문대에 들어가지 못해도 위대한 업적을 남기며 성공한 사람도 많지 않은가? 누구라도 충분히 의문을 가질 수 있는 질문이고, 그것 또한 맞는 말이다. 하지만 이에 앞서 현대 사회의 운용 방식에 대해 먼저 알아볼 필요가 있다.

실업자는 왜 생기는가?

가장 이상적인 시장에서는 실업자가 생기지 않는다. 만약 노동력이 시장의 공급과 수요에 따라서 완전히 결정되고, 당신이 다른 사람보다 낮은 임금을 감수하기만 하면 일자리를 얻을 기회는 언제든지 존재한다. 그러나 현실적으로 이런 현상은 3D 업종에서만 볼 수 있다.

농민공을 예로 들어보자. 최근 인터넷에서 업계 관계자가 쓴 건설업 분야에서 일하는 농민공에 관한 글을 본 적이 있다.[2] 농민공이 권익을 보장받지 못하는 것은 그들의 자질 문제와 연관되어 있다. 그들은 일에 대한 책임감이 부족해 돈을 벌고 싶으면 며칠 일하러 왔다가, 일이 마음에 안 들거나 농번기가 다가오면 마음대로 그만두는 일을 빈번하게 벌였다. 그러다 보니 하청업자는 일손을 다시 구할 수밖에 없

---

2 '농민공의 임금 문제', 뤄창(裸槍), http://www.weibo.com/p/1001603800923997626
  634.

고, 작업 일정이나 품질을 보장하기 힘들었다. 사실 이것은 농민공에게만 국한되는 문제가 아니다. 100여 년 전에 미국 포드 자동차 회사도 똑같은 문제에 직면한 적이 있었다.

당시 포드 자동차가 출시한 신형 자동차 모델은 자동차 제조방식을 완전히 바꿔놓았고, 기술이 뛰어난 숙련공에게 더는 의존할 필요 없이 누구나 쉽게 배울 수 있는 작업 방식으로도 자동차를 공장에서 생산할 수 있게 되었다. 이런 생산라인을 구축한 후부터 헨리 포드는 일할 사람을 구하느라 전전긍긍할 필요가 없어졌다. 그전까지만 해도 그는 노동자들의 사기가 너무 떨어지는 작업 환경 때문에 고민이 이만저만이 아니었다. 일이 고되고, 작업시간도 긴데 임금은 높지 않았다. 노동자들은 몇 개월을 버티지 못했고, 심지어 며칠 만에 그만두는 사람도 생겨났다. 그러다 그들 중에는 돈이 떨어지면 다시 돌아와 일하는 사람도 있었다. 그 정도로 인력의 유동성이 너무 컸고, 설사 일하러 온다 해도 숙련공처럼 일을 잘하는 것도 아니었다.

그래서 1914년 포드는 고심 끝에 혁신적인 방안을 내놓았다. 그는 포드사 근로자의 하루 최저 임금을 시장 평균 임금보다 2배 이상 높은 5달러로 높였고, 작업시간도 9시간에서 8시간으로 단축했다.

이 임금은 근로자들이 안정적으로 가족을 부양하며 먹고 살기에 충분한 금액이었다. 근로자들은 공장에 대해 처음으로 고마움을 느꼈고, 자기 일에 감사했다. 그들은 해고되지 않기 위해 자발적으로 최선을 다해 일했고, 공장은 전에 없이 안정을 되찾았다.

시장의 공급과 수요의 수준보다 훨씬 높은 임금은 포드사의 직원이 되고 싶은 마음이 들게 만든 일등 공신이었다. 심지어 이런 이유로 한바탕 소동이 일어나기도 했다. 사람들이 고된 육체노동을 하고 싶다

고 앞다투어 지원해도 일을 할 수 없었던 적이 이때가 처음이 아니었을까 싶다.[3]

포드사는 직원을 선발하기 위해 일련의 기준을 마련했다. 예를 들면 직원이 자신의 집 안을 청결하게 유지해야 한다는 식의 황당한 기준이었다. 사실 이런 기준은 일을 잘하는 것과 전혀 상관이 없었고, 그저 구직자들을 탈락시키기 위한 구실에 불과했다. 운 좋게 포드사에 취직한 사람과 탈락한 사람 사이의 실력에는 전혀 차이가 없었다. 유일한 문제라면 뽑을 수 있는 인원이 제한되어 있다는 것뿐이었다.

포드사의 이런 전략적 방침은 지금 사회에도 시사하는 바가 크다. '누가 와도 할 수 있는' 그런 일이라도 기업은 '누구나'를 원하는 것이 아니라 더 높은 임금을 지급하더라도 충성도와 응집력을 갖춘 직원을 원한다. 전문적인 기술이 필요한 일이라면 이런 심리가 더 크게 작용한다. 예전에 중국에서는 의술을 어느 정도 익힌 사람을 '맨발 의사'라고 부르며 의료행위를 할 수 있도록 허용했다. 하지만 지금은 정식으로 의과대학에서 학위를 받아야만 진료를 볼 수 있다. 높은 진입장벽과 임금이야말로 의사라는 직업의 안정성과 사기를 보장하는 가장 올바른 방법이 아닐 수 없다.

문턱을 높여 아무나 들어갈 수 없게 만든다면, 사람들은 그 문턱이 뛰어난 인재를 선발하는 공정한 기준이라고 받아들이게 된다. 이 문턱을 통과해 의사가 된 사람은 자기 능력으로 지위를 얻었다고 생각하게 되는 것이다. 실제로 어떤 일을 해낼 만큼 능력이 되는 사람은 많기에 문턱은 뛰어난 인재를 걸러내고, 제한된 인원수만을 뽑아 나머

---

3 팀 하포드(Tim Harford)는 저서 《당신이 경제학자라면(The Undercover Economist Strikes Back)》에서 이 일에 대해 '헨리 포드가 실업을 발명했다'라고 농담 삼아 언급했다.

지를 도태시키는 역할을 한다.

그래서 학력은 가장 좋은 문턱이다.

경쟁게임

영국의 저널리스트 팀 하포드Tim Haford는 자신의 저서《경제학 콘서트The Logic of Life》에서 '결혼 슈퍼마켓'이라고 불리는 경제학적 사고 능력 실험을 통해 경쟁에 관한 이야기를 한 적이 있다. 방 안에 남녀가 각각 스무 명씩 있다고 가정해보자. 그들은 짝짓기 게임을 하고, 커플이 되면 진심과 상관없이 100위안을 상금으로 받을 수 있다. 그리고 이 돈을 남녀가 각각 50위안씩 나눠 가지면 된다.

이때 게임에 참여하는 남자의 수가 한 명 부족하다면, 스무 명의 여성은 열아홉 명의 남성을 두고 경쟁해야 한다. 여성들이 상금을 받고 그곳을 떠나려면 어떻게 해야 할까? 일단 여성의 적극성이 필요하다. 커플이 되면 자신 몫의 상금을 조금 더 떼어주겠다고 설득해 남성을 매수라도 해야 한다.

이 게임의 흥미로운 점은 한 여성이 남성에게 돈을 더 주겠다고 제안하면, 다른 여성들도 이기기 위해 어쩔 수 없이 그 정도 선으로 돈을 맞춰야 한다는 것이다. 탈락하고 싶지 않은 여성이라면 누구나 경쟁적으로 남성에게 더 큰 금액을 제시할 수밖에 없게 된다. 결국 여성들은 자신의 몫으로 1위안만 남겨둔 채 나머지 99위안을 몽땅 남성에게 주는 극단적인 상황으로까지 내몰리기도 한다. 어찌 됐든 이 게임에서 한 명의 여성은 아무것도 손에 넣을 수 없게 된다.

이 여성들은 자신의 몫으로 50위안을 끝까지 챙길 수도 있지만, 한편으로는 열아홉 쌍의 커플에 들지 못하는 유일한 여자가 될까 봐 두려워진다. 결국 그녀들은 누가 시키지 않아도 더 큰 대가를 치르고라도 커플이 되고자 안간힘을 쓰게 되는 것이다.

대학입시 역시 이런 게임과 다르지 않다. 명문대는 일종의 희소 자원이다. 명문대에 들어가려는 학생 수가 모집 정원보다 많아지면 경쟁률이 치열해질 수밖에 없다. 학생들이 모두 입시 준비를 열심히 하든, 혹은 대학에 떨어질까 봐 두려워 무의미한 정력을 전부 쏟아붓든 그런 것은 중요하지 않다. 그 어떤 상황에서도 대학은 변함없이 정원에 맞춰 학생을 뽑을 뿐이다.

대학입시는 늘 치열한 경쟁의 역사를 이어왔다. 그런데 지금 헝수이고등학교의 학생들은 그보다 더 치열한 방법으로 이 게임에 임하고 있다. 그들은 무조건 이기기 위해 게임의 난도를 최고 레벨까지 끌어올리고 있고, 그들 자신이 스스로 '게임에서 이기기 위해 99위안을 주고 남성 파트너 매수하는 첫 번째 여성 참가자'가 되어가고 있다.

사람들은 당연히 이런 식의 플레이가 게임의 즐거움을 망치는 것이 아니냐고 묻는다. 또한 시험을 '군비경쟁'으로 만들다 보면 전국의 고등학생들을 '볼모'로 잡아 단지 시험을 위한 공부를 시키고, 결국에는 그들의 창의적인 사고와 능력의 개발에 걸림돌이 되는 것은 아니냐고도 묻는다. 나는 "그럴 리 없다"라고 답해주고 싶다.

가난한 사람과 부자:
누가 더 명문 대학에 들어가야 할까?

나는 교육이 중요하지 않다고 말하는 것이 아니며, 교육은 누구에게나 매우 중요하다. 알다시피 명문 대학 학벌이 있으면 졸업 후, 심지어 평생 벌어들일 소득의 수준이 달라질 수 있다. 그러나 여기에는 인과관계의 문제가 여전히 남아 있다. 명문 대학에 합격한 학생은 분명 아주 똑똑한 머리를 가지고 있고, 졸업 후에 고소득 직종에서 일할 가능성이 크다. 그렇다면 그것은 그의 똑똑한 머리 때문일까? 아니면 그의 명문대 졸업장 때문일까?

똑똑한 학생이 여러 피치 못할 사정 때문에(예를 들어 시험 당일에 실력을 제대로 발휘하지 못했거나, 지방에 있는 특정 대학을 더 선호해서) 명문대에 진학하지 못했다면 그는 장차 명문대 출신과 동일한 수준의 연봉을 받을 수 있을까?

미국의 경제학자 스테이시 데일Stacy Dale과 앨런 크루거Alan Krueger는 약 2만 명을 대상으로 고등학교 졸업 후 10에서 20년 사이의 소득 현황을 조사했다.[4] 우선 명문대 졸업생의 소득이 눈에 띄게 높았다. 1976년에 아이비리그에 들어간 학생의 1995년 연평균 소득은 9만 2천 달러였지만, 같은 시기 일반 대학 졸업생의 연평균 소득은 7만 달러 정도에 머물렀다.

그런데 이 연구는 명문대에 들어갈 실력이 되지만 결국 일반대에

---

4 http://www.nytimes.com/2000/04/27/business/economic-scene-childrensmart-enough-get-into-elite-schools-may-not-need-bother.html http://economix.blogs.nytimes.com/2011/02/21/revisiting-the-value-of-elite-colleges/

들어간 사람들에 주목했다는 점에서 그 의의가 있다. 한 통계조사에서 명문대와 일반대를 동시에 합격한 519명의 졸업 후 연봉은 큰 차이가 없었다. 즉, 그들이 당시 명문대를 선택했든 아니든 소득과 전혀 상관이 없었다. 더 흥미로운 점은 해당 학생이 SAT(미국의 대학 진학 능력 기초 시험으로 여러 번 응시할 수 있음-역주)에서 좋은 성적을 받았다면 설사 그가 명문대로부터 퇴짜를 맞았다고 해도 취직 후 연봉 수준이 명문대 출신과 비슷했다는 사실이다.

다시 말해서 이 연구 결과로 본다면 똑똑한 학생에게 명문대 진학은 크게 중요하지 않다. 그 말인즉슨 이 길을 걸어가서 성공할 사람이라면 다른 길로 가도 성공할 수 있다는 것이다. 한 번 선택받지 못했다고 해서 문제 될 것이 없을 만큼 사회는 더할 나위 없이 복잡하고, 시장은 그에 맞춰 충분히 효과적으로 작동하기 때문이다. 그러므로 당신의 능력만 뛰어나다면 명문대에 진학하지 않아도 미래 소득에 큰 영향을 미치지 않을 것이다.

하지만 이런 경우에 학생의 가정적 요인이 크게 작용하지는 않는지 주의할 필요가 있다. 이 뜻밖의 결론이 저소득 계층의 학생에게는 적용되지 않기 때문이다. 이 연구 결과는 저소득 가정의 학생은 명문대 진학 여부가 그의 인생에 엄청난 영향을 미친다는 사실을 밝혀냈다. 이런 환경에서 자란 아이는 첫 단추를 잘못 끼우고 나면 성공의 길로 들어서기 더 어려워진다. 그래서 저소득 가정 출신이라면 무조건 명문대에 진학하는 것이 최우선이다.

그렇다면 저소득 가정 출신은 어떤 핸디캡을 가지고 있을까? 아마도 커뮤니케이션 능력, 취업까지 이어지는 가족의 직접적인 뒷받침, 상상력, 창의력과 같은 종합적인 자질과 소양의 부족이 아닐까 싶다.

경제적 능력이 되는 가정이라면 아이가 종합적인 자질을 키우며 공부에만 집중할 수 있도록 뒷받침해줄 수 있다. 그리고 이런 가정에서 자란 아이는 모든 방면으로 더 많은 기회를 잡을 수밖에 없다.

그러나 소득이 낮은 가정에서 아이의 상상력까지 키워준다는 것은 꽤 사치스러운 일이다. 2014년에 실시한 한 연구[5]에 따르면 지니계수 Gini coefficient(소득 격차를 계수화한 것-역주)를 기준으로 했을 때 소득분배가 평균에 가까운 나라일수록 부모는 아이에게 '상상력'을 강조하고, 그들의 교육방식도 관대해진다. 또한 빈부 격차가 큰 나라일수록 부모는 '조건 없는 노력'을 강조하고, 교육의 방식도 독단적이고 강압적으로 변해간다.

만약 당신의 경쟁 스트레스가 크지 않고, 심지어 어느 대학을 가든, 어떤 일을 하든 소득에 큰 차이가 없다면 자신의 상상력을 키우는 데 집중할 여유가 생길 수 있다. 명문대에 떨어졌을 경우 미래 소득이 낮아지는 현실에 직면해 있다면 당신은 우선 대학에 합격하고 난 후에 상상력을 키워도 늦지 않는다.

이 지니계수가 무려 0.47인 시대에 형수이고등학교 학생들의 상상력은 매우 제약을 받을 수밖에 없다. 부유한 집안의 부모라면 명문대 진학 여부와 미래 소득에 차이가 없으므로 형수이고등학교로부터 시작되고 있는 입시 경쟁을 걱정할 필요가 전혀 없다. 심지어 그들은 자녀의 상상력에 날개를 달아주기 위해 아예 해외로 유학을 보낼 수도 있다.

5 Matthias Doepke, Fabrizio Zilibotti, Tiger moms and helicopter parents: The economics ofparenting style, 11 October 2014, VOX CEPR's Policy Portal. http://www.voxeu.org/article/economics-parenting.

미국 대학은 학생을 선발할 때 단순히 SAT 성적 하나만을 보지 않는다. 그들은 각종 문학, 체육, 예술 활동과 고등학교에서의 협동심과 리더십, 자원봉사 활동 등을 중요한 평가 요소로 삼는다. 이런 전형 기준은 부유한 가정의 학생에게 훨씬 유리하게 작용한다. 아이가 스포츠를 배우고 싶다고 하면 부모는 최고의 피겨스케이팅 강사를 초빙하고, 유명인의 추천서가 필요하다고 하면 재학 중인 학교의 이사장에게 부탁하고, 리더십과 공익 활동이 부족하면 심지어 자원봉사 경력을 쌓기 위해 돈을 들여 멀리 있는 나라까지 보내준다.

형수이고등학교의 대다수 학생은 아마도 이런 경제적 조건이 되지 않을 것이다. 그들은 해외로 유학 간 친구들을 부러워할까? 그럴 수도 있고, 어쩌면 아닐지도 모른다. 그러나 한 가지 확실한 것은 그들이 이 사회를 전혀 원망하지 않는다는 사실이다. 보도에 따르면 학교의 세뇌 방식 교육 때문에 그들은 '이길 때까지 싸우고, 될 때까지 싸운다'라는 강한 정신력으로 긍정 에너지를 뿜으며 앞만 보며 달려가고 있다. 그들은 열심히 노력만 하면 성공의 자격을 갖출 수 있고, 자기 능력으로 얻지 못할 것이 없다고 믿고 있다.

어른들이 해야 할 일은 바로 "너희가 생각하는 것이 옳다"라고 말해주고, 그런 세상을 만들어주는 것이다.

2

조기교육
열풍의
과학적 결론

　실상 교육 경쟁은 '군비경쟁'을 방불케 할 정도로 치열하고, 이 전쟁은 미취학 아동 시기부터 시작된다. 내가 말하고자 하는 바는 이 조기교육 경쟁의 어리석음이며, 이성과 판단력이 있는 똑똑한 사람이라면 이런 경쟁에 절대 발을 들여놓아서는 안 된다는 것이다.

　주변의 대다수 사람이 한다고 해서 반드시 옳은 일이라고 할 수 없다. 중국의 경우, 현재 교육 열풍은 초등학교 입학 전부터 시작되고 있다. 사교육 시장은 이미 0세부터 3세까지 아이들을 고객으로 받아들이고 있고, 4세부터 영어를 시작하고, 5세가 되면 수학 문제를 풀 줄 알아야 정상처럼 받아들여질 정도다. 심지어 어떤 학교는 아이들이 한어병음(중국어의 발음을 로마자로 표기하는 발음 기호-역주)을 유치원에서 이미 다 배우고 온다는 전제하에 제대로 안 가르치기도 한다.

　조기교육은 아이에게서 행복한 유년 시절을 빼앗아버렸다. 학부모 역시 자식 교육을 위해 시간과 돈을 쏟아부을 수밖에 없다. 가혹한 현실 앞에서 '인생은 마라톤과 같고, 이기고 지는 것은 중요하지 않다'라는 식의 말은 현실과 동떨어진 듣기 좋은 조언에 불과하다. 인생이 마라톤과 같다는 것을 누가 모르겠는가? 그렇다고 해서 아이에게 초등학교 입학 시험조차 통과하지 못하는 시련을 주고 싶은 부모가 과연 몇이나 될까? 더구나 천재 역시 만들어지는 것이고, 세계적인 운동선수도 어릴 때부터 고된 훈련을 거쳐 그 재능을 키워줬기 때문에 지금의 그들이 있는 것이 아닌가?

이런 의구심에 대한 답을 얻기 위해서는 좀 더 과학적인 사고의 접근이 필요하다. 조기교육이 뛰어난 인재를 키우는 필수조건이라면 부모가 돈과 시간을 들이고 아이를 고생시키는 모든 과정이 가치 있는 일이 된다. 반대로 그것이 필수조건이 아니라면 조기교육은 잘못된 관행이다.

사실상 조기교육에 관한 문제는 이미 과학적 결론이 난 상태다.

누구라도 조기교육에 관해 조금이라도 고민과 조사 과정을 거쳤다면 감정 제어가 힘들어지는 경험을 하게 될지 모른다. 이른바 '육아 전문가'들은 표면적으로 '뇌과학'과 '세계 선진국 수준'을 입버릇처럼 달고 살지만, 실제로 이들 대다수가 우매한 사상을 파는 장사꾼에 불과하다.

지금 과학적 이해의 관점에서 '조기교육'에 대해 아주 명확한 결론이 나와 있다.

1970년대 독일 정부는 국가 차원의 인재를 더 많이 확보하기 위해 아이들을 놀이 위주로 가르치는 전통적 유치원을 글자를 쓰고, 숫자를 계산하는 조기교육 형태로 전부 전환할 계획이었다. 그리고 독일 국민은 너무 쉽게 그 의견에 동조했다.

독일 정부는 대규모 연구에 자금을 지원했다.[6] 연구자는 조기교육에 특화된 유치원과 놀이 위주의 전통적 유치원을 각각 50곳씩 선정해 그곳에 다니는 모든 아이를 대상으로 추적 조사를 진행했다.

연구 초반까지만 해도 조기교육 유치원 출신 아이들의 학습 수준이 확실히 더 높았고, 이런 특징은 그 아이들이 초등학교에 들어간 후까지 지속되었다. 유치원 때부터 선행학습을 했으니 어쩌면 당연한 결과였다. 아이들은 초등학교 수업 시간에 자신들이 이미 배운 내용을 보게 되면 심리적으로 자신감을 가질 수 있다. 이것은 현재 학부모들이 체감하는 것이기도 하다.

그러나 그런 자신감이나 심리적 장점은 지속적이지 못했다. 초등학교 4학년이 되면 조기교육팀 아이들은 학습 방면으로 강세를 보이지 못하고, 그들의 성적 역시 전통적인 일반 유치원의 아이들보다 현저하게 낮았다.

조기교육을 받은 아이들은 남들보다 출발선에서 한발 앞서 뛰어나갈 수 있었지만, 그 상태를 오래도록 유지하지 못했다.

그래서 독일 정부는 유치원 교육제도를 개혁하려던 애초 계획을 전면 폐지했다. 이것이 바로 지금 선진국의 명문고, 명문대의 학습 강도가 높은데도 유치원에서 조기교육을 시행하지 않는 이유이기도 하다. 그들은 이런 조기교육을 과학적이지 않고, 교육의 질을 높일 만큼 선진국형 교육 시스템이 아니라고 보고 있다.

유사한 연구가 여러 차례 반복되면서 학계에서는 조기교육에 대해

---

6 Linda Darling-Hammond and J. Snyder. 1992. "Curriculum Studies and the Traditions of Inquiry: The Scientific Tradition." Edited by Philip W Jackson. Handbook of Research on Curriculum. MacMillan. pp. 41-78.

이미 하나의 공감대를 형성하고 있다.[7] 즉, 그들은 조기교육이 초반에는 우위를 점하는 데 도움을 주는지 몰라도 1~3년 안에 그런 장점이 사라지고, 결국 조기교육을 받지 않은 사람과 실력 면에서 역전될 수도 있다고 보편적으로 여기고 있다.

그래서 성적을 올리는 방면으로 조기교육은 별반 소용이 없고, 더 나아가서 조기교육이 해로운 경우가 훨씬 많다. 조기교육은 '모를 뽑아서 자라게 한다'라는 말처럼 남들보다 앞서 나가려다 도리어 일을 그르치는 격이 될 수 있다.

만약 당신의 자녀가 조기교육을 받지 못해 이른바 명문 사립초등학교 입학 시험에서 떨어졌다면 그런 일로 너무 상심할 필요가 없다고 충고하고 싶다. 어쩌면 그것이 더 다행스러운 일이라고 생각해야 한다. 이제 자녀를 위해 정상적인 교과과정을 가르치는 초등학교를 찾아주고, 4년이 지난 후에 누가 더 잘 성장하고 있는지 겨뤄볼 일만 남아 있으니 말이다.

게다가 조기교육의 진짜 해악은 4학년 때 드러나는 시험성적보다 훨씬 심각하다.

앞서 언급한 독일의 교육 실험에서 조기교육팀에 속해 있던 아이는 성적만 역전당한 게 아니라 사교 능력과 정서적인 면에서도 한참 뒤처지는 특징을 보여주었다. 이것이야말로 조기교육의 가장 심각한 해악이다.

미국의 한 연구는 장기적으로 더 철저하게 진행되었다. 1967년 연구자는 놀이 위주의 전통적인 방식으로 아이들을 가르치는 유치원과

---

7 Peter Gray, Early Academic Training Produces Long-Term Harm, Psychology Today, May 05, 2015.

교사가 직접 조기교육을 시행하는 유치원에 미시간주 빈곤층 자녀 68명을 무작위로 배치했다. 교육의 효과가 극명하게 나타나게 하려고 연구자는 2주에 한 번 가정 방문을 해 학부모에게 유치원의 특징에 맞춰 자녀와 어떻게 보조를 맞춰야 하는지 가르쳤다. 그리고 이 연구는 실험에 참여한 아이들이 만 23세가 될 때까지 이어졌다.

학습 성적부터 이야기하자면 미국 역시 독일과 마찬가지로 동일한 결과가 나왔다. 조기교육은 초반에만 그 장점이 두드러져 보일 뿐이고, 결국 몇 년 안에 조기교육을 받지 않은 학생들과 비슷한 수준으로 맞춰지거나 도리어 경쟁에서 밀리는 현상을 보여주었다. 그런데 이 연구를 통해 발견한 가장 놀라운 사실은 바로 아이들의 사람됨과 처세 능력 방면에서 드러났다.

15세가 되었을 때 조기교육을 받은 팀의 아이들이 학교 규율을 어기는 횟수가 일반 유치원 팀 아이들보다 2배나 높았다.

미국에서 빈곤 계층은 열악한 환경 속에서 사는 만큼 그곳에서 나고 자란 아이들이 자라면서 범죄의 길로 빠져들기 쉬워진다. 23세가 되었을 때 정규교육팀 중 13.5%가 범죄를 저질러 체포된 적이 있다면, 조기교육팀의 비율은 23.4%에 달한다. 조기교육팀의 19%가 무기를 이용해 타인을 위협한 적이 있고, 정규교육팀 중에는 그런 행동을 한 사람이 단 한 명도 없었다.

요컨대 조기교육팀에 속한 아이는 타인과 갈등을 일으키기 쉽고, 범죄에 더 많이 노출되며, 결혼도 순탄하게 하지 못한다. 한마디로 그들은 타인과 잘 지내는 데 익숙하지 않다.

애초 고작 1, 2년 정도 짧게 이루어졌던 조기교육이었을 뿐인데 그 결과는 족쇄처럼 그들의 평생을 따라다니고 있다.

내가 다시 한번 강조하고 싶은 것은 미국에서 진행된 이 연구의 대상은 가난한 집안의 아이들이라는 점이다. 미국에서 그들의 생활 환경이 워낙 열악하다 보니 아이들 역시 자라면서 범죄에 노출될 확률이 높아질 수밖에 없다.

이 연구는 아주 드라마틱한 반전과 더불어 조기교육이 아이의 사교 활동과 정서적 능력을 해친다는 사실을 설명해주고 있다. 가난한 집안의 자녀들을 연구 대상으로 삼지 않았다면 그 드라마틱한 효과가 덜 했을지 모르지만, 어쨌든 똑같은 결론에 도달했을 것이다.[8] 도대체 무슨 원리 때문일까?

우리는 〈엘리트 데일리 클래스〉 칼럼에서 캘리포니아대학교 버클리의 발전심리학자인 앨리슨 고프닉Alison Gopnik 교수의 저서 《정원사 부모와 목수 부모》를 전문적으로 분석했다. 고프닉 교수는 아동은 6세가 되기 전까지 책을 읽고, 글자를 쓰고, 수학 문제를 풀 게 아니라 놀아야 하고, 이것이 바로 아동의 진정한 임무라고 말했다.[9]

노는 것 역시 학습이다. 아이는 놀이하는 과정에서 주변 사물의 역할을 탐색할 수 있고, 주위 사람이 무슨 생각을 하는지 헤아릴 수 있다. 무엇보다도 다른 아이들과 어울려 노는 것이 바로 일종의 사교 훈련이라는 점에 주목해야 한다. 아이는 실제 상호작용 과정에서 공평과 존중, 절제, 나눔, 도움, 우정의 덕목을 배우고, 함께 어울리는 법을 깨우친다.

---

8 R. A. Marcon, 2002. "Moving up the grades: Relationship between preschool model and later school success." Early Childhood Research & Practice 4(1).

9 Alison Gopnik, The Gardener and the Carpenter: What the New Science of Child Development Tells Us About the Relationship Between Parents and Children, 2016. 〈엘리트 데일리 클래스〉 시즌 2, 《정원사 부모와 목수 부모》 3: 아이는 노는 동안 무엇을 배울까.

그래서 당신의 자녀가 천재적 두뇌를 가지고 태어났고, 배움을 즐기며 다섯 살 나이에 이미 미적분을 풀 줄 안다 해도 아이가 노는 시기를 놓치게 두어서는 안 된다. 그 시기에 배워야 할 인생의 덕목을 배우지 못한 아이는 아무리 천재성을 가지고 있다 해도 성격이 괴팍하고 행동이 삐뚤어진 사회 부적응자가 될 수 있다. 실제로 그런 천재는 이미 너무 많다.

정상적으로 잘 자라는 아이들이 사고 능력을 키우며 아이답게 크고 있을 때 어떤 아이들은 부모의 강요에 못 이겨 한어병음과 단어, 구구단을 외우며 지낸다. 그들은 몇 년만 지나면 자연스럽게 배우게 될 것들을 억지로 외우느라 귀한 시간을 낭비하고 있는 셈이다.

그들은 놀아야 할 때 충분히 놀지 못하고, 심지어 노는 방법도 배우지 못한 채 유년 시절을 보내고 만다.

진화생물학자 데이비드 윌슨David Wilson은 진화적 사고를 바탕으로 아동의 성장을 고찰했고, '엄격한 유연성rigid flexibility'[10]으로 불리는 개념을 제시했다. 아이의 성장 과정은 원활해 보이지만 사실은 매우 엄격하게 이루어진다. 아동 발육의 첫걸음은 정확한 환경 정보의 입력으로부터 시작한다. 즉 늦어도 안 되고, 너무 빨라도 안 된다.

9개월 이하의 아이에게는 별도의 오디오와 영상 멀티미디어 정보를 제공할 필요가 없다. 아이가 장시간 음악을 듣거나 영상을 보면 자라면서 집중력이 떨어진다.

18개월 이하의 아이는 주변 사람들의 실제 대화 소리를 듣거나 상호 작용하는 과정을 통해서만 어휘량을 늘릴 수 있다. 그 외의 다른 방

---

10 David Wilson, This View of Life: Completing the Darwinian Revolution, 2019. 〈엘리트 데일리 클래스〉 시즌 3.《삶에 대한 견해》 2: 놀라운 성장의 과정.

법은 아무 소용이 없고 해롭기까지 하다.

2세 이하의 아이는 3차원적인 물체와의 접촉에만 특화되어 있다. 이것은 장난감이나 사람처럼 실제 세계에 존재하는 흔한 물체를 가르친다. 책과 그림처럼 2차원적인 물체는 그들의 감각과 지각 능력의 발달에 방해만 될 뿐이다.

사람의 청각, 시각 등 각종 감지 능력과 대뇌의 발달은 성장 시기별로 정해진 순서에 따라 진행된다. 의도적으로 시기를 앞당겨주지 말아야 할 자극을 억지로 가하면 순리대로 배울 수 있는 것들조차 제대로 습득하지 못하는 결과를 낳을 수 있다.

6세 이하의 아동이 해야 할 의무는 뛰어난 성적으로 부모를 우쭐하게 만드는 게 아니라 건강하게 발육하고 성장하는 것이 되어야 한다. 강박관념에서 비롯된 조기교육은 아이를 망치는 주범이 되고 있다.

조기교육 과정에서 뭘 그리 대단한 걸 배울 수 있다고 생각하는 것일까? 아이에게 조기교육을 안 시킨다고 해서 걱정할 게 대체 뭐란 말인가? 아이의 두뇌 발달만 정상적으로 이루어지면 학교 들어가서도 얼마든지 뒤처지지 않고 공부할 수 있는데 왜 미리 사서 고생을 시킬까? 심지어 배울 만큼 배운 고학력 출신의 요즘 부모들조차 유치원 교사의 말에 겁을 잔뜩 집어먹고 어린아이를 사교육 시장으로 내몬다는 게 말이 되는가? 여섯 살짜리 자녀에게 초등학교 2학년 과정을 2년 앞당겨 선행학습을 시키는 걸 자랑처럼 생각하는 것 자체가 우매한 짓이다.

실상, 요즘 세상에 조기교육을 안 받은 아이를 찾기가 더 어렵지 싶다. 아이에게는 그 나이대에 맞는 교육과 두뇌 활동이 필요하다는 걸 망각하는 부모가 많은 듯하다.

CHAPTER

3

학원,
시험과 계층의
인과관계

이 장에서는 학원, 시험과 계층과 관련된 몇 가지 중요한 사실에 주목하며 이에 얽힌 문제들을 더 정확하게 짚어보고 고민해보는 시간을 갖고자 한다.

이런 이야기는 철학적 접근이 우선하여 필요하다. 우리는 어떤 일의 효과를 이야기할 때 오로지 그것의 쓸모 있음과 없음만 고려해서는 안 된다. 문제의 핵심은 그 파급효과에 달려 있다.

예를 들면 사용하기 편한 키보드는 타자용으로 아주 유용하다. 만약 당신이 키보드를 이용해 글 쓰는 일을 전문적으로 하는 사람이고, 물건을 살 때 돈에 크게 구애받지 않는다면 비싸더라도 기계식 키보드를 사라고 조언하고 싶다.

이런 종류의 키보드는 사용감이 부드러워 손의 피로도를 줄여주며 키보드 터치감에서 오는 불편함이 글쓰기에 방해를 주지 않는다. 그렇다고 해서 값비싼 키보드가 없어서 좋은 글이 안 나온다는 식의 황당한 발언은 자신의 무능함을 다른 탓으로 돌리는 것과 같다.

어쨌든 나는 글쓰기를 생업으로 삼고 있고, 글쓰기에 도움 된다면 경제적 상황이 허락하는 한 키보드뿐 아니라 컴퓨터, 책상, 의자, 책장을 가장 좋은 것으로 갖춰놓고 싶고, 여기서 욕심을 더 부려 비교적 큰 서재도 있었으면 좋겠다. 이런 환경이 갖추어져 있으면 오로지 글쓰기에만 기분 좋게 집중할 수 있을 것 같아서다. 게다가 이런 물건들은 나에게 돈만 있으면 얼마든지 살 수 있는 것들이다. 돈만 쓰면 원하는 것을 모두 가질 수 있고, 기분마저 날아갈 듯 좋아지니 소비를 부추길 만큼 충분히 설득력이 있어 보인다. 다만 이런 물건들이 내 글의 수준에 얼마나 큰 영향을 미칠 수 있을지 생각해본다면 결국 다 부질없는 짓이 아닐 수 없다.

만약 당신이 경제적으로 여유롭다면 그 영향력의 크고 작음을 과연 신경 쓸지 한번 생각해보자. 내가 말하고자 바는 아이를 학원에 보내고 다양한 사교육을 시키는 것이 작가에게 글을 쓸 때 필요한 장비와 환경을 업그레이드해주는 것과 크게 다르지 않다는 것이다.

학원

학원은 신생 사물이 아니라 동서고금을 막론하고 어디에나 존재해왔다. 학원에 가는 것이 배움에 얼마나 크게 작용하는지에 관해 이미 많은 연구 결과가 나와 있다. 우선 그 결론부터 말하자면 학원은 거의 쓸모가 없다. 설사 있다 해도 모두의 기대치보다 훨씬 적다.

그렇다면 학원의 역할이 무엇인지부터 명확히 해보자. 고대로 거슬러 올라가 보면 그때는 의무교육 시스템이 전혀 없었고, 어떤 수업을 듣든 그 비용을 지급해야 했다. 관료들이나 재력가들은 누구나 자녀를 위해 큰돈을 지급하고서라도 스승으로 삼을 만한 사람을 집으로 들였다. 사실 배움의 기회조차 없는 가난한 집안의 아이들에게 이런 붙박이 선생은 절대적으로 더 필요한 존재였을 것이다. 그런데 그때와 달리 의무교육 시스템이 갖추어져 있는 시대에 사는 사람들의 시선은 전혀 다른 쪽으로 향하고 있다.

우리가 관심을 두는 것은 학교에서 이루어지는 정규 교육과정 외에 참여하는 사교육이다. 그렇다면 똑같은 수준의 공립학교에 다니고, 똑같은 학습 방침에 따라 배우고, 똑같은 복습 자료를 이용하는 두 명의 학생 중 한 명만 방과 후에 학원을 간다고 가정해보자. 문제는 학원이 그들의 성적에 과연 어떤 영향을 미치는지다.

중국에도 수많은 학원이 존재하지만 학원에 대한 전문적인 연구가 여전히 미비한 실정이다. 내가 찾아낸 두 가지 연구조사에 따르면 한 학교의 대략 절반의 학생이 사교육을 받고 있지만 실제로 성적 향상에 도움 되지 않았다고 나와 있다.

2018년 중국해양대학의 교육평가와 품질관리 감독 센터가 칭다오靑島시에 있는 초등학교 4학년 13,680명과 중학교 2학년 11,734명을 상대로 진행한 조사에서도 과외수업과 학업성적의 상관도가 크지 않은 것으로 나타났다. 이와 관련된 한 신문 기사[11]를 보니 국어 성적만

---

11 쑨쥔, 칭다오시 교육국이 중국해양대학 교육평가와 품질측정센터에 의뢰하여 관찰한 결과: 과외수업과 보충수업 학업성적은 상관도가 크지 않다. 2018. 4. 23.

놓고 봤을 때 초등학교 4학년의 경우 학원에 다니는 학생과 안 다니는 학생의 평균 성적이 각각 490.13점과 500.08점이고, 중학교 2학년의 경우에는 500.65점과 499.36점이라고 나와 있었다.

창사長沙시가 2018년 발표한 〈일반 고등학교 교육품질 종합평가 보고〉[12]에서도 '과외활동을 많이 한다고 해서 성적이 좋아지는 것을 의미하지 않는다'라고 결론을 내렸다.

두 개의 조사 결과 모두 과외를 많이 하지 않는 학생일수록 도리어 성적이 좋은 것으로 나타났다. 물론 상관성과 인과성은 다르다는 것을 모르지 않는다. 열등생의 경우 학원에 안 가면 지금보다 성적이 더 나빠질 테니 어쩔 수 없이 학원을 더 찾을 수밖에 없다.

2013년 컬럼비아대학교의 한 박사학위 논문[13]에서 한국의 학원에 대해 심도 있는 연구를 진행했고, 그 결론은 크게 세 가지로 나뉜다.

1 성적이 안 좋은 학생에게 과외는 가장 효과적인 방법이다.
2 학원 공부가 수학과 영어에는 효과가 있는 편이지만, 국어 성적 향상에는 크게 효과가 없다.
3 학원의 효과는 중학교 시기에 주로 나타난다. 고등학교로 넘어가면 과외나 학원 학습이 수학에만 국한되고, 성적이 낮은 학생에게만 효과가 확실히 있었다.

---

12 후난(湖南) 창사(長沙): 학생 9만 6천 명을 대상으로 실시한 '일반 고등학교 교육품질 종합평가 보고' 첫 발표. 교육부 웹사이트 (http://www.moe.gov.cn/s78/A11/s3077/201809/t20180918_349274.html).
13 Ji Yun Lee, Private tutoring and its impact on students' academic achievement, formal schooling, and educational inequality in Korea, Ph D Thesis, Columbia University, 2013.

이 모든 연구를 종합해 '학원의 역할이 그다지 크지 않다'라고 결론을 내린다고 해도 큰 문제가 없지 않을까?

시험의 사교육 훈련

미국의 경우 장기적으로 다니는 과외 학원은 드물지만 SAT 시험에 특화된 학원은 꽤 많은 편이다. 내가 본 몇 개의 연구 논문[14]은 모두 이런 스파르타식 훈련, 특히 1:1 사교육이 대입 시험의 성적을 올리는 데 유용하다는 데 이견이 없었다. 하지만 그 효과는 광고처럼 그렇게 두드러지지 않다.[15]

문제는 미국 고등학교에서 통상적으로 교과 과정만 책임진다는 데 있다. 그들은 1년을 입시 모의 훈련을 시키는 데 투자하지 않기 때문에 SAT 시험에 특화된 전문적인 훈련 프로그램을 따로 운영하지 않는다. 학생들은 SAT를 준비하기 위해 스스로 방법을 찾아야 한다. 그래서 그들은 시험과 관련된 자료를 사서 직접 문제를 풀거나 혹은 따로 과외를 받기도 한다. 그렇다면 이런 추측이 가능해진다. 만약 당신의 친구가 대입 시험을 위해 아무런 준비를 하지 않는 상황에서 당신만

---

14 Moore, Raeal; Sanchez, Edgar; San Pedro, Maria Ofelia, Investigating Test Prep Impact on Score Gains Using Quasi-Experimental Propensity Score Matching. ACT Working Paper 2018-6. Jed. I. Appelrouth, DeWayne Moore, Karen M. Zabrucky, Janelle H. Cheung, Preparing for High-Stakes Admissions Tests: A Moderation Mediation Analysis, International Research in Higher Education, Vol 3, No 3 (2018).
15 Derek Briggs, The Effect of Admissions Test Preparation: Evidence from NELS:88, CHANCE 14(1), January 2001.

전문 과외 선생님까지 불러 공부를 했다면 두 사람 중 당신의 성적이 당연히 더 좋을 것이다.

그런데 이 점은 짚고 넘어갈 필요가 있다. 한 학생은 혼자서 시험 대비 준비를 하고, 다른 학생은 거액의 돈을 들여 과외 선생의 도움을 받는다면 두 사람의 시험 결과에서 사교육의 역할이 얼마나 크게 작용할까? 이 문제에 관해 명확하게 연구한 사례를 본 적은 없다. 하지만 사교육을 받은 학생이 혼자 시험 대비를 한 학생보다 훨씬 유리했다는 증거를 아직 어디에서도 본 적이 없다.

마치 운동선수가 시합에 대비하는 것처럼 시험을 겨냥해 문제 유형에 대비하고 문제를 요령껏 푸는 스킬을 배우는 것은 확실히 도움 된다. 하지만 학원이나 과외의 도움을 받지 않아도 혼자서 이런 훈련을 충분히 할 수 있다. 요즘에는 인터넷 사이트를 통해 시험 대비 유형 문제를 얼마든지 구입해 풀 수 있고, 문제 푸는 요령을 집중적으로 가르쳐주는 책도 다양하게 나와 있다. 심지어 가격도 그리 비싸지 않다. 그렇다면 우리가 도출해낼 수 있는 결론은 이런 것이 아닐까 싶다. 스스로 시험에 대비해 실전 훈련을 하는 것보다 어쩌면 비싼 돈을 들여 과외받는 것이 더 효과적일 수 있다. 하지만 그것이 드라마틱한 반전을 가져올 정도의 역할을 하지 않는 것만큼은 확실하다.

계층과 입학 시험

미국 학생들의 SAT 성적과 가계소득의 상관관계를 보면 부유한 가정일수록 자녀의 성적도 좋아진다는 것만큼은 부인할 수 없는 사실이다. 그렇다고 해서 교육이 계층 간 고착화를 초래했다고 말하기는 어렵다. 사실상 교육이 계층을 반영했다고 말하는 편이 훨씬 정확하다.

2019년을 전후해서 예일대학교를 포함한 미국의 일부 명문 대학에서 부정입학 비리 사건이 불거지자, 칼럼니스트 다니엘 프리드먼 Daniel Friedman이 SAT처럼 표준화된 시험의 필요성을 제기하는 논평[16]을 냈다. 여기에서 그는 매우 흥미로운 데이터 몇 개를 소개했다.

우선 부유한 가정의 아이는 SAT 성적이 확실히 좋았다. 미국에서 연 소득 20만 달러 이상인 가장 부유한 가구에서 자란 아이의 SAT 성적 중 수학 중위권 점수는 567점, 리딩은 586점이었고, 이것은 전체학생의 평균 성적보다 0.5 정도 높은 표준 편차에 가깝다.

그러나 소득과 상관없이 부모가 대학원 이상의 학력을 가지고 있다면 고학력 가정에서 자란 아이의 성적은 수학 560점, 리딩 576점이었다. 그런데 여기서 대학원 이상의 학력을 갖는 것이 연봉을 20만 달러이상 받기보다 훨씬 쉽다는 사실에 주목해야 한다. 어쨌든 이 데이터만 보면 아이의 성적은 부모의 재력보다 학력에 영향을 더 받는 것을알 수 있다.

통계학적 의미에서 이 데이터들의 의미를 분석해보면 다음과 같다.

1 학생의 성적은 학생의 지능을 반영한다.
2 학생의 지능은 부모로부터 유전된 것이다.
3 부모의 재력과 학력은 그들의 지능을 반영한다.

---

16 Daniel Friedman, Why Elites Dislike Standardized Testing, quillette.com, March 13, 2019.

4 그래서 학생의 성적은 부모의 재력, 학력과 관련이 있다.

여기서 말하는 것은 대다수 사람의 평균적인 현상을 가리킨다. 그렇다면 한 사람의 시험성적이 출중하다면, 이것은 무엇에 기인한 것일까? 그의 부모가 남다르게 잘나서일까? 아니다.

20만 달러 이상의 연봉을 받는 가구의 부모는 자녀를 명문 사립학교에 보내고, 최고의 선생님을 구해 과외시킬 수 있다. 다만 그들의 자녀가 받은 SAT 성적은 고학력 부모를 둔 아이보다 조금 더 높았을 뿐이다. 그리고 이 성적(중위권 점수가 1,151점)은 명문대에 합격하려면 턱없이 부족하고, 앨라배마대학교에 합격할 정도의 커트라인 수준이다.

현실적으로 부모가 지원해줄 수 있는 수준은 이 정도까지다. 남들보다 더 꿈을 가지고 명문대에 합격하고 싶다면 자신의 노력과 능력이 뒷받침되어야 한다. 학생은 일률적으로 규격화된 원재료가 아니고, 돈을 쓴다고 해서 고사양으로 탈바꿈되는 것이 아니다. 학원에 가서 엄청난 효과를 볼 수 있다면 부자들이 기부금이나 뇌물을 써가며 자녀를 대학에 보낼 이유가 없다.

여기서 명확히 짚고 넘어갈 점은 우리는 가정의 사교육이 시험성적에 미치는 영향만을 분석했을 뿐이다. 미국 대학의 전형 방법은 표준화된 시험성적만 보고 합격 여부를 결정하지 않고, 봉사, 취미, 리더십 등 다방면의 과외활동 역시 고려의 대상이 되는데, 이것 역시 부자들에게 훨씬 유리하게 작용한다. 다시 말해서 표준화된 시험이 가장 공평한 전형 방법이 아니라는 사실이다.

부자는 자녀를 유치원부터 고등학교까지 명문 학교로 보낼 수 있고, 그들의 시험성적 역시 확실히 더 좋다. 다만 부와 최종 성적 사이에는 그렇게 뚜렷한 인과관계가 없다. 그러나 부자 부모 역시 우수한 두뇌를 가졌고, 그 인자가 자녀에게 유전된다는 것만큼은 간과할 수 없는 사실이다. 고학력 출신의 부모 역시 경제력이 아주 뛰어나지 않아도 자녀에게 비슷한 유전인자를 물려준다.

좀 더 과학적인 결론을 내리자면 시험성적은 학부모와 학생이 얼마나 많은 돈을 썼는지가 아니라 그들이 어떤 사람인지 보여주는 것일 뿐이다.

하지만 학부모는 여전히 자녀의 학원비를 기꺼이 쓰고 싶어 할 것이다. 그것이 성적 향상에 별 소용이 없다 해도, 그것만이 돈으로 자녀와 성적을 통제할 수 있는 유일한 방식이기 때문이다.

이것은 많은 사람이 대부분의 의료비 지출을 인생의 마지막 몇 달 동안 모두 소비하는 것과도 같다. 즉, 원하는 바를 얻기 위해 돈을 쓸 수는 있겠지만 그로 인해 얻을 수 있는 효과는 무척 제한적이다.

4

가정환경, 타고난 두뇌, 평생학습:
어느 것이 더 중요할까?

중국 지식 교양 분야의 최고 권위자로 꼽히는 뤄전위는 '당신과 함께하는 평생 공부'를 슬로건으로 내걸고 있다. 평생학습은 어떤 시험을 통과하거나 자격증을 얻기 위해서가 아니라 자신의 능력과 인식을 채우고, 더 나은 수준으로 끌어올리기 위한 것이다. 하지만 평생학습에는 증서가 없으므로 누군가는 그런 것이 무슨 소용이 있느냐고 되물을지 모른다.

그것은 분명히 쓸모가 있다. 그런데 도대체 어디에 쓸모가 있고, 얼마나 쓸모가 있냐고 또 묻는다면 일목요연하고 설명하기가 그리 쉽지 않다. 대학입시, 대학원 진학 시험, 자동차 정비 자격증 시험, 프로그래밍 자격증 시험을 위해 배우는 공부라면 이해시키기가 쉽다. 배우고 안 배우고의 차이가 뚜렷하기 때문이다. 하지만 과학, 역사, 정치, 경제, 심리학과 같은 분야는 배움의 차이가 도대체 어디서 어떻게 나타나는지 이해가 잘 안 될 수 있다.

마찬가지로 '가정'과 '지능' 역시 우리 모두 쓸모가 있다는 것을 알지만 그 이유를 분명하게 말하기 쉽지 않은 두 가지 요소라고 할 수 있다. 어떤 사람이 꿈만 크고 능력이 되지 않아 아무것도 이루지 못했다고 가정해보자. 그렇다면 그는 자신의 가정환경을 원망해야 할까? 아니면 자신의 지능이 높지 않은 것을 한탄해야 할까? 그것도 아니면 평생학습에 충실하지 않은 자신을 탓해야 할까?

나는 이 문제를 명확히 분석하고자 한다. 이 세 가지 요소를 전면적으로 고찰하는 연구는 난도가 아주 높고[17], 내가 아는 한 이와 관련된 연구 성과가 하나도 없다. 하지만 이와 관련된 이슈는 늘 화두가 되어 왔고, 우리가 단계적으로 고찰해왔다면 아마도 흥미로운 연구 결과들이 이미 많이 등장했을 것이다.

내 견해로는 가정, 지능과 평생학습의 세 가지 요소가 영향을 미치는 대상은 같은 부류의 사람이 아니라 각기 다른 차원에 속하는 사람이다. 우리는 사람을 크게 아래에서 위로 향하는 네 가지 단계로 나눴다.

첫 번째 단계는 '결함이 있는 그룹'이다. 이것은 자신에게 심각한 결함이 있어 보통 사람들의 삶 속에 섞여 들어가지 못하는 것을 가리킨다. 그들은 범죄자의 길로 들어서거나, 빈곤층으로 전락하기도 하고, 괴팍한 성격 탓에 사회 부적응자가 될 수 있다. 그들의 삶은 불행하고 즐겁지 않으며, 정부와 사회의 도움이 필요하다.

---

17 왜 하기 어려울까? 거시적 차원부터 미시적 차원까지 각기 다른 척도가 연관되어 있기 때문이다. 아이큐의 역할은 큰 척도로만 연구할 수 있고, 엄청난 규모의 사람들을 연구, 조사해야만 알 수 있다. 그 반면에 태어난 가정과 평생학습의 역할은 소수의 사람만 반영되는 경우가 많다. 척도와 관련된 많은 문제는 늘 하나의 통계적 방법으로 연구하기 어려운 영역이다.

두 번째 단계는 '보통 사람'이다. 물론 모든 사람은 평범하지 않다. 여기서 말하는 '보통'의 의미는 정상적인 삶을 살아가는 것을 말한다. 그들은 바쁘게 살지만 행복을 느낄 줄 알고, 경제적 안정이 가져다주는 여유와 따뜻한 가족애의 소중함을 안다. 만약 모든 사람이 평범한 사람들의 삶을 살아갈 수 있다면 사회는 훨씬 살 만해질 것이다.

세 번째 단계는 '인재들이 모인 그룹'이다. 이들은 학습 성적이 우수하거나, 뛰어난 재능을 가지고 있어 일반적인 수준을 뛰어넘는 능력을 보여준다. 그들은 보통 사람보다 더 높은 학력, 직위, 소득을 가지고 있다. 그들은 학창 시절 내내 모범 학생이었고, 직장에서는 전도유망한 직원이고, 결혼 시장에서는 누구나 탐내는 조건의 소유자고, 다른 집 부모에게는 잘나가는 '누구누구네 딸 혹은 아들'이다.

네 번째 단계는 '군자'다. 군자는 중국 고대의 최하층 귀족이자 평민 중에서는 최상층에 속하는 존재라고 할 수 있다. 직장에서 학자는 영향력을 가진 리더 혹은 싱크탱크에 속하는 인물이다. 사회적으로 군자라 불리는 사람은 누구나 알 만큼 대단한 인물이며, 뛰어난 재능으로 자신이 속한 분야에서 두각을 나타낸다. 그는 확고한 자기 주관과 독립적이고 능동적이며 자유로운 성향을 가지고 있다. 이것이 바로 그가 일반적인 의미의 인재와 다른 점이다. 또한 이들은 자신을 누군가의 도구로 전락시키지 않는다.

이 분류는 포괄적인 정리일 뿐 절대적인 정의가 아니다. 누구나 자신 안에 다양한 면을 가지고 있기 때문이다. 다시 말해서 어떤 면은 '결함이 있는 그룹'에 속하는데, 또 어떤 면은 누가 봐도 '군자'에 속하는 사람이 있을 수 있다. 이 분류에서는 경제력과 사회적 지위가 아니라 한 사람의 능력과 식견만을 고려했다. 집을 여러 채 가지고 있지만 별다른 능력이 없는 사람은 보통 사람에 속할 뿐 결코 우수한 인재가 될 수 없다. 가장 중요한 것은 사람은 누구나 이 여러 단계 안에서 얼마든지 유동적으로 움직일 가능성을 가지고 있다는 점이다.

결론을 말하자면 가정, 지능과 평생학습은 한 사람이 어디에 소속될지를 결정하는 데 중요한 역할을 한다.

가정은 한 사람이 보통 사람의 단계에 도달할 수 있을지를 결정하는 데 중요한 역할을 한다. 가정이 제 기능을 다 하지 못하면 그곳에 속한 개인은 자칫 결함을 가진 그룹으로 전락할 수도 있다. 사람들은 가정교육에 대해 많은 기대를 걸며 자녀를 위해 학군이 좋은 곳으로 이사를 하고, 숙제할 때 옆에서 도와주기도 하고, 학원에 보내거나 과외 선생을 고용하기도 한다. 사실 가정이 한 개인에게 미치는 영향 역시 한계를 가지고 있다.

아이는 성장 중인 묘목과도 같다. 이 나무를 망가뜨리는 일은 전혀 어렵지 않다. 하지만 이 나무를 특출나게 키우고자 한다면, 그것은 온전히 부모가 어떻게 하느냐에 달려 있다.

부모가 어릴 때부터 아이를 학대하고 충분한 영향을 공급하지 않았거나, 혹은 충분한 학습환경을 보장하지 못했다면 아이는 건강하게 성장하지 못할 가능성이 크다. 원래 좋은 자질을 타고난 아이를 가정에서 제대로 양육하지 못한 탓이다. 여러 연구 결과에 따르면[18] 저소득 가구에 속하고, 부모가 양질의 교육을 받지 못했거나 정상적인 직업이 없고, 생업 때문에 안정적인 가정을 이루지 못하면 그 자녀는 자라면서 타고난 지적 잠재력보다 낮은 수준에 머문다.

18 로이 바우마이터(Roy F. Baumeister)와 존 티어니(John Tierney)의 저서《의지력의 재발견(WILLPOWER: Rediscovering the Greatest Human Strength)》(2021).

그러나 이런 가정의 환경과 조건에 별다른 문제가 없다면 아이는 정상적으로 자라 적어도 평범한 사람으로 살아갈 수 있다. 다만 그가 과연 우수한 인재로 자랄 수 있을지는 미지수다. 그것은 가정환경과 크게 관련이 없고, 그 자신의 지적 능력에 전적으로 의존한다. 하지만 지적 능력은 타고나는 것이고, 후천적으로 강화하기가 쉽지 않다.

그렇다면 학군 따라 이사를 하고, 명문 학교에 보내고, 숙제를 옆에서 도와주고, 학원에 보내거나 과외를 시키는 것처럼 자녀를 위한 부모의 경제적, 시간적 투자가 모두 무의미한 것일까? 이런 것들은 아이가 자신의 지적 능력을 발휘하는 데 도움 될 뿐이며 지능을 높여주는 역할과 무관하다. 너무 열악한 환경과 조건에서 사는 아이는 타고난 지적 능력조차 제대로 발휘할 수 없게 된다. 이것은 나무가 영양분을 충분히 흡수하지 못하면 제대로 자라지 못하는 것과 일맥상통한다. 그러나 일정한 조건만 갖추어지면 이 나무는 충분히 잘 성장할 수 있다. 다만 아무리 좋은 조건이라도 수용할 한계치를 넘어서면 크게 도움 되지 않는다.

심지어 성격과 정서의 안정과 발달에도 이 효과가 그대로 적용된다. 예일대학교의 심리학자 샌드라 스카Sandra Scarr는 말했다.

"부모는 폭력과 학대, 무관심만 피하면 된다. 이것만 아니라면 부모가 하는 그 어떤 일도 자녀에게 부정적 영향을 크게 미치지 않는다."

2021년 캘리포니아대학교 데이비스의 그레고리 클라크Gregory Clark 경제학 교수는 1975년부터 2020년까지 40만 명이 넘는 영국인을 대상으로 통계조사를 한 결과에 따르면[19], 한 가정의 지난 세대가

---

19 Gregory Clark, For Whom the Bell Curve Tolls: A Lineage of 400,000 English Individuals 1750-2020 shows Genetics Determines most Social Outcomes,

다음 세대에게 남겨줄 수 있는 것은 단 두 가지뿐이었다. 그것은 바로 유전자와 재산이다. 교육, 교양, 사회관계, 재테크 마인드와 같은 것들은 아무짝에도 쓸모가 없었다.

한 과학자는 자신의 어린 시절을 회고하며 아버지에게 깊은 영향을 받아 어릴 때부터 과학을 좋아하게 되었다고 말했다. 설사 그의 아버지가 너무 바빠 그의 성적이나 관심 분야 따위에 신경 쓸 여력조차 없었어도 그는 과학자였던 아버지의 영향을 받은 것이다. 그렇다면 아버지가 그에게 준 진짜 영향력은 유전자라고 할 수 있다.

그래서 자식을 키우면서 너무 서두르고 초조하게 굴어서는 안 된다. 당신이 부모로서 합격점을 받은 사람이라면 그것으로 충분하며, 본인이 뛰어난 부모가 되려고 무리할 필요가 없다. 아이가 똑똑하다는 것은 부모의 유전자를 물려받았기 때문이며, 똑똑한 부모가 되어야 아이가 똑똑해지는 것은 아니기 때문이다.

마찬가지로 당신이 나고 자란 가정이 너무 형편없지 않다면 부모가 제대로 해준 것이 없다고 더는 불평해서는 안 된다. 그 말인즉슨 명문 대학에 합격하지 못했다고 초등학교 2학년 때 같이 숙제를 안 해준 아버지에게 모든 탓을 돌리는 어리석은 짓은 하지 말라는 것이다.

사실 아이큐가 낮은 것을 부모 탓으로 돌려서도 안 된다. 부모가 유전자를 선택할 수 있는 것도 아니니 모든 게 운명이자 운이다. 똑똑하게 태어난 것도 운이고, 똑똑해지려고 노력하는 것도 운이다. EQ, 의지력, 운동은 모두 아이큐와 긍정적인 상관관계Positive correlation가 있고, 유전적 요인에 의해 좌우된다.

March 1, 2021, working paper. http://faculty.econ.ucdavis.edu/faculty/gclark/ ClarkGlasgow 2021.pdf.

통상적으로 아이큐는 한 사람이 보통 사람에서 뛰어난 사람으로 도약할 수 있는지를 결정한다. 물론 엄격히 말하자면 아이큐는 모종의 천부적 재능이다. 체육, 연기, 사교성 등의 방면으로 누구나 좋아할 만큼 매력적인 천성을 타고난 사람이라고 해서 반드시 수학적 두뇌까지 가지고 있는 것은 아니다. 그러나 이런 특별하거나 혹은 비상한 두뇌는 타고난 자질이라서 어떤 아이는 한 번 보면 바로 알고, 또 어떤 아이는 아무리 유명 강사를 데려와 가르쳐도 소용이 없다. 이것은 어쩔 수 없이 인정할 수밖에 없는 현실이다.

그렇다면 보통 사람은 죽었다가 깨나도 똑똑한 사람의 범주로 들어갈 수 없는 걸까? 설마 이것은 태어날 때부터 이미 운명처럼 정해진 것일까? 사실 꼭 그런 것만은 아니다. 대체로 환경만 나쁘지 않다면 똑똑한 사람으로 거듭나는 것 역시 자신의 몫이다.

그것을 뒷받침할 증거 중 하나가 '명문 학교에 다니는 것이 한 사람에게 미치는 영향'이다. 명문 학교에 다니는 것이 그 사람에게 정말 그렇게 큰 영향을 미칠까? 사실, 그다지 큰 영향을 미치지 못한다. 고작 1점 차이로 명문고에 합격하지 못한 학생과 1점 차이로 명문고에 붙은 학생이 대학에 갈 시점이 되었을 때 합격 비율은 거의 똑같다.[20] 마찬가지로 일류대에 갈 실력이 됐지만 여러 사정 때문에 평범한 대학을 선택한 사람이 취직 후 받게 될 연봉 수준 역시 일류대 출신과 똑같았다.

명문고나 일류대가 당신을 선발했다는 것은 당신의 똑똑한 면을 인정했다는 의미일 뿐이며, 그곳이 당신을 더 우수한 인재로 바꿔주는

---

20 〈엘리트 데이 클래스〉 시즌 1. '사람은 누구나 거짓말을 한다', '예상치 못한 유용함과 쓸모 없음'.

것은 아니다. 똑똑한 사람은 원래부터 똑똑했고, 일류대에 들어가지 않아도 똑똑하다.

그럼 당신은 이렇게 반박할지 모른다. 일류대 간판이 있어야 취직이 잘되는 건 사실 아닌가요? 물론 맞는 말이다. 하지만 그것은 단지 저소득 가구의 자녀에게만 유용할 뿐이다. 그들의 가정환경은 그를 충분히 지원해줄 만큼 넉넉하지 않기 때문에, 그들에게는 일류대 간판이 더 절실할 수밖에 없다. 가정환경이 그에게 날개를 달아줄 정도라면 그 역시 일류대에 목숨 걸 이유가 없어진다.

그래서 아이큐는 결정적인 요소다. 대규모 통계조사에서도 인재를 판별할 때 아이큐가 주로 결정적 역할을 한다고 나와 있다.

그렇다면 아이큐가 안 높은 사람은 희망이 없는 걸까? 아니다.

아이큐는 대규모 효과를 결정하는 요소로, 우수한 두뇌가 바로 이런 효과에 속한다. 하지만 특출나고 비상한 머리로 '군자'가 되는 것은 소규모 현상이다. 보통 사람이 명문대에 합격하고, 좋은 일자리를 찾는 것은 대규모 효과이고, 주로 지적 능력이 여기에 해당한다. 반면에 직장 안에서 임원 자리에 오르고, 누구도 따라잡을 수 없을 만큼 독자적인 영역을 구축하고, 세상을 변화시키는 것은 아이큐 문제가 아니다.

어떤 통계 자료에 이런 흥미로운 내용이 나와 있다.[21] 국제 체스 선수가 세계 랭킹과 전혀 상관없이 취미로 즐기는 아마추어라면 그의 실력은 아이큐와 상관관계가 비교적 크며, 그 상관계수는 0.32다. 그러나 세계 랭킹에 이름을 올린 수준 높은 선수라면 그의 실력과 아이큐의 상관계수는 0.14에 불과하다.

---

21 Alexander P. Burgoyne et al., The relationship between cognitive ability and chess skill: A comprehensive meta-analysis, Intelligence, 59, 72-83 (2016).

아이큐의 영향 역시 상한선이 존재한다. 이것은 가정환경과 경제적 조건을 아무리 좋게 타고났다고 해도 개인의 노력이 없으면 성공으로 이어질 수 없는 것과 마찬가지 이치라고 할 수 있다. 객관적 조건이 갖춰졌다면 그 후에 남은 길과 역경은 오로지 자신의 역량으로 극복해야 한다.

우수하고 똑똑한 인재에서 누구도 넘보지 못할 정도로 탁월한 능력을 지닌 사람이 되려면 어떻게 해야 할까? 나의 연구 결과를 종합해보면 크게 두 가지로 정리할 수 있다.

첫째, 자신 안에 내재한 추동력이 있어야 한다. 부모님이나 돈 혹은 직위와 같은 외부적 요소를 얻기 위해서가 아니라 원대한 목표를 가지고 자신만의 영역을 구축하고, 그 안에서 꿈을 이루기 위해 사명감을 가지고 자신의 능력을 스스로 끌어올려야 한다.

둘째, 복잡한 문제를 이해하고 처리할 수 있어야 한다. 남이 시키는 대로만 움직이고, 기계의 부속품으로 자신의 존재를 국한하지 말고, 틀에 박힌 사고에서 벗어나 자신만의 논리와 주관으로 전체를 관장할 줄 알아야 한다.

이 두 가지는 가정에서 뒷받침해줄 수 있는 영역이 아니고, 유전자의 혜택을 받을 수도 없고, 학교에서 가르쳐주는 것도 아니며, 오로지 평생학습을 통해서만 만들어질 수 있다.

평생학습은 '군자'의 필수조건이기도 하다. 아침부터 저녁까지 수동적으로 움직이며 단순한 사고로 세상을 보는 사람은 아무리 똑똑한 머리로 노력한다 한들 '노예'의 삶에서 벗어날 수 없다.

물론 평생학습이 절대적인 충분조건이라고 단정 지을 수는 없다. 큰 성공을 거두고 싶다면 기회와 천부적 재능, 운까지 삼박자가 맞아야 한다. 하지만 평생학습은 가정환경과 유전적 지능을 뛰어넘어 '일반인'에서 벗어나 심지어 '결함을 가진 그룹'에서 '군자' 단계로 도약할 발판이 되어줄 수 있다. 밑바닥에서 시작해 정상까지 올라간 성공스토리의 주인공들이 대부분이 이런 과정을 거친다. 어떤 사람은 빚쟁이에 쫓기며 가족이 뿔뿔이 흩어져 살아야 했던 열악한 환경이나 폭력적인 가정 속에서도 올바르게 성장해 도량이 넓은 큰 인물로 거듭났고, 어떤 사람은 배움의 속도가 느리고 타고난 자질이 부족했지만 한 분야의 대가로 성장했다. 그들의 마음속에 더 나은 자신으로 거듭나고 싶은 열망이 없었다면 수많은 갈등과 유혹 속에서 자신을 단련시킬 수 없었고, 평생을 배움의 자세로 살지 못했을 것이다.

다만 이런 부류의 사람이 극히 적다는 것이 안타까울 뿐이다. 그들의 비교 대상은 천부적 재능이 아니라 시야, 활력, 체력, 집행력이다.

천부적 재능은 평생학습에 영향을 미칠까? 당연히 영향을 미친다. 어떤 사람은 호기심이 많은 성향을 타고났고, 어떤 사람은 천성적으로 모든 일에 무덤덤하게 반응한다. 하지만 무수히 많은 연구 결과가 증명해주듯 학습의 동력은 훈련으로 만들어질 수 있다. 2021년 출간된 스티븐 코틀러Steven Kotler의 저서《멘탈이 무기다》에는 학습 동기를 훈련하는 방법이 나와 있다.

다만 이것은 스스로 훈련을 해야지 남이 억지로 시킬 수 있는 영역이 아니다.

기시미 이치로岸見一郎는 자신의 저서《미움받을 용기》에서 아이를 교육하려면 과제 분리를 해야 한다고 주장하며 이렇게 말했다. 학습은 아이의 과제이지 당신의 과제가 아니며, 당신이 말 한 필을 강가로 데려가면 될 뿐, 그곳에서 말이 물을 마시고 안 마시고는 철저하게 자기 결정에 따를 뿐이다.

요컨대 우리가 가정환경이 뒷받침된 상태에서 유전, 환경과 학습의 의미를 정확히 이해하고 있다면 그럭저럭 평균을 유지하며 살 수 있고, 여기서 한 발짝 더 나아가 타고난 유전적 요인과 더불어 배움을 게을리하지 않는다면 누구도 범접할 수 없는 능력을 갖출 수 있다.

세상에 혼자 잘난 사람은 많지만 '군자'는 너무 적다. 평생을 배우지 않아도 잘난 사람으로 살 수 있지만 결국 대세에 따르는 수동적 삶에 그칠 뿐이다. 평생학습은 우리에게 채워진 족쇄를 부술 유일한 수단이며, 스스로 해내야 할 몫이다.

5

가난한 사람을
평범한 사람으로
바꿔주는 교육법

지금은 교육을 일종의 서비스로 간주하는 사람이 많아졌다. 즉, 지불하는 돈의 액수만큼 교육의 질도 달라진다고 보는 것이다. 하지만 예나 지금이나 일부 이상주의자는 교육을 사회의 책임이라고 생각한다. 그들은 아이의 가정 형편과 상관없이 누구에게나 인재로 자랄 환경을 제공하는 것이 사회의 의무라고 주장한다. 이들의 이상주의적 생각이 과연 실현 가능할까?

교육을 서비스라고 생각하는 사람들은 미국 사립고등학교를 눈여겨볼 것이다. 그런데 여기서 한 가지 더 주목해야 할 사실은 설사 당신이 양질의 교육이 가난한 사람들에게 집중되어야 한다고 주장하는 이상주의자라고 할지라도 당신 역시 미국의 교육 시스템으로부터 교훈을 얻을 수 있다는 점이다.

가난한 사람과 교육

미국의 경우 4인 가구의 빈곤선(최소 생활 수준 기준)은 연 소득 2만 달러 정도다. 사실상 미국 빈곤 가구의 자녀는 힘든 도전과 맞닥뜨려야 한다.

만약 불행하게도 당신이 미국 빈곤층 가정에서 태어났다면 정상적인 '평범한 사람'으로 살아남기 어려울 수 있다.

'보통 사람'이 되고자 한다면 세 가지 조건을 갖춰야만 한다. 첫째, 우선 결혼한 후에 아이를 낳아야 한다. 둘째, 고등학교를 졸업해야 한다. 셋째, 안정적인 직장이 있어야 한다. 통계에 따르면[22] 미국에서 이세 가지 조건만 갖추면 빈곤층으로 전락하지 않을 확률이 무려 98%나 된다고 한다. 하지만 문제는 미국인들에게 그것이 쉬운 일이 아니라는 데 있다.

미국 내 빈곤 아동의 3분의 2 이상이 한 부모 가정에서 살고 있고, 먹고살기 바쁜 부모는 아이를 제대로 돌볼 시간조차 내기 힘들다. 이런 이유로 아이들은 충분한 보살핌과 훈육을 받지 못하고, 결국 자기 조절 능력을 서서히 상실해간다. 또한 그들 중 상당수가 고등학교를 졸업하지 못한다. 그런데 이것은 학업을 포기할 정도의 생활고 때문도 아니고, 고등학교 졸업장을 따기 힘들어서도 아니다. 그들은 단지 약물과 파티에 빠져 매일 제시간에 학교에 가는 것조차 못하고 있을 뿐이다.

설사 고등학교를 간신히 졸업했다 해도 빈곤층 학생은 대학에 진학하기 어렵다. 그들은 기껏해야 지역 칼리지에서 공부하는 것이 전부

---

22 데이비드 브룩스(David Brooks)의 《소셜 애니멀(The Social Animal)》.

다. 하지만 지역 칼리지에 다니는 학생들 중 거의 절반이 임신을 한 적이 있거나 임신을 시킨 전력을 가지고 있다.

만약 정상적인 직업조차 없는 상태라면 임신은 결코 축복이라고 할 수 없다. 한 흑인 여고생은 그녀의 가족 중 열여섯이 되기 전에 임신한 적이 없는 사람은 자기밖에 없다며 자랑스럽게 인터뷰를 하기도 했다. 그만큼 미국에서 빈곤층 청소년의 임신은 흔한 일이다.

임신하고 싶지 않다면 약간의 자제력이 필요하다. 자제력은 아주 기본적이면서 중요한 자질이다. 중국에서는 제도권 안에 들어가 있는 이상 문제라고 해도 부정행위를 할지언정 시험 자체를 완전히 무시하지는 못한다. 반면에 미국의 문제아는 차원 자체가 다르다. 그들은 시험이 있다는 것 자체를 모른다. 그들은 대학 후원금 신청서조차 귀찮다는 이유로 제대로 작성하지 않고, 심지어 취업 면접일조차 까먹기 일쑤다. 면접을 보고 운 좋게 취직을 했다 해도 아주 사소한 일을 핑계로 일을 그만둘 가능성이 크다.

미국에는 인종을 분리하는 제도는 존재하지 않지만 '평범한 사람'과 가난한 사람이 같은 지역 사회 안에서 살 수 없다. 가난한 흑인이 사는 집 주변의 이웃 역시 가난한 흑인이다. 흑인의 자녀는 자제력을 타고났다고 해도 사회의 밑바닥에서 벗어날 방도가 거의 없다. 본인의 노력이 인정받기보다 흑인 친구들로부터 도리어 백인이 되고 싶어 안달이 난 한심한 아이로 놀림을 당하기 때문이다.

그래서 미국의 가난한 사람과 '평범한 사람' 사이의 가장 근본적인 문제는 능력 혹은 경제적 차이가 아니라 문화적 차이에 있다. 어쩌면 가난한 흑인 아동이 분노해야 할 대상은 정부와 학교가 아니라 그들의 부모, 이웃 그리고 친구들일지 모른다.

현재 많은 연구 결과에서 보여주듯 빈곤은 복잡한 시스템의 여러 요소가 결합되어 이루어진 결과물이다. 빈곤층을 돕는 방안으로 취업 지원, 보조금 지원, 더 나은 학교로의 전학 등의 방법이 있지만 어느 한 가지 방법으로 문제를 해결하기 어렵다. 또한 가난한 흑인 학생이 '평범한 사람'이 될 수 있도록 돕고 싶어도 학교의 지원책이 극히 제한적인 데 반해 가정과 환경이 아이에게 미치는 영향은 너무 크다.

그래서 교육을 통해 가난에서 구제하려는 정책의 난도는 일부 이상주의자의 상상을 초월할 수도 있다. 상황이 이렇다 보니 현대 사회는 무엇을 하든 자격증이 필요한데, 부모를 평가하는 자격증은 왜 없냐고 불평을 터트리는 사람들까지 나오고 있다.

인터넷에서는 가난한 사람을 쓰레기 취급하며, 출산이나 양육 자체를 제한하거나 어떻게 살든 아예 도움 자체를 주지 말아야 한다는 주장도 나오고 있다. 하지만 선량한 마음을 지닌 대다수 사람은 사회가 가난한 사람들에게 빚을 지고 있으니 당연히 그들에게 보상해야 한다고 여긴다.

하지만 그동안의 상황을 분석해보면 소수민족을 위한 미국의 '적극적 우대조치Affirmative Action'와 여러 복지제도가 가난한 사람을 빈곤으로부터 구제하는 데 아무런 도움이 되지 않는 것으로 드러났다. 이와 더불어 빈곤층은 당연한 권리처럼 사회복지를 누리기만 할 뿐 의무를 다하지 않고 있고, 심지어 더 많은 복지 혜택을 요구하고 있다.

그렇다면 미국의 가난한 사람에게 여전히 희망은 있는 것일까? 안타깝게도 그리 희망적이지 않다. 하지만 미국이 진보적 힘을 가진 나라라는 사실은 의심의 여지가 없다. 이 힘은 취약계층 자녀들의 대학 진학 문턱을 낮춰주거나 직접적인 복지 혜택을 제공하기 위한 법안에 기대기보다 과학적 방법으로 빈곤 문제를 해결하는 쪽으로 기울고 있다.

그들은 바로 교육 혁신에서 답을 찾고자 한다.

차터 스쿨

1933년 마이클 파인버그Michael Feinberg와 데이브 레빈Dave Levin은 당시 공립학교의 낙후된 환경과 이 시스템의 관료주의적 행태에 불만을 품고 갓 채택된 차터 스쿨Charter School(미국의 교육 시스템으로 대안학교의 성격을 띤 공립학교-역주) 법안을 이용해 자체 학교 시스템을 만들기로 결심했다. 그 결과물이 바로 '아는 것이 힘 프로그램(KIPP, Knowledge Is Power Program, 이하 KIPP)'이다.

이른바 차터 스쿨은 여전히 공립학교의 틀 속에서 정부 지원금을 받으며 전액 무료로 운영되고 있다. 하지만 그 운영 방식은 상당히 큰 자율성을 보장한다. 즉 교육 방향과 교수법, 교사 초빙, 기부금 모금을 학교가 자체적으로 재량에 따라 계획하고 결정하며, 더 나아가 전국 각지에 분교를 설립할 수도 있다.

KIPP는 5학년부터 8학년에 이르는 중학생을 중심으로 운영되었다가 초등학교, 고등학교까지 범위를 확대했고, 지금은 전국에 설립된 수십 개의 학교에서 2만 명이 넘는 학생들을 가르치고 있다.[23]

---

23 Rod PAIGE and Elaine WITTY, The Black-White Achievement Gap: Why Closing It Is the Greatest Civil Rights Issue of Our Time, 2009.

원래 이곳은 가난한 학생들을 위해 만들어진 학교인 만큼 전국 각지의 가장 열악한 학군에 집중적으로 설립되었다. 학생 중 90%가 흑인과 멕시코계이고, 87%는 빈곤 계층 출신이다.

파인버그와 레빈은 당시 각 학교의 최고 교습법을 참고하고, 뜻을 같이하는 교사들을 모아 KIPP에서 다양한 교학 방법을 시도했다. 그들은 학부모에게 교육 활동에 반드시 동참하도록 호소했고, 정기적으로 교사 연수도 시행했다. 그들은 이런 방법이 효과적인지 알아볼 수 있는 기준은 단 하나뿐이라고 판단했다. 그것은 바로 빈민 가구 출신 아이들의 대학 진학률이었다.

이 방법은 처음부터 괄목할 만한 성과를 보여주었다. 이 학교가 매스컴의 주목을 받기 시작하면서 거액의 개인 기부금이 줄을 이었고, KIPP는 이런 자금력을 바탕으로 더 많은 분교를 설립할 수 있게 되었다.

만약 당신이 이런 취지를 가진 중학교를 설립해 최상의 조건으로 가난한 학생들에게 기회를 주고 싶다면 어떤 방식으로 그들을 선별할지부터 고민해야 한다. 기회가 공평하게 돌아가게 하려면 입학 시험을 통해 성적이 좋은 학생에게 기회를 주는 게 맞다. 하지만 KIPP는 성적이 좋은 학생에게 우선권을 주는 것이 아니라 모든 학생에게 평등한 기회를 주는 것이 진정한 의미의 공평이라고 판단했고, 그 신념에 따라 성적이 아닌 추첨을 통해 학생을 선발했다.

추첨 결과에 따라 인생이 달라질 수 있으니 학생들의 입장에서 볼 때 추첨은 그들의 인생을 바꿔줄 가장 중요한 기회였다. 미국 빈곤 가구의 자녀 중 대학에 합격할 확률은 8%에 불과하지만, KIPP 졸업생은 80%가 대학에 진학했다.

입학 과정에서 시험을 보고 학생들을 선발한 것이 아니므로 KIPP

에서 거둔 성과는 경외감마저 들게 만든다. 5학년 때 입학한 KIPP 학생들의 수학과 영어 수준은 동년배들에 비해 한두 학년 아래로 한참 뒤떨어져 있었다. 하지만 그들이 8학년이 되었을 때 놀라운 반전이 일어났다. 그들의 성적이 평균 수준을 100% 넘어선 것이다. 그 결과 KIPP는 해당 지역, 예를 들어 뉴욕시의 모든 학교 중에서 상위권에 이름을 올리기 시작했다.

도대체 어떤 교습법을 쓰길래 이렇게 놀라운 성과를 거둘 수 있었을까?

그들이 처음 사용한 방법은 아주 간단했다. 가정과 환경적인 요소는 쉽게 해결할 수 있는 영역이 아니다. 그렇다면 생각을 바꿔서 학생들을 몇 시간이라도 학교에 더 잡아두는 편이 차라리 나았다. 일반적으로 미국 초등학교와 중학교는 아침 8시에 등교해서 오후 3시에 하교를 하지만, KIPP는 아침 7시 25분에 등교해서 오후 4시 반에 하교를 시켰다. 그 말인즉슨 새벽 5~6시에 기상하고, 저녁 5~6시나 되어야 집에 돌아갈 수 있다는 의미이기도 했다. 새벽부터 시작된 피곤한 일과를 끝낸 아이들은 숙제를 마치자마자 바로 곯아떨어질 수밖에 없다. 이런 식의 일상이 이어지다 보니 그들이 부모로부터 안 좋은 영향을 받거나, 이웃 아이들과 어울려 나쁜 짓을 할 시간도 점점 줄어들었다. 이뿐 아니라 KIPP는 토요일 오전에도 수업을 했고, 여름방학 기간도 다른 학교보다 더 짧게 줄였다.

하지만 무엇보다 중요한 변화는 KIPP가 아이들에게 지금까지 전혀 경험해보지 못했던 문화를 가르쳤다는 것이다.

노력은 학습으로 만들어질 수 있다

KIPP의 이념은 '하나의 목표와 두 개의 기본 지침'으로 요약할 수 있다.

하나의 목표는 바로 반드시 대학에 합격해야 한다는 것이다. '대학'은 KIPP 학교에서 가장 자주 등장하는 단어라고 해도 과언이 아니다. 교사와 학생의 대화, 학부모와의 대화, 학교 곳곳에 걸려 있는 각종 슬로건 속에 이 학교의 핵심 목표가 고스란히 드러나 있다. 설사 이 학교의 학생들이 중학생에 불과하다고 해도 이 목표에서 예외일 수 없다. 이곳 아이들은 초등학교 때부터 교사와 함께 대학 탐방을 하고, 그곳에서 KIPP 출신 선배들과 만나 자신 역시 대학에 가고 싶다는 꿈을 키운다. KIPP의 학급 이름은 졸업생이 대학에 들어간 해에 따라 정해지고, KIPP의 교실 역시 각 대학의 이름을 따서 짓는다. KIPP의 모든 학생은 자신이 가고 싶은 대학을 마음속에 하나씩 정해두고 있다.

두 개의 기본 원칙은 '열심히 공부하고, 훌륭한 사람이 되자work hard, be nice'이다. 그냥 흘려들을 수 있는 흔한 말처럼 보이지만 KIPP에서만큼은 그 말의 무게감이 다르다. KIPP는 이 두 개의 지침을 대학 진학을 위한 필수조건으로 보고 있다.

KIPP 학생들은 일찍 등교하고 늦게 하교하는 것 외에도 매일 두 시간씩 숙제해야 한다. KIPP 교사들은 학생들에게 자신의 전화번호를 알려주고 밤늦은 시간이라도 모르는 문제가 있으면 언제든지 전화해 물어볼 수 있도록 배려했다. 협력과 토론을 장려하는 미국 학교의 보편적인 교육 문화와 달리 KIPP의 학생은 매일 아침 수학 문제를 푸는 자습 시간에 반드시 정숙을 지켜야 한다.

예전에 영국의 전 총리 데이비드 캐머런David Cameron이 9 곱하기 8이 72인지 몰랐다는 기사가 나오자 사람들은 구구단 외우기에 크게 집착하지 않는 것처럼 보이는 서양의 교육법에 놀라움을 느꼈다. 하지만 KIPP에 다니는 학생들은 구구단을 박자에 맞춰가며 큰 소리로 외워야 한다.

중국의 일부 중학교처럼 KIPP 학생들 역시 자신을 격려해줄 각종 구호를 큰 소리로 말하고, 교실에서도 교사가 먼저 구령을 붙이듯 탁자를 치면서 절도 있게 "읽어, 얘들아, 읽어Read baby read!"하며 분위기를 리드한다.[24]

그중에는 '지름길은 없다There are no shortcuts'와 같은 구호도 있다. KIPP는 요령과 잔꾀만 부리는 학습 방법을 믿지 않으며, 학생들에게 장난이 아닌 진지한 마인드로 공부에 접근하도록 가르친다. 첫 번째 수학 시간에 KIPP의 교사는 영화 스타워즈의 주제곡을 틀어주며 학생들에게 앞으로 아주 힘든 여정이 시작될 거라고 예고한다.

학습 강도를 높이고, 정신 무장을 시키기 위한 이 두 가지 조치는 중국 학교의 전통적인 방식과 크게 다를 바 없어 보인다. 다만, KIPP는 '열심히 공부하는 길'로 학생들을 이끄는 동시에 말로만 그치는 것이 아니라 물질적 보상 시스템까지 갖추고 있다.

KIPP의 입학 첫날 풍경은 무척 색다르다. 교실에 의자와 책상이 없다 보니 학생들은 어쩔 수 없이 바닥에 앉아야 한다. 여기에도 KIPP의 교육철학이 담겨 있다. KIPP의 학생들은 모든 것을 노력을 통해 '쟁취'해야 한다. 즉, 학생들은 좋은 성적을 받아야 비로소 의자와 책상을 얻을 수 있다.

---

24 참고 영상: https://www.youtube.com/watch?v=rADvu0cPHYA.

이런 방침이 다소 극단적으로 보일 수도 있다. 하지만 이것은 최근 몇 년 동안 여러 경제학자의 실험을 통해 그 효과가 입증된 방식이기도 하다. 만약 성적과 평소 활동에 근거해 학생에게 상금을, 심지어 현금으로 직접 주면 성적과 졸업률을 일정 정도 확실히 올릴 수 있어 상당히 효과적이었다.[25] 그러나 이 방법은 논쟁의 여지가 많아 보편적으로 광범위하게 적용하는 데 한계가 있다. 그렇지만 KIPP의 경우 일찌감치 장려금제도를 마련해 철저하게 관리하고 있다.

이 장려금제도[26]는 학업성적이 '우수한 학생'에게 돈을 지불하는 것이 아니다. 이 제도의 핵심은 잘할 수 있고, 해야 하는 일을 마침내 해냈을 때 그 보상으로 상금을 지급하고, 이를 통해 학생들이 좋은 습관을 기르도록 유도해 그것이 자연스럽게 몸에 배도록 만드는 것이다. 예를 들어 학생이 제시간에 등교하고, 수업에 적극적으로 참여하며, 긍정적인 태도로 생활하는 등의 변화를 보여주면, 그것만으로도 '상금'을 받을 수 있다. 학교에서 학생의 일거수일투족이 평가의 대상이 되는 셈이다.

KIPP는 수많은 실험을 거쳐 이런 장려금제도의 효과를 검증해왔다. 그 과정에서 그들은 이런 보상이 처벌처럼 반드시 즉각적으로 이루어져야 한다는 중요한 사실을 발견했다. 즉, 칭찬이든 처벌이든 즉각적인 피드백이 이루어져야 한다는 사실이다. 그래서 KIPP는 매주 한 차례 학생들에게 '상금'을 결산해준다. 또한 학년별로 학생들이 원

25 상금을 이용한 학생의 학습 동기 부여에 관해 본문 후반에 등장하는 고된 연습과 자제력 연구 등에서 더 구체적으로 다루고 있다. 《이공계의 뇌로 산다》에서도 상세한 내용을 소개한 바 있다.

26 Time, Thursday, Apr. 08, 2010 . Should Kids Be Bribed to Do Well in School? By Amanda Ripley.

하는 보상의 종류가 다르다는 사실이 밝혀졌다. 초등학교 5학년은 연필 몇 자루로 충분했지만, 고등학생의 경우에는 자유를 원했다. 예를 들어 KIPP는 점심시간조차도 규율에 맞춰 행동해야 했기 때문에 학생들은 점심시간에 이어폰을 꽂고 밥을 먹을 수 있는 특권을 보상으로 원하기도 했다.

기본적인 인성과 소양을 어떻게 가르칠 것인가?

물론 이런 보상제도가 감옥을 연상시킬 수도 있다. 나 역시 KIPP가 감옥의 관리 감독 방식을 실제로 벤치마킹한 것은 아닌지 살짝 의심이 들기도 했다. 그런 생각이 들 만큼 이곳이 자유를 억압하는 학교라는 사실에는 변함이 없기 때문이다.

이곳의 규율은 매우 엄격하다. 걷는 법, 앉는 법은 물론 화장실을 이용한 후 손을 어떻게 씻는지, 손을 씻은 후 몇 장의 티슈를 뽑아 물기를 닦아내야 하는지까지 모두 규율에 따라야 한다.

수업 시간에 어떤 학생이 발표하면 전체 학생이 정해진 동작에 맞춰 그 학생을 봐야 한다. 교실에서 학생들은 반드시 두 종류의 음량으로 대화를 나눠야 한다. 구체적인 상황에 따라 어떤 음량을 사용해야 할지가 정해진다. 어떤 학생이 교실에서 장난을 치거나 말썽을 피우면 교사는 바로 수업을 중단하고 그 학생이 그런 문제점을 고칠 수 있도록 돕기 위해 학급 회의를 연다.[27]

---

27 대니얼 코일(Daniel Coyle)의 《탤런트 코드(The Talent Code)》.

이런 규정들은 KIPP의 '훌륭한 사람이 되자'라는 기본 지침과도 부합한다. KIPP에서 '훌륭한 사람이 되자'라는 것은 입으로만 외치는 구호가 아니라 일련의 행동 준칙으로 구체화된다. 이 준칙은 학교 운영진의 머릿속에서 나온 것이 아니라 그것을 뒷받침할 만한 과학적 근거를 가지고 있다.

단지 대학에 입학할 정도로 성적만 끌어올리는 것, 즉 학생을 단순한 시험 기계로 만드는 것은 성공한 교육이라고 할 수 없다. KIPP의 설립자 중 한 명인 데이비드 레빈은 KIPP 졸업생 중 대학에 입학한 학생을 대상으로 그들이 무사히 학업을 마쳤는지 추적 조사를 시행했다. 그 결과 그는 아주 귀중한 경험을 얻을 수 있었다.[28]

추적 조사를 한 결과 대학을 무사히 졸업한 학생들은 KIPP에서 성적이 가장 우수했던 학생이 아니라 낙관성, 적응력, 사교성 방면으로 남들보다 뛰어난 인성을 지닌 학생이었다. 그제야 그는 자신이 그동안 어떤 실수를 저질렀는지 깨달았다. 그 실수는 바로 KIPP가 학업 방면으로 눈부신 성과를 거두는 동안 인성 교육 방면으로 뒤처져 있었다는 것이다.

사실 이것이 교육계에 새롭게 대두되는 문제는 아니다. 중국의 교육자들 역시 학생들에게 재능과 인격의 겸비를 요구하고, 인성 교육을 강조해왔기 때문이다. 다만 레빈이 중국의 교육자와 구별되는 점은 그저 말로만 그치는 것이 아니라 KIPP 졸업생을 대상으로 한 구체적 데이터를 근거로 증거를 제시했다는 것이다. 또한 그는 교육의 현실을 안타까워하는 것에 그치지 않고 직접적인 행동으로 그 변화를

---

28 폴 터프(Paul Tough)의 《아이들은 어떻게 성공하는가?: 기개, 호기심 그리고 기질의 숨겨진 힘(How Children Succeed: Grit, Curiosity, and the Hidden Power of Character)》.

모색했다.[29]

소양 교육을 제대로 시행하려면 어떻게 해야 할까?

당시 펜실베이니아대학교의 심리학자 마틴 샐리그만Martin Seligman과 크리스토퍼 피터슨Christopher Peterson의 이론에 따르면 인류는 문화적 차이를 초월하는 인성, 예컨대 자제력, 유머 등을 지니고 있고, 이것은 전 세계인이 존중하는 미덕이다. 두 사람은 이것을 스물네 개의 인성으로 정리했다.

레빈은 이 이론을 무척 마음에 들어 했고, KIPP의 학생들도 이런 미덕을 갖추게 만들겠다고 결심했다. 레빈은 이 스물네 개의 항목이 너무 많아 실제로 현장에서 적용하기 힘들다고 판단했고, 샐리그만과 피터슨을 직접 찾아가 항목을 좀 더 간단하게 추려달라고 요청했다. 그래서 두 심리학자는 KIPP만을 위해 열정, 낙관, 강인함, 자제력, 사교성, 호기심, 감사할 줄 아는 마음으로 축약된 일곱 가지의 기본 인성을 제공했다. 이런 소양이 대학 진학과 무슨 상관이 있을까? 예를 들어 사교 능력은 대학 진학 후 학업을 끝까지 이수하는 것과 관련이 있다. 한 연구 결과에 따르면 대학을 순조롭게 졸업할 수 있는 조건 중하나가 당신의 이름을 아는 교수가 적어도 한 명쯤은 있어야 한다는 것이었다.

이 일곱 가지 소양은 KIPP의 '핵심 가치관'이 되었다. 중국의 모 학교에서 자교의 교훈을 널리 홍보할 때처럼 KIPP 역시 표어나 슬로건을 이용해 학생들의 머릿속에 이 일곱 가지 소양을 적극적으로 주입시켰다. 다만 KIPP의 슬로건 주입 방식은 중국의 홍보 방식보다 좀 더유연했다. 그들은 학생들에게 이 일곱 가지 덕목을 반드시 기억해야

---

29 데이브 레빈(Dave Levin)의 강연, https://www.youtube.com/watch?v=lAsSdyb6YMY

한다고 강요하지 않았고, 훨씬 다양하고 융통성 있는 방식으로 서서히 물들어가는 방식을 채택했다.

'스탠퍼드대학교의 마시멜로 실험Stanford marshmallow experiment'을 생각해보면 좀 더 쉽게 이해가 될 수 있다. 어른이 아이들에게 마시멜로를 하나씩 먹으라고 준 후 15분 후에 와서 하나를 더 주겠다고 말한다. 그리고 그 15분 동안 바구니에 담긴 마시멜로를 먹지 않고 기다려주면 하나를 더 주겠다고 조건을 제시한다. 이런 방식으로 실험은 아이가 마시멜로를 못 참고 먹는지 아니면 끝까지 참고 기다리는지를 관찰했다. 그들을 대상으로 추적 조사를 해보니 끝까지 마시멜로를 먹지 않고 기다렸던 아이들은 모두 자신의 인생길에서 좋은 성과를 거두었다. KIPP의 학생이라면 누구나 이 이야기를 잘 알고 있다. 학교에서 나눠준 티셔츠 위에 '자제력'이라는 글자 대신 '그 마시멜로를 먹지 마!'라고 선명하게 인쇄되어 있기 때문이다.

KIPP의 소양 교육은 단지 말로만 그치는 것이 아니라 일상 속에서 자연스럽게 행동으로 옮겨졌다. 학교는 '핵심 가치관'에 부합하는 행동을 한 친구들을 언제라도 기록할 수 있게 카드를 나눠주었다. 그러면 학생들은 이 카드에 '윌리엄이 열정적으로 행동하는 것을 보았다'라거나 혹은 '재스민이 수학 시간에 선생님의 질문에 적극적으로 손을 들어 대답했다'라는 식으로 짧게 기록을 남긴다.

이 밖에도 KIPP는 일반 학교에서 흔히 쓰는 GPAGrade Point Average(성적 평균 평점)와 CPACharacter Point Average(소양 평균 평점)를 둘 다 사용하고 있다. 교사는 축구 선수의 기술적 특징을 평가하는 것처럼 학생의 인성과 소양을 평가해 일곱 가지 항목에 대한 점수를 매긴다. 그 과정에서 부족한 면이 보이면 바로 개별 상담을 하고, 학부모에게 그 결과를 통보해 어떤 식으로 해결해야 할지 함께 고민한다.

요컨대 기본적인 인성과 소양의 형성에 필요한 생각을 주입하는 것 외에도 그것을 자신의 것으로 만들도록 제도적으로 압박을 가하는 방식이라고 할 수 있다. 이런 방침을 뒷받침하는 논리는 바로 성격이 타고나는 것이 아니라 후천적으로 만들어질 수 있다는 것이다. 그리고 심리학자들 역시 이런 주장에 동의하고 있다.

KIPP 수준의 매너

KIPP는 저소득층 아이와 중산층 아이를 구분하는 대표적인 특징이 평소 사람과 사물을 대하는 태도에 있다고 보는 연구 결과에 주목했다. 예의 바른 말투와 행동, 기본적인 매너는 한 사람의 인품을 단련하는 데 매우 중요한 요인이다. 중산층 출신의 아이들은 부모로부터 기본적인 매너를 자연스럽게 익히지만 저소득층 출신의 아이는 그런 환경을 갖기 힘들다. 그래서 KIPP는 이런 것들까지 학교에서 아예 다 가르쳐주기로 했다.

KIPP는 매우 엄격하게 매너 교육을 시킨다. 만약 앨리라는 성을 가진 교사가 학생에게 "안녕"이라고 인사하면, 학생은 "안녕하세요"라고 하는 게 아니라 반드시 "안녕하세요, 앨리 선생님Good morning, Ms. Ali!"이라고 대답해야 한다. 또한 교사가 수업 시간에 "알겠니?"라고 물으면 "네yes" 혹은 "알겠습니다clear"라고 대답하면 안 되고, "확실히 알겠습니다crystal clear"라고 대답해야 한다.

KIPP의 교사들은 SLANT[30] 규정에 따라 학생들을 가르친다. SLANT는 학생들이 반드시 따라야 하는 다섯 가지 동작, 즉 Sit up, Listen, Ask and Answer questions, Nod, Track the speaker의 첫 글자를 따서 만든 말이다.

- Sit up(똑바로 앉기): 허리를 펴고 정자세로 앉아야만 마음가짐도 바로 서고 상대방에게 존중받는 느낌을 줄 수 있다. KIPP의 학생은 수업 시간은 물론 다른 장소에서도 이 자세를 유지해야 한다.
- Listen(경청): 경청은 읽는 것보다 더 중요한 학습 방법이다. 상대방이 교사든 친구든 상관없이 모두의 말에 귀를 기울일 줄 알아야 한다. 이래야만 더 깊이 있는 대화를 이끌어 갈 수 있다.
- Ask and Answer questions(묻고 답하기): 학생은 과감하게 질문하고 대답할 줄 알아야 한다. 교사 입장에서 학생이 질문하지 않으면 자신이 가르친 지식을 얼마나 이해했는지 제대로 알 수 없다. 그러므로 학생의 질문은 교사에게 가장 중요한 신호가 될 수 있다. KIPP의 중학생은 열정적으로 손을 들어 질문하고, 교사가 물어볼 때마다 너나없이 손을 번쩍 들어 올린다.
- Nod(끄덕이기): 상대방의 말을 이해했다면 고개를 끄덕여야 한다. 이것은 일종의 비언어적인 메시지의 전달 방식이다.
- Track the speaker(말하는 사람 쳐다보기): 말하는 사람과 시선을 맞추는 것은 존중의 의미이며, 정보 전달력을 높이는 데 도움 된다.

---

30 http://blogs.edweek.org/edweek/Bridging-Differences/ 2013/04/slant_and_the_golden_rule.html.

평범한 사람이 KIPP를 방문해 학생들과 대화를 나눌 기회를 얻게 되다면 지나친 관심과 배려에 불편함을 느낄 수도 있다. 학생들이 너무나 겸손한 태도로 당신을 주시하고, 당신의 말에 귀를 기울이며 고개를 끄덕여주기 때문이다. 이렇게 예의 바른 학생들 사이에 둘러싸여 있다 보면 당신은 어느 순간 자신이 대단한 인물이라도 된 듯한 착각에 빠질지 모른다.

하지만 진짜 대단한 사람들은 바로 KIPP의 교사와 학생이다. 열심히 공부하고, 훌륭한 사람이 되는 것도 어찌 보면 자제력과 일맥상통한다. 전자는 학습 과정에서 자제력이 필요하고, 후자는 인간관계에서 자제력이 필요하기 때문이다.

자제력은 인간의 본성을 거스르는 행위다. 그것은 우리에게 '하고 싶은' 일이 아니라 '해야만 하는' 일을 요구한다. 그런데 KIPP는 왜 자제력에 집착하는 것일까? 흔히들 평범한 사람의 노력 정도로는 천부적 재능을 가진 사람과 겨루는 자체가 불가능하다고 말한다. 사실 일리가 있는 말이다. 자제력이 있는 사람은 아무리 열악한 상황에서도 크게 동요하지 않는다. 자제력은 상상력보다 더 기본적이면서 효과적인 개인의 덕목이며, 빈곤 탈출의 관문을 통과할 수 있는 첫 번째 열쇠다.

내가 초등학교에 다닐 때 선생님은 수업 시간에 학생들에게 허리를 펴고 똑바로 앉아 있으라고 하셨다. 그때는 멋모르고 시키는 대로 했지만, 시간이 흐를수록 그런 가르침이 우습게 느껴졌다. 어찌 됐든 나의 가치관은 기율이 아니라 자유에 더 가치를 두었고, 어떤 식으로 앉든 내가 편한 것이 최우선이 되어야 한다고 생각해왔다.

그런데 이 글을 쓰고 있는 지금 나도 모르게 허리를 펴고 똑바로 앉게 되는 이유는 뭘까?

6

치밀한 이기주의자와
아이비리그의
온순한 양

중국의 경우, 현재 국가와 국민을 걱정하는 기성세대들은 중국의 대학에 대해 그다지 희망을 품고 있지 않다. 중국 대학이 학술적 창의력은 물론 사회적 책임감조차 없다는 인상을 주고 있기 때문이다. 베이징대학교의 첸리췬錢理群 교수의 말을 빌리자면, 대학에서 배출한 학생들은 모두 '치밀한 이기주의자'다. 그렇다면 미국의 대학은 어떨까? 아이비리그 명문대에 다니는 학생들은 모두 재능과 덕을 겸비하고, 문무에 능하며, 영웅주의와 모험정신으로 충만한 천재적 두뇌를 지닌 인재들일까? 미국 명문 대학의 본과에서는 과연 어떤 경험을 하게 될까?

그래서 이런 문제는 하버드대학교에 전액 장학금으로 합격했던 류이팅劉亦婷에게만 물을 것이 아니라 예일대학교의 윌리엄 데레저위츠

William Deresiewicz 교수[31]처럼 현지 대학 상황에 정통한 인물을 찾아 물어보는 게 가장 좋다. 그는 2014년《공부의 배신》을 출간했고, 그 속에서 대학을 '온순한 양'을 키우는 거대한 목장으로 비유했다. 이런 표현은 '치밀한 이기주의자'보다 더 귀에 거슬리는 느낌을 준다.

《공부의 배신》은 미국 명문대의 교육방식을 신랄하게 비판하며 통쾌하게 문제를 제기하는 것에서 그치지 않고, 명문대의 운영 시스템까지 언급하고 있다. 이는 현대 대학교의 궁극적 목표가 무엇인지 다시 한번 생각해볼 계기를 갖게 해준다.

양처럼 온순한 모범생

여기서는 독자의 이해를 돕기 위한 가상의 인물, 즉 중국 칭화대학교에 다니는 샤오밍과 미국 예일대학교에 다니는 조가 등장한다. 이 두 사람은 각자의 나라의 최고 명문대에 들어갈 수 있을 만큼 수재들이다. 사람들은 그들이 장차 사회를 이끌어갈 기둥이 되고, 심지어 나라의 요직에서 일할 리더가 될 거라고 믿어 의심치 않았다.

그렇지만 지금 샤오밍의 이미지는 한 나라의 리더와는 너무나도 거리가 멀다. 그는 중국의 외딴 지역 출신으로 체격도 왜소하고 안경을 끼고 있어 무척 고리타분한 인상을 준다. 사회 경험도 부족하고, 말주변도 없다. 그야말로 성적 말고는 딱히 내세울 게 하나도 없는 학생이다. 누군가는 그를 공부만 할 줄 아는 바보이자 대학입시 시스템이 낳

---

31 현재 예일대학교를 떠나 집필에 전념하고 있다.

은 피해자라고 독설을 내뱉을지도 모른다.

하지만 사실 샤오밍은 대학입시 시스템의 수혜자다. 그는 자신의 가족뿐 아니라 고향의 자랑거리였다. 칭화대학교 입학처는 전국의 최우수 학생을 유치하기 위해 성적 우수자를 베이징으로 초대해 '캠퍼스 참관'을 유도하고, 마치 구단에서 스포츠 스타를 영입하듯 학생을 대접하며 그들이 입학지원서에 서명하는 것을 보고 나서야 비로소 안심했다. 샤오밍 역시 그들 중 한 명이었다.[32]

조의 아버지는 모 회사의 CEO이고, 어머니는 전업주부로 둘 다 예일대학교를 졸업했다. 조가 예일대학교에 진학하는 것은 가족의 전통에 따르는 것뿐이었다. 미국의 대입 전형은 점수만 보는 것이 아니라 학생의 종합적인 자질이 반영된다. 샤오밍과 비교했을 때 조는 그야말로 다재다능한 학생이다. 그는 고교 시절에 친구들과 밴드를 결성할 만큼 작사, 연주, 노래 실력이 뛰어나고, 어릴 때부터 수영, 테니스, 아이스하키를 배웠고, 학교 대표팀으로 선발되어 시합에 나가기도 했다. 조는 리더십이 뛰어나 고등학교 때 학생회 부회장으로 활동했고, 주변을 돌아보는 따뜻한 마음도 가지고 있어 지역 병원에서 장애인 재활 운동을 돕는 자원봉사에도 적극적으로 참여했다.

물론 조는 까다로운 수학 문제를 푸는 능력 면에서 샤오밍보다 못하지만 그의 성적은 늘 상위권을 유지했다. 조는 고2 때부터 몇몇 대학의 APAdvanced Placement(고교생이 대학 과목을 미리 이수하고 학점을 인정받는 제도-역주)를 이수하기 시작했고, 대학에 입학하기도 전에 미적분

---

32 이 에피소드는 실제로 일어난 일이다. 참고 기사: '내부자의 비밀: 베이징, 칭화대학교는 왜 우수 학생을 유치하지 못하는가?', http://news.sina.com.cn/c/2015-06-29/01423202 7289.shtml.

과 거시경제학에 관한 지식을 쌓았다. 이것은 샤오밍이 한 번도 배운 적이 없고, 대입 시험에도 나오지 않는 내용이었다.

대다수 명문대처럼 예일대학교에서도 고등학교를 졸업한 후에 1년을 휴학했다가 다시 입학하는 것을 허용하고 있다. 이 기간에 학생들은 학업 스트레스에서 벗어나 쉬면서 자신을 재정비하거나 세계 곳곳을 여행하며 새로운 경험을 쌓기도 한다. 조 역시 이 1년을 낭비하지 않고 유럽으로 반년 동안 여행을 갔다. 그리고 아버지의 도움을 받아 아프리카에서 빌 앤 멜린다 게이츠 재단Bill & Melinda Gates Foundation 에서 몇 개월 동안 자원봉사를 하며 잠비아의 에이즈 감염자를 줄이기 위한 활동을 도왔다.

샤오밍은 자신이 누리는 모든 혜택이 성적과 점수 덕이라는 것을 잘 알고 있었다. 남보다 높은 점수를 받아야만 장학금을 받고, 해외 유학은 물론 안정적인 일자리를 보장받을 수 있게 되는 것이다. 그래서 샤오밍은 칭화대학교에 들어간 후에도 고등학교 때와 다를 바 없이 모든 과목에서 우수한 성적을 받기 위해 노력해야 했다.

반면에 조의 대학생활은 샤오밍과 비교과 안 될 정도로 다채롭다. 그는 다양한 학생회 활동에 참여하고, 방학 때마다 자원봉사를 하거나 대기업에서 인턴십을 하고, 전문적인 스포츠 프로그램에 맞춰 운동한다. 또한 교수와 학교 친구로 이루어진 독서 모임에 지속적으로 참여하며 삶의 지혜를 얻는다.

이처럼 중국과 미국 대학의 교육 시스템은 확연히 다르다. 그렇다고 해서 조의 학교생활이 성적 중심으로 살아가는 샤오밍보다 훨씬 행복해 보인다거나, 조가 샤오밍보다 훨씬 우수한 인재라고 생각하는 것은 잘못된 판단이다. 사실 조와 샤오밍은 서로 아주 흡사한 부류에 속한다.

조는 왜 그렇게 많은 과외활동에 참여해야만 하는 걸까? 이런 활동이 시험 점수처럼 미국에서 학생을 평가하는 중요한 요소이기 때문이다. 샤오밍이 GPA에 집착하는 것처럼, 조의 과외활동 경험치 역시 각종 평가 기준을 충족시키기 위한 것이었다. 조는 매일 정신없이 바쁜 시간을 보내며 다양한 활동에 참여했지만 그런 일들에 전혀 열정을 가지고 있지 않았다. 샤오밍은 오직 시험에만 매달리면 되지만 조는 시험 외에도 교수와 친구들 사이에서 자신의 일상적인 이미지를 신경 써야 한다. 조는 그들 사이에서 자주 언급되는 책들의 내용을 알고 있어야 한다는 강박관념 때문에 책의 프롤로그나 에필로그 혹은 서평만 읽는 방식으로 많은 책을 읽을 것처럼 속임수를 쓰기도 한다. 한 권의 책을 통해서 무엇을 배울 수 있는지 신경 쓸 여력 따위가 그에게는 전혀 없다.

만약 샤오밍이 치밀한 이기주의자라면 조 역시 마찬가지다. 1960~1970년대, 어쩌면 그보다 더 앞서 대학생들은 사회적 책임감을 가지고 있었고, 국가적인 큰 문제에 관심을 기울이고, 심지어 사회운동을 위해 학업을 희생하기까지 했다. 하지만 업계별로 소득 격차가 확대되고, 등록금이 갈수록 인상되면서 지금의 대학생들은 너무나도 치열한 경쟁에 내몰리고 있고, 성적과 취직 문제 외에 다른 것에 신경 쓸 시간조차 내기 힘들다. 그래서 지금의 학생들은 자신의 문제와 결부되지 않은 문제에 깊이 관여하기를 꺼린다. 그나마 칭화대학교의 학생들이 여성의 날이 되면 선배나 후배에게 서로 인사하며 그날의 특별한 의미를 생각할 정도의 여유를 가지고 있다면, 예일대학교처럼 미국 명문대의 학생들은 연애할 시간조차 내기 힘들 정도로 바쁘다.

조와 샤오밍의 내면은 아주 취약하다. 그들은 어릴 때부터 정해진 길을 따라 오직 공부만 하며 입시의 난관을 뚫고 명문대에 합격했고, 늘 부모와 선생님에게 자랑스러운 존재였다. 주변 사람의 기대를 저버리지 않기 위해 늘 노력했고, 그들을 실망시킨 적이 없었다. 첩첩산중처럼 이어진 시험과 선발제도의 난관을 뚫고 마침내 목표에 도달한 이들은 분명 모두 성공한 인생을 살아왔고, 사는 동안 좌절을 겪어본 적이 없다. 그래서 그들은 누구보다도 실패를 두려워한다. 그들의 생각은 대학에 들어간 후부터 더 극단적으로 흘러간다. 어떤 일에 성공하면 자신이 누구보다 잘났다고 자만하고, 실패하면 자신이 아무짝에도 쓸모없다고 자신을 스스로 비하한다. 조 역시 고등학교 시절에 예일대학교에 들어가지 못하면 자신이 도살장에서 일하는 사람과 다를게 없다는 생각을 하고 있었다.

이런 학생들은 대학에 진학한 후 자신처럼, 심지어 자신보다 더 똑똑하고 열심히 노력하는 학생들이 넘쳐나는 환경 속에서 불안을 느끼기 시작한다. 그래서 수강 신청을 할 때도 자신이 남들보다 더 잘할 수 있는 과목을 고르려고 애를 쓰고, 자신에게 불리한 과목은 아무리 흥미가 있어도 절대 신청하지 않는다.

사람들은 흔히 명문대는 형식에 구애받지 않고 학생 개개인의 개성과 재능을 존중하고, 학생들 또한 자신의 개성에 따라 자신의 길을 찾아가고, 그 안에서 능력과 재능을 맘껏 발휘할 수 있다고 생각한다. 그렇지만 안정을 추구하고, 모험을 외면하는 분위기 속에서 학생들은 서로를 모방하며 남들과 달라지는 것을 두려워한다. 샤오밍은 대학에 입학하자마자 가장 먼저 선배들로부터 학내 전자게시판에서 사용하는 전문 용어를 배웠고, 간혹 학교 밖 사람들과 이야기할 때도 이런 은

어들이 튀어나오려고 해도 절대 자신의 학교와 관련된 구체적인 정보를 밝히지 않는다. 그들은 자신의 특별함을 보여주려 노력하는 것이 아니라 '자기가 속한 곳의 사람들'과 다르지 않다는 것을 보여주려 애쓴다.

학내 전자게시판에는 토플 응시 시기, 학점을 짜게 주는 교수에 관한 정보, 대학원 시험이나 취직 준비를 위해 필요한 절차는 물론 해외 출국 전 예방주사를 몇 차례나 맞아야 하는지까지 상세하게 글이 올라와 있다. 샤오밍은 시험이나 취직과 관련된 이런 정보를 줄줄 외고 있을 정도였고, 공략 방법과 조금이라도 다른 내용이 나오면 혹시라도 자신이 잘못된 정보를 알고 있을까 봐, 벗어나기라도 할까 봐 바로 인터넷을 검색한다. 샤오밍의 선배인 량즈梁植는 칭화대학교 학위를 세 개나 받고도 졸업 후에 어떤 일을 해야 할지 정하지를 못한 채 고민에 빠져 있었다. 그래서 그는 TV 토크쇼 프로그램에 나가 조언을 구했다가 심사위원이었던 학교 선배인 가오샤오쑹高曉松에게 호되게 쓴소리만 들어야 했다.[33]

"자네는 이 사회의 변화를 위해 자신이 무엇을 할 수 있을지 궁금한 게 아니라, 어떤 직업을 택해야 할지를 우리에게 물어보러 온 건가? 지난 10여 년 동안 칭화대에서 대체 무엇을 배운 거지? 칭화인으로서 부끄러운 줄 알게!"

어쩌면 예일대학교생 조 역시 가오샤오쑹의 마음에 들 리 없지 않을까 싶다. 갓 입학했을 때 조는 예일대학교가 다양성을 특히 중시하는 대학이라는 사실을 알게 되었다. 전 세계의 다양한 인재들이 저마

---

33 '칭화대 선배 가오샤오쑹이 후배를 향해 쏟아부은 쓴소리가 과연 개인의 문제로 치부될 수 있을까?', http://news.xinhuanet.com/edu/2014-12/04/c_127276958.htm.

다 무한한 발전 가능성을 품고 예일대학교에 입학했다. 그렇다면 이렇게 남다른 두뇌와 재능을 가진 수재들이 고대 생물학이나 로봇 기술, 정치학 쪽으로 지식을 익혀 졸업 후에 우간다와 같은 나라에서 빈민을 구제하는 일에 앞장설까?

당연히 그렇지 않다. 학생들은 선택할 가치가 있는 직업이 금융과 컨설팅 단 두 개뿐이라는 사실을 서서히 깨달아간다. 통계[34]에 따르면 2014년 하버드대학교 출신 중 70%가 월스트리트 금융 회사나 맥킨지앤드컴퍼니 등과 같은 컨설팅 회사에 이력서를 제출했다. 금융위기 이전인 2007년에는 하버드대학교 졸업생 중 50%가 월스트리트로 직행한 것으로 집계됐다. 이에 반해 정부와 정치 관련 일자리를 선택한 졸업생은 3.5%에 불과했다.

금융과 컨설팅은 모두 고액의 연봉을 보장하는 직종이고, 이직을 할 때 경력을 인정받기도 유리하다. 게다가 전공과 상관없이 도전할 수 있는 분야이기도 하다. 사실상 이런 회사들 역시 당신이 무엇을 전공했는지에 대해 그다지 신경 쓰지 않는다. 그들이 중요하게 생각하는 것은 출신 학교와 능력이다.

명문대 출신들은 다른 사람이 요구하는 대로 반응하고 모험을 즐기지 않으며 모방에 익숙하다. 한 무리의 양이 같은 방향으로 움직이고 있으니 그야말로 온순한 양 떼의 모습이 아닐 수 없다.

---

34 Washington Monthly , September/October 2014, Why Are Harvard Grads Still Flocking to Wall Street? by Amy J. Binder. http://www.washingtonmonthly.com/magazine/septemberoctober_2014/features/why_are_harvard_grads_still_fl051758.php.

가짜 귀족과 진짜 귀족

온순한 양이 되는 일이라면 그리 어려울 것도 없다. 어쩌면 중국 학생들은 슈퍼 히어로가 될 능력은 안 돼도 온순한 양이 될 만한 조건을 충분히 갖추고 있지 않을까 싶다.

'타이거 맘'과 같은 훈련법만 사용한다면 피아노든 첼로든 경험치가 필요한 과목에 따라 얼마든지 원하는 만큼의 경험치를 줄 수 있지 않을까? 만약 칭화대학교 입학에 음악과 관련된 특기가 필요하다면 샤오밍 역시 바이올린을 능숙하게 다룰 정도로 배웠을 거라고 익히 짐작하고도 남는다. 중국 교육의 특징이 점수지상주의라고 말한다면, 지금 미국 교육 역시 '자격편중주의Credentialism'라고 볼 수 있다. 그렇다면 미국의 명문대가 중국인 학생들에게 순식간에 점령당하는 것은 아닐까?

그렇지 않다. 중국계 학생 미셸 왕Michael Wang은 SAT 2,300점(상위 1%), GPA 4.67점, 반 등수 2등, AP과정 13과목, 전국 영어연설대회와 수학경시대회 참가, 수준급인 피아노 실력, 2008년 오바마 대통령 취임식 합창단원 등의 화려한 이력을 가지고 있었다.[35] 그녀는 2013년 아이비리그의 일곱 개 대학과 스탠퍼드대학교에 입학신청서를 제출했지만 펜실베이니아대학교를 제외한 모든 대학에서 입학을 거절당했다.

도대체 왜 이런 일이 벌어진 걸까? 중국인을 비롯한 아시아인은 아

---

35 olidot: '완벽한 ACT 성적으로도 스탠퍼드대학교, 예일대학교 또는 프린스턴대학교에 입학할 수 없는 아시아계 아이들. http://www.businessinsider.com/michael-wang-says-ivy-league-discriminates-against-asians-2015-5.

무리 성적이 좋고, 예체능 방면으로 뛰어난 재능을 가지고 있어도 아이비리그의 문턱을 좀처럼 넘기 힘들다. 이를 두고 아시아계에 대한 인종차별이라는 목소리가 높아지고 있기도 하다. 최근 일각에서는 하버드대학교의 불공정한 입학 심사 결정에 대해 법적 대응을 준비하고 있고, 그들의 공식 사이트인 '불공정한 하버드harvardnotfair.org'를 개설했다.

그러나 《공부의 배신》을 읽은 사람이라면 '아이비리그의 문턱'을 넘고자 애쓰는 아시아계 학생들이 정작 아이비리그에 생리에 대해 전혀 모른다는 사실을 깨닫게 된다.

약간의 사전적 지식을 가진 사람이라면 아이비리그가 원래 여덟 개 대학이 결성한 운동경기 연맹을 가리킨다는 것을 알고 있을 것이다. 그러나 이들 대학이 미국 청소년의 스포츠 활동을 활성화하기 위해 이런 연맹을 결성했다고 생각한다면 큰 착각이다. 아이비리그의 본질은 미국 상류층 자녀들이 교육과 사교를 위해 다니는 대학의 집합체다.

19세기 말 철도를 따라 전국이 하나의 경제권으로 변하면서 WASP white Anglo-Saxon Protestant(앵글로 색슨계 백인 신교도)를 중심으로 신귀족이 계속해서 등장했다. 그리고 그들은 자녀들끼리 서로 친분을 쌓고 인맥을 형성할 수 있는 엘리트 대학이 필요해졌다. 이들 대학은 공립학교에서 전혀 가르치지 않는 그리스어나 라틴어 성적을 요구해 서민층 자녀들이 그 대학의 문턱조차 밟을 수 없게 만들어버렸다.

그래서 이런 엘리트 대학은 상류층의 통치 지위를 유지하기 위한 수단으로 명맥을 유지해왔다. 상류층은 학교에 기부금을 내고 자녀들을 입학시켰고, 졸업과 동시에 그들을 자신이 운영하는 회사의 후계자로 만들었다. 이 모든 것은 누구나 아는 사실이자 누구도 비난할 수 없는 일이었다. 게다가 하버드대학교처럼 사립대학은 일반인에게 '공정함'을 지켜야 할 의무가 태생적으로 없다.

당시에는 입학 전형에서 학업성적을 중요하게 보지 않았기 때문에 하버드대학교에 입학할 '자격'을 갖춘 학생이 그 학교에 들어가는 일은 상당히 쉬웠다. 사실 1950년까지 하버드대학교는 입학 정원 10명당 13명이 지원했고, 예일대학교의 합격률도 46%에 달했다. 지금 같은 100:1 혹은 1,000:1의 상황은 그 당시에 상상조차 할 수 없는 일이었다.

이런 학교들은 학업성적보다 학생의 인성과 소양을 더 중요하게 생각해 다양한 예체능 활동을 강조하고, 사람 중심의 교육관을 고수했다. 어쩌면 그 시절 미국 명문대야말로 우리가 그리던 이상적 대학이자 진정한 소양 교육의 메카였을지도 모르겠다.

그렇지만 엘리트 계층은 얼마 못 가 위기의식을 느끼기 시작했다. 우선 새로운 사회 세력이 끊임없이 쏟아져 나오면서 일방적인 배척이 지배계층에게 불리하게 작용할 수밖에 없고, '귀족' 자제들의 학업 수준 역시 기대에 미치지 못했다.

그래서 19세기 초에 일부 대학이 그리스어, 라틴어 시험을 제외하며 공립고등학교 졸업생들에게도 입학 기회를 주는 데 앞장서기 시작했다. 그렇지만 그로 인해 유대인 학생의 비율이 갑자기 급증하기 시작하자, 상류층은 서둘러 전형 기준을 고쳐 추천서, 인터뷰, 스포츠, 리더십 등의 조건을 추가했다. 이렇게 해서 훗날 아이비리그라는 명칭이 생겨난 것이다.

그 후로도 이 같은 개혁은 줄다리기를 하며 반복되었다. 1960년대에는 점수만 보고 합격시켰다가 당시 재학생의 평균 신장이 1.27센티미터 줄어들기도 했다. 최종 타협의 결과는 시험성적을 중시하는 것은 물론 스포츠 등의 자질을 포함하는 선에서 마무리되었다.

　이쯤 되면 자질교육의 본질은 이미 인성을 키우기 위한 것이 아니라 상류층 자녀의 입학 비율을 확보하기 위한 수단인 셈이다. 그렇다고 모든 '자질'이 명문 대학 합격에 도움 되는 것은 아니다. 이 자질은 미국식 전통에 충실한 상류층의 분위기에 걸맞은 것이어야 한다. 아이비리그 대학에 진학하기 위해 기타가 아닌 첼로를 배우고, 무술이 아니라 펜싱을 배워야 하는 이유가 바로 여기에 있다. 입학 면접 때도 뛰어난 소양을 보여줘야 하는데, 이를 증명하기 위해 가장 좋은 방법이 바로 유명인의 추천장을 받는 것이다. 학생 클럽에 참가한 것만으로는 부족하며, 반드시 특정 커뮤니티의 리더를 맡은 적이 있어야 한다. 지역 사회 봉사를 할 때도 베이징 올림픽 자원봉사자처럼 행복에 가득 찬 표정이 아니라 친절하고 존중하며 배려하는 태도를 보여줘야 한다.

　한마디로 평범한 일반 가정의 아이들이 해내기 쉬운 일이 아니다. 만약 당신이 상류층이 아니라면 아이비리그 대학에 들어가기 위해 그들이 원하는 조건에 맞춰 그런 척이라도 해야 한다.

　미국 명문대는 일반적으로 저소득 가구의 아이들에게 학비 감면정책을 펴고 있다. 하버드대학교는 가구 연 소득이 6만 달러 이하면 학비를 전액 면제하고, 18만 달러 이하의 가구는 연 소득 중 10%에 해당하는 비용만 학비로 지급하도록 규정하고 있다. 그야말로 아주 통 큰 정책이 아닐 수 없다. 가구 연 소득이 18만 달러라는 것은 94%의 미국 가정보다 부유하다는 의미이기 때문이다. 하지만 하버드대학교에 자녀를 보내는 대다수 학부모의 연 소득이 18만 달러 이상이라는 것을 감안할 때 실제로 이런 학비 감면정책의 혜택을 받는 학생은 고작 40%에 불과하다. 또 다른 데이터에 따르면 스탠퍼드대학교 학생의 절반가량이 연 소득 30만 달러(미국 전체 가구 중 상위 1.5%에 해당하는 소득)를 넘고, 15%의 가구만 연 소득이 6만 달러 미만으로 나왔다(미국 전체 가구 소득 중 상위 56%에 해당한다. 다시 말해서 절반 이상의 가구 소득이 이 수치보다 낮다).[36] 이것은 전자에 속하는 가정의 아이들이 스탠퍼드대학교에 입학할 가능성이 후자보다 약 124배 정도 높다는 의미이기도 하다.

대학에 진학해서 얼마의 돈을 쓰는지는 전혀 중요하지 않다. 진짜 중요한 것은 대학에 들어가기 전에 투자해야 하는 돈이다. 한 통계에 의하면 SAT 성적조차도 가구 소득과 정비례한다. 귀족적 소양을 갖출 수 있는 가장 효율적인 방법은 사립고등학교로 진학하는 것이다. 하버드대학교, 예일대학교, 프린스턴대학교에 진학한 학생 중 22%가 전미 고등학교 총수의 0.3%에 해당하는 100개 고등학교에서 왔고, 이 중 6곳만이 사립이 아니다.

다시 말해서 평범한 가정에서 태어난 아이는 아무리 우수해도 출발선부터 다른 시합에서 질 수밖에 없다. 하지만 지금도 그 진실을 한사코 부정하며 기어코 아이비리그에 들어가려는 사람들은 여전히 존재한다. 그렇다면 수많은 '가짜 상류층'의 아이비리그 습격이 이어지고 있는 지금, 아이비리그 대학에 입학하는 것은 어느 정도 수준의 경쟁 속에서 치러지고 있을까?

《공부의 배신》에서는 예일대학교의 실제 입학 기준을 일부 소개했다. 만약 특정 분야의 성적이 뛰어나다면 문제없이 합격할 수 있다. 이때 평범한 수준의 수상 경력은 아무 소용이 없고, 인텔 과학상처럼 전국 규모의 대회에서 받은 대상이어야 한다. 이런 수상 경력이 없다면

---

36 http://web.stanford.edu/group/progressive/cgi-bin/?p=119.

학교마다 다른 합격 조건을 충족시켜야 하며, 이 합격 조건은 학생을 평가할 수 있는 전반적인 항목을 포함하고 있다. 예를 들어 예일대학교에서는 7~8과목의 AP 과정과 9~10개의 과외활동을 요구한다. 설사 이 조건을 만족시켰다 해도 안심할 수 없고, 추천서와 가정환경이 뒷받침되어야 한다. 아시아계 학생들의 강점이라고 할 수 있는 SAT 성적은 실제 합격 여부에 큰 도움이 되지 않는다.

사정이 이렇다 보니 아이비리그보다 차라리 칭화대학교에 입학하는 편이 좀 더 수월할 것 같다는 생각마저 들 정도다. 이것이 바로 명문대를 목표로 공부하는 미국 고등학생이 중국의 고등학생들보다 훨씬 고달픈 이유다.

하지만 예일대학교에는 거액의 기부금을 낸 사람의 자녀에게 입학을 허가하는 제3의 루트가 존재한다.

명문 학교의 비즈니스 모델

이쯤 되면 미국의 명문 사립대학은 전 국민이 아니라 소수의 상류층을 위해 존재하는 곳이라고 볼 수 있다. 명문대들은 '공평'을 위한 노력의 일환으로 학비를 감면하고, 소수 인종(아시아계 제외) 특례 입학 등을 시행하고 있다. 그 이유는 크게 두 가지로 정리할 수 있다. 첫째, 상류층을 신선한 피로 수혈해야 그들을 위한 사회 시스템이 안정을 유지할 수 있다. 둘째, 공평을 위해 노력해야만 비영리재단으로서의 면세 자격을 지켜낼 수 있다.

미국의 명문대가 상류층을 위한 서비스 개념이라면 그들은 학생들을 미래의 진정한 리더로 키워내기 위해 엄격한 기준에 따라 체계적으로 교육해야 하지 않을까? 놀랍게도 윌리엄 데레저위츠는 지금의 명문대가 학생의 교육에 전혀 관심이 없다고 지적했다.

언젠가 중국과학기술대학에서 신입생들의 입학에 앞서 학부모 모임을 개최한 적이 있었다. 그 자리에 참석하기 위해 베이징에서 온 학부모는 영문도 모른 채 앉아 있었고, 총장은 이번에 베이징 지역에서 합격한 학생들의 점수가 예년보다 비교적 낮으니 다른 학생들을 따라잡으려면 좀 더 열심히 공부해야 한다고 말했다. 이것은 예일대학교에서 절대 일어날 수 없는 일이다. 학생들은 학부모의 특권에 기대 입학했고, 학교 측은 칭찬으로 일관하며 끊임없이 그들을 치켜세운다. 그러다 보니 학생들은 자본의 투입 없이 오로지 자신의 능력만으로 성공했다고 생각하게 된다. 명문대 학생들은 자신들의 세계에 갇혀 보통 사람들의 일은 물론 국가의 현실을 이해하는 데 전혀 관심이 없다. 그들은 자신의 성과에 대한 자부심만 있을 뿐 진정한 의미의 자신감은 가지고 있지 않다.

모든 학생이 엘리트라면 그에 걸맞은 대접을 해줘야 한다. 만약 당신이 일반 대학에서 커닝하거나 기말고사를 한 번 놓쳤다면 큰 문제가 될 수 있지만, 예일대학교에서는 그리 대수롭지 않게 처리된다. 리포트를 제때 제출하지 못하면 마감일을 늦추면 되고, 수업에 빠져도 학점이 깎이지 않는 것처럼 누구에게나 두 번의 기회가 주어진다. 윌리엄 데레저위츠가 예일대학교에서 직접 경험한 바에 의하면 학생은 낙제점을 받아도, 리포트를 베껴 써도, 학우의 신변을 위협해도 절대 퇴학당하지 않았다.

미국 명문대 학생들은 평소 과외활동 때문에 정신없이 바쁘고, 교수는 학생들로부터 좋은 평가를 받기 위해 학생과의 사이에 문제의 소지가 되는 일들을 될 수 있으면 피하고, 가능한 좋은 학점을 주고 있다. 그러다 보니 학생들에 대한 평가 기준도 갈수록 느슨해지고 있다. 1950년 미국 공립과 사립의 대학교 학생 평균 GPA는 2.5였지만 2007년이 되자 공립학교는 3.01, 사립학교의 3.30이었고, 특히 입학 문턱이 높기로 유명한 사립학교는 3.43으로 나타났다. 설마 미국의 명문 대학이 입학하기는 어렵고, 졸업하기는 쉬운 대학이 돼가고 있는 것일까?

　GPA 점수의 평가절하로부터 과거 미국의 대학이 지금보다 훨씬 엄격했다는 사실을 미루어 짐작할 수 있다. 사실상 미국의 전직 대통령 시어도어 루스벨트Theodore Roosevelt와 프랭클린 루스벨트Franklin Roosevelt가 대학에 다니던 시절의 명문대는 상류층 자제를 위한 곳이 분명했지만, 학교 시스템이 지금보다 훨씬 엄격했다. 과거의 상류층은 명예, 용기, 강인함과 같은 덕목의 가치를 중요하게 생각했고, 당시 학교는 사회 발전을 위한 희생정신과 리더십을 갖춘 인재 육성에 초점을 맞췄다. 하지만 '신진 상류층'으로 가득 찬 지금의 대학은 미국 엘리트 계층의 타락을 단적으로 보여주고 있다.

　그렇다면 명문대는 교육이 아닌 무엇에 관심을 두는 것일까? 그것은 바로 명성, 더 정확히 말하자면 자금이다.

　〈US 뉴스 앤드 월드 리포트〉에서 매년 발표하는 전미 대학 순위는 학생이나 학부모만 보는 것이 아니다. 이것은 대학의 기부금 유치 액수는 물론 은행 대출금 액수의 한도와도 밀접하게 연관되어 있다. 입학 조건이 갈수록 까다로워지는 상황에서도 명문대들은 왜 더 많은 지원자를 받기 위해 홍보 활동을 펼치는 것일까? 그것은 바로 입학률을 낮추기 위해서다. 입학률은 대학 순위를 산정할 때 아주 중요한 항목 중 하나로 낮을수록 유리하다. 그런데 이들 대학이 학생을 고객으로만 간주할 뿐 엄격하게 관리하지 않은 이유는 무엇일까? 그것은 졸업률 역시 대학 순위를 결정하는 항목 중 하나이고, 그것이 높을수록 유리하게 작용하기 때문이다.

현재 대학에서 교수에게 부여된 가장 중요한 임무는 과학 분야의 연구이며 가르치는 것이 아니다. 연구 성과가 좋으면 학교의 명성을 높일 수 있고, 더 많은 과학 연구 지원금을 확보할 수 있기 때문이다. 이 방면으로 중국과 미국 대학의 입장은 별 차이가 없고, 강의만 잘하는 교수는 학교의 이윤을 창출해줄 수 없으니 크게 환영받는 존재가 될 수 없다. 게다가 대학에서는 기초과학 연구보다 직접적인 이윤을 가져올 수 있는 응용과학 연구에 더 관심을 보인다. 윌리엄 데레저위츠는 돈이 될 만한 분야만 집중적으로 육성하는 대학의 탐욕과 근시안적 안목에 그들과 협력관계에 있는 기업의 시선조차도 차가워지고 있다고 지적했다.

동문의 기부는 명문대의 중요한 수익원 역할을 한다. 하버드대학교는 동문의 주머니에서 나온 몇백억 달러의 기부금으로 세계 최고의 부자 대학이 되었다. 앞에서도 언급했듯이 하버드대학교 졸업생 대부분이 월가와 컨설팅 회사에서 일하고 있고, 이런 직업이야말로 대학의 바람과 일치한다고 볼 수 있다.

내가 최근에 본 두 개의 기사만 봐도 왜 이런 말이 나오는지 쉽게 짐작할 수 있다. 2008년 미국에 서브프라임 위기가 닥쳤을 때 거액의 이익을 챙긴 '헤지펀드의 전설' 존 폴슨John Polson은 하버드대학교 공학응용과학 대학에 4억 달러를 기부하며 역사상 최고의 기부금을 낸

동문으로 기록되었다. 하버드대학교 측은 그에 대한 감사의 의미로 이름을 '하버드 존 A. 폴슨 공학응용과학대'로 개명했다. 또 다른 기사에서는 세계 최대 사모펀드사 블랙스톤 그룹의 스티븐 슈워츠먼이 예일대학교에 1억 5천만 달러를 기부한 소식과 더불어 하버드대학교에서 땅을 치고 후회했다는 재미난 이야기를 들려주었다. 그도 그럴 것이 스티븐 슈워츠는 하버드대학교에 지원했다가 떨어진 학생이었기 때문이다. 그래서 누군가는 〈뉴욕타임스〉에 하버드대학교가 빅 데이터를 사용해 어떤 지원자가 억만장자가 될 수 있을지 좀 더 과학적으로 분석해야 같은 실수를 저지르지 않을 거라는 내용의 글을 발표하기도 했다.[37]

명문대의 직업상담과 취업 지원 센터는 법률, 의료, 금융, 컨설팅과 관련된 직업 외에는 전혀 관심을 두지 않는다. 당신이 장차 교수가 되거나 사회활동가가 된다고 해서 대학이 당신을 자랑스러워할 거라는 생각은 버려야 한다. 대학은 그저 당신이 졸업한 후에 엄청난 돈을 벌어들여 모교에 기부하기만을 진심으로 바랄 뿐이다.

미국에서 태어난 마이클 왕이 아이비리그에서 거절당한 데 반해서 중국 난징 외국어고등학교 출신의 학생 여러 명은 어떻게 아이비리그에 합격할 수 있었을까? 아마도 이것은 아이비리그가 세운 미래 기부금 전략의 일환일지 모른다. 신흥경제 국가의 인재일수록 장차 거액의 돈을 기부할 잠재적 고객이기 때문이다. 그래서 아이비리그에서 브라질, 러시아, 인도, 중국, 남아프리카공화국으로 대표되는 신흥경제 5국 '브릭스BRICS'의 고등학생은 서유럽 출신보다 더 매력적으로 다가올 수밖에 없다.

37 Harvard Admissions Needs 'Moneyball for Life' By Michael Lewis, June 21, 2015.

요컨대 미국 명문대는 안정적인 비즈니스 모델을 찾아낸 셈이다. 이 모델에서 가장 중요한 요소는 순위, 과학 연구, 입학생과 졸업생의 기부금이며, 교학과 관련된 항목은 완전히 배제되어 있다.

칭화대학교 교수 청야오程曜는 학교에 대한 여러 불만에서 출발해 단식농성까지 벌인 적이 있다.[38] 이에 반해 윌리엄 데레저위츠의 분노는 이 정도까지 극단적으로 표출되지는 않았다. 그는 대학교가 학생의 인생관, 가치관을 이끌어주고 올바르고 깊이 있는 사고력을 키우는 데 도움을 주고, '교양 있는 지식인'이 기본적이며 공통으로 갖춰야 할 폭넓은 소양과 이에 관련된 학문을 추구해야 한다고 주장했다. 심지어 그는 학생들에게 명문대에 진학자지 말 것을 호소하기도 했다.

하지만 샤오밍과 조가 나를 찾아와 묻는다면 나 역시 그들에게 어떤 답을 주어야 할지 막막하다. 어쩌면 대학은 인생과 가치관, 사고력을 가르치는 곳이 아닐지 모르며, 당신 역시 이 모든 것을 스스로 터득하거나 아예 배울 필요조차 없을지 모른다. 윌리엄 데레저위츠는 월스트리트로 진출한 제자 중에서 결국 낮은 연봉을 받더라도 다른 곳으로 직장을 옮긴 사례도 적지 않다고 말했다.

하지만 나는 이 세상의 분업이 세분되고, 전문적 수준이 나날이 높아지며, 지난 세대가 구축해온 시스템이 아무리 완벽하다 해도 온순한 양들에게만 의지해서는 그 톱니바퀴가 완벽하게 맞물려 움직일 수 없다는 생각이 확실히 들었다.

사실 그렇게 사는 온순한 양들의 삶 역시 그리 행복하지 않다.

---

38 〈난팡런우저우칸(南方人物周刊)〉: 칭화대 교수 청야오가 단식투쟁을 선택한 이유, http://www.infzm.com/content/82443.

7

미국인이
말하는
성현의 길

최근 해외 중국어 커뮤니티 게시판에 한 남성이 이런 글을 올렸다.[39] 그의 열네 살짜리 아들이 주변의 모든 인종을 관찰한 후 중국인을 제외한 모든 인종에게서 'go for greatness(위대함을 추구)'하는 모습을 보았다는 내용이었다. 그러자 누군가가 '중국인은 모두 눈앞의 이익만 추구하는 모리배들이거든'이라고 댓글을 남겼다.

어쨌든 이 아이는 중국의 특수한 시절에 존재했던 역사적 상황을 잘 모르기 때문에 이런 결론을 유추해낸 것이 아닌가 싶다. 중국인은 위대함을 추구하지 않는 것이 아니라, 역사적으로 과도하게 위대함을 추구했던 시대를 거쳐왔기 때문에 그것이 어떤 식으로 악용될 수 있는지 누구보다 잘 알고 있고, 그래서 더는 그것에 가치를 크게 두지 않을 뿐이다. 그 시대에 너무나도 많은 거짓된 인과 의가 판을 쳤고, 심

---

39 http://www.mitbbs.com/article_t1/Military/44229483_0_1.html.

지어 사람들은 위대함을 기치로 내걸며 온갖 만행을 저질렀다. 이로 말미암아 당대 중국인들은 위대함, 숭고함에 지나친 가치를 두고 추앙하는 것에 진저리를 치기 시작했고, 그런 생각이 지금까지도 이어지고 있다.

사실상 지금 시대에 위대함을 논하는 이는 많지 않다. 중국인들뿐 아니라 미국인들도 그런 면에서 크게 다르지 않다. 때때로 우리는 '자제력'과 'EQ'를 논하지만, 이 또한 개인의 노력을 의미할 뿐 윗세대가 말하는 소양과는 크게 관련이 없다.

'위대함을 추구한다'라는 말과 대치되는 표현은 '비열함을 추구한다'가 아니라 '성공을 추구'하는 것이다. 사실 그 누구도 비열함을 추구하지 않는다. 중국의 역사 속에서 아주 오랫동안 위대함을 추구했던 시대도 있었지만, 지금의 우리는 성공을 추구하는 시대에 살고 있다.

이 시대는 어떤 변화를 거쳐왔을까? 지금의 '덕목'이 유용하기는 한 걸까?

〈뉴욕타임스〉의 칼럼니스트 데이비드 브룩스David Brooks는 자신의 저서 《인간의 품격》에서 그가 영웅이라고 생각하는 몇 사람들의 이야기를 담아냈다. 물론 그 인물들은 대부분 미국인지만 우리가 흔히 생각하는 미국인과 완전히 다르고, 심지어 중국의 고전적 의미 속에 존재하는 성현의 이미지를 떠올리게 할 정도다.

브룩스는 모든 인간은 본래 서로 다른 두 종류를 지향하는 양면성을 가지고 있다고 주장했다. 이것은 마치 대니얼 카너먼Daniel Kahneman이 《생각에 관한 생각》에서 인간의 사고를 시스템 I과 시스템 II로 나눈 것처럼 브룩스 역시 이 두 종류의 추구를 아담 I과 아담 II로 구분했다. 아담 I은 성공을 추구한다. 아담 I의 주요 관심사는 어떤 직위를 맡고 있는지, 어떤 성공을 거뒀는지, 어떤 성과를 거뒀는지 등처럼 이력서를 채울 수 있고, 부와 지위 상승시키는 것과 관련된 항목이다. 아담 Ⅱ는 위대함을 추구한다. 그래서 그는 도덕, 품격, 봉사, 삶의 의미를 중요하게 생각한다. 물론 이런 것들로 이력서를 채울 수는 없다. 대신 장례식장에서 추도사를 읊을 때 적어도 그의 가치를 되돌아볼 수 있는 덕목의 역할은 해준다.

하지만 예외도 있다. 남다른 업적을 이룬 유명인들의 추도사를 보면 마치 이력서처럼 그가 이룬 업적과 타이틀이 거창하게 자리 잡고 있기도 하다. 내세울 만한 이력이 없는 보통 사람들의 추도사에나 위의 덕목들로 치장이 되어 있을 뿐이다.

어찌 됐든 아담 I이 추구하는 성공은 훨씬 현실적이고, 아담 Ⅱ가 추구하는 것은 훌륭한 가치를 지닌다 해도 필수품이 아닌 사치품에 가깝다. 각종 거짓된 인의가 문제라면 이렇게 묻고 싶다. 품격이 자신을 드러내기 위한 수단일까? 선행이 행위예술의 일종일까? 도덕이 자신을 한계 속에 가두는 족쇄일까?

사실 품격 역시 사상과 마찬가지로 엘리트들이 반드시 갖추어야 할 자질이다.

영웅들의 이야기

민권운동가 필립 랜돌프A. Philip Randolph는 내가 아는 인물 중 가장 카리스마 넘치는 흑인이다. 랜돌프의 외모는 '멋지다' 혹은 '잘생겼다'

등의 흔한 단어로는 설명이 안 될 만큼 그만의 분위기를 가지고 있다. 할리우드 흑인 스타들도 빛을 잃을 만큼 그는 남다른 아우라를 지니고 있다. 굳이 한 단어로 그를 묘사하자면 '존엄'이 아닐까 싶다.

랜돌프는 언제나 바른 자세와 정갈한 옷차림을 유지하며 흐트러짐이 없고, 친한 친구와 이야기할 때도 예의를 갖추고, 통속적이거나 점잖지 못한 말을 삼가며 정확한 발음으로 또박또박 말했다. 여자들에게도 인기가 많아서 순회 강연을 갈 때면 팬들이 늘 따라붙었지만 그는 늘 그들과 일정 선을 유지하며 예의를 지켰다. 게다가 그는 돈에도 관심이 없었고, 사치스러운 삶이 개인의 도덕성을 갉아 먹는다는 신념으로 평생을 소박하게 살았다.

당시 한 칼럼니스트는 랜돌프를 21세기 미국에서 가장 위대한 인물로 평가하기도 했다. 그 말의 진위 여부를 떠나서 한 가지 확실한 사실은 이런 인물은 누구도 함부로 대할 수 없다는 것이다.

만약 온갖 수단을 동원해 명예를 낚고자 하는 사람이 아니라면 과연 이렇게까지 살 필요가 있을까?

어쩌면 당시 사회의 변혁과 같은 엄청난 일을 해내려면 랜돌프 같은 순도 100%의 강철이 필요했을지도 모르겠다. 당시 핍박받던 흑인들은 저마다의 생각과 결함을 가진 불완전한 존재였다. 이런 사람들을 조직해 사회변혁을 꾀하려면 어떻게 해야 할까? 설사 그들을 조직해 사회변혁의 원동력으로 삼고 권력을 쥐게 되더라도 그 권력에 물들어 부패하지 않으려면 어떻게 해야 할까? 한 인간이 가진 모든 결함이 이런 위대한 임무의 실패를 초래할 수 있다.

이런 일을 해내려면 함께 노력해야 할 무언가를 향한 모든 사람의 공감대를 끌어내야 한다. 흑인 지도자들은 비폭력 거리 시위에서 이런 공감대를 찾아냈다. 그들은 이런 공감대를 지키기 위해 자신의 감정을 억제하고, 중립적인 태도를 유지해야 했다.

랜돌프는 원래 마르크스주의 신봉자였지만 대다수 흑인의 단결을 끌어내기 위해 자신의 이념을 포기했다. 이런 노력과 완벽한 개인의 품격이 합쳐지면서 그는 인권운동을 이어갈 수 있게 되었다. 이런 과정이 있었기에 마틴 루터 킹Martin Luther King과 같은 위대한 흑인 청년 지도자가 등장할 수 있었다.

이것이 바로 품격의 힘이다. 수2년 전에도 사람들은 이미 품격의 중요성을 알고 있었다.

프랜시스 퍼킨스Frances Perkins는 프랭클린 루스벨트 집권 시절 노동부 장관이자 미국 내각 역사상 최초의 여성 각료를 지냈고, 젊은 시절에는 사회운동가로 활동했다. 특히 그녀는 빈민층 여성들의 처지에 분개하며 여성 노동자들의 권익을 보호하기 위해 노력했다. 퍼킨스는 말보다는 행동으로 자기 뜻을 실천했던 인물이기도 하다.

당시 미국 사회에서는 가짜 직업소개소가 판을 치며 여성들을 유인해 도박장이나 매춘업소에 파는 일이 버젓이 일어났다. 젊은 나이의 퍼킨스는 정부가 나서 줄 때까지 기다리고만 있을 수 없어 신분을 위장한 채 직접 직업소개서로 찾아가 직업을 알선해달라고 부탁하는 등 위험한 모험을 감행했다. 그리고 이런 방식으로 111건의 범죄 사건을 해결했다.

퍼킨스는 지역 사회 봉사활동에도 참여해 부유층 여성들과 힘을 합쳐 빈곤층 여성들을 위한 취업과 교육의 기회를 만들어주고, 아이들을 잘 돌볼 수 있도록 도움을 주었다. 이런 활동에 참여한 자원봉사자들은 보통 자신이 도움을 주는 대상을 보며 우월감을 느끼고, 봉사활동의 긍정적인 결과물을 보며 자신이 좋은 사람이라는 생각에 자부심을 갖게 된다.

하지만 퍼킨스가 참여한 이 자선단체는 자원봉사자들에게 우월감을 버리라고 요구했다. 다시 말해서 이런 봉사활동을 자신의 정서적 만족을 위한 것이 아니라 당연한 일이자 반드시 해야 하는 일로 받아들여야 한다는 것이다. 또한 자신의 감정이나 의지에 따라 봉사를 하는 것이 아니라 과학적인 접근 방식으로 남을 돕는 법을 알아야 한다고 주문했다. 요컨대 물고기를 잡아주는 구세주 역할이 아니라 물고기를 잡는 법을 가르쳐주는 안내자의 역할을 하라는 것이다. 그 결과이 지역 사회 봉사활동은 자원봉사자의 품격을 높여주는 일등 공신 역할도 톡톡히 해냈다.

빈민층의 권익을 찾아주기 위해 퍼킨스는 정치인들과도 자주 상대해야 했다. 그녀는 그들의 비정한 모습에 분통을 터트리기보다 융통성을 발휘하며 타협적인 자세로 모든 수단과 방법을 동원해 목적한 바를 이뤄갔다. 이것이 바로 그녀가 정치인들을 상대하는 방식이었다. 그녀는 아무리 비정한 정치인이라도 최소한 어머니에 대한 존경심만은 남아 있다는 것을 깨닫고 결혼도 안 한 서른세 살의 나이에 일부러 나이 든 기혼 여자처럼 자신을 꾸미고 그들을 찾아가기도 했다.

원칙만을 고수하는 도학자들에게 과연 이런 능력이 있을까? 퍼킨스가 진정한 의미의 일을 하고 있다면, 오늘날 수많은 자선가는 고작 행위예술을 하는 것에 불과하다.

게다가 퍼킨스는 자신의 공을 드러내기를 꺼렸다. 정부의 관료로 변신한 후에도 그녀는 공개적인 장소에서 '나'라는 말을 아끼고, 가능한 한 '어떤 사람'이라는 제삼의 불특정한 인물로 자신을 대신했다.

'루스벨트 정권의 여성 배후 조력자'였던 그녀는 루스벨트에 관한 책을 썼을지언정 자신의 회고록을 단 한 권도 출간한 적이 없다.

이렇게 퍼킨스처럼 자신의 공을 드러내지 않고 낮은 자세로 맡은 바 임무에 충실한 태도는 과거 미국 정치계 풍토와 딱 맞아떨어졌을지 모르지만 지금은 과거의 유물로 점점 변해가고 있다. 아이젠하워 정부의 내각 구성원 23명 중 1명만이 회고록을 냈고, 레이건 정부 시절에는 30명 중 12명이 거의 자기 자랑으로 가득 찬 회고록을 집필했다. 조지 부시George Herbert Walker Bush 전 미국 대통령은 경선 동안 '나'라는 표현에 인색했고, 선거 캠프에서조차 자신을 지나치게 드러내지 않는 그에게 제발 '나'라는 표현을 사용해달라고 요청할 정도였다. 그는 어쩔 수 없이 '나'라는 표현을 쓰며 연설했고, 다음 날 바로 그의 어머니로부터 전화가 걸려 왔다. 그날 조지 부시는 수화기 너머로 들려오는 "조지, 또 '나'라는 표현을 썼더구나!"로 시작되는 어머니의 잔소리를 한바탕 들어야만 했다.

자신을 드러내지 않는 이런 식의 겸손한 행동을 두고 현대인들은 내일의 더 큰 즐거움을 위해 오늘의 즐거움을 참는 것이라고 생각할지 모르지만, 사실은 전혀 그렇지 않다.

책 속에 등장하는 이런 인물 중 나에게 가장 인상 깊었던 사람은 '유명하지 않은' 유명 인사라고 할 수 있는 조지 캐틀렛 마셜George Catlett Marshall이다.

맥아더Douglas MacArthur와 패튼George Smith Patton 같은 미국 장성들의 성격은 영화를 통해 다분히 드라마틱하게 묘사되었고, 마치 미국인들의 전형적인 성격 역시 그럴 거라는 착각마저 들게 만들었다. 이에 반해 마셜은 전혀 다른 성격이다. 그는 침착하고 논리적인 면이 강하고 공사 구분이 지나치게 분명해 도리어 반감을 사기도 할 정도였다. 맥아더와 패튼이 관우와 장비 같은 캐릭터라면 마셜은 제갈량과 흡사하다.

마셜은 제갈량 못지않은 품격을 지닌 인물이라고 할 수 있다. 또한 그는 대군을 일사불란하게 진두지휘할 만큼 탁월한 리더십과 조직 장악력을 갖추고 있었다.

제1차 세계대전 당시 마셜은 60만 명에 달하는 병력과 90만 톤이 넘는 군수 물자를 동원하고, 배치하는 데 성공하면서 가장 골칫거리였던 후방지원 문제를 완벽히 해결했다. 이를 계기로 그는 능력을 인정받으며 이름을 알리기 시작했다. 이뿐 아니라 마셜은 사소한 일 처리조차 놓치지 않고 세세한 부분까지 신경 쓰며 모든 일에 만전을 기했다. 그러다 보니 그가 전쟁터에서 세운 공적보다 이런 일 처리 능력 때문에 승진했다는 뒷말이 나올 정도였다.

제2차 세계대전 무렵 미국 육군참모총장이었던 마셜은 당시 국회와 동맹국으로부터 두터운 신임을 받았다. 영국인들은 그가 단순히 미국의 이익이 아닌 연합군 전체의 승리를 위해 싸우고 있다는 것을 인정했고, 미국 국회 역시 마셜이 권력과 이익을 위해 '정치'를 하는 것이 아니라 '대의'를 위해 말하고 행동한다는 것을 알게 되었다. 이처럼 마셜은 흠잡을 데 없는 일 처리 능력과 뛰어난 리더십으로 명성을 얻었고, 심지어 BBC는 그를 '성자'라고 부르기까지 했다.

마셜은 '오버로드 작전Operation Overlord(노르망디 상륙 작전의 암호명-역주)'에 앞서 연합군 총사령관 자리에 오를 기회가 있었다. 이것은 제2차 세계대전을 통틀어 가장 규모가 크고 중요했던 군사작전이었다. 이 작전을 지휘하는 것만으로도 역사에 길이 남을 만한 일이었기에 누구라도 그 유혹에서 자유로울 수 없었다. 당시 마셜은 폭넓은 지지를 얻는 인물이었기 때문에 처칠Winston Churchill과 스탈린Joseph Stalin 역시 그에게 직접 이 작전을 맡기고자 했다. 루스벨트도 그가 수락만 하면 지휘권을 넘겨주려 했고, 아이젠하워Dwight David Eisenhower 역시 그 외의 적임자를 떠올릴 수 없다고 말했다. 문제는 마셜 본인이 그 임무를 맡고 싶어 하지 않았다는 것이다.

사실 루스벨트는 마셜이 워싱턴에 남아 자신을 도와주기를 원했고, 마셜에게 작전지휘권을 넘겨주고 싶지 않은 마음이 더 컸다. 하지만 그렇다고 해서 마셜같이 뛰어난 인물이 이 기회를 놓친 채 역사 속에서 아무도 기억 못 하는 그런 인물로 남는 것 또한 그가 바라는 바가 아니었다. 그래서 루스벨트는 사람을 보내 마셜의 마음을 슬쩍 떠보았고, 마셜은 자신 때문에 대통령이 곤란해지는 것을 원치 않는다고 대답했다.

결국 루스벨트는 마셜을 자신의 집무실로 불러 이번 작전을 지휘하고 싶은지 직접적으로 물었다. 만약 마셜이 "예스"라고 말한다면 루스벨트 역시 달리 선택의 여지가 없었다. 이때 마셜은 대통령이 최선의 결과를 낼 수 있는 쪽으로 자신 역시 움직이겠다고 대답했다. 그렇게 해서 연합군 총사령관의 영예는 아이젠하워에게 넘어갔다.

훗날 아이젠하워는 미국 대통령으로 당선되었고, 루스벨트는 마셜에게 역사에 길이 이름을 남길 기회를 더는 주지 못했다. 마셜은 트루먼Harry S. Truman 집권 시절에 67세의 나이로 국무장관 자리에 오르는 것을 끝으로 평범하게 정치 인생을 마치는 듯했으나, '마셜 플랜Marshall Plan'으로 마침내 세상 사람들에게 그의 이름을 각인시킬 수 있었다.

마셜의 이야기에서 가장 감탄할 만한 점은 그가 '품격'을 '성공'의 수단으로 삼지 않았다는 것이다. 만약 그것을 성공의 수단으로 삼았다면 루스벨트의 질문을 받았을 때 그저 고개만 끄덕여 연합군 총사령관의 직위를 수락하면 그만이었다. 그렇지만 그는 자신의 품격을 끝까지 지켜내며 최고의 기회를 포기했다.

어떻게 하면 성현이 될 수 있을까?

만약 이런 위대한 인물이 되고 싶다면 브룩스의 이론에 주목할 필요가 있다. 그는 이 이론에서 품격으로 통하는 길을 제시했다. 사실 성현에 관한 사례가 너무 적고, 실험을 할 수도 없다 보니 이 이론의 과학적 근거를 평가하기는 어렵다. 하지만 나는 이 이론이 중국 선인들의 지혜와 서로 통하는 점이 있다는 것을 발견했다. 심지어 이 이론은 중국 선인들이 명확하게 규정하지 못한 내용을 철저하게 파헤치며 설명하고 있다.

캉유웨이康有爲와 같은 방식으로 성현이 되는 길도 있다. 캉유웨이는 앉아서 책을 읽다가 무언가에 홀리는 듯한 경험을 했다고 한다.[40] 그는 엄청나게 밝은 빛이 쏟아져 내리더니 갑자기 천지 만물과 자신이 하나가 되는 듯한 경험을 했고, 자신이 공자의 환생처럼 느껴지면서부터 세상의 도를 바로 세우기 위해 거침없이 질주하기 시작했다고 당시를 회고했다.

---

40 바이셴(白鵬), '무술광상곡(戊戌狂想曲). 출처: 2012년 4월 〈경제관찰보(經濟觀察報)·서평신간〉.

그러나 브룩스가 말하고자 하는 성현의 길은 오만이 아니라 겸손으로부터 시작된다. 겸손하다는 것은 자신 역시 다른 모든 사람처럼 사고의 편견이나 성격상의 약점과 같은 많은 결함을 가지고 있다는 사실을 인정한다는 의미를 가지고 있다.

이것이 바로 서양의 사상 속의 존재하는 '뒤틀린 목재Crookde, timber' 전통에 해당된다. '뒤틀린 목재'라는 말은 당연히 칸트로부터 시작되었다.

'인성이라는 뒤틀린 목재를 가지고는 곧은 것을 아무것도 만들어낼 수 없다.'

즉, 자신의 결함을 인정하고 겸손한 태도를 보여야만 비로소 자신의 약점과 맞서 싸우며 품격을 완성해갈 수 있다.

다만 한 가지 주의해야 할 점은 칸트의 이런 주장과 '성악설'을 동일선상에 놓아서는 안 된다는 것이다. 그는 모든 사람의 머릿속에는 천사의 목소리와 악마의 목소리가 공존하고, 우리는 선이 악을 이길 수 있도록 늘 긴장의 고삐를 늦추면 안 된다고 말했다. 현대 뇌신경과학자들이라면 이런 관점에 분명 찬성할 것이다. 그들은 인간의 뇌 속에 존재하는 사고의 회로에는 하나의 목소리가 아니라 몇 개의 목소리가 등장해 마치 픽사의 애니메이션 〈인사이드 아웃〉처럼 매 순간 논쟁을 벌인다고 여긴다.

사실 '선과 악', '옳고 그름'과 같은 이분법적 판단으로 인간의 뇌 속에 존재하는 다양한 목소리를 구분하는 것은 올바른 방법이 아니다. 인간의 뇌 속에는 분노, 시기, 동정, 질투 등의 감정이 혼재되어 있으므로 어떤 갈등이 옳고, 어떤 감정이 그른지 판단하기 어렵다. 사실상 가장 원시적인 도덕심은 바로 감정적 충동이다.

부정적인 감정의 충동을 억눌러서 문제를 미리 방지하지 않으면 그 감정이 점점 커지면서 모든 감정을 잠식하고 결국 재앙으로 이어질 수 있다. 그러므로 '물이악소이위지勿以惡小而爲之(악한 일은 아무리 작은 것이라도 행해서는 안 된다)'라는 말처럼 설사 사소한 일이라도 절대 방심해서는 안 된다.

품격의 수련은 이런 충동을 제거하는 것이 아니라 '발호정지호례發乎情止乎禮(정에서 비롯된 것이지만 예에서 그친다)'라는 공자의 가르침처럼 자제하는 법을 배우는 것이다.

예를 들어 분노는 부정적인 감정의 일종이고 통제하기도 쉽지 않다. 앞에서 언급했던 아이젠하워는 어떤 식으로 분노를 통제했을까? 그는 일기 속에 자신에게 무례하게 굴었던 사람들의 이름을 모두 적어 놓고는 했다. 나중에 잊지 않고 복수하려는 의도가 아니라 단지 자신의 분노를 드러내고 억제하기 위해서였다. 그가 분노를 삭이는 또 다른 방법은 자신이 가장 미워하는 사람의 이름을 종이에 적은 뒤 그 종이를 휴지통에 던져버리는 것이었다.

이렇듯 감정적 충동을 통제하는 것은 마치 밥 먹는 것처럼 자연스러운 습관이 되어야 한다. 그러려면 평소에 사소한 일이라도 품격을 높이는 기회로 삼고, '물이선소이불위勿以善小而不爲(선은 아무리 작아도 행하지 않으면 안 된다)'는 가르침을 실천하며 늘 긴장을 늦춰서는 안 된다.

이것은 다른 사람이나 이익을 위해서가 아니라 자신의 품격을 단련하기 위한 것이다. 그런데 우리는 왜 품격을 높이기 위해 노력해야 할까? 아담 Ⅱ는 도대체 무엇을 원하는 것일까?

그것은 당연히 위대함을 추구하기 위해서다. 그러나 브룩스는 여기서 한 발짝 더 나아가서 '신성holiness'이라는 단어를 사용했다. 이런 말을 썼다고 해서 신을 믿으라고 전도하는 것이 아니라 완벽한 품격을 추구해야 한다는 뜻을 담아낸 것이다. 그렇다면 우리는 왜 이 신성함을 추구해야 하는 걸까? 이유는 없다. 인간은 본질적으로 오로지 물질적 삶만을 추구하는 동물이 아니고, 품격을 추구하며 삶의 의미를 찾고 싶어 한다. 그런 의미에서 '위대함'은 다른 목적을 달성하기 위한 수단이 아니라 우리가 태생적으로 추구하는 목표라고 할 수 있다.

'뒤틀린 목재'에서 출발한 성현의 도리는 오늘날 대중문화 속에서 암묵적으로 인정하고 있는 품격 이론과 완전히 다르다.

다양한 수준의 국내외 애니메이션부터 각 분야 유명 인사들의 대학 초청 강연에 이르기까지 '당신 자신'에 대한 칭찬 일색이다. 예를 들어 당신은 원래부터 최고였고, 남들과 다르게 특출나고, 언젠가 성공할 수밖에 없고, 당신이 지금 해야 할 일은 자신의 내면에 귀를 기울이는 것이라고 말하는 식이다.

브룩스는 이런 문화를 '빅미Big Me'라고 불렀다. 지금 시대에 통용되는 빅미를 따라잡으려면 우선 자신이 무엇에 흥미가 있는지 먼저 알아야 한다. 그래야만 열정을 바탕으로 직업을 선택할 수 있으며, 일하는 목적 역시 내면의 욕구를 만족시키기 위해서다.

이런 문화 속에서 일보다 여행을 좋아하는 어떤 사람이 여행 경비만 모이면 세계 각지로 여행을 떠나고, 돈이 떨어지면 다시 일거리를 찾는 방식으로 산다면 우리는 그를 부러운 눈빛으로 바라볼지 모른다. 은퇴 후에 근사한 섬에서 안정적인 노후를 보내겠다는 일념으로 젊음을 바쳐 가며 죽기 살기로 돈을 버는 사람들보다 그의 삶이 더 멋져 보이기 때문이다. 또한 돈을 모으거나 여행을 하기 위해서가 아니라 오로지 자신이 좋아하는 일을 하며 그것을 즐기는 사람들도 있다.

그들이야말로 모든 사람의 롤 모델이 아닐 수 없다.

하지만 성현의 길은 이런 세 종류의 사람들과 완전히 다르다. 앞에서 언급한 영웅 중 누구도 자신이 무엇을 좋아하는지를 고민한 후 해야 할 일을 선택하지 않았다. 사실상 그들은 자신이 해야 할 일을 '선택'한 것이 아니라 그 일에 '간택'되었다고 할 수 있다. 그들은 인생의 어느 한순간에 특별한 경험을 통해 어떤 일이 자신을 소환하고 있다는 것을 알아채고, 망설임 없이 그 일에 모든 것을 바쳤다.

퍼킨스는 1911년 146명의 인명 피해를 낳은 뉴욕 트라이앵글 셔츠웨이스트Triangle Shirtwaist 공장의 화재 사건을 계기로 노동자의 권익을 위해 자신의 남은 인생을 바치기로 결심했다. 아이젠하워는 화를 잘 내고 제멋대로인 성격이었지만 어머니의 교육 덕에 분노를 조절하고 절제할 줄 아는 어른으로 성장했고, 많은 사람의 신뢰를 받는 군인이 될 수 있었다. 또한 그는 대통령 재임 초반만 해도 그다지 인기가 없었지만 시간이 흐를수록 국민으로부터 좋은 평판을 얻으며 사랑을 받았다. 영국 작가 조지 엘리엇George Eliot은 그녀의 연인이던 조지 헨리 루이스George Henry Lewes의 격려 속에서 용기를 내 정식으로 소설을 쓰기 시작했다. 그는 사랑을 찾아 헤매던 자기중심적인 한 여성을 세상에 눈을 돌리고 타인의 고통에 함께 슬퍼할 줄 아는 위대한 여류 작가로 성장시키는 데 크게 일조한 인물이라고 할 수 있다.

그들은 무엇을 하고 싶은지 자신에게 묻지 않고, 자신이 무엇을 해야 하는지 세상에 물었으며, 자신의 내적 욕구를 만족시키기 위해 무언가를 하는 것이 아니라, 무언가를 해내기 위해 자신의 내면을 끊임없이 단련시켰다.

품격의 수양이 추구하는 궁극적인 목표는 성공이 아니라 내면의 성숙에 있다.《논어論語》속 구절 중 '육 척의 고아(어린 임금)를 맡길 수 있고, 백 리나 되는 제후국의 운명을 맡길 수 있고'라는 말이 있다. 그 정도로 신뢰할 사람만이 큰일을 해낼 수 있다는 뜻이 아닐까 싶다.

중용의 도

《인간의 품격》에 나오는 인물은 성현이 되거나 혹은 품격이 성숙해진 후에도 여전히 겸손했다. 이 책을 읽으며 가장 놀라웠던 내용은 아이젠하워가 대통령이 된 후에 보여준 리더십이었다. 그의 리더십이 정통 '중용의 도'에 가장 가까웠기 때문이다.

오랫동안 군대를 이끌고 전쟁의 포화 속에서 지내야 했던 그는 고대 중국의 사대부처럼 책임감과 충성심으로 중무장한 신뢰할 수 있는 인물로 성장해 나아갔다. 그는 자신의 감정을 억제하는 데 익숙하며, 혁신적인 마인드조차 없는 고지식한 인물이었다. 또한 그는 새로운 역사의 한 페이지를 장식할 만큼 영웅적이고 호방한 기질 역시 가지고 있지 않았다. 하지만 그의 이런 면모가 연합군 총사령관 자리와 더할 나위 없이 잘 맞아떨어졌다. 그는 세계 최강의 실력을 갖춘 군대의 사령관이었지만, 그의 마음은 다른 사람들과 마찬가지로 편견 덩어리였다. 하지만 그는 자신의 편견을 단 한 번도 드러낸 적이 없고, 연합군의 단합을 유지하기 위해 늘 최선을 다했다. 또한 그는 자신의 모든 공로를 부하들과 함께 나눴고, 심지어 부하들의 실수를 자신의 탓으로 돌리기까지 했다. 이 정도면 그야말로 '국보급 인품'이라고 불리기에 충분하다.

브룩스는 아이젠하워의 중용의 도를 언급할 때 중국의 모든 서적과 마찬가지로 중용moderation에 대해 이렇게 표현했다. 즉 그의 눈에 비친 중용은 두 가지 의견이 대립할 때 중립적인 입장을 취하고, 맹목적으로 평등을 추구하거나 혹은 다양한 의견을 희석하는 행위라고 할 수 있다.

브룩스는 유가의 경전은 물론 중국에 대해 일절 언급하지 않았다. 그럼에도 중용에 관한 그의 해석은 중국의 그 어떤 서적보다도 명확하고 깔끔하다.

다양한 이념, 서로 다른 도덕적 기준과 감정 사이에서 충돌의 가능성은 필연적으로 존재할 수밖에 없다. 이 과정에서 갈등과 모순은 영원히 존재하며 어느 것도 완벽할 수 없고, 누가 누구를 설득하거나 소멸시킬 수도 없다. 정치권에서 각 정파 간의 싸움은 영원히 해결할 수 없는 숙제이고, 그것은 과거부터 지금까지, 그리고 앞으로도 계속될 것이다.

예를 들어 열광과 자제는 유용하지만 서로 모순되는 감정이다. 분노의 감정은 좋은 일을 하도록 이끌어줄 수 있는 반면에 나쁜 일을 부추기는 역할을 할 가능성이 더 크다. 두 가지 감정은 타고나는 것이기에 서로 조화를 이루는 법을 터득해야 한다. 이것이 바로 중용 속 구절인 '하늘이 명한 것을 성性(본성)이라고 하고, 성을 따르는 것을 도道라고 하고, 도를 닦는 것을 교敎(가르침)라고 한다天命之謂性 率性之謂道 修道之謂敎'에 대한 가장 합리적인 해석이 아닐까?[41]

---

41 여기서 좀 더 과감하게 한마디 하자면《중용》의 특정 내용에 대한 수많은 '일반적' 해석에 대해 면밀히 검토할 가치가 있다고 본다. 예를 들어 '신독(愼獨)'은 혼자 있을 때조차 자신

정치적 이념이 다른 정파들은 첨예하게 대립할 수밖에 없지만, 조율과 조화의 길을 찾아 최선의 합의점을 찾는 법을 배워야 한다.

타협과 모험 혹은 진보와 보수 중에 도대체 어느 것이 더 나은 선택일까? 이것은 취사선택의 문제이고, 결국 둘 중 하나는 버려질 수밖에 없다. 그러므로 이런 취사선택의 문제를 두고 결과에 지나치게 큰 기대를 걸어서는 안 된다.

그래서 최고 지도자는 어느 한쪽의 생각에 온전히 치우쳐 반대의견을 적대시하고, 근시안적 안목으로 취사선택하는 우를 범해서는 안 된다. 아이젠하워는 상황에 맞춰 탄력적인 접근 방식을 시도했고, 다양한 요구와 주장 속에서 어느 한쪽에 치우치지 않고 균형을 잡기 위해 노력했다.

리더십은 마치 폭풍우 속에서 배를 조종하는 것과 같다. 배가 너무 왼쪽으로 치우치면 오른쪽으로 키를 돌리고, 너무 오른쪽으로 치우치면 왼쪽으로 키를 돌려야 하기 때문이다. 유동적인 환경 속에서 이견을 조율하고 균형을 맞추는 것이야말로 진정한 중용의 도다.

을 단속한다는 의미로 흔히 알려져 있다. 하지만 앞뒤 문장을 연결해 살펴보면 그 의미가 조금 달라진다. '그러므로 군자는 보이지 않는 바를 조심하고 삼가며, 들리지 않는 곳을 두려워하는 것이다. 숨기는 곳보다 더 잘 드러나는 곳이 없으며, 미세한 것보다 더 잘 나타나는 것이 없다. 그러므로 군자는 그가 홀로 있음을 삼가는 것이다.' 이런 내용을 고려할 때 신독의 의미는 군자가 중용의 도를 지키고자 할 때 반드시 여러 사람의 이야기에 귀를 기울이고, 상황을 다방면으로 살피고, 중요한 정보를 놓치지 말고, 혼자서 함부로 결단을 내리지 말라는 것으로 해석할 수 있다. 다시 말해서 신독은 무지나 편견으로 결정하지 말고 삼가라는 뜻으로 풀이할 수 있다. '독'은 혼자 있다는 의미가 아니라 '독단'의 의미를 지닌다.《중용》같은 경전에 '남이 보지 않는 곳에서도 부끄러운 일을 하지 말라'와 같은 일반적인 내용이 나올 리 없다.

품격과 현대인

그래서 품격은 리더의 필수 덕목이다. 그렇다면 과연 보통 사람들은 어떨까? 왜 이 시대를 살아가는 보통 사람들은 품격에 대해 별로 신경 쓰지 않는 걸까? 왜 사회문화는 '뒤틀린 목재'에서 '빅미'로 변한 것일까?

브룩스는 책을 통해서 옛날 사람들이 유달리 품격을 강조했던 이유를 합리적으로 설명해주었다. 얼마 전까지만 해도 절대다수의 사람이 상당히 열악한 환경 속에서 살았다. 당시 사회는 '잘못을 수용하는 능력치'가 매우 낮았다. 만약 당신이 게으름을 피우면 한 해 농사를 망치고, 폭식과 폭음을 일삼으면 나머지 가족이 그 피해를 고스란히 받을 수 있다. 사치와 향락에 빠지면 빈털터리가 될 수 있고, 사생활이 문란하면 누군가의 인생을 망칠 수도 있다.

품행을 바르게 하며 살지 못한 대가가 이렇게 크다 보니 사람들은 단기적인 감정의 충동을 수시로 억제할 수밖에 없었고, 여기서 더 나아가 강제적인 기율을 만들기에 이르렀다.

이러한 기율은 품격을 일상적인 습관으로 바꾸기 위해 과도하게 강압적으로 적용되기도 한다. 예를 들면 기성세대는 젊은 세대가 자제력이 약해 유혹에 쉽게 빠지는 것을 우려해 카드놀이나 춤을 추는 것조차 금지했다.

이처럼 어려운 시절에 품격의 수양을 강조했던 것은 방직공장에서 흡연을 금지하는 것처럼 객관적인 조건에 맞춰 이루어진 일이었다.

지금처럼 물질적으로 풍요로운 시대가 되면서 잘못을 수용하는 사람들의 능력치는 갈수록 높아지고 있고, 누군가 작은 잘못을 저지르는 것 정도는 전혀 신경 쓰지 않는다. 게다가 현대 산업사회 속에서 판매의 주체들은 소비자의 충동적인 소비를 더 원하고 있다. 그들은 소비자들이 먹고, 사고, 즐기는 것을 도리어 최고의 미덕으로 여기고 있다.

지금 시대에는 제멋대로 구는 것이 개성으로 여겨지기도 한다. 중국의 한 맞선 프로그램에 출연한 한 젊은이는 자신을 '식충'이라고 당당하게 소개하며 솔직한 모습으로 인기를 끌었고, 자신의 감정을 잘 드러내지 않는 출연자는 별로 인기가 없었다.

그렇다면 이 시대에 이런 책을 쓴다는 것이 무슨 의미가 있을까? 사실 저자는 책을 통해 독자들에게 품격을 갖춘 사람이 되어야 한다고 명확하게 강조하지 않는다. 심지어 브룩스조차도 자신이 품격을 갖춘 사람이라고 말하지 못했다. 그는 단지 품격으로 향하는 길이 있다는 것을 자신이 알고 있다고 조심스럽게 일러줄 뿐이다.

현대 사회에서 품격에 이르는 길은 평범한 사람을 위해 준비된 것이 절대 아니다. 보통 사람에게 허락된 상한선은 '세련된 미워할 수 없는 이기주의자'가 되는 것까지다. 즉 사회가 정한 대로 자신에게 주어진 몫을 완벽하게 해내고, 사회가 제공하는 각종 경제적 인센티브에 합리적으로 반응하는 것만으로도 충분하다. '세련된 미워할 수 없는 이기주의자'들은 세상을 바꿀 수 없고, 세상 역시 그들 때문에 망가질 리 없다.

하지만 큰일을 하고 싶다면 반드시 품격을 갖춰야 한다. 큰일을 도모하는 사람은 단순히 본능에 반응해 일을 추진해서는 안 되기 때문이다.

큰일을 도모하고자 하는 사람이 자유의지에 따라 의사결정을 하게 되면, 그들의 결정이 세계에 영향을 미칠 수 있다. 그래서 그들은 특정 국가가 마음에 들지 않는다고 해서 그 나라를 동맹국 연합에서 배제해서는 안 되며, 특정 이론이 본인의 마음에만 든다고 해서 그 이론에 근거해 정책을 수립해서도 안 된다. 또한 그들은 전체의 이익을 무시하고 자신에게 가장 유리한 방향으로 일을 해서도 안 된다. 이와 더불어 그들 스스로 큰일을 위해 희생할 각오가 되어 있어야 한다.

이런 엘리트들은 자신이 얼마나 대단한 조건을 지닌 행운아인지 누구보다 잘 알고 있다. 그러므로 그들은 권력을 남용할 리 없고, 몸을 낮춰 남을 위해 일할 줄 알고, '군자는 온종일 쉼 없이 노력하고, 저녁에는 반성하여 두려워한다면 위태롭더라도 허물이 없다君子終日乾乾, 夕惕若厲'라는《역경易經》의 한 구절처럼 살아가고자 한다.

누구나 이런 인물이 되고자 한다면 품격으로 통하는 길에서 끊임없이 본능에 맞서 자신을 연마할 줄 알아야 한다.

별다른 야심도 없이 주어진 삶 안에서 안정을 추구하며 살고 싶은 사람이 성현으로 향하는 길을 고민하는 것이 과연 무슨 의미가 있을까? 능력도 안 되는데 굳이 성현이 되겠다고 꿈만 꾸다가 사회 부적응자가 되는 것은 아닐까? 성현에 관한 수많은 이야기를 읽다 보면 자신이 더 부족하고 못나 보여 우울증이 생기지는 않을까? 사는 것 자체가 고난의 연속인데 굳이 영웅들의 이야기를 보며 안 받아도 될 마음의 상처를 받을 필요가 있을까?

이런 생각들을 마주했을 때 나 역시 명확한 답을 내놓지 못한다. 다만 성현의 길을 좇아가 보는 것이 적어도 하나의 장점은 있다고 자신있게 말할 수 있다. 그것은 바로 지금 세상에서 이름을 떨치고 있는 공인 중 대부분이 큰일을 할 재목은 못 된다는 사실을 알 수 있다는 점이다.

8

영웅을
말한다면,
누가 영웅인가?

당신이 미국의 어느 대학 학생이라고 가정해보자. 당신이 아시아계라면 대다수 사람이 당신의 수학 점수가 아주 높을 거로 생각할 수 있다. 또 당신이 여성이라면 반대로 수학을 잘하지 못할 거로 생각하기 쉽다. 그렇다면 아시아계 여성에 대한 사람들의 생각은 어떨까?

그래서 '행동경제학Behavior Economics'이라고 불리는 실험[42]이 생겨났다. 연구자는 미국의 한 대학에서 아시아계 여성들을 대상으로 신청을 받아 실험을 진행했다. 피실험자들에게 주어진 첫 번째 임무는 낱말을 이어 문장을 만드는 것이었다. 사실 이 임무의 진짜 목적은 심

---

42 댄 애리얼리(Dan Ariely)의 《상식 밖의 경제학(Predictably Irrational)》. 한때 베스트셀러였던 이 책에 대해 두 가지를 짚고 넘어가고자 한다. 첫째, 댄 애리얼리가 자신을 심리학자가 아닌 경제학자라고 소개한 이유를 잘 모르겠다. 이것은 분명 심리학 실험이기 때문이다. 둘째, 이 책에 소개된 몇 가지 실험 중에는 훗날 중복될 수 없다고 판명된 내용도 포함되어 있다. 아시아계 여성에 대한 실험도 예외가 아니지만, 그럼에도 이 책에서 한번 다뤄보기로 했다.

리적 암시를 주는 데 있었다. 1조는 여성의 정체성을 강화하는 데 도움을 주는 단어들을 받았고, 2조는 자신이 아시아계라는 것을 각인시키에 충분한 아시아 관련 단어들을 받았다.

피실험자의 두 번째 임무는 수학 문제 풀이였다. 그 결과 1조의 수학 성적이 2조보다 비교적 낮게 나타났다.

이로써 '여성의 수학 성적이 낮고, 아시아계는 수학을 잘한다'라는 말은 단지 추측으로 끝나는 것이 아니라 통계적 증거에 바탕을 두고 있다는 결론이 나온다. 실험에 참여한 두 그룹에 대한 사회적 기대치도 비슷하다. 만약 이것을 성차별, 인종차별적 발언이라고 한다면, 이 심리실험에서 아시아계 여성들 자신조차도 이 기대치를 인정했고, 자신도 모르게 이 기대에 부합하려 했다는 사실에 주목해야 한다.

사회적 편견이 무의미하다고 누가 그랬던가? 편견은 역사적 경험으로부터 나온 결과물이고, 역사가 재연될 거라는 믿음에 바탕을 두고 있다. 그런 의미에서 편견이 온전히 잘못된 인식이라고 단정 지을 수 없으며, 때로는 편견이 옳을 때도 있다. 또한 빅 데이터의 예측은 편견을 기반으로 만들어진다.

월마트의 경우 낮은 임금과 부정적 이미지 때문에 이직률은 매우 높은 편이다. 심지어 며칠 일하다가 그만두는 직원들은 회사 차원에서도 여간 골치 아픈 문제가 아니었다. 결국 월마트는 문제의 해결을 위해 빅 데이터를 이용해 채용을 하기 전에 먼저 심리테스트를 진행했다. 그중 모든 기업이 규정을 따르지 않는 직원들에게 문제를 바로 잡을 수 있는 여지를 주어야 하는지 묻는 질문이 있었다.

만약 당신이 그 질문에 '예'라고 대답했다면 월마트의 계산대 직원이 되고자 하는 바람은 거의 실현 불가능하다고 보면 된다. 월마트가 당신을 채용할 리 없기 때문이다. 통계 데이터에 따르면 '예'라고 대답한 사람일수록 며칠 일하다가 이직하는 것을 더 대수롭지 않게 생각하는 것으로 나타났다.

빅 데이터는 이미 인간의 심리를 거의 파악하고 있다. 그것은 당신의 소득과 교육 수준으로부터 무엇을 좋아하는지를 판단할 수 있고, 그 반대 경우 역시 마찬가지로 파악해낸다. 빅 데이터는 비행기 연착 소식을 알게 되었을 때 당신이 어느 정도 수위의 반응을 보일지, 도박판에서 얼마를 잃어야 이성을 잃게 되는지를 이미 다 알고 있다. 또한 대학 졸업 후의 소득과 얼마나 오래 살 수 있을지, 결혼을 언제 할지 등도 예측한다. 그런 빅 데이터가 아시아계의 수학 성적이 좋고, 여성은 남성보다 수학 성적이 떨어진다고 단언하는 것도 어찌 보면 근거 없는 추측이 아닌 셈이다.

일반적으로 사람들은 다른 사람이 예측하는 범주 내에서 행동하는 경향을 보인다. 만약 당신의 모든 행동이 빅 데이터와 맞아떨어진다면 로봇에게 당신의 자리를 내주어야 할지도 모른다.

그러나 세상에는 통계 모델로 예측할 수 없는 사람들이 존재한다. 통계는 말 그대로 다수의 행동 법칙을 아우르는 말이다. 소수의 데이터는 대다수의 통계 수치로부터 나온 주류 데이터와 너무 동떨어져 있어 통계 모델을 만들 때 오차로 간주해 무시되는 경우가 많다.

말콤 글래드웰은 이런 소수의 데이터를 아웃라이어Outliers[43]라고 불렀다. 중국의 현대 작가 왕샤오보王小波는 그들을 주어진 생활에 안주하기를 거부하는 '누가 뭐라 해도 홀로 내 갈 길을 가는 돼지'라고

---

[43] 《아웃라이어: 성공의 기회를 발견한 사람들(Outliers: The Story of Success)》. 아웃라이어는 통계에서 다수의 관측값으로부터 멀리 떨어진 데이터를 의미한다.

표현했다. 영화 〈매트릭스〉에 등장하는 AI와 맞서는 사람들, 〈다이버 전트〉에서 정해진 틀 안에 갇히기를 거부하는 주인공 등도 이런 부류에 속한다.

평범한 사람들은 우리에게 그다지 큰 감동을 주지 못한다. 모든 것이 예측 가능한 범주 안에 들어가 있기 때문이다. 그런 의미에서 볼 때 평범하지 않고, 예측할 수 없는 사람이야말로 진정한 영웅이라고 할 수 있다.

시스템

선진국과 개발도상국의 현대화 교육 시스템은 모두 학생 한 무리가 교실에 앉아 교사의 수업을 듣는, 이른바 산업화 컨테이너 모델의 방식을 취하고 있다. 이런 학교 교육 시스템은 '평범한' 사람에게 가장 유리하게 작용한다.

가장 이상적인 교육 모델은 학생 개개인의 상황을 고려한 맞춤형 1:1 교육방식이며, 예전에 돈 있는 양반 가문에서 독선생을 모시고 자녀를 가르쳤던 것도 이런 맥락이었다. 무협소설을 보면 스승이 한 명의 제자에게만 자신의 무공을 전수했고, 주인공은 여러 명의 스승으로부터 그들 각자의 절세 무공을 모두 전수받으며 천하무적의 힘을 갖게 된다. 오로지 도교의 한 종파인 전진교全眞敎만이 한 명의 사부 밑에 일곱 명의 제자를 두었는데, 종파의 규모가 커질수록 한 명의 사부가 거둔 제자의 수가 급속도로 늘어났다. 그러다 보니 수많은 제자가 한 장소에서 함께 훈련을 받게 되었고, 결국 무술을 일사불란한 동작이 돋보이는 집단 체조로 만들어버렸다.

말콤 글래드웰의 저서 《아웃라이어》에는 이미 널리 알려진 하나의 관점이 등장한다. 9월 1일을 기준으로 취학 연령을 나누면 사실상 이듬해 태어난 8월생 아이는 자신보다 한 살 많은 9월생 아이와 같은 교실에서 함께 수업을 들어야 한다. 9월생 아이는 일찌감치 큰 자신감을 얻고, 이런 자신감은 그들의 대학 입학 성적까지 이어지는 것으로 알려져 있다. 구체적인 수치를 보면 9월생 아이의 대입 성적이 8월생 아이보다 10% 높았다.

이런 효과는 스포츠 분야에서 더 두드러진다. 《괴짜 경제학》의 공동 저자인 스티븐 레빗과 스티븐 더브너Stephen J.Dubner는 〈뉴욕타임스 매거진〉을 통해 매우 흥미로운 사실을 발표했다.[44]

2006년 FIFA 월드컵에 출전한 축구 스타들의 명단을 보면 그들 대부분의 생일이 1~3월에 집중되어 있다는 것을 알 수 있다. 영국과 독일 유소년 축구팀의 유망주들도 절반이 3월에 태어났다. 3월에 태어나면 축구 천재가 되는 데 유리하게 작용하기라도 하는 걸까? 그 해답은 유럽 유소년 축구 리그의 지원 나이가 12월 31일을 기준으로 한다는 데서 찾아볼 수 있다. 이렇게 되면 코치가 선수를 선발할 때 같은 해에 태어나도 출생 월수가 빠른 사람을 선택할 수밖에 없다.

발육의 정도가 모두 다른 학생들을 한자리에 놓고 훈련시키는 것 자체가 어찌 보면 불공정한 일이라고 할 수 있다. 그러니 불공정한 결과 역시 예측 가능한 것이었다. 선수 선발 과정에서 실제 나이가 가장 중요한 변수로 작용했기 때문이다.

---

44 http://www.nytimes.com/2006/05/07/magazine/07wwln_freak.html.

입시 위주의 주입식 교육의 관점에서 볼 때 학교에서 단체로 야간 자율학습과 보충수업을 하는 것도 적은 수의 교사로 많은 수의 학생을 가르치기 위한 고육지책이 아닐 수 없다. 학생 개개인의 장단점이 다르기 때문에 시험에서 좋은 성적을 거두려면 1:1 맞춤형 교육이 관건이다.[45] 하지만 학생 수가 50명이 넘는 교실에서 교사는 누구를 기준으로 삼고 수업을 해야 할까? 대부분의 경우 교사의 수업은 중하위권 학생의 수준에 맞춰져 있다. 만약 이 학급에 모범생이 많다면 중하위권 학생들은 시험에 나올 내용을 혹시라도 놓칠까 봐 교사의 수업을 경청하며 적극적으로 참여할 것이다. 이와 동시에 상위권과 최하위권 학생은 다른 책을 펼쳐놓고 공부를 하거나 딴짓을 하며 수업 시간을 보낼 가능성이 크다.

학교 역시 편차와 등급이 존재하지만 어떤 학교를 막론하고 그들이 기준으로 생각하는 학생의 '표준 모델'이 존재한다. 그리고 교사의 최우선 임무는 다수의 학생을 잘 지도하고 보살피는 것이다. 교사는 각자의 학교에서 정해놓은 '표준 모델'에 맞춰 학생들을 지도하며, 암암리에 특정 학생을 위해 '특별 지도'를 해줄 의무가 전혀 없다.

기술자를 배출하는 학교가 있는가 하면, 기업인이나 과학자를 배출하는 학교도 있다. 하지만 학교의 특성은 달라도 학교마다 정해놓은 '표준 학생'이 있다. 교사들의 최우선 임무는 다수의 학생을 잘 지도하는 것이다. 그래서 그는 이 '표준 학생'을 기준으로 다수의 학생을 가르쳐야 하며, 학교 현장에서 누군가를 암암리에 '특별 대우'를 해줄 만한 여건이 뒷받침되지 않는다.

이제까지 학생의 눈에 띄는 개성은 학교 시스템의 산물이 아니었으

45《이공계의 뇌로 산다》에서 관련 내용을 자세히 소개한 바 있다.

며, 심지어 그런 학생들은 앞장서서 이런 시스템에 반발했다.

《서유기西遊記》에 등장하는 영대방촌산靈臺方寸山의 수보리須菩提 조사祖師는 손오공을 쥐락펴락한 '강의의 달인'이었다.

조사는 천방지축이지만 팔방미인의 재주를 지닌 손오공의 비범한 능력을 알아보고 특별 수업을 하며 그에게 물었다.

"도道의 문중에는 360개의 방문傍門이 있는데 너는 무엇을 배우고 싶으냐?"

손오공이 아주 말 잘 듣는 착한 제자처럼 짐짓 겸손을 떨며 대답했다.

"존사尊師의 뜻에 따라 성심성의껏 따를 것이옵니다."

손오공의 대답을 들은 후 조사는 당시 수도자들 사이에 유행하던 술자문術字門, 유자문流字門, 정자문靜字門, 동자문動字門을 가르쳐주었다.

이때 손오공의 남다른 면이 드러난다. 만약 지금 시대를 사는 평범한 학생이라면 이런 질문을 받았을 때 '시험은 어떤 걸 보나요?', '지금 같은 경제 상황에서 무엇을 배워야 취직이 잘될까요?', '다른 사람들이 가장 많이 배우는 게 뭔가요?' 등과 같은 질문을 했을 것이다. 하지만 사실 손오공은 그런 것 따위에 관심조차 없었다. 만약 명문대 졸업장을 따서 서둘러 취업에 성공하고 싶은 학생이라면 손오공을 향해 철이 없다고 손가락질할지도 모른다.

하지만 손오공은 '자신이 배우고 싶은 것' 외에는 눈을 돌리지 않았고, 결국 일흔두 가지의 변신술과 근두운(觔斗雲, 구름을 타고 다니는 손오공의 이동술-역주)을 익힐 수 있었다.

한 가지 흥미로운 점은 손오공과 같은 시기에 함께 수련한 문하생들의 반응이었다. 그들은 근두운에 관한 이야기를 듣자마자 눈을 반짝이며 지금의 젊은이들과 별반 다르지 않은 반응을 보였다.

"포병鋪兵(공문의 전달을 담당-역주)한테 딱인걸! 도법만 익히면 어디 가서 굶어 죽지는 않겠어!"

얼마나 많은 영웅이 이 획일화된 시스템 속에서 평범한 사람이 되도록 강요받으며 살아왔을까? 그래서 이런 공교육 시스템에 반대하며 학부모가 직접 자녀를 가르치거나 과외 선생님을 집으로 불러들이는 사례들도 늘어나고 있다. 나 역시 내 아들이 초등학교에 입학하기 전에 1학년 과정을 선행학습시키며 내심 안도하기도 했다. 하지만 입학을 하고 학력평가 시험을 치르고 나서야 대다수 학부모가 나와 다르지 않았다는 것을 깨닫게 되었다.

그런 의미에서 손오공은 기존의 틀에 박힌 시스템에 맞서 싸운 영웅이었다.

그렇다면 나와 같은 학부모도 기존 시스템에 맞서 싸운 영웅에 속할 수 있을까? 우리는 단지 더 나은 성적을 받아 교사의 환심을 사고자 좀 더 적극적으로 기존 시스템에 순응한 것에 불과했다.

가장 중요한 것은 학생의 입장에서 볼 때 학교와 학부모는 기존 시스템의 일부분이자 동일선상에 있는 존재라는 사실이다. 적어도 기초 교육 단계에서 현대 사회를 이루는 다양한 계층의 학부모는 자신의 수준에 맞는 학교에 자식을 보낼 수 있다.

하지만 그 학교가 학생에게 '맞지' 않는다고 해서 그 학생의 부모가 학생에게 걸맞지 않은 계층의 사람이 되는 건 아닐 것이다.

미국의 계층별 교육 상황에 대한 분석

입시 위주의 교육에 대한 불만이 극에 달하면서 상당수 학부모는 미국식 교육에 눈을 돌렸다. 그들은 미국처럼 학생의 개성을 존중하고, 창의력을 키워주는 교육을 하면 스티브 잡스 같은 인물이 나올 거라고 생각하는 듯하다. 하지만 미국의 교육상황을 잘 아는 사람들은 미국의 기초교육 수준을 문제점으로 거론한다. 그들은 미국 학생의 수학 실력이 얼마나 형편없는지를 강조하며 차라리 엄격한 교육 시스템이 더 낫다고 옹호한다.

이 두 개의 극과 극을 달리는 생각의 차이는 장님이 코끼리를 만지는 것과 크게 다르지 않다. 여기서 한 가지 짚고 넘어갈 점은 지금 그들이 말하는 미국식 교육이 대체 어떤 계층을 대상으로 한 교육인지 명확히 알아야 한다는 것이다.

미국은 엄격한 계층 사회다. 지역 사회의 사회의 집값에 따라 자연스럽게 계층이 구분되며, 어떤 의미에서 보면 이것이 빈부와 인종의 격리가 아닌가 하는 생각도 든다. 공립의 중고등학교 학비는 소재지 부동산 시세에 맞춰 결정되는데, 이것은 우리에게 두 가지 사실을 알려주기에 충분하다. 첫째, 부유층이 거주하는 지역의 학교는 재정이 넉넉하기 때문에 우수한 자질을 지닌 교사를 확보할 수 있고, 교육에 필요한 모든 최신식 설비와 최고 수준의 수업을 제공한다. 둘째, 학생들은 자신과 같은 계층에 속해 있는 친구들과 함께 수업을 듣는다는 것이다.

미국 학생의 수학 평균 성적은 중국 상하이시 학생보다 확실히 낮다. 하지만 미국의 이 낮은 평균 성적은 빈민층이 사는 지역의 흑인과 멕시코 이민자들의 영향이 크다. 미국의 부유층이 거주하는 지역으로 가면 상황이 완전히 달라진다. 그곳 학생들의 수학 성적은 상하이시 학생들과 비교해도 거의 차이가 나지 않는다. 문제는 성적이 아니다.

중국의 한 도시에서 좋은 학교와 그렇지 못한 학교는 단지 성적과 명문고 진학률에 따라 구분된다. 한마디로 '양적 차이'라고 할 수 있다. 이에 반해 미국의 학군별 교육은 '질적 차이'를 보여준다. 미국 중고등학교의 종합 평점을 알아보기 위해 greatschools.org와 같은 사이트에서 접속하면 학교별로 가장 먼저 인종 구성에 관한 정보가 노출된다. 백인, 멕시코계, 아시아계 학생 수의 분포도를 보여준 후 정부 무료급식 보조를 받는 빈곤 학생 수의 비율이 공개되고, 마지막으로 학습 성적이 공개된다.

그만큼 미국에서는 계층이 점수보다 중요하다. 계층별로 교습 방법과 궁극적인 목표가 완전히 다르기 때문이다. 교육 연구가 진 애니언 Jean Anyon은 1970년대 말에 계층이 분리된 학군별로 몇 개의 초등학교를 선별해 4학년과 5학년 교육 상황을 고찰했고, 1980년에 〈사회계층과 은폐된 교육법〉[46]이라는 논문을 발표했다. 이 논문의 내용은 마치 지금의 교육 상황을 보여주는 듯한 착각을 불러일으킬 정도로 시대적 격차가 거의 존재하지 않는다.

중국의 입시 위주 교육 시스템에 불만을 느끼고 개혁의 필요성을 절감하는 사람이 진 애니언의 논문에 드러난 미국 교육 시스템의 숨겨진 진실을 알게 된다면 아마도 절망에 빠지지 않을까 싶다.

진 애니언의 주장에 따르면 아직 출발선에서 그다지 멀리 떨어져

---

[46] Jean Anyon , Social Class and the Hidden Curriculum of Work. 최초 발표: Journal of Education , 1980

있지 않은 4, 5학년일지라도 계층별로 그들이 앞으로 사회에 나가 하게 될 일들에 맞춰 이미 그 일에 적응할 준비를 하고 있었다. '콩 심은 데 콩 나고, 팥 심은 데 팥 난다'라는 말처럼 그들의 운명은 이미 정해져 있고, 해야 할 일의 수준이 다르고, 노는 물이 다른데 똑같은 교육을 받을 이유가 전혀 없다는 논리가 숨겨진 시스템이 아닐 수 없다.

'저소득 계층 혹은 노동자 계층Working Class'이 다니는 학교는 규칙의 준수를 강조한다. 학교의 교육은 지식의 단순한 암기에 집중하는 기계식 교육 시스템을 따른다. 학생은 선택과 결정의 기회를 얻기 힘들고, 교사는 학생들에게 규칙을 주입시킨다. 설사 원리의 이해가 필요한 수학 문제일지라도 예외는 없다. 예를 들어 수학 문제를 풀 때 교사는 학생에게 단계별 규칙과 절차를 알려주고, 학생은 그것을 철저히 숙지해야 한다. 그리고 교사는 최종 결과가 아닌 단계별 규칙과 절차를 제대로 외웠는지만 본다.

교사는 두 자릿수 나눗셈을 가르칠 때 가장 먼저 해야 할 일과 그다음으로 해야 할 일만 알려줄 뿐 왜 그렇게 해야 하는지, 그 목적이 무엇인지에 대해 알려주지 않는다. 만약 학생이 더 좋은 풀이 방법을 제시한다 해도 전혀 받아들여지지 않는다. 교사는 무조건 자신이 가르쳐준 방식대로 따라오라고 가르칠 뿐이다.

이 계층이 다니는 학교에서는 자연과학이나 사회과학 수업 역시 무조건 암기식으로 진행된다. 이런 학교에서는 학생들을 위해 권장 도서를 추천하지 않고, 수업에서 배운 내용을 실제 생활 속에 적용하는 법을 거의 가르치지 않는다. 심지어 교과서조차 제대로 활용하지 않는다. 학생들은 교사가 칠판에 적은 내용을 필기하고, 교사는 그 내용을 학생들에게 외우게 한 후 시험문제로 낸다.

학교의 기율도 엄격해서 학생들은 정해진 틀 안에서 절제된 생활을 해야 한다. 교실 안에 있는 모든 것이 교사의 '통제'를 받고, 학생을 대하는 교사의 태도 역시 고압적이고 명령식이다. 하지만 학교의 기율은 모두 학생들을 통제하는 데 사용될 뿐이며, 교사들은 그 범주 밖에 존재한다. 그래서 그들은 쉬는 시간을 알리는 종이 울려도 아랑곳하지 않고 수업을 계속하고, 그런 것을 대수롭지 않게 여기기도 한다.

'중산 계층Middle Class'이 다니는 학교는 일을 '똑바로' 하는 것에 초점을 맞추고, 중국의 입시교육처럼 교재를 중심으로 그 내용을 이해해야 한다고 가르친다. 이때 학생은 정답만 찾을 수 있다면 자신의 방식으로 문제를 풀어도 상관없다.

사회과학 수업 시간이 되면 교사는 참고할 만한 자료를 나눠주고, 그와 관련된 문제를 낸다. 이것은 나눠준 자료의 내용을 제대로 공부했는지 확인하는 차원에서 내는 문제들이고, 모두 명확한 답을 가지고 있다.

학교에서 교과서의 권위를 강조하는 만큼 학생은 교과서에 나온 결론에 대해 문제를 제기해서는 절대 안 된다. 만약 비판적인 사고를 가진 학생이 논쟁이 될 만한 문제에 대해 자신의 의견을 제시한다면 '위험인물'로 분류될 수 있다.

내가 다녔던 고등학교도 이런 시스템이었다. 그곳은 헤이룽장黑龍江에서 명문으로 알려진 학교였고, 하얼빈 지역의 인재와 교사들이 해마다 그곳으로 모여들었다. 물론 그곳 학생들도 교과서에 나오는 내용에 대해 의문을 제기할 자유는 없었다. 하지만 교사는 고압적인 태도로 학생을 가르치지 않았고, 가끔은 농담도 건네며 편안한 수업 분위기를 주도했다. 집에서 해야 할 숙제는 전혀 없었고, 방과 후에는 개인의 상황에 맞는 맞춤형 교육을 받았다. 우리는 이 학교에 다니는 목적을 명확히 알고 있었다. 실용적인 지식을 배우는 것도 당연히 필요하지만 가장 중요한 것은 대학 입학이었다.

미국의 중산층이 다니는 학교 역시 다르지 않아서 취직 혹은 대학 진학을 최종 목적으로 두고 있다.

물론 이런 학교도 교사가 학생들을 통제하는 역할을 담당한다. 다만 그들은 자신도 규율을 준수하며 솔선수범할 줄 알 만큼 교사로서의 우수한 자질을 지니고 있다.

'상위 중산 계층Upper Middle Class'의 학교는 창조성과 독립성을 강조한다. 소위 미국의 '전문가'는 의사와 변호사처럼 오랫동안 공부와 훈련을 거쳐야만 자격을 얻어 그 분야에서 일할 수 있는 사람을 가리킨다. 그들은 전문적인 기술을 가지고 있고, 자격증을 따야만 일을 할 수 있으며, 자신만의 직업 원칙을 가지고 있다. 그들은 중산층 중에서도 상위그룹에 속할 만큼 고소득층이고, 삶과 직업을 안정적으로 이끌어 갈 능력이 충분하다.

그들의 자녀가 받는 교육이 바로 그토록 동경해 마지않는 미국식 교육이다. 초등학교에서조차도 학생들은 독립적 사고와 표현 능력을 배운다. 학교 과제는 작문과 발표 위주이고, 학생은 과제 수행을 위해 스스로 자료를 찾고, 자기 생각을 표현할 수 있는 표현 방식과 전달 방식을 고민한다.

내가 대학에 가서야 시작했던 과제수행 방식을 그들은 초등학교 4, 5학년 때부터 시작하는 셈이다. 예를 들어 교사가 학생들에게 자기 집에 TV, 냉장고, 자동차와 같은 물건의 수량을 알아 오라고 과제를 내준다. 그러면 학생들은 수업 시간에 그 결과를 취합한 후 그중 특정 물품의 수량을 통계로 내고, 반 전체의 평균치를 계산한다. 교사가 계산기를 지급하기 때문에 단순 계산은 신경 쓰지 않아도 된다. 다만 다른 친구가 검토와 확인 작업을 할 수 있으므로 자신이 맡은 부분에 대한 계산은 정확하게 해야 한다. 통계가 마무리되면 교사의 제안이 없었는데도 다른 반과 수치를 비교해보자고 제안하는 학생이 나올 수도 있다.

역사 수업 시간에 고대 문명에 대해 배운다면 교사는 학생에게 그 속에 등장하는 인물과 사건을 소재로 삼아 스토리를 짜서 영상 촬영을 해 오라고 과제를 내기도 한다. 그러면 학생들은 조를 나눠 시나리오, 연기, 연출, 촬영에 대해 역할 분담을 하고 과제를 완성해야 한다. 당시에는 디지털 장비가 보편화되지 않아서 학부모가 8밀리 필름의 편집을 도와주어야 했다. 또한 학생들이 반별로 시사 관련 뉴스를 다룬 학급신문을 만들어 배포하기도 하는데, 이때 교사는 어떤 사건을 더욱 폭넓은 시각으로 바라볼 수 있도록 간혹 개입해 학생들에게 사고의 방향을 제시해주기도 한다.

작문은 창의적인 사고를 강조하고, 과학은 실험 위주로 진행된다. 그들에게 정답보다 중요한 것은 그들이 배운 내용이 도대체 어떤 의미를 담고 있는지 확실히 이해하는 것이다.

교사는 더는 학생을 직접 통제하지 않고, 학생과의 교류를 통해 그들과 함께 어떤 방향으로 반을 이끌어 나아가야 할지를 고민한다. 학생들은 언제라도 도서관에 가서 책을 가져올 수 있고, 칠판에 이름만 쓰면 수업 중에도 교사의 허락 없이 교실을 나갈 수 있다. 교사는 어떤 내용을 좀 더 자세히 다룰지, 어떤 내용을 간략하게 다루고 지나갈지 학생들의 의견에 따라 결정할 수 있다.

그런데 한 가지 놀라운 사실은 이런 학교들조차도 미국 최고 수준의 초등학교 축에 들지 않는다는 사실이다.

'자본가 계층Capitalist'이 다니는 학교는 지식智識을 강조한다. 자본가 계층은 소위 최상위 계층으로 국가의 통치자 또는 대기업 최고 경영자들을 가리킨다. 당연히 그들은 다른 사람이 정한 룰에 복종하는 법을 배울 필요가 없다. 그들은 이력서를 화려하게 채우거나 고용주의 환심을 사기 위해 노력할 필요조차 없다. 이 계층의 자녀들은 학교에 다닐 때부터 이미 규칙을 따르는 법이 아닌 그 규칙을 어떻게 만드는지에 대해 배우기 때문이다. 이곳 교육의 핵심 목표는 결정과 선택에 집중되어 있다.

수학 시간에 나눗셈에 대해 가르칠 때 교사가 학생들에게 하는 첫 번째 질문은 어떻게 계산해야 할지가 아니라, 이런 상황에서 가장 먼저 어떤 결정을 내릴지 물어본다.

학생이 몫을 먼저 구하겠다고 대답하면 교사는 괜찮은 결정이라고 칭찬한 후 그다음에는 어떻게 계산할 생각인지 물어보며 풀이를 유도한다. 그런 후에 같은 반 학생들이 그 방식으로 문제를 풀어 나갔을 때 어떤 결과가 나오는지 함께 지켜본다.

교사는 먼저 나서서 해법을 제시해주지 않으며, 학생이 스스로 공식, 즉 규칙을 만들어가도록 격려한다.

또한 그 답의 맞고 틀림을 따지는 것이 아니라 그렇게 풀고자 했던 본인의 생각에 동의하는지를 묻는다. 만약 다른 학생들이 그의 판단을 틀렸다고 생각하면 교사는 그 학생에게 "친구들이 동의하지 않는다"라고 말해준다. 물론 학생은 교사의 말에 언제라도 "동의하지 않는다"라고 말할 수 있다.

이런 통치계층을 위한 교육은 표현력과 흡인력을 키우고, 수준 높은 PPT를 제작하는 것과 같은 스킬을 가르치는 것이 아니라 문제를 분석하는 능력에 초점을 맞춘다. 이들이 다니는 초등학교에서 고대 그리스 역사를 가르친다면, 교사는 학생들에게 역사적 인물이 등장하는 영화를 만들어 오라고 과제를 내는 대신에 페리클레스가 펠로폰네소스 전쟁에서 어떤 실수를 했다고 생각하는지, 아테네 시민들이 또 어떤 잘못을 저질렀다고 생각하는지와 같은 고차원적인 질문을 할 것이다.

장차 미국의 미래를 책임질 리더로 성장할 초등학생들은 4, 5학년 때부터 이미 사회적 현안에 대한 자기 생각을 발표하는 교육을 받는다. 노동자들은 왜 파업하는지, 그들이 파업하는 것이 정당한지, 인플레이션을 어떻게 막아야 하는지…… 교사는 학생들에게 이런 질문을 던지는 동시에 이렇게 말한다.

"여러분이 이 질문에 대한 답을 몰라도 괜찮아요. 선생님이 중요하게 생각하는 건 여러분이 생각하는 법을 배우는 거예요."

이 학생들은 시험을 위해 공부하지 않는다. 그들은 복잡한 어법에 대해 배웠다면 단순히 시험에서 좋은 점수를 받기 위해 그것을 익히는 데 그치는 것이 아니라 앞으로 작문을 할 때 이 어법을 실제로 활용해야 하고, 그렇지 않으면 교사로부터 인정을 받을 수 없다. 작문 수업에서는 창의적인 사고나 감정 표현 능력의 습득에 초점을 맞추는 것이 아니라 이야기의 구조와 논리를 강조하고, 이것은 사회나 과학 과목 보고서를 쓸 때 직접적으로 활용되기도 한다.

이 학교에서 학생들은 주체적 존재로 거듭나고 자율적으로 성장한다. 학생들에게는 교사가 되어 수업을 진행할 기회가 주어지고, 교사와 다른 학생들로부터 전방위적인 평가를 받는다. 교사는 학생들에게는 규정이나 규율을 강요하지 않는다. 수업 중에 누구나 마음대로 교실 밖으로 나갈 수 있고, 학교에 있는 모든 기물을 교사의 허락 없이 사용할 수 있으며, 단체 행동을 할 때도 굳이 줄을 설 필요가 없다.

이런 교육을 통해 학생들은 학교 안에서 선택과 책임을 배운다. 학생 스스로 최우선 목표를 정하고, 무엇을 하든 자신의 결정에 책임을 져야 한다. 교사는 학생의 자율 능력이 부족하다고 판단되는 순간 개입해 문제점을 일깨워준다.

"넌 네 차를 운전할 수 있는 유일한 운전기사야. 너만이 그 차의 속도를 결정할 수 있어."

이런 교육은 내가 대학원 공부를 위해 유학을 떠났을 때나 누렸던 대우였다.

만약 미국에서 계층을 잘못 타고난다면 학교에 다녀야 하는 순간부터 난감한 상황이 발생할 수밖에 없다.

자질은 확실히 유전적인 요소가 크게 작용한다. 현대 과학자들은 IQ가 유전될 수 있다는 사실을 이미 여러 실험을 통해 밝혀왔고, 그것을 입증할 만한 증거 역시 충분히 확보되어 있다. 여기에 가정이라는 환경적 요소까지 고려한다면, 물론 절대적일 수는 없지만 자식이 부모가 속해 있던 계층에서 벗어나기란 그리 쉽지 않은 일이다.

그러나 사람은 기계가 아니라 근본적으로 자유로운 천성을 지닌 유동적 존재이고, 그것이 바로 변수로 작용한다. 유전자와 환경적 요소가 합쳐진다 해서 사람의 운명이 이 안에 완전히 고정되는 것은 아니며, 그것을 가능하게 만드는 것이 바로 자유의지다. 이런 자유의지는 대부분 상황에 적용되지만 모든 사람이 반드시 그런 자유의지에 따라 틀을 깨고 나오는 것은 아니다.

미국의 계층별 교육의 차이를 내 경우에 비추어본다면, 나는 초등학교 시절에 노동차 계층에 속했다. 내가 다니던 학교에서는 학교 건물 안에서 어느 쪽으로 걸어야 하는지, 수업 시간에 어떤 방식으로 손을 들어야 하는지조차 규칙을 정해 학생들에게 주입시켰다. 하지만 그 당시에도 이런 규정을 전혀 신경 쓰지 않고 반항하던 몇몇 학생이 존재했고, 선생님들은 그들에게 '저항정신'이 있다며 칭찬했다.

계층별 세 가지 교육목표

현재 교육은 '도구'를 연마하고 선별하는 생산 시스템처럼 움직이고 있다.

하위 등급의 도구는 모종의 의미에서 볼 때 실용성을 갖추고 있다. 일반적으로 학부모들이 자녀를 교육할 때 취직을 염두에 두고 집중적으로 공략하는 학력과 기술이 여기에 해당한다.

사실 단지 실용적 기술만 두고 본다면 하버드대학교를 나와 금융회사에서 일하는 사람이 기술학교를 졸업한 후 굴착기를 모는 사람보다 더 나을 것이 전혀 없다.

이에 반해 상위 등급의 도구는 공예품과도 같다. 공예품은 어떤 용도로 써야만 그 가치를 인정받는 도구가 아니지만, 소장의 가치와 더불어 가치 상승의 가능성까지 가지고 있다. 공예품의 가치는 그 재질이 황금인지, 몇 캐럿의 다이아몬드가 박혀 있는지 등처럼 일련의 지표를 사용해 그 등급이 매겨진다. 학부모들이 자녀에게 기대를 걸며 시키는 각종 '자질교육'이 바로 이런 공예품의 역할과 맥을 같이한다. 최상 등급의 공예품이 되려면 피아노를 칠 줄 알고, 공부를 잘하고, 영어도 잘 구사하고, 얼굴은 물론 신체 조건까지 뛰어나야 한다. 당신이 가진 자질이 많을수록 사람들은 당신을 소장할 가치가 충분한 공예품처럼 생각하며 좋은 사람이라고 생각한다.

그런데 왜 공예품을 예술품이라고 표현하지 않는 것일까? 예술품은 어떤 일련의 지표로 가늠할 수 없기 때문이다. 진정한 예술품은 차별화된 유일무이한 가치를 추구하며 그것을 판가름할 기준도 없다. 반면에 실용적 도구나 공예품은 '○○기준과 부합'하거나 '○○와 같은' 것을 추구한다.

이런 '자질교육'을 받은 아이는 피아노를 배워서 칠 줄 알아도 곡을 틀리지 않고 기계적으로 '똑같이' 칠 수 있는 것일 뿐 예술적으로 잘 칠 줄은 모른다.

대부분 학부모는 자식에게 남들과 다른 특별한 재능이 있어야 한다고 요구하지 않는다. 그들은 단지 아이에게 각종 공예품의 합격 기준에 부합할 정도만을 원할 뿐이다. 그들이 말하는 '자질교육'은 자식을 하위 등급의 도구에서 상위 등급의 도구로 끌어올리는 데 목적을 둔다.

사람들은 교육의 근본적인 출발점이 다른 사람의 기대치에 부응하기 위해 자신을 '좋은 도구'로 만드는 데 있다고 생각한다. 이런 생각은 현대인이 자주 접하는 시험제도와 관련이 있다. 과거나 지금이나 행복한 삶과 좋은 일자리는 개인이 스스로 만들어낸 것이 아니라 누군가의 '하사'를 통해서만 그것으로 통하는 길이 열렸다. 그래서 그들은 좋은 '사람'이 아니라 좋은 '도구'가 되어야 한다.

이런 교육을 받고 자란 사람의 사고방식은 본질적으로 수동적일 수밖에 없다. 그들은 자신을 다른 사람의 기준에 맞추는 데 익숙하기에 늘 세상이 원하는 방식으로 자신을 바꿔 나아간다. 그 기준에 맞추기 위해 명문 대학, 연봉 높은 직장, 초고속 승진만 생각하며 앞만 보고 달린다. 나와 타인을 서로 비교하는 것도 이런 '외적인 후광' 효과의 작용 때문이다.

누군가 자신의 능력으로 사업을 시작했다고 하면 대다수 사람이 부러워할지언정 그와 자신을 비교하지 않는다. 그리고 그를 자신과 전혀 다른 부류로 받아들이고, 그를 비빌 언덕 정도로 생각하는 경향을 보인다.

다시 말해서 현대의 컨베이어 벨트식 교육 시스템은 '노예 교육'이고, 고대의 귀족 교육은 '주인 교육'이다. 그리고 전자는 수동적이고, 후자는 능동적인 태도의 차이를 지니고 있다. 《논어》에 이런 구절이 나온다.

'옛날에는 자기 자신을 위해 공부했지만, 요즘 사람들은 남에게 보여주기 위해 공부한다古之學者爲己, 今之學者爲人'.

그렇다면 지금의 당신은 자신의 능력을 발휘해 세상을 바꾸고, 다른 사람을 지배하기 위해 배우는 것일까? 아니면 세상의 흐름에 적응하며 그 조건에 맞춰 자신의 모습을 만들고, 다른 사람의 선택을 받기 위해 배우는 것일까?

주인은 아름다움을 들여다보는 법을 배우며 다른 사람을 어떻게 평가할지에 관심을 두지만, 노예는 아름다움을 비교하며 다른 사람이 자신을 어떻게 평가할지에만 관심을 둔다. 주인은 옳고 그름을 판가름하는 법을 배우지만, 노예는 다른 사람이 어떻게 옳고 그름을 판단하는지에 따라 자기 생각을 맞추는 법을 배운다. 주인은 원하는 도구를 찾아서 사용하는 방법을 배우고, 노예는 자신을 남을 위해 쓰일 도구로 만드는 법을 배운다. 주인은 자원을 합리적으로 다루는 법을 배우지만, 노예는 자신을 다른 사람의 자원으로 쓰일 수 있게 하는 법을 배운다. 주인은 '나는 무엇을 하고자 하는가?'에 대한 답을 얻기 위해 배우고, 노예는 세상이 원하는 조건에 맞춰 '나는 무엇으로 변해야 할까?'에 대해 고민한다.

주인의 관점에서 문제를 고민할 줄 알아야 비로소 도구가 아닌 진정한 '주인'의 마인드를 가질 수 있다.

일상 문화와 정통 교육에서는 '주도적으로 선택하는 법', '아름다움을 평가하는 법', '자신의 의도대로 세상을 바꾸는 법'에 대해 거의 다루지 않으며, '주인' 마인드는 그저 듣기 좋은 공허한 외침에 지나지 않는다. 예를 들어 집을 산다고 가정해보자. 자기 소유의 집이라면 자신의 취향에 맞춰 인테리어를 하고, 가구 배치를 하는 것이 당연하다. 그런데 많은 사람이 자신의 취향보다 '체면'을 생각해 남에게 보여주기 위한 인테리어를 고민한다. 사람들은 자신을 둘러싼 세상의 환심을 사는 것에 이미 익숙해져 있다. 요즘 젊은 멘토들은 자신을 가장 멋진 최고의 존재로 만들라는 식의 말을 자주 한다. 그런데 왜 자신을 최고로 멋지게 만들어야 하는 걸까? 예쁘고 멋지게 치장한 후 누군가 자신을 선택해주길 기다리라는 것일까?

'상류층 사회 출신'은 한 사람의 마음가짐을 완전히 달라지게 만들 만큼 엄청난 장점으로 작용한다. 예일대학교는 이런 마음가짐을 경험하고, 부유한 삶의 방식을 배울 수 있도록 학생들에게 장학금을 지급해 해외 유학을 지원하고, 뉴욕에서 브로드웨이 공연을 보며 견문을 넓힐 수 있도록 자금을 지원해주고 있다. 누구나 많이 보고 폭넓게 배워야만 선택할 수 있는 능력도 생기기 때문이다.

요컨대 현대 교육은 계층에 따라 세 가지 단계로 간략히 나눌 수 있다.

1 저소득층 가정의 교육목표는 직업을 갖기 위한 도구의 양성이다.

2 중산층 가정의 교육목표는 개인의 가치를 높이기 위한 공예품의 양성이다.

3 상류층 가정의 교육목표는 개인을 둘러싼 세상의 혜택을 누리고, 자신이 원하는 것을 선택하거나 변화시킬 수 있도록 주인 의식을 고취하는 데 있다.

컨베이어 벨트식 교육 시스템은 사람을 첫 번째 단계에 머물게 할 뿐이다. 두 번째 단계로 넘어가고 싶다면 가정의 전폭적인 지원을 받아 엘리트 코스를 밟아야 한다. 하지만 세 번째 단계는 온전히 가정과 개인의 범주 안에 속하며, 학교 교육의 역할은 극히 미미하다.

이런 상황을 고려한다면 출신 가정이 개인의 미래를 결정하는 데 아주 중요한 역할을 한다고 볼 수 있다. 빅 데이터는 사람이 교육을 선택하는 것인지, 아니면 교육이 사람을 결정짓는 것인지 명확히 결론을 내려줄 수 없지만, 출신 가정이 개인의 성장에 영향을 미치는 이런 양상만은 명확히 보여줄 수 있다. 일례로 중산층 부모와 저소득층 가정의 부모가 자녀와 대화를 나눌 때 사용하는 단어의 수를 통계로 낸 결과를 보면 저소득층 가정의 부모가 사용하는 단어의 수가 상대적으로 훨씬 적었다. 그것은 자녀의 지능발달에 영향을 미쳐서 저소득층 자녀의 지능 발달상태가 중산층 자녀보다 더딘 것으로 나타났다. 이와 비슷한 다수의 연구에서도 그 결과는 마찬가지였고, 가정의 소득 수준과 부모의 학력 수준에 따라 그들의 자녀가 어떤 계층에 포함될지 결정된다는 것을 다시 한번 확인하는 계기가 되었다.

이렇듯 사람은 어떤 계층에 태어나느냐에 따라 어떤 교육을 받으며 자라게 될지 운명이 결정되며, 이런 객관적인 조건과 한계를 뛰어넘기란 쉽지 않다.

영웅이 만들어지는 법칙

일반적인 관점에서 볼 때 아시아인은 자제력이 높은 편에 속한다. 아시아인 중 대다수가 오늘을 즐기기보다 당장은 힘들지라도 미래의 행복을 위해 돈을 모으는 데 집중하기 때문이다. 이에 반해 아프리카 사람은 자제력이 부족해 하루 동안 고생해서 번 돈을 모으려고 애쓰기보다 맥주를 마시며 다 써버리는 경향이 강하다. 이런 차이는 왜 생기는 것일까? 그 이유를 찾고자 진행된 흥미로운 실험에서 어쩌면 그 답을 찾을 수 있지 않을까 싶다.[47]

이 실험은 아이들을 대상으로 진행되었다. 실험자는 인도와 아프리카 출신의 아이에게 초콜릿을 주며 두 가지 선택지를 제시했다. 그들에게 지금 당장 눈앞에 놓인 초콜릿을 먹을지, 아니면 일주일 후에 열

---

[47] 로이 바우마이스터(Roy F.Baumeister)와 존 티어니(John Tierney)의 《의지력의 재발견: 자기 절제와 인내심을 키우는 가장 확실한 방법(Willpower: Rediscovering the Greatest Human Strength)》.

배나 비싼 초콜릿을 먹을지 둘 중 하나를 선택할 수 있게 한 것이다. 결과는 예상대로였다. 대다수 인도 아이는 더 좋은 초콜릿을 기다렸고, 반면에 대다수 아프리카 아이는 눈앞에 놓인 초콜릿을 바로 먹어버렸다. 이 결과만 놓고 보면 아이들이 어떤 초콜릿을 선택하든 그것은 모두 그 아이의 선택이자 운명에 불과하다.

하지만 실험자가 진짜 주목했던 부분은 인종별 자제력의 차이가 아니라 한 부모 가정이었다. 이 실험에 참여한 아이 중 가정환경이 대체로 안정적인 인도 가정에 비해 아프리카 출신의 가정은 엄마 혼자 한 아이 혹은 여러 아이를 부양하는 경우가 많았다. 심지어 태어나기 전부터 아버지를 여읜 유복자의 수도 적지 않았다. 연구자는 이런 요소를 감안한다면 아프리카 아이와 인도 아이는 결과적으로 똑같다는 사실을 발견했다. 한 부모 가정에서 자란 인도 아이 대부분이 '눈앞에 있는 초콜릿을 먹는' 선택을 했고, 양친이 다 있는 가정에서 자란 아프리카 아이들은 일주일을 기다린 후 비싼 초콜릿을 먹겠다고 결정했다. 결국 인도인의 자제력이 훨씬 강하다고 보는 관점은 인도의 한 부모 가정 수가 아프리카보다 적기 때문에 생긴 결과에 불과했다.

이 연구를 통해 연구자는 한 아이의 자제력을 예측할 때 한 부모 가정이 인종보다 더 믿을 만한 변수라는 사실을 증명할 수 있었다.

한 부모 가정에서 자란 아이의 자제력이 왜 더 떨어지는 것일까? 좀 더 깊이 있는 연구 결과를 보면 유전자가 중요한 요인으로 나타났다. 무책임한 아버지를 둔 아이는 한 부모 가정에서 자라게 될 가능성이 커진다. 그뿐 아니라 아버지의 무책임한 유전자를 물려받은 아이 역시 '태생적으로' 무책임한 성향을 보일 수 있다.

그러나 환경도 중요하게 작용한다. 두 사람이 아이를 돌보는 것이

한 사람보다 훨씬 효율적이기 때문이다. 만약 한 부모 가정에서 엄마가 일과 육아를 동시에 해야 한다면 아이를 제대로 돌보기 힘들 수밖에 없다. 하지만 무책임한 아버지 때문이 아니라 아버지가 갑작스러운 죽음처럼 불의의 사고로 한 부모 가정이 된 경우라면, 그 가정에서 자란 아이의 자제력은 홀어머니 밑에서 자란 아이라 해도 양친 부모가 있는 가정과 무책임한 아버지 때문에 빚어진 한 부모 가정의 중간쯤인 것으로 나타났다.

그래서 부모가 모두 있는 가정에서 자란 아이는 운이 좋다고 할 수 있다. 미국의 저소득층 자녀 중 3분의 2가 넘는 아이가 한 부모 가정에서 자라고 있다. 이런 가정에서 태어난 아이의 염색체 말단소체 Telomere가 '정상 아동'보다 짧다는 연구 보고서를 본 적이 있다. 일부 다처제처럼 가정 형태가 불안정한 가정의 아이는 가정 형태가 안정적인 아이에 비해 말단소체가 40%가량 짧았다.[48] 이것은 그들의 수명이 더 짧아질 수 있다는 것을 의미한다.

이것이 바로 과학적 결론이자 빅 데이터이며, 일반적인 추이이다. 만약 당신이 불행하게도 가난한 한 부모 가정에서 태어났다면, 이 세상은 당신에게 별로 큰 기대를 하지 않을 것이다. 당신에 대한 빅 데이터의 예측 역시 마찬가지다. 예를 들어 당신이 오늘 초콜릿 한 조각을 얻었다면 빅 데이터는 당신이 그것을 그 즉시 먹어버릴 거라고 예측할 것이다. 또한 거액의 복권 당첨금이 생기면 그것을 얼마 안 가 탕진할 거고, 원나잇을 즐긴 여자를 임신시켰다면 그 사실을 알자마자 줄행랑을 칠 거라고 예측 가능할 것이다. 누군가 로봇을 만들어 당신을 대

---

48 귀커왕(果殼網)의 게시물 '(논문)빈곤 아동의 말단소체가 더 짧다.' 글쓴이: Paradoxian.
http://www.guokr.com/article/438226/.

신한다면 이 로봇의 프로그램에도 이런 식의 성격과 운명이 입력될 만큼 모든 운명이 타고난 환경과 유전자에 맞춰 정해진다. 만약 당신이 평범한 사람이라면 말이다.

하지만 어떤 형태의 가정에서 태어나든 이런 시나리오대로 흘러가는 인생을 거부하는 사람이 세상에는 분명 존재한다. 각 분야에서 큰 성공을 거둔 사람들, 특히 역사에 길이 이름을 남길 만큼 특별한 인물들의 면면을 살펴보면 그들 중 한 부모 가정에서 태어난 사람이 꽤 많은 것을 알 수 있다.[49]

- 인물 사전에 이름을 올린 명인 중 한 부모 가정 출신 573명이었고, 그중 25%가 열 살이 되기 전에 부모 중 한 명을 잃었고, 34.5%는 열다섯 살, 45%는 스무 살 이전에 한 명의 부모를 잃었다.
- 영국 총리 중 67%가 열여섯 살이 되기 전에 한 부모 가정으로 바뀐 가족 형태를 갖게 되었고, 이 비율은 같은 시기 영국 상류층 사회의 2배에 달한다.
- 미국 대통령 44명 중 어릴 때 아버지를 여읜 인물은 조지 워싱턴과 오바마를 포함해 12명이다.

한 부모 가정은 그 구성원에게 엄청난 시련을 안겨준다. 하지만 말콤 글래드웰은 그것을 오히려 '바람직한 어려움desirable difficulty'이라고 표현했다. 그 어려움을 극복하지 못하면 평범한 사람이고, 반대로 그것을 극복하면 평범한 사람을 뛰어넘어 더 강한 사람이 될 수 있다.

---

49 말콤 글래드웰의 《다윗과 골리앗: 강자를 이기는 약자의 기술(David and Goliath: Underdogs, Misfits, and the Art of Battling Giants)》.

어떤 사람을 영웅이라고 할까? 소위 영웅은 계층과 출신, 주변 환경, 성격적 한계를 뛰어넘고, 이미 정해진 프로그램에 따라 살아가는 것을 거부하는 사람이다. 그들은 빅 데이터의 예측 범주 안에 있지 않고, 세상에 기쁨과 놀라움을 선사하는 존재이다.

데이비드 브룩스는《인간의 품격》에서 영웅에 해당하는 인물들을 관찰했고, 그들에게서 이런 특징들을 모두 발견할 수 있었다.

흑인 인권운동을 이끈 필립 랜돌프는 가난한 집안 출신이었지만 어릴 때부터 엘리트 교육을 받고 자랐다. 그는 어려운 형편 속에서도 부모님의 가르침에 따라 늘 주변을 깨끗하게 정리했고, 말을 할 때도 또박또박 발음하며 자기 생각을 정확히 전달하려고 노력했다. 학교에서는 백인 선생님 밑에서 라틴어와 셰익스피어의 희곡을 공부했다. 그의 아버지는 흑인 정치 집회가 열릴 때면 아들을 자주 데리고 다녔다. 그의 가족, 선생님과 랜돌프 본인이 출신의 한계를 뛰어넘는 환경을 만들어간 셈이다. 중국 송나라 시대의 철학자 주돈이周敦頤가 연꽃을 보고 '진흙에서 나왔지만 진흙에 더럽혀지지 않은出淤泥而不染'이라고 표현했던 것처럼, 랜돌프가 바로 이런 연꽃 같은 존재가 아니었을까?

조지 엘리엇을 필명으로 사용해 활동한 소설가 메리 앤 에반스Mary Ann Evans는 랜돌프만큼 그렇게 운이 따르지 않았다. 그녀는 가족에 대한 관심과 사랑보다 종교에 더 광적으로 집착하는 가정환경 속에서 자라났다. 이런 가정환경은 어린 소녀의 심리와 정서에 심각한 영향을 미쳤다. 그녀는 어릴 때부터 사랑과 관심에 목말라했고, 남자를 만나면 쉽게 사랑에 빠져버렸다. 게다가 그녀가 고른 상대는 대부분 유부남이었다. 심지어 그들한테 외모 때문에 무시를 당하기도 했다. 이런 상황이라면 메리 앤은 주변 사람들의 뇌리에 성격과 심리적 결함을 가진 천박한 여자로 각인되기에 충분했다. 하지만 그녀는 모두의 예상을 깨고 책 읽기를 무척 좋아했다. 높은 수준의 독서 습관은 그녀를 종교의 굴레에서 해방시켰다. 신앙적인 문제 때문에 그녀는 가족과 대립했지만, 대신 정신적인 교류를 통해 마침내 진정한 사랑을 만났고, 위대한 작품을 쓸 수 있었다.

사실 역사 속에 존재했던 '성현'들을 자세히 살펴보면 그들은 한눈에 성인이라는 것을 알아볼 만큼 절대 평범하지 않은 행보를 보였다. 하지만 한편으로는 그들 역시 평범한 사람과 마찬가지로 많은 결함을 가지고 있었다는 사실을 알 수 있다. 그들의 어린 시절을 돌아보면 누구도 그들이 장차 위대한 인물이 될 거라고 생각하지 않았다. 그들에게 집안 배경이나 출신은 전혀 중요하지 않았다. 그들의 위대함은 자신의 한계를 뛰어넘었다는 데 있다. 사실 어떤 영웅은 자신의 약점을 진정한 의미에서 '소멸'시키지 못했다. 예를 들어 미국의 대표적인 흑인 인권 운동가 바이어드 러스틴Bayard Rustin은 평생을 동성애자로 살았다. 대신 그들은 결정적인 순간에 그 약점을 극복해냈다.

이런 영웅들은 빅 데이터로 예측할 수 있는 평범한 사람이 아니라 세상을 변화무쌍하고 다채롭게 만드는 존재다.

할리우드는 영웅의 가치를 일찌감치 알아본 곳이다. 대부분 할리우드 영화의 주인공은 모두 영웅에 속한다. 각종 슈퍼 히어로가 등장하는 영화의 주인공뿐 아니라, 우리 주변에서 흔히 볼 수 있는 '평범한 인물'들도 모두 영웅으로 표현된다. 마을의 평화를 지키기 위해 악당들과 싸우는 경찰, 만년 꼴찌팀을 우승팀으로 만드는 코치, 각종 질병과 맞서 싸우는 의사, 뜻대로 풀리지 않는 현실과 타협하지 않고 다시 행복을 되찾는 가정주부 등이 모두 영웅이다.

심지어 할리우드는 경험을 통해 알아낸 노하우를 바탕으로 영웅이 성장하는 과정을 영화적 재미와 상상력으로 극대화할 수 있는 '영화 시나리오 공식'[50]을 만들어냈다. 그 대략적인 구조는 다음과 같다.

1 처음 등장하는 시간, 장소, 인물은 특별할 것이 없고 지극히 평범하고 평화롭다.

2 갑자기 사건, 사고가 발생하고, 위기가 닥치면서 문제가 생긴다. 영웅은 이 문제를 반드시 해결해야 한다.

3 영웅은 계획을 생각해내야 한다. 하지만 그 계획을 실행하는 과정에서 엄청난 변고가 생기고, 그가 상상했던 것보다 상황이 더 심각해지면서 극의 큰 전환점이 생긴다.

4 영웅은 새로운 해결책을 시도해보지만 또 실패한다. 극의 갈등이 절정으로 치닫는다.

5 영웅의 계획이 또 실패한다. 이때 영웅은 자신이 반드시 변해야 하고, 이 세상을 새로운 시각으로 바라봐야 한다는 것을 깨닫고, 전혀 새로운 방식으로 문제와 대면한다.

6 하지만 상황은 점점 더 나빠지고, 영웅은 관객들마저 절망할 만큼 좌절감에 빠진다.

7 영웅은 가족, 스승, 영인의 정신적 응원에 힘입어 슈퍼히어로로 거듭난다.

8 스토리는 다시 반전되고, 영웅은 더는 물러설 곳이 없다는 각오로 악당을 단번에 해치운다.

9 클라이맥스와 해피엔딩으로 마무리.

---

50 stewartferris.com/wp-content/uploads/downloads/Movie_formula.doc.

내 생각에 이런 법칙은 우리의 일상에 뿌리를 두고 있어야 한다. 관객들이 이런 내용을 즐겨 볼 뿐 아니라 그들의 생활 속에서 이 법칙을 묵묵히 실천하고 있어야만 이런 법칙이 설득력을 얻을 수 있다. 현실 속에서 영웅의 성장 과정은 복잡하고 변화무쌍하다. 하지만 그 안에 내포된 서사와 이 영웅의 법칙은 본질적으로 크게 다르지 않다. 이것이 바로 영웅이 되는 길이다.

왜 빅 데이터는 이런 법칙을 예측해내지 못하는 것일까? 왜냐하면 그것을 둘러싼 리스크와 변수가 너무 많기 때문이다. 사람들 기억 속에 남아 있는 영화 속 영웅은 모두 성공적인 삶을 살지만, 현실 속에서 대다수 영웅주의의 시도는 실패할 가능성이 크다.

대부분 사람은 처음 혹은 두 번째 도전에서 실패하면 운명이려니 생각하며 포기하고, 주변 사람들처럼 빅 데이터가 예측할 수 있는 삶을 살아간다. 하지만 정해진 대본에서 벗어나 자신의 의지대로 살며 자유를 얻는 사람들도 있다. 그들이 그렇게 살 수 있는 비결은 무엇일까?

우리는 그들에게만 있는 특별한 동력에 주목해야 한다.

사명의 소환

영웅과 평범한 사람의 근본적인 차이는 세상을 대하는 태도에 있다. 평범한 사람은 세상에 순응하려 하지만, 영웅은 세상을 바꾸고 싶어 한다.

사람들이 얻고자 하는 성공은 크게 두 가지로 나눌 수 있다. 첫 번째 성공은 어떤 기준을 정하고, 그 기준에 도달하는 것이다. 예를 들어 시험을 본다면, 정해진 범위 안에서 그 내용을 모두 숙지해 좋은 성적을 내는 것이다. 만약 회사라면 사장이나 고객이 제시한 조건을 충족시키면 된다.

두 번째 성공은 기준이나 목표가 없고, 심지어 선례조차 없는 상태에서 무에서 유를 창조하듯 어떤 일을 성사시키는 것이다. 창업자나 기업가의 성공이 여기에 해당된다. 새로운 제품을 발명하면서 새로운 영역을 개척하는 데 성공한다면 후발주자에게 기준을 정해줄 수 있다. 당신이 두 번째에 해당하는 성공을 거뒀다면 '첫 번째 유형의 성공'을 거둔 사람을 고용해 그들에게 다양한 조건을 제시할 수 있다. 예를 들어 지금의 사회 풍토가 어지럽고 근본이 무너지고 있다고 생각되면 심지어 직원들에게 부모에게 효도하는 것까지 강요할 수도 있다.

이른바 '치밀한 이기주의자'가 바로 첫 번째 유형의 성공을 거둔 사람이다. 이 말의 핵심은 '이기주의'가 아니라 '치밀함'에 있다. 치밀하다는 것은 계산이 정확하고, 신중하며, 실수를 용납하지 않는 것을 암시한다. 그렇다면 치밀한 이기주의자는 어쩌면 이런 모습을 연상시킬지 모른다. 그들은 아무렇게나 행동하지 않고, 무슨 일을 하든 정확한 목표를 정하고 시간을 낭비하지 않는다. 밥을 먹고 대화를 나누는 것조차도 인맥을 쌓기 위한 수단으로 여길 만큼 그들의 모든 행동은 치밀한 계산에서 나온다. 대학은 인재를 양성하는 곳이지 바보를 만들어내는 곳이 아닐 텐데 치밀한 이기주의자는 성공을 위한 필수 소양처럼 굳어져가고 있다.

치밀한 이기주의자를 움직이는 동기는 아주 명확하다. 그들은 승진, 연봉 인상과 같은 인센티브가 주어질 때 자신이 할 수 있는 최선을 다한다. 심리학자는 이를 '외재적 동기extrinsic motivation'라고 부른다. 이와 반대로 순전히 자신의 의지에 따라 자발적으로 어떤 일을 하는 것은 '내재적 동기intrinsic motivation'라고 할 수 있다. 사실 영웅도 아니고 치밀한 이기주의자도 아닌 평범한 사람은 어떤 일을 할 때 이 두 가지 동기가 동시에 작용한다. 일을 잘해내려면 금전적인 동기 부여뿐 아니라 그 속에서 즐거움을 찾을 수 있어야 하기 때문이 아닐까?

이 두 가지 동기에 관해 진행된 다양한 연구 결과를 종합해보자면 그 결론은 모두 내재적 동기가 외재적 동기보다 더 크게 작용한다는 것이었다. 물론 단기적 효과 면에서는 외재적 동기가 훨씬 효과적일 수도 있다. 예를 들어 장학금을 지급하면 학생들은 다음 기말고사에서 좋은 성적을 거두기 위해 더 노력하게 된다. 하지만 장기적 효과 면에서 보면 내재적 동기가 성패의 관건이 된다.[51]

최근 웨스트포인트 사관학교 재학생을 대상으로 진행된 한 연구[52] 역시 이 결론을 뒷받침해준다. 연구자는 만 명이 넘는 학생들을 대상으로 그들이 입학하자마자 왜 이 학교를 선택했는지를 묻는 설문 조사를 진행했다. 이때 학생들에게 '무료 학비', '졸업 후 취직', '군인이 되고 싶어서'와 같은 세 개의 보기가 주어졌다. 첫 번째와 두 번째는 외재적 동기이고, 세 번째는 내재적 동기에 해당된다. 연구자는 학생들이 제출한 답변을 보관하고, 그들을 10년 이상의 시간을 들여 도대체 어떤 답을 고른 학생이 더 빠르게 성공했는지 추적 조사를 진행했다. 그 결과 일단 군인이라는 직업만 두고 봤을 때 두 가지 동기를 모

---

51 《이공계의 뇌로 산다》에서 관련 내용을 자세히 소개한 바 있다.

52 Amy Wrzesniewski et al, Multiple types of motives don't multiply the motivation of West Point cadets, PNAS 111, 10990, (2014). 비영리 기구 쑹수후이(松鼠會)의 보도 기사: http://songshuhui.net/archives/90522.

두 가진 학생이 내재적 동기만 가진 학생에 비해 큰 성공을 거두지 못했다.

이것은 당연히 예상한 결과였다. 사실 외재적 동기는 각종 자극에 대한 수동적 반응이라고 할 수 있다. 누군가 자극하는 대로 반응한다면 당신은 고도로 예측이 가능한 사람이라 할 수 있으니 로봇과 다를 바 없다. 내재적 동기야말로 개인의 자유의지를 온전히 반영한다. 누군가의 자극 때문이 아니라 순전히 내가 그렇게 하고 싶어서 하는 것이기 때문이다.

사람은 누구나 내재적 동기를 가지고 있다. 하지만 영웅은 일반인보다 더 고차원적인 내재적 동기, 즉 사명감을 가지고 있다고 보면 된다.

인생 계획을 세울 때 대다수 사람은 자신이 좋아하는 일이 무엇인지 생각해본 후 그와 관련된 일을 선택한다. 하지만 이렇게 넓은 세상에서 자신이 가장 하고 싶은 일이 무엇인지 과연 쉽게 알 수 있을까? 한 번도 경험해보지 못한 수두룩한 일들이 자신과 맞는지 어떻게 알 수 있을까? 영웅들도 처음에는 이런 고민에서 자유롭지 못했다. 그들 역시 보통 사람들과 똑같은 고민을 하며 특별히 하고 싶은 일도 없이 지내는 과정을 거쳐왔다.

그러다가 불현듯 등장한 어떤 계기를 통해 그들은 자신에게 주어진 사명을 깨닫게 되는 순간을 경험하게 된다. 퍼킨스는 원래 공익사업에 관심을 쏟아왔지만, 뉴욕의 트라이앵글 셔츠웨이스트 공장 화재 사건을 직접 목격하면서부터 노동자의 권익을 위해 평생을 바치겠다고 결심하게 되었다. 의학자를 꿈꿨던 루쉰은 일본에서 목격한 우매한 중국인의 모습에 개탄하며 그들을 계몽하기 위해 의학자의 길을 포기하고 문학으로 전향했다. 또한 수많은 애국지사 역시 중국을 침략한 일본의 만행을 만천하에 폭로하기 위해 붓 대신 무기를 들었다. 어떤 수학자는 누군가 수학적 추측을 완벽하게 증명했다는 소식에 자극을 받아 평생을 수학에 바치겠다고 결심하기도 했다.

이들에게 일은 단순히 출퇴근해서 처리해야 하는 밥벌이 용도가 아니라 사명감을 갖고 평생을 바쳐야 하는 목표였다. 그들은 자신의 의지와 결의에 따라 움직일 뿐이며 외부의 감독이나 격려에 좌지우지되지 않는다. 그래서 세상에 발자국을 남길 만큼 위대한 업적은 사명감을 통해서만 달성될 수 있다. 예를 들어 진정한 의미의 정치가는 정치를 하기 위해 정치적 견해를 세우는 것이 아니라, 정치적 견해가 확고하게 선 후에 정계에 진출해야 한다.

사명감을 가진 사람은 어떤 분야에도 존재한다. 미국과 캐나다에 있는 동물원 157곳에서 일하는 사육사들을 조사한 결과, 그중 대다수가 야생동물 보호라는 사명감 때문에 그 직업을 선택한 것으로 나타났다.[53] 그래서 그들은 자기 일에서 정체성을 찾으며, 그 일에 큰 의미를 부여하고, 도덕적 책임감을 갖게 되었다. 그 연장선으로 그들은 동물원의 환경과 동물의 복지 수준을 더 높이기 위해 최선책을 강구하고, 이를 위해 희생도 마다하지 않았다.

영웅은 왜 자유로운 것일까? 사명감이 생기는 순간 철저한 주인 의식을 갖게 되기 때문이다. 이때부터 누구도 그에게 간여할 필요가 없을뿐더러 간여할 수도 없다.

레오나르도 다 빈치는 당시 다른 사람들이 해낼 수 있는 일 따위에는 관심을 두지 않고, 오로지 자신이 하고 싶은 일이 무엇인지에 집중하며 목표를 아주 높게 잡았다. 그는 젊은 시절에 천사를 그려달라는

---

53 연구 논문 출처: http://asq.sagepub.com/content/54/1/32.abstract.

의뢰를 받고 최고의 걸작을 남기겠다고 자신에게 맹세했다. 다빈치는 원래 사실적인 그림을 잘 그리는 것으로 유명했다. 그는 꽃 하나를 그려도 과학적 근거를 바탕으로 구도와 색감을 표현해낼 만큼 치밀했고, 당시 그의 이런 화법은 전례를 찾아보기 어려울 만큼 독창적이었다. 천사를 그릴 때도 그 날개를 최대한 자연스럽게 표현하기 위해 심혈을 기울였다.[54] 그는 새의 날개를 반복해서 그려보고, 심지어 시장에서 새를 사 와 가까이서 관찰을 하며 그리기까지 했다. 그렇게 해서 마침내 완성한 천사의 날개는 정말 하늘로 날아올라 갈 것처럼 사실적이고 생동감이 넘쳤다.

또한 다빈치는 천사의 날개를 연구하는 과정에서 비행의 비밀을 알아내고 싶은 충동에 빠져들었고, 곧바로 그와 관련된 연구에 돌입했다. 이처럼 그는 하나의 아이디어에서 또 다른 아이디어를 떠올리며 계속해서 자신이 이루고자 하는 바를 소환했다.

이런 영웅들은 필연적으로 주어진 환경에서 벗어나 사명감과 더불어 자유의지대로 살아간다. 그들은 자신의 사명감에 대해서만 책임질 뿐 외부의 제약을 받지 않는다. 그들은 누구도 감히 묻지 못하는 문제를 거론하고, 주변 사람들이 정해놓은 상식에 도전하며, 누군가의 비위를 맞추기 위해 노력하지 않는다.

자본주의의 본질이 사람을 도구로 만드는 것이라고 말하는 사람도 있다. 사실 이것은 진정한 자본주의가 아니며, 산업화 시대가 만들어낸 분업화의 본질이다. 요컨대 현대 사회의 분업이 세분될수록 사람들은 마치 톱니바퀴의 부품으로 전락하며 자유를 잃어 가게 된다. 역사학자 류중징劉仲敬의 말을 빌리자면 세상의 운명과 사람의 운명이

---

54 로버트 그린(Robert Greene)의 《마스터리의 법칙(Mastery)》.

길다 해도 그중 결정적인 순간은 손가락으로 꼽을 정도로 드물다. 인생 시나리오 중 4분의 3이 서른 살 이전에 이미 다 쓰이고, 나머지 내용은 일고의 가치조차 없다.

하지만 인간으로서 우리의 궁극적인 목표는 역시나 자유다. 그렇다면 현대 사회에서 과연 누가 가장 자유로울까?

영웅=혁신

이제 좀 더 구체적인 문제로 들어가보자. 경제 성장은 누가 이끄는 것일까?

이 문제는 아주 명확한 답을 가지고 있다. 1987년 노벨 경제학상을 수상한 거시 경제학자인 로버트 솔로Robert Solow가 바로 이 부분에 대한 답을 제시했다. 그는 현대 선진국의 주요 경제 성장이 기존의 자본과 노동 활동의 확장이 아닌 혁신으로부터 온 것이라는 사실을 증명했다. 일례로 IT 분야만 봐도 그 분야의 거의 모든 신규 일자리가 설립된 지 5년 미만의 신생 기업을 중심으로 공급되고 있다.

혁신이란 무엇인가? 혁신은 바로 기존의 관행을 깨는 것이며, 전에 전혀 예측하지 못한 것을 가리킨다. 우리가 영웅에 대해 내린 정의에 따르자면, 이것이 바로 영웅이 하는 일이다.

이쯤 해서 꼭 소개하고 싶은 한 인물이 있다. 바로 '디지털 시대의 3대 사상가 중 한 명'이라고 불리는 미국 경제학자 조지 길더George Gilder[55]

---

55 http://wiki.mbalib.com/wiki/Geoge Gilder.

라는 인물이다. 일각에서는 그의 책이 레이건 정부의 경제 개혁을 이끌었고, 인터넷 주식 거품을 일으켰다고 여긴다. 그리고 2013년에 조지 길더는《지식과 권력》을 출간했다.

《지식과 권력》의 주요 골자는 자본주의의 정수가 인센티브 시스템이 아니라 정보 시스템이라는 것이다.

일반적으로 사람들은 시장경제가 인센티브 시스템이라고 생각한다. 특정 상품에 대한 수요가 증가하면 가격도 높아지게 된다. 생산자는 이 가격 신호에 주목하며 더 많은 돈을 벌기 위해 그 제품을 더 많이 생산하게 된다. 즉 자극에 반응하는 전형적인 시스템이다.

그러나 이런 인센티브는 경제의 정상적인 운행만 유지시킬 수 있을 뿐이지 경제 성장으로 이어질 수 없다. 앞서 언급한 노벨상 수상자도 증명했듯이 혁신만이 성장을 이끌어낼 수 있다.

조지 길더는 자본주의의 본질은 정보와 관련되어 있다고 말한다.

그렇다면 정보란 무언인가? 클로드 섀넌Claude Elwood Shannon의 정보이론Information Theory에 따르면 정보는 바로 의외성이다. 어떤 말속에 담긴 진짜 정보의 양을 측정하려면 그 말이 지닌 의외성에 주목해야 한다. 만약 그 말이 모두 상투적이거나 의미 없는 말이라면 정보로서의 가치를 논할 수 없다. 프로그래머가 확률 변수를 제외한 프로그램을 사고, 컴퓨터가 한 치의 오차도 없이 그 프로그램을 실행한다면 과연 새로운 정보가 만들어질 수 있을까? 그럴 리 없다. 사장이 직원에게 세부 조건이 이미 다 설계된 임무를 맡기고, 직원이 그 임무를 원만하게 완수했다면 그 과정에서도 새로운 정보는 생길 수 없다.

오로지 계획을 집행하는 과정에서 의외의 변수가 생기고, 아무도 생각하지 못한 일을 해내거나, 자기 생각대로 소신껏 계획을 바꾸고 혁신을 주도했을 때 비로소 새로운 정보를 만드는 데 공헌할 수 있게 된다. 이래야만 세상이 변하고 역사가 진보하게 되는 것이다. 그런 공헌을 한 사람이 영웅이 아니라면 도대체 누가 영웅이겠는가?

사람은 자유의지를 가지고 있으므로 우리가 만든 정보가 증가하게 되고, 이로 인해 경제가 복잡한 구조를 점점 더 띠게 되면서 경제 성장이 가능해진다. 정보는 규율의 제약을 받지 않는다.

그래서 혁신은 명령과 계획으로 만들어질 수 없다. 혁신은 그것을 주도하는 사람의 자유의지와 더불어 기술 발전에 따른 객관적 규율의 제약만을 받는다. 이것을 제외한 그 어떤 힘도 혁신을 좌지우지할 수 없다.

정부는 물론 소비자 역시 혁신을 요구할 수 없다. 일부 기업가는 혁신 주체가 시장의 수요를 따라잡으며 소비자의 심리를 파악해야 한다고 여긴다. 그래서 다른 사람이 무엇을 원하는지, 자신이 그들에게 무엇을 줄 수 있는지 따져봐야 하고, 제품 관리자는 소비자의 요구를 따르며, 엔지니어는 제품 관리자의 지시를 따라야 한다. 진정한 혁신은 이와 정반대의 과정을 거친다.

미국의 자동차 왕 헨리 포드Henry Ford는 이런 명언을 남겼다.

"내가 발명을 하기 전에 다른 사람이 원하는 것에만 귀를 기울였다면 자동차가 아니라 더 빨리 달리는 말을 만들었을 것이다."[56]

소비자는 수동적이지만 기업가는 능동적 존재다. '공급파 경제학자'였던 조지 길더는 혁신적 제품을 언급하며 '수요가 공급을 자극'하는 것이 아니라 '공급이 새로운 수요를 창출'하는 것이라고 주장했다. 그는 '학습 곡선Learning Curve' 이론을 들어 이 과정을 설명했다.

---

56 원문: If I had asked people what they wanted, they would have said faster horses.

1 모 회사가 컴퓨터 칩과 같은 혁신적인 제품을 발명했다. 그전까지 이런 제품이 없었다는 점에서 이 제품은 새로운 시장을 개척한 것과 같다. 하지만 이와 동시에 그것을 어떻게 사용하는지 모르는 사람이 많다는 것을 의미하기도 한다. 게다가 신제품의 생산과정은 까다롭고 가격이 비싸다.

2 회사의 생산 경험이 증가하면서 신제품의 가격이 점점 낮아지고, 시장 공급량도 많아진다.

3 소비자는 이 제품을 어떻게 사용하는지 서서히 터득하게 되고, 여러 가지 새로운 사용법을 만들어낸다.

4 이 제품으로부터 시작된 새로운 파급효과가 커지면서 긍정적인 피드백이 생기고, 다른 제품의 발전을 선도하며 전체 기술 영역의 빠른 발전을 이끈다.

이 학습 곡선을 보면 생산자와 소비자가 모두 학습의 과정을 거친다. 생산자는 어떻게 하면 제품을 더 싸게 만들 수 있을지를 연구하고, 소비자는 새로운 사용 방법을 연구한다. 이 과정에서 공급량을 늘리는 것에 머무는 것이 아니라 양측이 정보를 교류하고, 새로운 정보가 만들어져야 비로소 가장 가치 있는 결과가 만들어질 수 있다.

왜 영웅이 세상을 이끌어 나간다고 말하는 걸까? 그것은 바로 정보의 의외성 때문이다. 새로운 제품을 발명하고, 새로운 아이디어를 내놓는 사람이야말로 진정한 영웅이다. 남의 비위를 맞추는 데 급급한 사람은 큰일을 도모할 수 없다. 진정한 혁신의 주체는 다른 사람이 무엇을 원하는지 묻지 않는다. 그들은 다른 사람에게 무엇을 원해야 하는지를 알려줄 뿐이다.

스티브 잡스는 고객이 무엇을 원하는 것에 대해 전혀 신경 쓰지 않았다. 누군가 애플의 디자이너 조너선 아이브Jonathan Ive에게 이런 질문을 했다.

"모토로라는 사용자가 휴대전화 외관을 취향에 맞춰 맞춤 제작할 수 있는 수십 개의 옵션을 제공했죠. 이것에 대해 애플은 어떻게 생각하고 있나요?"

그러자 조너선 아이브는 모토로라 디자이너가 무책임한 짓을 했다고 비난했다.

물론 애플은 평범한 기업이 아니고, 모토로라 역시 지명도가 있는 세계적 기업이다. 이들보다 못한 수많은 기업이 혁신은커녕 시장의 가장 기본적인 자극에만 반응할 뿐이다.

기업가가 시장을 대하는 태도는 크게 세 가지로 나눌 수 있다. 이는 우리가 앞서 언급한 세 가지 교육 단계와도 대응한다.

1 낮은 수준의 기업가 / 저소득층 교육: 고객이 좋아하는 것을 한다.
2 중간 수준의 기업가 / 중산층 교육: 자신을 최고 수준으로 끌어올린 후 고객의 선택을 기다린다.
3 영웅 기업가 / 상류층 교육: 내가 고객을 대신해 결정한다.

이 세 가지 단계에 적용되는 리스크는 단계가 높아질수록 동반 상승한다. 세 번째 단계에서 나올 수 있는 최대 리스크는 발명품의 히트가 아니라 그것을 아무도 사지 않는 것이다. 성공한 영웅들의 배후에는 무수한 실패의 과정이 있고, 그것이 바로 그들이 성공할 수 있는 디딤돌이 돼주었다.

만약 한 번도 실패한 적이 없다면 자기 능력을 최대치까지 써본 적이 없다는 의미로 볼 수 있다.

치밀한 이기주의자는 실패할 위험이 아주 큰 길이라면 이해득실을 열심히 따져본 후 그 길을 결코 선택할 리 없다. 그래서 영웅이 위험부담을 안고 그 길을 가는 것은 외재적 동기가 아니라 내재적 동기가 작용했기 때문이다. 즉, 그는 무언가 자신에게 이득이 있기 때문이 아니라 그렇게 해야 한다고 생각했기 때문에 그 길을 가는 것이다.

지식인의 지혜, 영웅주의의 자유와 용기는 이 시대를 살아가는 데 가장 중요한 덕목이다. 집안의 배경과 출신이 교육의 수준을 결정하고, 교육의 수준이 직위를 결정하고, 자신을 둘러싼 아주 작은 영역이 세상의 전부인 양 살아가게 만드는 세상 속에 익숙해지다 보면 그 틀 안에 갇혀 다른 사람이 정해준 대로 움직이고 자유의지 없이 살아갈 수밖에 없다. 그러다 보면 언젠가 로봇에게 자신의 자리를 내주는 지경까지 갈지 모른다.

로봇의 시대에는 지식과 용기를 갖추고 자유를 추구해야만 비로소 진정한 인간으로 살아남을 수 있다. 그리고 이것이야말로 인간이 기계와 싸워 이기는 근원이다.

이 책의 마지막 부분에서는 인공지능으로 대표되는 미래에 관해 이야기하고자 한다. 우리는 먼저 개인이 어떤 식으로 인공지능의 도전에 맞설 것인지에 대해 다루고, 새로운 시대에 발맞춰 사람과 사람이 협력하는 조직 형태와 조직적인 방법으로 개인의 장점을 최대한 이끌어내는 방법에 대해 고민해보고자 한다. 하지만 가장 예측 가능한 결론은 아무리 많은 방법을 강구한다 해도 대다수 사람은 결국 기계에 패한다는 것이다. 그렇다고 해서 지레 겁먹을 필요는 없다. 앞으로 인간의 가장 중요한 역할은 더는 생산자가 아니라 소비자라는 점에 주목해야 한다.

결국 세상은 갈림길 앞에 서 있는 셈이다. 사람이 영원히 기계보다 앞선다면 영웅주의와 '공급파' 경제학을 따르면 되고, 사람이 기계보다 못하면 이 책의 마지막 장에서 소개하는 '수요파' 경제학에 의존해야 한다.

그렇다면 나는 공급파 경제학과 수요파 경제학 중 도대체 어느 쪽을 지지할까? 솔직히 말해서 어느 쪽에도 속하지 않는다. 내가 지혜와 통찰력을 갖춘 지식인智識人이라는 사실을 기억해주었으면 한다.

03

역사의 법칙

1

척도와 조건:
누가 4만 년의
역사를 썼는가?

2012년 7월, 당시 미국 공화당 대통령 후보였던 밋 롬니Mitt Romney는 이스라엘을 방문했을 때 기조연설[1]에서 자신이 읽었던 두 권의 책을 언급했다. 한 권은 UCLA의 지리학 교수 재레드 다이아몬드Jared Diamond 의《총, 균, 쇠》였고, 나머지 한 권은 하버드대학교 경제학 교수 데이비드 S. 랜즈David S. Landes의《국가의 부와 빈곤》이었다. 두 권의 책 모두 부강한 나라와 빈곤한 나라로 나뉘는 이유를 알아보기 위한 시도를 하고 있다. 전자가 지리적 요소를 강조했다면, 후자는 문화적 요소, 그중에서도 정치제도의 영향을 강조하고 있다.

롬니는 연설에서 이런 말을 했다.

"이스라엘의 1인당 평균 GDP는 2만 천 달러인 데 비해 팔레스타

---

[1] http://talkingpointsmemo.com/2012/romney-israel-s-superior-economy-to-palestiniansresult-of-culture-providence.

인은 1만 달러에 불과합니다. 그래서 철광석의 보유 여부와 같은 지리적 요소가 관건이 아니라 문화적 요소가 이 모든 것을 결정했다고 볼 수 있습니다."

롬니는 잦은 말실수로 점수를 깎아 먹은 적이 한두 번이 아니었기 때문에 그의 말에는 공신력이 그다지 없었다. 그 말의 사실 여부를 굳이 따져보자면 〈보스턴 글로브Boston Globe〉에서 언급했듯이[2] 이스라엘의 1인당 평균 GDP는 3만 천 달러이고, 팔레스타인은 천오백 달러다. 게다가 팔레스타인의 경우 지난 수년 동안 불안한 정세로 인해 경제발전이 타격을 입었는데, 그들의 낙후된 경제를 문화 탓으로 볼 수 없다. 그렇다면 국가의 부강과 빈곤에 지리적 요소와 문화적 요소 중에 어느 것이 더 큰 영향을 미칠까? 일반적인 상황에서 이 문제를 고려한다면 어떤 답이 나올까?

다이아몬드는 공화당 쪽 인물이 자신의 책을 부정했다는 사실에 분개한 나머지 〈뉴욕타임스〉에 반박문을 발표했다.[3] 그는 자신의 책이 지리적 요소를 강조한 것은 맞지만 철광석의 중요성과 같은 문제는 거론한 적도 없으며, 생물학적 특성과 교통 조건에 대해 언급했을 뿐이라고 반박했다. 또한 그는 설사 자신의 책이 문화적 차이를 강조했다 하더라도 지리적 요소의 영향을 간과하지 않았고, 이 두 종류의 해석은 결코 서로 독립적이지 않다고 주장했다.

하지만 다이아몬드의 반박은 정확히 정곡을 찌를 정도로 구체적이지 않았다. 국가의 부강을 결정짓는 요소를 일일이 열거했을 때 그 모

2 http://www.bostonglobe.com/news/politics/2012/07/30/romney-comments-fundraiseroutrage-palestinians/fnPujdiBDoGpycNcuh9ySO/story.html?camp=pm.
3 http://www.nytimes.com/2012/08/02/opinion/mitt-romneys-search-for-simple-answers.html.

든 요소가 중요한 역할을 한다고 가정해보자. 그렇다면 차라리 그 내용을 전부 한 권의 책 속에 담아내야 하는데 어느 방면의 답을 강조해야 높은 점수를 받을 수 있을까? 사실 이 두 권의 책이 서로 다른 답을 내놓을 수밖에 없는 근본적인 이유는 문제를 보는 척도가 서로 다르기 때문이다.

《총, 균, 쇠》는 거대한 시간과 공간의 척도를 사용해 천 년, 심지어 만 년의 역사 속에 존재했던 한 대륙의 운명을 써 내려갔다. 예를 들어 그 척도를 이용해 아프리카가 왜 유럽보다 낙후되었는지를 설명해주는 식이다. 반면에《국가의 부와 빈곤》은 산업혁명 당시 영국이 보여준 행보처럼《총, 균, 쇠》보다 훨씬 작은 척도를 사용하고 있다.

척도는 중요한 사고방식이다. 물리학 연구는 이 척도를 특히나 중요하게 다룬다. 자동차와 기차의 운동을 계산하려면 지구를 평면으로 간주해야 하고, 국제 항로의 설정은 지구의 둥근 형태를 반드시 고려해야 한다. 행성의 운동을 연구할 때도 태양을 부피 없는 질점質點(물체의 질량이 모여 있다고 보는 점-역주)으로 보아야 한다. 척도를 사용한 사고의 핵심은 큰 척도로 가늠해야 하는 문제를 다룰 때 작은 척도의 범주 안에서 일어나는 현상은 무시하거나 단순화시킬 수 있다는 데 있다. 통계 역학은 단일 분자의 개별 운동을 추적하지 않고, 플라스마 Plasma 물리학에서 이온 현상을 연구한다면 척도로 삼을 전자 질량이 너무 작기 때문에 다른 유체流體(기체와 액체의 총칭-역주)로 그 활동량을 대체할 수 있다. 또한 작은 척도의 현상에 기반한 관점으로는 큰 척도의 문제를 설명할 수 없다.《장자莊子》를 보면 '하루살이 버섯은 초하루와 보름을 모르고, 쓰르라미는 봄과 가을을 알지 못한다朝菌不知晦朔, 蟪蛄不知春秋'라는 구절이 나온다. 그래서《사기史記》처럼 인물 이야기가 주를 이루는 역사서는 수백 년에 걸친 한 나라의 흥망성쇠를 연구하는 데 적합하지 않다.

하버드대학교의 유명한 중국 역사학자 황런위黃仁宇는 그의 저서 《중국 대역사China: A Macro History》에서 '15인치 등우선等雨線'이라는 말을 처음 사용했다. 그는 만리장성과 연평균 강우량이 15인치, 그러니까 380밀리미터인 등우선과 거의 일치한다고 했다. 그 말인즉슨 만리장성이 바로 농업 국가와 유목 국가를 갈라놓은 경계선이라는 의미이기도 하다. 그가 한 이야기는《명나라 이야기》처럼 대중적인 역사서 장르에 적용하기에도 적합하지 않다. 큰 척도로 연구할 때는 오랫동안 변하지 않는 요소, 즉 '외부 조건'에 주목해야 하기 때문이다. 황제의 야망과 몇몇 장수의 지혜와 용기는 작은 척도의 범주 안에서 중원 왕조의 운명을 좌우할 수 있을지 모르지만, 중원과 오랑캐 싸움이라는 큰 판도를 바꿀 수 없다. 후자는 중원의 충분한 강우량과 풍부한 물자라는 외부 조건에 의해 결정되기 때문이다.

《중국 대역사》에 등장하는 15인치 등우선은 중국 농민들에게 2천년 동안 만리장성 밖의 유목민과 싸울 수밖에 없는 운명을 안겨주었다. 그리고《총, 균, 쇠》는 수만 년 동안 한 대륙의 운명을 결정짓는 것은 인류의 적응을 위해 필요한 동식물의 양적 규모라고 주장한다.

어떤 외부적 조건은 역사의 발전에 걸림돌이 되고, 사람들의 자유로운 행동을 제약한다. 반면에 어떤 외부적 조건은 중요한 기회를 제공하기도 한다. 이런 제약과 기회의 존재 때문에 역사의 진화는 족쇄를 차고 춤을 추는 것처럼 제한된 틀 안에서 눈부신 발전과 변화를 도모해왔다.

만약 우리가 시간의 척도를 백만 년까지 확대하고, 공간의 척도를 인류 전체로 확장한다면 이 이야기와 역사의 이치는 또 어떻게 변할까? 이것이 바로 다이아몬드가 20여 년 전에 쓴 저서《제3의 침팬지》에서 다룬 내용이다. 다이아몬드의 또 다른 저서《총, 균, 쇠》,《문명의 붕괴》는 모두《제3의 침팬지》의 연장선이며,《제3의 침팬지》는 인류사회를 바라보는 다이아몬드의 근본적인 관점을 대변한다고 할 수 있다. 이 책은 왜 인류가 동물보다 월등한지를 알려주고 있다. 하지만 다이아몬드는 역사학자가 아니라 과학자이기 때문에 그의 이런 견해는 다른 전통적인 역사학자의 생각과 다를 수 있다.

과학자는 문제를 고려할 때 인위적인 낭만을 배제한다. 지난 수백만 년의 역사 속에서 고도의 지능을 지닌 외계인이 이따금 지구로 찾아와 지구 생명체를 관찰했다고 상상해보자. 그렇다면 그들의 눈에 비친 인류는 꽤 오랜 시간 동안 지구의 주인은커녕 지구에 사는 수많은 생물 중 하나에 불과했을 것이다.

혹자는 도덕과 감정의 유무로 인간과 동물의 차이를 설명하기도 한다. 하지만 사실 과학자들은 일련의 실험을 통해 침팬지와 원숭이 역시 감정과 동정심, 심지어 정의감마저 가지고 있는 것을 증명해냈다. 중학교 때 한 선생님은 도구를 사용하는 것이야말로 인간과 동물의 근본적 차이라고 가르쳐주셨다. 그러나 현대 과학자들은 침팬지 역시 상당히 교묘한 방식으로 도구를 사용할 수 있다는 것을 발견했다. 그렇다면 인간이 사용하는 언어를 다른 동물과 구분하는 잣대로 삼을 수 있을까? 사바나 원숭이는 각기 다른 세 가지 경고음을 낼 줄 알고, 나름의 의미를 담은 소리가 적어도 열 가지는 된다. 사바나 원숭이들이 내는 소리는 본능적인 표출 외에도 어릴 때부터 학습을 통해 배운 정확한 의미가 담겨 있기도 하다. 인간이 농업을 통해 생산 활동을 하는 것이 동물과 구분되는 잣대가 될까? 최초로 농업과 목축업을 발명한 생명체는 인간이 아니라 개미였다.

다이아몬드는 심지어 예술조차도 인류 특유의 행위가 아니라고 말한다. 한 심리학자는 수컷 침팬지가 그린 낙서 같은 그림을 보고 7, 8세 정도의 소년이 그린 것으로 판단하기도 했다. 만약 동물원에서 침팬지가 그림을 그리는 것을 자연스러운 행위가 아니라고 여긴다면 둥지를 짓는 바우어새Bowerbird의 행위는 어떻게 설명할 수 있을까? 그 새가 지은 둥지는 인간의 작품과 필적할 만큼 세상에서 가장 복잡하고, 화려하게 장식되어 있다. 이처럼 동물도 직접적인 실용 가치는 없지만 저마다의 미적 감각을 뽐내는 예술 작품을 만들어낼 수 있다는 것에 주목할 필요가 있다. 바우어새가 둥지를 치장하는 데 사용하는 물건들은 사실 그다지 쓸모가 없다. 둥지를 화려하게 꾸미기 위해 나름 얻기 힘들고 희귀한 것들을 물고 올 뿐이다. 물론 이런 행위예술이 이성을 유혹하거나 자신을 뽐내고 싶은 유전적 요인 때문이라고 말하는 사람도 있다. 하지만 입장 바꿔 생각해보면 인류가 예술 활동을 시작했던 최초의 목적 역시 그렇지 않았을까? 현대인은 아무 쓸모 없는 화려한 장신구로 자신을 꾸미기를 좋아한다. 이것 역시 자신을 드러내고 뽐내기 위해서가 아닐까?

인간의 나쁜 습성 역시 동물로부터 그 근원을 찾을 수 있다. 동물의 세계에는 약육강식의 법칙이 존재하고, 심지어 같은 종 안에서도 서로를 죽여가며 생존한다. 인간 역시 마찬가지다. 인간의 종족 말살 행위와 영역 싸움은 동물의 세계에서 그 뿌리를 찾을 수 있다. 게다가 인간은 지금까지도 이 습성에서 벗어나지 못하고 있다.

한 가지 흥미로운 질문을 예로 들어보자. 인간은 왜 흡연, 문신, 마약, 폭음처럼 몸에 극도로 해로운 행위에 탐닉하는 것일까? 이 질문에 대한 기가 막힌 답은 가젤과 사자에게서 찾아볼 수 있다. 가젤 한 마리가 자신을 노리며 서서히 접근하는 사자를 발견했다면 최고의 전략은 무조건 도망치는 것이 아니라 '내가 얼마나 강하고 빠른지 알아? 넌 나를 따라잡을 수 없어'라고 신호를 보내는 것이다. 이렇게 하면 가젤과 사자는 모두 체력과 시간을 절약할 수 있다. 그런데 이 신호가 사자에게 받아들여지려면 높은 비용과 더불어 유해성이 전제되어야 한다. 그래서 가젤의 신호는 천천히 뛰다가 이따금 튕기듯 뛰어오르는 식으로 진행된다. 만약 가젤에게 유전적으로 타고난 강인한 체력이 뒷받침되지 않는다면 이런 동작은 자칫 죽음을 자초할 수 있다. 다이아몬드는 이리저리 뛰어 오르는 가젤의 행동과 꼬리를 펼치는 수컷 공작처럼 흡연 역시 일종의 신호라고 주장했다. 즉, 내 몸에 해롭기는 하지만 내 유전자가 우수하다는 것을 알리는 것이다.

동물과 다를 바 없는 여러 특징은 인류 사회를 구성하는 조건이 되었다. 예를 들어 대량 학살의 두려움에서 벗어나기 위해 인간과 침팬지는 생존과 방어를 위해 어쩔 수 없이 무리를 지어 사는 방식을 선택했다.

요즘 젊은 세대들은 자식 때문에 억지로 혼인관계를 유지하는 것을 어리석다고 생각하지만 인간의 혼인 풍속은 결국 아이를 낳기 위해 존재하는 것이었다. 갓난아기는 혼자 먹을 수도, 몸을 가눌 수도 없으므로 부모가 양육을 책임져야 하고, 아버지의 역할도 커진다. 이 책임을 저버린다면 아이는 살아남기 어렵고, 그의 유전자도 보존될 수 없기 때문이다. 이러한 특징을 고려해 역사적으로 가장 정상적인 혼인의 형태는 일부일처제에 근접한 일부다처제였다. 즉 대다수 남성은 한 명의 배우자와 가정을 꾸리고, 힘 있고 능력이 뛰어난 소수의 남성만이 여러 명의 아내를 두는 것이다. 몇십 명의 아내를 두는 혼인 형태는 농경 사회 이후에야 나타나기 시작했다. 원시 사회의 남성은 자녀의 양육에 직접 참여하느라 그런 혼인 형태를 유지하기 어려웠다. 이에 반해 침팬지 사회에서 수컷은 양육의 책임을 질 필요가 없기 때문에 짝짓기 이후의 상황에는 관심이 없고, 단지 안전한 보호막 역할은 해줄지언정 결혼의 형태로 가정을 이루지는 않는다. 인간의 결혼이 특별히 독특한 것은 아니다. 수컷 새와 암컷 새는 둘 중 하나가 반드시 둥지에 남아 새끼를 돌보고, 나머지 한 마리가 먹이를 구하러 나간다. 이런 식으로 대부분 조류가 일부일처제를 이루는 결혼제도를 유지한다.

이로부터 볼 때 동물의 세계에서 인간은 그리 독특한 존재가 아니다. 사실상 인간과 침팬지의 유전자는 98.4%의 유사성을 보인다(이것은 《제3의 침팬지》에서 나온 견해이고, 2012년 연구[4] 수치는 98.7%에 달한다). 그리고 침팬지와 피그미 침팬지(혹은 보노보 원숭이)는 유전자의 차이가 고작 0.7%(최신 수치는 0.4%)로 알려져 있다. 그렇다면 인간은 제3의 침팬지에 불과할 뿐이다.

'직립보행을 하는 인간계 동물'의 수백만 년에 걸친 투쟁사를 살펴보면 인간을 만물의 영장이라고 할 만한 흔적을 찾을 수 없을 만큼 아주 단조로운 생존 형태를 보여왔다. 침팬지도 가끔 석기를 사용할 줄 알았고, 250만 년 전에 이르러서야 동아프리카 원인原人이 침팬지를 뛰어넘는 석기 사용 능력을 갖추었으며, 생활 속에서 석기를 두루 사용했다. 50만 년 전에 등장한 호모 사피엔스의 대뇌는 비교적 큰 편이

---

4 news.sciencemag.org/sciencenow/2012/06/bonobo-genome-sequenced.html.

었다. 하지만 그들은 생활이나 예술 방면으로 큰 변화를 보여주지 못했다. 석기 역시 그대로 사용되었고 그 이상의 도구가 나오지 않았다. 그들의 유일한 특징은 불을 만들어 사용할 줄 알았다는 것이다. 사냥 기술은 10만 년 전부터 등장했지만 그 수준이 매우 낮았고, 4만 년 전까지 아무런 혁신도 일어나지 않았다.

인류의 족보

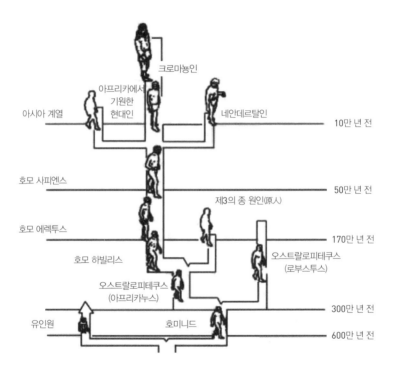

족보에 등장하는 오스트랄로피테쿠스(로부스투스), '제3의 종 원인', 네안데르탈인의 생존 기간에 생존했던 아시아 계열 등 수많은 종이 멸종했다.

그렇지만 대략 5, 6만 년 전에 인류의 한 계통에 변화가 생겨났다. 과학자들은 이 변화가 유전적 의미를 담고 있다고 믿었지만, 화석의 골격에서 아무런 단서도 발견할 수 없었다. 이 변화를 통해 인류는 비약적으로 발전하기 시작했다. 유럽에 살던 크로마뇽인의 도구와 사냥 무기는 나날이 발전해 나아갔다. 그들은 세계 곳곳으로 영역을 확장해 나가기 시작했고, 5만 년 전에 배를 타고 인도네시아를 거쳐 100킬로미터가 넘는 해역을 항해하며 오스트레일리아 땅을 밟았다. 4만 년 전에 살았던 크로마뇽인의 외모와 체구는 이미 현대인과 크게 다를 것이 없었다. 대약진의 증거는 너무나도 확연하게 드러났다. 그들은 바늘, 끌, 절구, 낚싯바늘, 그물추와 밧줄 등의 복합적인 도구를 만들 줄 알았고, 원거리 공격 무기를 발명해 대형 동물을 사냥하는 데 사용했다. 심지어 원거리 무역과 분업도 이루어졌다. 이 시기에 그들은 자신보다 더 강했던 네안데르탈인을 물리쳤고, 이를 계기로 그들을 멸종시켰을 가능성도 크다.

다이아몬드를 포함한 많은 학자는 이 놀라운 변화를 끌어낸 일등공신이 언어라고 여긴다. 혀와 목구멍의 해부학적 변화를 통해 인류는 복잡한 소리를 만들어낼 수 있게 되었다. 이때부터 복잡한 정보의 전달이 가능해졌고, 교류가 혁신으로 이어졌다.

인류 진화의 역사에서 언어의 의미는 당대 유명한 기술사학자이자 평론가인 케빈 켈리Kevin Kelly의 저서《기술의 충격》에 아주 잘 설명되어 있다. 언어가 만들어지면서 인간은 비로소 마음속에 생겨나는 생각을 명확히 알게 되었고, 그것이 표현으로 이어지면서 의식적인 도구의 창조가 가능해졌다. 사실 언어는 어느 정도의 추상적 사고로 이어지며, 그림에 비해 그것의 통용되는 의미를 이해하기 어렵기도 하다.

언어 능력은 인류의 진화사에서 가장 마지막에 등장하는 중요한 하드웨어 업그레이드라고 할 수 있다. 즉, 4만 년 전의 인류는 이미 현대인의 모든 자질을 갖추고 있었다.[5] 다이아몬드의 말을 빌리자면, 조건만 되면 4만 년 전 인류에게 제트기 운전법을 가르쳐주는 것도 가능할 정도다.

인류 발전사에 존재하는 각종 외부적인 조건은 인간의 노력을 통해 점진적으로 획득할 수 있는 것들이 결코 아니었다. 언어 능력처럼 중대한 기회 역시 온전히 우연에 속한다. 《기술의 충격》에서는 동물 세계에 등장하는 또 다른 우연한 진보의 사례들을 소개하고 있다. 예를 들어 딱따구리는 매우 성공적인 생명의 형태로 진화에 쉬운 조건을 갖췄지만, 세계적으로 분포된 종은 아니다. 식물의 섬유소는 어디에나 존재하지만 섬유소를 소화할 수 있는 동물은 존재하지 않는다. 초식 동물이 섬유소를 소화하는 것은 장 속의 미생물 덕분이다. 또한 곤충은 식량을 재배할 수 있지만 동물은 그럴 수 없다. 만약 기회가 이렇게 우연히 찾아온다면 지능을 가진 생명체의 등장은 아주 보기 드문 일에 속할 가능성이 크다. 그래서 설사 생명이 존재하기에 적합한 행성이 있다 해도 그곳에 사는 생물이 인간처럼 지능을 가진 생명체로 진화할 거라고 장담하기 어렵다.

다이아몬드는 인간이 현재와 같이 되기 위한 외부 조건에 대해 종합적인 평가를 내리지 않았지만, 우리는 그의 책을 통해 인류 발전에 결정적인 역할을 한두 가지 요건을 어렵지 않게 깨달을 수 있다.

첫 번째 요건은 당연히 혁신이다. 혁신의 관건은 언어와 수명이다.

---

5 이런 주장에 대한 과학계의 논쟁은 여전히 진행 중이다. 상당수의 과학자는 인류가 지난 4만 년 동안 여전히 진화 중이라고 여긴다.

대약진을 앞둔 시기에 네안데르탈인은 거의 40세를 넘기지 못했지만, 크로마뇽인은 60세 이상까지 살 정도로 진화에 성공했다. 문자를 발명하기 전까지 노인은 지식을 전수하는 데 결정적인 역할을 했다. 다이아몬드는 수렵, 채집의 시대에 70세 이상의 노인이 한 명만 있어도 그의 지식이 종족의 운명을 결정지을 정도였다고 언급했다. 하지만 인간의 수명은 무슨 이유로 이렇게 급작스럽게 연장될 수 있었을까? 그것을 가능하게 만든 중요한 요인 중 하나는 여성의 폐경이다. 일반적으로 동물은 생식 가능한 나이가 지나면 죽게 된다. 그들의 임무는 종족 보존이기 때문에 유전자를 전해주고 나면 생명을 마치게 되는 것이다. 하지만 여성은 중년에 폐경이 와도 계속해서 오래도록 살아남을 수 있다. 출산이 생명을 위협할 만큼 위험하다는 사실을 감안한다면 폐경은 여성에게 일종의 보호막 역할을 했고, 그녀들이 노년이 될 때까지 살아남아 지식 전달의 임무를 완성할 수 있게 만들어주었다.

두 번째 요건은 협력이다. 흥미롭게도 이 요건은 성행위와 밀접한 관련이 있다. 동물의 세계에서 인간의 성행위는 독특한 특징을 보여준다. 즉, 배란과 성교의 증세가 겉으로 드러나지 않는다. 왜 여성에게는 발정기가 없고, 배란의 징조도 보이지 않는 것일까? 그렇다면 과학자들이 1930년경에 여성의 배란 주기를 계산하는 법을 알아내기 전까지 여성은 언제든지 임신할 수 있다고 여겼던 것일까? 어쩌면 여성의 본능은 이래야만 남편을 오랫동안 자신의 곁에 남겨둘 수 있다는 것을 알고 있었는지도 모른다. 여기서 더 나아가 만약 배란과 성교가 공개적으로 일어난다고 가정해보자. 일단 여성이 발정기에 들어가면 남성들은 그녀의 '(책의 표현을 그대로 인용하자면)부풀어 오른 음부'를 보고 후손을 남길 수 있는 짝짓기 기회를 차지하기 위해 서로 싸울 수밖에 없다. 이런 사회집단 안에서는 효율적인 협력이 이루어질 수 없다. 이런 점을 고려할 때 인간의 성 생리가 얼마나 중요한 조건인지 충분히 짐작할 수 있다. 이 실험은 제한적 공간 안에서 제어가 불가능하므로 엄밀하게 말해서 과학적 이론이라고 볼 수 없지만, 그것에 내포된 의미는 충분히 설득력을 가진다.

혁신과 협력은 서로 하나로 합쳐져야 비로소 인간은 동물과 명확히 구별될 수 있다. 이 두 가지 요건 덕에 인간은 비교 불가능한 우위를 점할 수 있게 되었다. 4만 년 전부터 동물은 인류의 발전사 속에서 점차 설 자리를 잃어갔고, 그 빈틈은 인간과 인간의 경쟁으로 채워져갔다. 크로마뇽인의 후손은 전 세계로 퍼져 나갔고, 인간으로 이루어진 각 무리 사이의 유전자 차이가 거의 사라졌다. 하지만 1만 년 전 농업이 발명된 후부터 각지에 분포된 무리 사이의 발전 격차는 갈수록 눈에 띄게 벌어지기 시작했다.

기술과 정치 발전을 예로 들자면 유라시아 대륙이 가장 빨랐고, 아메리카와 오세아니아가 그 뒤를 이었다. 그 이유는 무엇일까? 근본적인 원인은 인종이 아니라 지역의 조건이 다르다는 데 있었다. 대략 6천 년 전에 서아시아 사람들은 이미 양, 산양, 돼지, 소 말과 같은 다섯 종류의 가축을 길들이기 시작했다. 그렇다면 아메리카 사람들은 왜 그렇게 하지 못했을까? 그것은 아메리카 사람의 지능이 떨어져서가 아니라 그곳에 그렇게 길들일 만한 종이 없었기 때문이다. 마치 컴퓨터 시뮬레이션 게임을 할 때 척박한 땅을 할당받은 유저처럼 아메리카 사람 역시 문명의 발전에 필요한 전략적 자원이 부족했다. 물론 이런 전략적 자원이 없다면 외부로부터 유입해 들여오는 것도 하나의 방법이 될 수 있다. 다만 그것을 유입 여부 역시 지리적 요인에 달려 있다.

인류 발전사를 돌아보면 '사람의 노력이 대자연을 이긴다'라는 증거는 거의 보이지 않고, 인간이 대자연의 각종 외적 조건 앞에 굴복해야 했던 경우가 대부분이었다. 1944년 스물아홉 마리의 순록이 세인트 매튜섬St. Matthew Island으로 이주했다. 순록은 섬에서 자라는 지의류 식물을 먹이로 삼으며 지냈고, 1963년까지 그 수가 무려 6천 마리까지 늘어났다. 그렇지만 지의류 식물은 재생 속도가 느린 자원이었기 때문에 순록들은 먹이 부족에 시달려야만 했다. 그러다 1년 후 섬에 한파가 닥치면서 순록들은 거의 굶어 죽고 말았다. 인류라면 이런 상황에서 어떻게 되었을까? 고대 서구 문명을 돌이켜보면 왜 권력의 중심이 계속해서 지리적 이동을 하게 되었을까? 현대 초강대국 명단속에 그리스와 페르시아가 포함되어 있지 않은 이유는 무엇일까? 과거에 그들이 의존했던 환경을 그들 스스로 파괴했기 때문이다.

다이아몬드는 이런 역사의 흐름을 보며《문명의 붕괴》를 집필해 환경적 요소가 문명에 미치는 영향에 대해 일깨워주었다. 어쩌면 우리는 그보다 좀 더 인류의 문명을 낙관해도 괜찮지 않을까 싶다. 혁신과 협력이라는 두 가지 요건만 있다면 인류는 동물의 숙명에서 벗어날 수 있을지도 모른다. 2010년에 출간된《왜 서양이 지배하는가》에서 저자 이언 모리스Ian Morris는 과거 서양이 동양보다 빠른 발전을 보였던 주된 이유는 지리적 요소지만 앞으로 상황이 달라질 거라고 주장했다. 기술적 진보로 인해 지리적 차이가 더는 중요한 요소로 작용하지 않기 때문이다. 다시 말해서 우리는 이미 외부적인 조건을 어느 정도 극복했다고 볼 수 있다. 기술 혁신과 글로벌 협력을 통해 환경 문제를 해결할 방법을 결국 언젠가는 찾아낼 것이다.

대학 시절 천체 물리학 강의 시간에 교수님께서 살아가면서 작은 일에 연연하지 말고, 시간이 날 때마다 하늘을 보라는 말씀을 해주셨다. 거대한 우주 안에서 인간은 티끌보다도 작은 존재이고 그런 사소한 문제가 얼마나 별거 아닌 일인지를 깨달을 수 있기 때문이었다. 큰 척도에서 봐야 하는 문제를 고민하다 보면 작은 척도에 얽힌 문제에서 벗어나는 데 도움 된다. 이것이 바로 다이아몬드의 책이 우리에게 가져다주는 깨우침이 아닐까 싶다.

그렇다면 척도를 좀 더 멀리까지 확대해보는 것은 어떨까? 만약 시간의 척도를 1억 년 단위로 설정한다면 지구상에 발생했던 가장 중대한 사건은 아마도 인류의 등장이 아니라 6천 5백만 년 전 소행성이 지구와 충돌하면서 시작된 공룡의 멸종이 될 것이다.[6] 이 충돌이 없었다면 포유동물이 포식자가 되는 일은 절대 벌어지지 않았을지 모른다. 지혜를 갖춘 생명체의 출현은 지극히 낮은 확률을 가진 일련의 사건을 통해 결정되었고, 수많은 기회와 위기를 거치며 진화를 거듭했다. 지구상에서 잘 살던 공룡이 갑작스럽게 우주로부터 들이닥친 재앙에 멸망하게 될 줄 누가 알았겠는가? 또한 당시 쥐만 한 크기의 포유동물이 만물의 영장으로 진화할 거라고 누가 상상이나 했겠는가? 이런 식으로 생각해보면 우리가 지금 다루고 있는 인류의 흥망성쇠는 생각해볼 가치조차 없는 내용이 될 수도 있다. 보아하니 문제를 사고하는 척도가 크다고 해서 좋은 것은 아닌 듯싶다.

---

6 공룡의 멸종에 관해 다양한 가설이 존재하지만 현재 과학계에서 공식적으로 밝힌 원인은 소행성과 지구의 충돌이다. 〈사이언스 매거진(Science Magazine)〉에 실린 논문: Peter Schultz et al., The Chicxulub Asteroid Impact and Mass Extinction at the Cretaceous-Paleogene Boundary, Science 5 March 2010: Vol. 327 no. 5970 pp.1214-1218.

2

사회는 왜
이래야만
하는 걸까?

사람과 사람 사이의 사회적 관계는 왜 지금의 형태로 굳혀져야만 했을까? 왜 사회는 등급으로 나누어져야만 했을까? 왜 일부일처제가 당연하게 수용된 것일까? 재산은 왜 사유화가 된 것일까? 세상은 왜 정부의 형태를 가진 하나의 나라로 나누어진 것일까?

고난과 압박, 불공평에 직면하고 사회적 문제를 고민할 때마다 우리는 지금보다 더 나은 세상을 꿈꾼다.

사실상 인류의 근대사를 돌이켜보면 '제일 원리First principle'에 입각해 새로운 사회의 건설로 이어지는 실천이 수도 없이 반복되었고, 그 취지는 늘 이상과 꿈으로 가득 차 있었다. 하지만 그 끝은 대규모 실패이거나 혹은 아주 작은 범위 안에서만 살아남았다. 처음에는 모두 이것을 '유토피아Utopia'로 불렀지만 실패를 반복하면서 결국 이를 그린 소설들 속에서 '디스토피아Dystopia'라는 말이 새롭게 등장하기에 이르렀다.

하지만 사람들은 여전히 이런 세상을 시도하고 있다. 지금도 미국에는 특정 장소에 정착해 새로운 사회생활을 시도하는 사람들의 단체가 많이 있다. 영국의 한 방송 매체에서는 서른여섯 명이 함께 무인도에서 생활하는 프로그램 〈무인도에서 살아남기〉를 제작하기도 했다. 그 프로그램은 참가자들이 무인도에서 외부와 단절된 채 스스로 살아남는 것을 원칙으로 제작되었고, 그들의 생존기가 인기를 끌면서 시청률을 단박에 끌어올렸다.

그렇지만 프로그램이 시작된 지 얼마 되지 않아 일곱 명이 포기 선언을 했다. 그런데 그중 한 사람이 떠나기 전 남긴 인터뷰가 무척 흥미로웠다. 그는 새로운 삶을 경험해보고 싶어 참가 신청을 했지만 무인도에서의 삶 역시 규칙의 굴레에서 벗어나지 못했고, 결국 바깥세상과 별 차이가 없는 생활에 따분함과 답답함을 느꼈다고 토로했다.

누구나 그의 생각에 전적으로 동감할 거라고 본다. 일례로 중국인이라고 해서 꼭 중국어를 할 줄 알아야 하는 것은 아니고, 소수민족이라고 해서 반드시 민족 전통 의상만 입으라는 법은 없지 않은가? 사람은 누구나 자유롭게 살 권리가 있다고 본다. 우리는 당연히 사회 규칙을 바꿀 수 있어야 한다! 안 그런가?

그리스계 미국인 사회학자 니컬러스 크리스타키스Nicholas A. Christakis는《블루프린트: 이기적 인간은 어떻게 좋은 사회를 만드는가 Blueprint: The evolutionary origins of a good society》에서 인류 사회는 대체로 그럴 수밖에 없다고 결론지었다.

너무나 단호하고 강렬한 결론이다. 그래서인지 누구나 쉽게 수긍하기에는 왠지 무리가 있어 보인다. 논리적으로 접근해봤을 때 설사 앞서 언급한 유토피아 건설을 위한 시도가 실패했다 해도 다음번 시도조차 실패할 거라고 누구도 장담할 수 없기 때문이다. 이 결론을 받아들인다면 인성에 대한 근본적인 인식이 필요하다.

이 인식은 자유가 아니라 '사람'에 집중한다.

이것은 철학적 판단(철학자는 더는 인간의 본성을 판단할 자격이 없다)이 아니라 과학적 인식이다.

이 시대를 사는 과학자들의 인성에 대한 이해와 인식은 철저히 과학적 근거를 바탕으로 하지만, 이 사실을 모르는 사람들이 아직도 의외로 많다. 과학자는 이론적 근거가 없는 공리공담을 멀리하며, 오로지 두 가지 가장 확실한 수단을 바탕으로 자신들의 주장을 펼친다.

하나는 뇌신경 과학을 이용해 인간의 인지능력을 관찰하는 것이다. 이 학문은 대뇌의 하드웨어적 한계를 연구한다. 인간의 뇌는 마음대로 업그레이드할 수 있는 컴퓨터가 아니며, 다양한 인지적 편차가 존재하고, 실수를 저지르기 쉬울 뿐 아니라 랜덤 설정을 받아들일 수 없다.

또 따른 하나는 진화심리학을 이용해 인간의 유전자와 유전을 관찰하는 것이다. 만약 인류의 먼 친척뻘이라고 할 수 있는 오랑우탄은 물론이고 지난 몇십만 년 동안 인류 역시 똑같은 행동 패턴을 보이며 살아왔다면, 그 패턴이 인류의 유전자 속에 각인되어 있을 가능성이 크다. 그렇다면 그와 관련된 구체적인 유전자 코드를 찾아내기만 하면 인성에 대한 과학적 해답을 찾을 수 있게 된다. 하지만 그 유전자로 인성을 규정하는 데 성공한다 한들 무슨 의미가 있겠는가?

사실 인간은 공장 초기화 상태의 기계이자 생리적 제약을 받는 동물이라고 할 수 있다.

과학자들은 일찌감치 이런 인식을 갖고 있었고, 그동안 수많은 서적을 출간해왔다. 30, 40년 전에 프란스 드 발Frans De Waal의《침팬지 폴리틱스》와 재레드 다이아몬드의《제3의 침팬지》가 출간되었고, 최근에는 조너선 하이트Jonathan Haidt의《바른 마음》과 로버트 사폴스키 Robert Sapolsky의《행동개요summary of behave》등의 책이 세상에 나왔다. 이 책들은 모두 생리와 하드웨어의 관점에서 인성이란 무엇인지에 대해 알려주고 있다.

니컬러스 크리스타키스의《블루프린트》는 이 과학적 사고에 기반한 사고의 연장선으로 인류 사회가 왜 이런 형태로 유지되어야만 하는지에 대해 설명하고 있다.

크리스타키스는 누구나 상상할 수 있는 각종 사회관계를 우선 고찰했다. 이것은 역사 속에 등장하는 왕조, 유토피아의 실천, 선박 침몰 사고처럼 극단적 환경 속에서 만들어진 작은 사회, 변경 지역의 특이한 혼인 풍속 속에 등장하는 사회관계들이다. 또한 그는 자신이 직접 실험에 참여해 얻은 일반적인 규칙을 소개했는데, 이것을 간단히 소개하자면 성공한 사회의 규칙은 모두 비슷했지만, 실패한 사회에는 각기 다른 규칙이 존재했다.

이 성공 규칙들은 모두 여덟 개로 나뉘며 모두 좋은 사회를 이루는 청사진을 제공한다. 크리스타키스는 그것을 '사회 패키지'라고 불렀다.

1 누구나 서로를 식별할 수 있는 저마다의 독특한 신분을 가지고 있다. 모든 사람이 익명이거나 똑같이 생길 수 없다.
2 사람은 자신의 배우자와 후손에 대한 애착을 갖게 된다. 이것이 가정의 근간을 이룬다.

3 두 사람 사이에 혈연관계가 없어도 우정으로 이어질 수 있다.

4 사회 전체에 소셜 네트워크가 있어 모두가 하나로 연결되어 있다.

5 사회에 협력관계가 존재한다.

6 사람들은 자신이 속해 있는 그룹을 더 좋아하고, 때로는 다른 그룹을 적대시하기도 한다.

7 유동적인 등급제도가 존재하고, 모든 사람의 지위는 절대적이 아니라 상대적 평등관계다.

8 이 사회는 학습과 교육을 촉진한다.

이 여덟 가지 성공 규칙은 상당히 평범하게 들린다. 문제는 그것 중 어느 것도 내가 고칠 수 없다는 데 있다. 가정을 취소할 수 있을까? 절대적 평등을 이룰 수 있을까? 당연히 안 된다. 그렇게 되면 장기적으로 존재하는 복잡한 사회가 될 수 없을 것이다.

이 사회 패키지는 인류의 하드웨어로 결정되고, 그것은 인류의 진화 속에서 자연 선택을 거쳐 만들어진 결과라고 할 수 있다.

이 패키지는 좋은 사회의 공통으로 적용되는 특징을 가지고 있다. 그렇다면 왜 이런 공통점을 가지고 있는 것일까? 자연 선택과 상관없이 각 지역에 분포된 인류는 하나의 환경을 갖게 되고, 이 환경은 언제나 변함이 없기 때문이다.

이 환경은 바로 다른 사람의 존재를 통해 만들어진다.

인간으로 태어나 세상 밖으로 나가 생존하려면 타인의 존재가 필연적으로 따를 수밖에 없고, 그들과의 상호작용은 정해진 규칙의 준수를 통해서만 이루어진다.

크리스타키스는 인간의 진화 속에서 이 사회 패키지의 논리를 찾아냈고, 이런 규칙들이 한 집단에 진화적 우위를 가져다주는 이유에 관해 설명했다. 이와 더불어 그는 인간 유전자에 얽힌 하드의 한계를 파헤쳤다. 이 책은 마치 추리소설처럼 논리의 사슬로 여러 실마리를 엮어가며 사유의 즐거움을 선사한다.

이제 그중 몇 가지 재미있는 이론을 이야기해보고자 한다.

왜 서로 다른 지역에 존재하는 좋은 사회는 분명 다른 길을 걸어왔는데 이르는 곳은 똑같은 것일까? 그것을 설명해줄 핵심 이론이 바로 '수렴 진화convergent evolution'이다.

수렴 진화는 생물의 진화 과정에서 만날 수 있는 좋은 요소는 무한정 제공되는 것이 아니라는 뜻을 내포하고 있다. 예를 들어 동물이 날 수 있으려면 날개의 '설계'는 몇 가지로 제한되어 있다.

박쥐와 조류는 진화의 역사 속에서 상당히 멀리 떨어져 있는 종이며, 각자 독립적으로 진화하며 비행 능력을 갖추게 되었다. 하지만 그들의 날개는 똑같은 구조로 설계되어 있다. 이 두 종은 서로를 모방한 것이 아니라 각자 끊임없이 시행착오를 거치며 날 수 있는 날개를 갖게 되었다.

눈 역시 이와 비슷한 예다. 인간과 문어는 7억 5천만 년 전부터 이미 제 갈 길을 갔고, 이 둘 사이에 공통으로 존재했던 조상은 눈이 없었다. 그 후 인간과 문어의 눈은 각자 독립적으로 진화의 과정을 거치며 결과적으로 똑같은 눈을 갖게 되었다.

그리고 이 눈은 다른 종에서 적어도 50번 이상 독자적으로 진화했다.

수렴 진화는 계통적으로 관련이 없는 둘 이상의 생물이 적응하면서 결과적으로 유사한 형태를 보이는 현상으로 좋은 요소일수록 그것을 받아들이며 진화하는 것을 보여준다. 여러 기업에서 출시하는 카메라

렌즈는 왜 모두 둥근 모양이고, 휴대전화는 왜 전부 직사각형 모양일까? 그 이유는 간단하다. 그렇게 만들어야 사용하기에 가장 적합하다 보니 그런 디자인을 채택한 제품만 살아남을 수 있기 때문이다.

사회의 진화 역시 마찬가지다. 인류 사회든 코끼리나 오랑우탄이 만드는 사회든 충분히 복잡하고 오래 존속할 수 있는 좋은 사회라면 여덟 가지 사회 패키지를 모두 갖추고 있는 상태에서 가는 길만 다를 뿐 결과적으로 같은 곳에 도달하게 되어 있다.

이쯤에서 다시 일부일처제 얘기로 돌아가자. 우리는 왜 일부일처제를 고수해야만 할까? 크리스타키스는 몇 장에 걸쳐 이 질문에 대한 기나긴 이야기를 풀어 나아갔는데, 그 이야기를 간략하게 정리하자면 다음과 같다.

인류를 구성하는 남성과 여성이든 동물의 암컷과 수컷이든, 자유연애를 하든 계약 결혼을 하든 성관계를 갖고 아이가 생기는 순간부터 그들 사이에 애착관계가 형성된다. 이것은 자식을 사랑하는 마음에서 비롯되었거나 유전자의 영향을 받았을 가능성이 있다. 어찌 됐든 이런 심리적 애착은 객관적으로 존재하는 감정이다.

애착감은 양성관계를 자유분방하고 무책임한 상태에서 벗어나 고정적으로 만드는 데 결정적 역할을 했다. 가장 기본적인 남녀관계는 남녀 한 쌍이 짝을 이루는 것이다. 사실상 30만 년 전부터 1만 년 전까지의 인류 역사를 돌아보면 일부일처제가 보편적이었다. 문명 시대에 접어든 이후에도 일부일처제는 혼인관계의 기본 틀로써 맥을 이어왔다. 사람들은 자신이 이룬 가정을 일 순위로 여기며, 그다음으로 친족, 더 나아가 사회 구성원으로 관심의 폭을 넓혀간다.

어쩌면 당신은 많은 영장류가 일부다처제를 유지하고 있고, 인류 역시 일부다처제를 받아들였던 적이 있지 않았냐고 반박할 수도 있다. 이것은 환경 및 사회적 문제와 연관되어 있다. 만약 생존을 위해 극심한 압박에 시달려야 하는 환경 속에서 암컷이 멀리 떨어져 혼자 살기를 선택했다면 일부일처제를 따를 수밖에 없다. 반대로 생존을 위한 압박에서 벗어나 모두가 집단생활을 할 수 있는 환경이 되면 일부다처제는 기정사실이 된다. 하지만 이때부터 사회의 역할이 작용하기 시작한다.

사회가 복잡해지면서 일부 남성이 일종의 새로운 짝짓기 전략을 만들어냈다. 그들은 이전처럼 전투를 통해 여성을 쟁취하는 것이 아니라 음식과 보호막을 제공하는 등의 방식으로 여성의 환심을 사는 방식을 택했다. 여성들도 그 방식에 동조하면서 애착관계가 형성되었고, 이런 식으로 사회는 일부일처제 방향으로 진화하기 시작했다.

근대에 들어서면서 사회적 협력의 관계가더 복잡해지고, 남성들 사이의 평등관계가 더 공고해지면서 일부일처제가 가장 합리적인 선택이 되었다.

여기서 한 가지 흥미로운 점은 예전만 해도 아버지가 자손을 돌보는 일에 반드시 참여해야 하므로 일부일처제를 해야 한다고 생각하는 학자가 많았다. 반면에 크리스타키스는 인류가 일부일처제를 일찌감치 해왔기 때문에 아버지가 자손을 돌보는 일에 참여하게 된 거라고 논증하고 있다.

한편 또 다른 일례로, 사회 패키지의 첫 번째 항목에 해당하는 신분의 식별은 어떻게 가능한 것일까?

당신이 사회학자가 아니라면 이런 문제를 생각지도 못했을 수 있다. 사람은 왜 다 다르게 생긴 것일까? 사실 이 점은 사회 차원에서 볼 때 장점이라고 할 수 있다. 사람들이 서로를 식별할 수 있어야 누가 좋은 사람이고, 누가 악인인지 알 수 있고, 이것이 가능해야 선의에 대한 보답과 징벌 메커니즘을 구축하고, 협력을 촉진하는 가운데 좋은 사회를 만들어갈 수 있다.

사람마다 생김새가 달라지는 핵심 관건은 유전자의 배치에 있다고 할 수 있다. 그만큼 간단한 문제가 결코 아니다. 우리의 얼굴 모양을 담당하는 유전자는 다양성을 충분히 확보해야 한다. 예를 들어 코의 넓이와 길이 사이의 상관관계는 0에 가깝다. 다시 말해서 코 폭이 넓다고 해서 코가 길거나 짧은 거라고 단정 지을 수 없다. 폭과 길이는 전혀 상관이 없기 때문이다.

이 경우 어떤 장점이 있을까? 이래야만 코의 다양성이 확보된다. 코의 넓이에 따라 길이가 결정된다면 변화의 폭이 좁아지고 결국 비슷하게 생긴 사람만 늘어나게 된다.

반면에 손의 폭과 길이는 뚜렷하게 비례하며 상관관계를 갖는다. 다시 말해서 손의 폭이 넓으면 길이도 길어지는 것이 일반적이다. 많은 사람의 손이 서로 닮아 있는 것도 이런 이유 때문이다. 그렇다 보니 우리는 손이 아닌 얼굴을 보고 사람을 식별한다.

물론 이런 다양성을 전제로 한 대가도 따른다. 손의 폭과 길이는 하나의 유전자로도 충분히 제어할 수 있지만, 코의 폭과 길이를 조절하려면 반드시 서로 다른 두 개의 유전자가 필요하기 때문이다. 이 대가를 치러야만 우리는 더 나은 사회적 상호작용을 얻을 수 있다.

인류 사회는 왜 지금과 같은 모습이 되었을까? 이 해답을 찾기 위해 유전자, 문화, 환경적 요인, 우연 혹은 절대불변의 요소 등을 추적해야 한다. 그래서 현대 과학자들은 각 방면의 증거를 차근차근 수집하고, 아주 신중한 논증 과정을 거쳐 그 답을 내놓고 있다.

크리스타키스도 그중 한 명이고, 그가 찾아낸 여덟 개의 사회 패키지가 최종적인 답이라고 말할 수 없다. 그의 논리적 추리에도 허점이 존재하기 때문이다. 그럼에도 그의 결론은 가장 존중받을 만한 충분한 가치를 지니고 있다.

중국 사회와 미국 사회는 다르고, 민주 사회는 독재 사회, 봉건 사회와 같을 수 없다. 미래의 사회 역시 현대 사회와 다를 수밖에 없고, 누구나 각종 새로운 조직 방식을 시도해볼 수도 있다. 하지만 이 여덟 가지 사회 패키지는 코끼리부터 오랑우탄은 물론 지금의 인류 사회에 이르기까지 한 번도 변한 적이 없다.

우리가 변화를 시도하고자 한다면 변하지 않는 것이 무엇인지를 먼저 파악해야 한다. 이것을 간과하게 되면 실수가 나올 수밖에 없다. 지금까지 인류 사회는 수많은 변화의 시도를 겪어왔다. 절대적 평등, 가정의 파괴, 남녀의 분리가 시도되었고, 미국의 셰이커Shakers와 같은 종교단체의 유토피아 공동체는 남녀의 접촉을 엄격히 금지하기도 했다. 이런 모든 실험은 얼마 못 가 실패하거나 아주 작은 범주 안에서만 존재할 수 있었다. 왜냐하면 그런 시도들이 인류 사회의 청사진에 부합하지 않았기 때문이다.

때로는 하나의 학설이 사람의 의식을 더 급진적으로 만드는 데 결정적인 역할을 하기도 한다. 그래서 사회적 문제를 다룰 때 좀 더 신중하게 접근할 필요가 있다. 과학자들이 이런 문제에 유독 신중하고 조심스럽게 접근하는 이유가 바로 여기에 있다.

3

기술이
세상을
지배한다

우리는 역사의 흐름 속에는 거스르면 망하고, 따르면 흥하는 '대세
론'이 존재한다고 늘 믿는다. 이것은 《삼국연의三國演義》의 첫머리에
등장하는 '분구필합, 합구필분分久必合, 合久必分', 즉 '천하대세는 분열
된 지 오래면 반드시 통일되고, 통일된 지 오래면 반드시 분열된다'는
순환론을 떠올리게 한다. 그렇지만 설사 이와 같은 대세가 정말 존재
한다 해도 그것을 정확히 예견할 수 있는 사람은 그리 많지 않다.

예를 들어 100년 전 제1차 세계대전이 발발하기 전까지 세계 선진
국의 경제는 이미 상호 의존적인 통합체를 형성하고 있었고, 전화와
전보를 포함한 통신 기술의 발전에 힘입어 각국 간의 원활한 교류는
물론 민주주의제도의 광범위한 확산이 이루어졌다. 그 결과 전 유럽
의 정치인, 지식인과 재계 인사들은 모두 평화야말로 세계의 대세라
고 여겼다. 20세기 초에 그들은 유럽에서 대규모 전쟁이 더는 발발하

지 않을 거라고 예상했지만 아이러니하게도 20세기는 인류 역사상 가장 치열한 전쟁이 벌어진 시기였다.

다만 그렇다고 해도 그런 역사 속에 대세가 존재하지 않았거나 예측 불가능했던 것은 아니다. 실제로 폴란드 은행가 이반 블로흐Ivan Bloch는 하늘이 내린 기회를 예리하게 간파하는 능력을 보여주었다. 그는 아마추어 군사학자로서 1898년 6권짜리 대작《기술, 경제 및 정치적 측면에서 본 미래의 전쟁The Future of War in Its Technical, Economic and Political Relations》을 출간했다. 블로흐는 단 한 번도 전쟁을 겪어본 적이 없었지만 세계에서 기관총의 의미를 가장 잘 이해하는 사람에 속한다. 그는 기관총이 등장하면서 전통적인 보병과 기마병을 이용한 전술은 구시대적인 유물이 되었다고 지적했다. 기관총이 등장하면서 병사들은 참호 안에서 전투를 치를 수 있게 되었다. 참호 속에서 싸우는 병사들은 지상에서 전투를 치르는 병사들보다 4배나 유리한 입장에 설 수 있었다. 다만 제자리에서 진행되는 참호 속 전투는 빠른 속도로 전진하는 것이 불가능하므로 속도전이 거의 불가능하다. 그래서 앞으로의 전투는 어쩔 수 없이 기나긴 소모전으로 전환될 것이다. 이런 식의 장기전이 시작되면 참전국은 전통적인 전쟁 형태보다 100배나 많은 병력을 투입해야 한다. 그로 인해 참전국의 경제가 침체하면 국내 정세의 동요는 물론 혁명을 초래할 수도 있다. 그러므로 어떤 강대국도 기관총 시대에 함부로 전쟁을 일으키는 어리석은 선택을 할 리 없다. 거시적 관점에서 볼 때 기관총은 결국 세계의 평화를 가져다줄 것이다. 사실 세계 평화만 제외한다면 블로흐의 다른 예측은 모두 정확히 맞아떨어졌다.

블로흐가 제1차 세계대전의 발발을 예측하지 못한 중요한 원인은 아무래도 그가 신기술에 대한 세계인의 적응 능력을 과대평가했기 때문이 아닐까 싶다.《기술, 경제 및 정치적 측면에서 본 미래의 전쟁》의 앞선 내용은 당시 베스트셀러가 될 만큼 센세이션을 불러일으켰다. 그런데도 각국의 군사 전문가들은 별다른 관심을 보이지 않았고, 군대는 여전히 전통적인 군대 배치 전술과 전략을 고수했다. 그로부터 십수 년이 지난 후에야 유럽 전쟁에서 군사 전문가들은 기관총이 공격용이 아니라 방어용 무기이고, 기관총이 있어야 참호에서 몸을 숨긴 상태로 공격을 할 수 있다는 사실을 깨달았다. 하지만 설사 이렇다 해도 기관총은 유럽 대륙에 평화를 가져다주지 못했다. 더 막강한 탱크가 출현했기 때문이다. 블로흐가 이 책을 집필할 때까지만 해도 지상전을 위한 최강의 공격성 무기가 아직 발명되기 전이었다. 어찌 됐든 새로운 기술의 등장을 통해 천하의 흐름을 간파했던 블로흐의 예측은 주효했다고 할 수 있다.

기술은 인류의 삶에 부차적인 도움을 줄 뿐 아니라 인류의 행위 양식과 사회제도를 직접적으로 바꿀 수 있다. 심지어 기술 발전의 대세가 천하의 대세를 결정한다고 해도 과언이 아니다. 앞서 언급한 케빈 켈리의《기술의 충격》에서도 기술이 대세를 주도하는 미래에 관해 이야기하고 있다.

이 책에서 케빈 켈리는 기술의 발전이 점차 독립적으로 변해가고, 마치 자체적으로 생명을 가진 생명체처럼 진화하며 무언가를 원하기도 한다고 주장했다. 기술에 대한 인류의 통제 능력이 취약하기에 우리의 역할은 기술의 주인이 아니라 '기술의 부모' 내지는 '기술의 생식기관'에 그칠 뿐이다. 설사 그렇다 해도 기술은 여전히 우리를 더 좋은 방향으로 변하도록 이끄는 긍정적인 힘을 가지고 있다.

모든 사람이 기술에 대해 긍정적인 생각을 가지고 있는 것은 결코 아니다. 공기 오염, 지구온난화와 방사선 등의 문제 때문에 극단적인 환경 보호주의자들은 기술을 포기하고 원시 사회의 자연적인 삶으로 돌아가야 한다고 주장한다. 그렇지만 원시 사회로 돌아간다고 해서 환경 문제나 갈등이 없어지는 것은 아니다. 고대 중국에서는 상고 시대를 아무런 분쟁이나 갈등 없이 평온하고 안락한 삶을 살 수 있는 대동 사회라고 여기는 경향이 강했다. 하지만 농업 기술이 발명되기 전의 원시적 수렵, 채집 시대에는 부락 간의 전쟁이 그 어떤 문명 사회보다도 빈번하게 일어났고, 전쟁 때문에 죽은 인구 비율이 농업 사회의 5배에 달한다. 게다가 식량의 공급도 불안정해 대다수가 스무 살을 넘기지 못했다. 고고학 발굴에서 지금까지 마흔 살 이상의 원시인은 단한 번도 발견되지 않았다. 생물의 다양성을 보호한다는 관점에서 봐도 원시 사회의 생활방식은 지금보다 더 심각한 환경파괴를 가져왔다. 원시인이 아프리카 대륙을 벗어나면서 그들이 정착하는 곳마다 매머드, 마스토돈, 모아, 털코뿔소 등이 모두 멸종했다. 1만 년 전까지 지구상의 대형 포유동물 80%가 원시인의 대량 학살로 인해 영원히 종적을 감추었다.

그리고 바로 그때 농업 기술이 마침내 등장했다. 인구는 증가하기 시작했고, 수명이 연장되면서 한 세대에서 다음 세대로의 지식의 전수가 가능해졌다. 일부 기상학자는 8천 년 전의 초기 농업 형태가 대량의 이산화탄소를 유발해 지구온난화가 시작되었고, 그로 인해 지구가 또 한 번의 빙하기를 피할 수 있었다고 주장하기도 한다.

농업 기술의 발전은 동서양을 막론하고 인류 지성의 역사에 한 획을 그은 위대한 시기, 즉 '축의 시대Axial Age'를 여는 발판이 되었다. 기원전 600~300년 사이에 각 문명을 들여다보면 중국의 노자와 공자, 인도의 석가모니, 고대 그리스의 아리스토텔레스, 소크라테스와 플라톤처럼 향후 천년 동안 후세에 큰 영향을 미칠 정신적 지도자들이 등장했다. 이런 축의 시대가 도래할 수 있었던 것은 당시 대규모 관개 기술이 등장하면서 잉여 농산물이 생겨났기 때문이다. 그 결과 글만 읽어 세상 물정에 어둡고, 살아가는 데 필요한 실용적인 지식이 없는 무리가 생겨났다. 누군가 공자를 빗대어 '사지를 부지런히 움직이지 않고, 오곡을 구분할 줄도 모른다四體不勤, 五穀不分'라고 말한 것처럼 종일 정신적인 생활만을 추구하는 사람들이 나타난 것이다.

켈리는 인류 사회조직의 큰 변화는 새로운 기술로부터 시작되었다고 주장했다. 문자가 만들어지면서 법률의 탄생과 기록이 가능해졌고, 사법의 공정성을 논할 수 있게 되었다. 표준화된 화폐 주조 시스템은 무역과 유통을 더 광범위하게 활성화했고, 자유주의 사상을 형성하는 데 일조했다. 1494년 복식 회계법의 발명 덕에 유럽의 기업들은 최초로 복잡한 업무를 처리할 수 있게 되었고, 그로 인해 베니스의 금융업이 눈부신 속도로 발전하면서 글로벌 경제의 포문을 열었다. 구텐베르크Johannes Gutenberg가 금속활자 인쇄술을 발명한 후부터 유럽 기독교도들은 교회가 아닌 곳에서 처음으로 성경을 읽을 수 있게 되었고, 성경에 대한 다양한 해석이 가능해지면서 마침내 종교개혁이 촉발되었다.

특히나 흥미롭고 영향력이 지대했던 기술은 말의 '안장'이다. 안장이 등장하기 전까지 사람들은 말을 타고 전투를 벌일 때마다 말에서 떨어지지 않기 위해 대부분의 체력을 쏟아부어야 했다. 그런 이유로 속도를 제외한다면 기마병이 보병보다 나을 것이 없었다. 하지만 안장이 발명되면서 기병은 말 위에서 안정적으로 무기를 사용하기 수월해졌고, 전투마를 훨씬 더 수월하게 제어할 수 있게 되었다. 그 결과 기마병의 전투력은 보병보다 월등하게 높아졌다. 이때부터 기병은 전문적인 전투 인력으로 분류되었다. 훈련 과정을 거치지 않은 평민 기병대는 더 이상 전문 기병대의 상대가 될 수 없었다. 게다가 오직 귀족만이 말을 살 능력이 되다 보니 안장 기술은 유럽의 기사제도와 봉건 귀족 통치를 이끌어냈고, 마침내 길고 긴 암흑의 중세 시대가 시작되었다. 암울하던 중세 시대는 화총 기술이 등장하고 나서야 비로소 막을 내렸다. 화총술은 기마술에 비해 누구나 쉽게 배울 수 있는 장점을 가지고 있었다.

기술은 역사뿐 아니라 인류의 사고방식도 바꾸어놓았다. 이를테면 지도와 시계의 출현은 추상적 사고 능력을 갖추게 해주었다. 눈앞에 보이는 실제 장면만 볼 줄 아는 사람에 비해 지도를 볼 줄 아는 사람은 훨씬 고차원적인 사고를 할 수 있게 된다. 지도가 개발되자 사람들은 추상적인 점과 선을 통해 그동안 누구도 상상할 수 없었던 공간 구조를 머릿속에 떠올릴 수 있었다. 기계식 시계는 나눌 수 없었던 시간이라는 자연현상을 측정 가능한 단위로 바꿔놓았다. 째깍째깍 소리를 내며 앞으로 움직이는 시간에 대한 감각은 인류의 과학 탐구를 향한 역사적 서막을 열었다.

기술은 심지어 유전자도 바꿔놓았다. 오늘날 인류의 진화 속도는 농업 기술이 탄생하기 전보다 100배는 빨라졌다. 농업이 등장한 후부터 인류는 소규모 부락 단위의 수렵 사회에서 대규모 집단생활로 넘어갔고, 이런 환경의 변화 속에서 더 많은 배우자를 선택할 수 있게 되자 자연 선택에 가속도가 붙기 시작했다. 또한 목축업이 발전하면서 새로운 먹거리도 인간의 체질에 변화를 가져왔다. 일례로 오늘날 인류가 우유를 소화하는 능력은 예전보다 훨씬 높은 편이다.

혹자는 기술이 사람을 변화시킨 것은 사실이지만 그런 기술 역시 인간이 만든 것이 아니냐고 반문할지도 모른다. 그렇다면 결국 사람이 사람을 변화시킨 것이 된다. 하지만 이런 견해가 옳다고 말하기는 어렵다. 왜냐하면 사람은 기본적으로 기술을 통제할 수 없기 때문이다.

기술의 발전사를 돌이켜보면 그 과정이 생물 진화의 역사와 매우 유사하다는 것을 알 수 있다. 두 가지는 모두 단순했던 진화가 복잡해지고, 일반적인 상황이 특별해지고, 일원화로부터 다원화로 이어지고, 단독 행동에서 집단 간의 협력과 공생으로 발전하는 공통된 특징[7]을 가지고 있다. 만약 생명체가 유전자의 배열과 조합에 따른 것이라면 기술 역시 생각의 배열과 조합이 만들어낸 결과물이다.

켈리는 이런 관점으로부터 출발해 기술을 하나의 생명으로 간주할 수 있다고 여겼다. 그는 모든 기술의 총합을 '테크늄Technium'이라고 불렀고, 원생생물계, 원핵생물계, 진균계, 바이러스계, 식물계, 동물계 등 다른 여섯 가지 생물계와 나란히 생명의 일곱 번째 '계'로 진화학이 있다고 말했다. 흥미로운 점은 기술 발전의 역사를 제대로 이해하는 데 생물 진화와 관련된 최신 연구 성과가 필요하다는 것이다.

전통적인 의미의 자연선택설은 유전자 돌연변이가 완전히 무작위로 이루어지고, 진화는 환경에 적응하기 위해 어떤 변이로 남을 것인지 결정하는 과정이다. 하지만 과학자들은 지난 30년 동안 비선형 수

---

7 엄밀히 말해서 이것은 거시적인 흐름일 뿐이며, 생물이 이런 방향으로 진화하기를 원한다는 의미는 아니다. 향수를 예로 들어보자. 향수병을 열면 입자가 방 안에 서서히 퍼지고, 그 과정에서 입자는 '간단한' 상태에서 '복잡한' 상태로 전환된다. 하지만 향수 입자가 특정 방향으로 운동하거나 복잡하게 변하려는 의지를 가지고 있다고 볼 수 없다.

학과 컴퓨터 시뮬레이션을 사용해 진화론을 연구한 끝에 진화가 완전히 무작위로 진행되는 것이 아니라는 결론을 도출했다.

모든 동물의 망막에 들어 있는 특수 단백질 로돕신Rhodopsin은 눈에 투과된 빛을 전자신호로 바꿔 시신경에 전달한다. 빛을 전자신호로 처리할 수 있는 모든 단백질 분자 가운데 로돕신의 성능이 가장 뛰어나다. 생물의 진화는 몇십억 년 전에 이미 이 완벽한 분자 구조를 발견했고, 지금까지 그 구조가 변경된 적이 없다. 만약 진화가 완전히 무작위로 진행된다면 모든 단백질 분자 속에서 완벽한 분자를 골라내는 일은 마치 끝없이 펼쳐진 우주의 바닷속에서 특정 행성을 찾아내는 것처럼 불가능에 가깝다. 게다가 분자생물학의 연구 결과에 따르면 로돕신은 고세균Archaea과 진핵생물Eukarya이라 불리는 독립적인 분파에서 진화되어 나온 것이다. 다시 말해서 진화는 이 분자를 두 번이나 찾아낸 셈이다. 통계학적 관점에서 볼 때 진화가 완전히 무작위로 진행되었다면 절대 이런 결과가 나올 수 없다.

그래서 일부 최신 진화론 학설은 생물 세포의 신진대사 과정에 자기 조직을 통한 기능적 통합 메커니즘이 존재해 유전자 변이가 특정 방향으로 흐르게 된다고 주장했다. 이 학설을 뒷받침할 핵심 증거는 바로 생명 조직의 형성 방법이 제한적이라는 사실에서 찾을 수 있다.

예를 들어 눈을 구성하는 방식 역시 제한적이다. 인간의 눈 구조는 포유동물뿐 아니라 여섯 종류의 서로 다른 생물종에서도 나타난다. 이 여섯 종의 공통된 조상은 눈을 가지고 있지 않았지만, 진화의 역사 속에서 각자의 길을 갔음에도 독립적인 진화 과정을 거쳐 똑같은 눈을 갖게 되었다. 여기서 한 발짝 더 나아가서 눈의 구성 방법은 아홉 가지뿐이고, 이것은 모두 진화를 통해 발견되었다. 또 다른 예로 날개를 들 수 있다. 이 세상에서 날개를 형성하는 방법은 오로지 하나뿐이다. 그래서 박쥐, 새, 익룡은 각자 독립적으로 진화했지만 그 날개 구조만큼은 똑같았다.

이론적으로 생명이 필요로 하는 대분자의 원소를 구성하는 것은 탄소와 규소뿐이다. 다만 규소는 탄소보다 매장량이 많은 데 비해 그 성능이 상대적으로 살짝 뒤처지기 때문에 결국 모든 생물은 탄소에 기반을 두게 되었다. 과학자들은 컴퓨터를 통해 생명을 구성할 수 있는 무수히 많은 분자를 시뮬레이션하는 과정에서 최고의 성능을 자랑하는 조합 방식을 발견했고, 실제 생명을 이루는 DNA 역시 이런 구조를 가지고 있다는 것을 알게 되었다.

그런 점에서 볼 때 진짜 새로운 종은 존재하지 않으며, 생명은 제한된 가능성을 배열하고 조합한 결과물에 불과하다고 할 수 있다. 앞으로 외계 생명체를 찾아낸다 해도 그들의 조직 방식 역시 우리와 다르지 않을 것이다.

기술의 진화 역시 이러하다. 과학 기술 분야의 문외한들은 과학 기술의 발전이 모든 것을 가능하게 만들 거라고 상상의 나래를 펼치지만, 사실 기술의 가능성은 제한적이고, 상상하는 모든 것이 이루어지는 것은 불가능하다.

만약 몇몇 대륙에서 상대적으로 독립적인 발전을 이룬 각각의 고대 문명을 관찰해보면 그들 사이에 교류가 부족한 탓에 발전의 속도가 다르다는 것을 발견할 수 있다. 하지만 그들의 기술 발전의 과정은 서로 똑같은 길을 걸어왔다. 먼저 석기를 사용한 후에야 비로소 불을 다루는 법을 배웠고, 그 뒤를 이어 칼과 염료, 어구, 석상, 봉제 기술이 차례대로 등장했다. 고고학에서 최신 발표한 내용에 의하면 농경 기술도 한 지역에서 먼저 발명된 후 세계 각지로 전파된 것이 아니라 각각의 고대 문명 안에서 독립적으로 발명되었다. 그 결과 농경에 사용하는 각종 농기구부터 다양한 가축의 사육에 이르기까지 모든 것이 똑같은 순서에 따라 발명되고 습득의 과정을 거쳤다. 기술 발전의 모든 단계에서 인간이 원한다고 해서 무엇이든 연구, 개발할 수 있는 것이 아니다. 기술은 우리의 말을 듣지 않으니, 우리가 기술이 시키는 대로 따를 수밖에 없다.

인간이 기술을 제어할 수 없다는 주장을 뒷받침할 만한 또 다른 증거를 들자면, 특정 기술이 등장해야 할 때가 오면 그 기술은 반드시 모습을 드러내게 되어 있다. 여러 사람의 눈에 그 기술의 필요성이 동시에 포착되기 때문이다. 오늘날 사람들은 전화를 발명한 사람이 그레이엄 벨Alexander Graham Bell이라는 사실을 정설처럼 받아들인다. 하지만 실제로 엘리샤 그레이Elisha Gray 역시 그와 거의 동시에 전화를 발명했다. 심지어 이 두 사람이 특허를 신청한 날도 똑같다. 단지 벨이 엘리샤 그레이보다 두 시간 앞서 신청을 하면서 두 사람의 운명이 갈렸다. 진화론을 동시에 발견한 다윈Charles Darwin과 앨프리드 러셀 월리스Alfred Russel Wallace, 미적분을 동시에 발견한 뉴턴Isaac Newton과 고트프리트 라이프니츠Gottfried Leibniz도 비슷한 경우라고 할 수 있다. 1974년 과학자 1,718명을 대상으로 시행한 조사 결과 응답자의 62%가 연구 도중에 다른 사람에게 기회를 뺏긴 적이 있다고 대답했다. 그런데 이것은 보고되지 않은 동시 발견 사례를 제외한 수치였다.

문외한의 눈에 비친 과학 기술의 획기적 발전은 영웅이라 부를 만한 선구적 존재인 과학자와 발명가들로부터 시작된다. 하지만 설사 이 과학자가 죽는다고 해도 다른 과학자가 거의 동시에 등장해 그것을 만들어낼 수 있다. 결국 피땀 흘려 만들어낸 자신의 연구 성과와 공로를 다른 사람에게 빼앗기지 않을 가장 확실한 방법은 새로운 성과물을 하나라도 더 만들어내는 수밖에 없다.

기술의 발전은 막을 수 없다. 기술은 인류의 필요성 혹은 천재성을 등에 업고 만들어질 뿐 아니라 자체적으로 발전을 거듭한다. 생물의 진화처럼 모든 기술 혁신은 새로운 기술의 혁신을 내포하고 있고, 새로운 기술의 발전은 자기 조직화Self Organization와 긍정적인 피드백의 과정이다. 문자가 만들어지면서 책이 탄생했고, 책의 등장은 도서관의 설립으로 이어졌다. 전력을 사용하게 된 후부터 전화가 생겨났고, 전화는 인터넷의 등장을 가능하게 만들었다. 도서관과 인터넷의 존재는 온라인 도서관의 탄생을 가져왔고, 그 결과 위키피디아는 피할 수 없는 추세가 되었다. 이처럼 긍정적인 피드백 과정이 이어지면서 진화에 가속도가 붙었고, 기술 역시 빠른 속도로 발전하고 있다. 무어의 법칙Moore's Law(새로 개발되는 메모리 칩의 능력은 18~24개월에 약 2배가 된다는 기술 개발 속도에 관한 법칙-역주)이 적용되는 마이크로전자 기술의 발전 속도는 기하급수적으로 증가했다. 1900년에서 2000년에 이르는 100년의 기간 동안 인류의 과학 논문 수와 기술 특허 수는 지수 곡선에 완벽하게 맞아떨어질 만큼 급격히 증가했다. 만약 이 추세가 계속 유지된다면 2060년이 되었을 때 서로 다른 11억 곡의 노래와 120억 개의 상품이 선택을 기다리게 될 것이다.

전략 시뮬레이션 온라인 게임 〈문명Civilization〉과 〈에이지 오브 엠파이어Age of Empires〉를 하다 보면 이 게임의 세 가지 설정이 인류의 역사와 완벽하게 맞아떨어진다는 것을 발견할 수 있다. 첫째, 당신은 특정 기술을 미리 연구, 개발해야만 무언가를 할 수 있다. 둘째, 자신이 그다지 똑똑하지 않다고 해서 고민할 필요가 없다. 경제가 일정 수준까지 발전했을 때 그에 상응해서 등장해야 할 기술은 어차피 등장하게 되어 있다. 셋째, 어떤 기술의 등장을 미리 선택할 권리가 없다. 그 기술의 종류와 등장 순서는 모두 이미 설정되어 있다. 한때 구글의 연구원으로 일했던 우쥔吳軍의 말을 빌리자면 기술혁명은 거대한 파도와 같아서 우리는 단지 그 파도를 즐길 뿐 그 파도를 관장할 수 없다. 물론 우리 중에서 운이 좋은 사람은 파도의 제일 꼭대기에 올라 단숨에 거친 물살을 가로지르며 주도권을 쥐기도 한다.

당대 기술의 영향력을 평가하고 기술적 한계의 돌파를 예측하는 것은 정책 결정자들에게 중요한 과제라고 할 수 있다. 예를 들어 향후 20년 안에 인공지능 기술이 획기적인 발전을 이룩해 공업용 로봇이 생산라인을 지키는 노동자의 능력을 훨씬 뛰어넘는다면 후진국의 노동력 우위는 사라지고, 전 세계는 높은 실업률에 직면하게 될 것이다. 지금으로서는 이런 상황의 가능성을 100% 예측하기 어렵지만 그런 중대한 상황의 도래를 미리 포착한 사람들은 이와 관련된 뉴스를 보는 순간 대책을 마련하기 시작할 것이다.

《기술의 충격》에서 한 가지 아쉬운 점은 현재 기술의 발전이 앞으로 어떤 거대한 물결을 인류 사회에 몰고 올지 예측하지 않았다는 점이다. 하지만 그렇다 해도 어찌할 방도는 없다. 수많은 기술이 설사 세상에 그 모습을 드러냈다 해도 그 영향력을 곧바로 알아차리기는 쉽지 않기 때문이다. 에디슨이 축음기를 발명할 때 가장 중요한 기능으로 생각했던 부분이 바로 소리를 통해 책의 내용을 들을 수 있도록 만드는 것이었다. 그 당시만 해도 그는 자신의 기술이 음악 시장의 판도를 바꾸게 될 거라고 상상조차 하지 못했다.

케빈 켈리는 기술의 발전을 열렬히 환영하며 기술이 우리에게 행복한 삶을 가늠하는 가장 중요한 지표인 선택권을 더 많이 가져다줄 거라고 말했다. 거대한 시간의 척도로 보자면 당연히 기쁜 소식이지만, 작은 범주의 척도를 가져다 대면 특정 기술의 등장이 모든 사람에게 희소식만은 아니다. 예를 들어 인터넷은 세계 평화를 위해 좋은 소식일까? 만약 앞서 등장한 이반 블로흐가 지금까지 살아 있다면 자신이 100여 년 전에 발표한 책보다 더 비관적인 견해를 내놓았을지 모른다.

컬럼비아대학교의 로버츠 저비스Robert Jervis 교수는 1978년에 기술의 발전과 인류 평화에 관한 상당히 흥미로운 이론을 발표한 적이 있다. 그는 역사 속에서 공격성 무기 기술과 방어용 무기 기술이 교대로 발전했다는 사실을 발견했다. 즉, 공격성 무기가 주도권을 잡을 때면 전쟁이 더 빈번하게 일어났고, 방어용 무기가 더 강해지면 전쟁이 줄어들었다는 것이다.

유럽 역사를 돌아보면 12세기와 13세기에 유럽 전역에서 광범위하게 성벽을 세웠고 상당히 평화로운 분위기가 형성되었다. 그러나 15세기에 대포가 등장하면서 전쟁이 증가하기 시작했다. 그러다 16세기에 성형 요새가 만들어지면서 베니스 같은 도시는 거의 난공불락의 땅이 되었고, 유럽은 다시 평화를 되찾을 수 있었다. 하지만 18세기에 이르러 더 길어진 포관을 장착한 자동화포가 등장하면서 평화는 다시 무너졌다. 무기의 교체와 발전은 제1차와 제2차 세계대전 때 사용한 기관총과 탱크를 거쳐 계속 이어져왔고, 냉전 시대의 궁극적인 방어 무기인 핵무기에 대한 공포 때문에 현재까지 평화의 시대가 유지되고 있다.

이 이론을 토대로 조슈아 쿠퍼 라모Jishua Cooper Ramo는《언싱커블

에이지》에서 인터넷이 공격용 무기인지 아니면 방어용 무기인지에 대한 질문을 던졌다. 그 자신은 인터넷을 공격용 무기로 판단했다. 인터넷으로 테러 습격을 계획하는 데 드는 비용이 테러를 차단하는 데 드는 비용보다 훨씬 낮기 때문이다.

기술은 지속적인 발전을 도모하고, 언제 어디서든 사용되고자 하는 욕구를 가지고 있다. 그리고 때로는 우리를 돕기도 하지만 독립적으로 발전하는 것을 더 지향한다.

당신이 그런 기술에 열광하든 아니면 혐오하든 기술은 늘 그 자리에서 묵묵히 자기 갈 길을 걸어갈 뿐이다.

4

시대를
관통하는
권력의 법칙

19세기 말 벨기에 왕국의 국왕 레오폴드 2세Leopold Louis Philippe Marie Victor는 국민의 마음속에서 존경과 칭송의 대상이 되기에 충분한 조건을 갖춘 인물이었다. 그는 민주와 자유를 대대적으로 추구하며 40여 년 동안 이어진 집권 기간에 벨기에를 전제 독재 국가에서 현대의 서방 민주 국가로 바꾸는 데 성공했다. 그는 모든 성인 남성에게 선거권을 부여하고, 심지어 미국보다 반세기나 앞서 노동자의 파업을 허용하는 법안을 마련했다. 그는 유럽 전역에 걸쳐 처음으로 여성과 아동을 보호하는 일에 앞장섰다. 벨기에는 1881년에 기초교육을 보급해 여자아이들이 중학교에 다닐 수 있도록 보장했고, 1889년에는 12세 이하 아동의 노동 활동을 금지하는 법안을 통과시켰다. 레오폴드 2세의 통치 기간에 나라의 경제도 크게 발전했다. 그는 루스벨트보다 더 일찍 고속도로, 철로와 같은 인프라를 구축해 실업률을 낮추고 경제 성장을 촉진했다.

그렇지만 벨기에의 식민지였던 아프리카 콩고에서 레오폴드 2세는 전혀 다른 이미지로 각인되어 있다. 레오폴드 2세의 통치 아래서 여성과 아동을 포함한 콩고인들은 인권을 보장받지 못하는 그야말로 노예였다. 그들은 경찰의 강압적인 통제 밑에서 강제 노역을 해야 했고, 걸핏하면 손이 잘려 나가는 끔찍한 형벌을 견뎌내야 했다. 당시 천만 명이 넘는 사람들이 박해 속에서 죽어 나갔다. 이 모든 것이 고무 무역을 통해 거액의 이윤을 벌어들이려던 레오폴드 2세의 계획 때문에 빚어진 참극이었다.

동일한 인물이 어떻게 한 나라에서는 서구식 민주정치를 추진하고, 또 다른 나라에서는 극도로 잔악한 독재정치를 자행할 수 있었을까? 누군가는 이 모든 것이 제도적 문제라고 곧바로 대답할지 모른다. 하지만 '제도'는 문제에 대한 답이라기보다 문제 자체라고 보는 편이 낫다. 벨기에의 제도가 갈수록 민주적으로 변해가던 시기에 동일한 인물이 지배했던 콩고는 왜 점차 독재정치로 변해갔을까? 레오폴드 2세가 인종차별주의자였던 것일까? 하지만 훗날 콩고에서 자체적으로 선출한 지도자라고 해서 딱히 더 나은 것도 아니었다. 이런 의문에 대해 뉴욕대학교 정치학과 석좌교수이자 스탠퍼드대학교 후버연구소 고등연구원 브루스 부에노 데 메스키타Bruce Bueno de Mesquita가 자신의 저서《프리딕셔니어 미래를 계산하다》에서 그 답을 제시했다. 즉, 레오폴드 2세의 이중적 통치의 진짜 원인은 콩고에 있었다. 콩고에서는 소수만 만족시켜도 자신의 통치 권력을 유지할 수 있었지만 벨기에에서는 더 많은 사람을 만족시켜야 그것이 가능했기 때문이다. 이 답과 '제도론'의 차이는 얼마나 많은 사람을 만족시키는지에 따라 결정된다.

이때 사람의 수는 제도적으로 '규정'한 것이 아니라 실력에 따라 그 수가 달라진다.

데 메스키타와 그의 동료들은 수년간의 연구를 거쳐 다양한 정치 현상을 상당 수준으로 완벽하게 해석할 수 있는 이론을 찾아냈다. 이 이론은 국가, 기업 또는 국제조직을 막론하고 그 정치적 양상을 '민주'와 '독재'로 단순히 나눌 수 없으므로 반드시 세 가지 데이터를 이용해 설명해야 한다고 주장한다. 국가를 예로 들면 이것은 바로 세 종류 집단의 규모라고 할 수 있다.

- 명의상 유권자: 명의상 선거권과 피선거권을 가진 전체 공민을 가리킨다. 그렇지만 그들 중 상당수는 지도자로 누가 당선될지 여부와 상관없이 그들에게 아무런 영향력도 주지 못한다.
- 실제 유권자: 지도자의 당선에 실질적 영향력을 주는 사람을 가리킨다. 미국의 경우 선거 당일에 투표하는 유권자들이 바로 여기에 해당하며, 사우디아라비아처럼 군주 국가의 경우는 황실 구성원이 바로 실제 유권자라고 할 수 있다.
- 승리 연합: 지도자가 자신의 권력을 유지하기 위해 반드시 의지해야 하는 사람을 가리킨다. 미국 대통령의 경우 중요 선거구에서 자신에게 투표하는 사람이 승리 연합에 해당할 것이고, 독재자에게는 군대와 귀족 내부의 핵심 지지자가 바로 그들의 역할을 한다고 볼 수 있다.

한 국가의 정치 체계가 진정한 민주주의를 표방하는지 알 수 있는 관건은 선거의 집행 여부가 아니라 승리 연합(이하 '연합')의 인원수에 달려 있다. 그 지도자 역할의 본질은 연합을 위해 주어진 임무를 수행하는 데 있다. 연합은 지도자를 자리에서 끌어내릴 권리를 가지고 있기 때문이다. 만약 지도자가 그들의 이익을 보장해주지 못하면 그들에게는 언제라도 지도자를 교체할 능력이 있다. 연합의 인원수 비율이 높으면 그 국가는 우리가 통상적으로 말하는 '민주 국가'라고 할 수 있다. 반대로 연합의 인원수 비율이 낮으면 그 국가에 선거가 존재하든 안 하든 사실상 '독재 국가'로 분류된다. 이 이론은 간단해 보이지만 그 배후에 엄청나게 방대한 규모의 수학적 모델, 통계 데이터와 연구 사례가 뒷받침되어야 한다. 해당 자료들은 정치학 관련 간행지에 우선 실린 후 학술 저서인 《정치적 생존론The Logic Political Survival》으로 재탄생했고, 《독재자의 핸드북》이라는 책으로도 만들어졌다.

통속적인 역사서와 영화, 드라마를 보면 권모술수에 능통한 사람들이 자주 등장한다. 일례로 자희태후慈禧太后와 위충현魏忠賢처럼 수준 낮은 인물이 학식이 뛰어난 지식인들을 손바닥 위에서 가지고 노는 상황이 벌어지기도 한다. 설마 정치 투쟁이 특수한 천부적 재능을 아주 많이 필요로 하는 학문이라도 되는 것일까? 데 메스키타의 '3차원' 이론은 정치의 근본을 정확히 짚어냈다고 할 수 있다.

체제의 차이와 상관없이 서방 국가의 지도자들이 최종적으로 이루고자 하는 목표는 단 두 가지뿐이다. 그것은 바로 권력의 획득과 유지다.

설사 절대적 독재 권력을 휘두르는 사람이라 해도 자신의 의지대로 모든 것을 다 이룰 수 없다는 것을 반드시 알아야 한다. 이 때문에 지도자가 호감을 사야 할 대상은 국민 전체가 아니라 연합이다. 이것이 바로 국민을 위한 정치를 하거나 혹은 장기적으로 국가 발전을 계획하는 지도자가 설사 민주 국가일지라도 오래도록 권력을 유지할 수 없는 진짜 이유다. 그에 반해 부패가 극에 달한 독재자는 몇십 년 동안 안정적인 장기집권을 유지할 수 있다.

이런 사실에 근거했을때 3차원 이론은 정치 투쟁의 이해할 수 없는 여러 의문점에 대한 해답을 줄 수 있다.

명나라 태조 주원장朱元璋은 왜 공신들을 죽이려 했을까? 변법變法은 왜 어려움에 부딪혔을까? 미국 민주당은 불법 이민자를 환영하면서도 왜 기술 이민자에게 특별 혜택을 주는 것에 반대할까? 민주주의를 제창하는 미국이 왜 다른 나라의 민선 정부를 전복시키려고 하는 것일까? 자연 자원이 풍부한 국가일수록 민주화가 되기 어려운 이유는 무엇일까? 왜 경제발전이 반드시 민주주의로 이어진다고 단언할 수 없을까?

이런 모든 문제는 지도자와 연합의 상호작용을 통해 그 답을 찾아낼 수 있다. 3차원 이론은 다양한 제왕의 권모술수를 일목요연하게 풀어낼 수 있다는 점에서 학술 버전의 《후흑학》이자 현대판 《한비자韓非子》라고 할 수 있다.

정치인들이 어떤 정책을 펼칠지 알고 싶다면 우선 그들의 이데올로기로부터 출발해야 한다. 예를 들어 미국 공화당은 가정의 가치를 늘 강조하고, 동성애와 낙태를 반대한다. 소위 자유 혹은 보수주의적 사고는 모두 국민에게 들려주기 위한 것일 뿐이며, 정당의 입장에서 가장 중요한 것은 일부 유권자의 이익을 대변하고, 중도파를 끌어들이는 것이다. 정치인은 일반 대중보다 훨씬 이성적이고 똑똑한 동물이다. 그들은 개인의 호불호에 따라 움직이지 않고 오로지 이익만을 따져가며 움직인다.

《독재자의 핸드북》은 권력에 통용되는 다섯 가지 법칙을 제시했다. 당신이 독재자, 민주 국가의 지도자, 기업의 CEO 또는 국정과 회사 관리에 무지한 사람이라 해도 상관없다. 오로지 다음 원칙만 철저히 지킨다면 누구나 권력을 충분히 지킬 수 있기 때문이다.

1 연합은 작을수록 좋다. 연합의 인원수가 적을수록 그들을 매수하는데 드는 비용이 줄어든다.

2 명의 유권자는 많을수록 좋다. 그들의 수가 많으면 그들 중 당신에게 불만을 품은 사람을 쉽게 교체할 수 있다.

3 수입원을 통제한다. 지도자는 돈의 출처와 흐름을 철저히 통제해야 한다.

4 당신을 지지해준 연합의 도움에 반드시 보답한다. 보답할 때는 충분하지만 과도하지 않은 적정선을 지켜야 한다.

5 연합의 주머니에서 나온 돈을 제삼자에게 주지 않는다. 어떤 개혁도 연합의 이익을 훼손한 상태에서는 성사되기 어렵다. 로마제국의 카이사르 대제도 이 점을 간과했다가 결국 암살당하고 말았다. 역사상 법과 제도를 바꾸려 했던 사람은 늘 실패로 끝을 맺었다.

다시 말해서 지도자가 해야 하는 일은 사실 아주 간단하다. 세수, 자원 판매 혹은 해외 원조를 통해 돈이 모이면 그중 일부를 연합을 먹여 살리는 데 사용하고, 남은 돈을 자신이 가지면 된다. 물론 훌륭한 지도자라면 국민을 위한 복지정책에 그 돈을 쓸지도 모른다. 그런데 한 가지 흥미로운 점은 연합이 무시할 수 없는 존재가 확실하다면 연합의 중요한 세력으로 불리는 경찰은 왜 독재 국가일수록 낮은 보수를 받는 것일까? 그 답은 의외로 간단하다. 지도자의 입장에서 볼 때 경찰의 부패를 조장하는 편이 그들에게 직접적으로 돈을 주는 것보다 훨씬 편한 '보답'의 방식이기 때문이다.

연합은 지도자의 진정한 지지자가 맞다. 하지만 그들은 지도자를 권력의 무대에서 끌어내릴 수도 있는 집단이다. 그래서 지도자가 연합을 상대하려면 그들을 매수하는 것도 중요하지만 그들을 교체하는 수단으로 외부인을 이용할 줄도 알아야 한다. 루이 14세가 왕위를 계승하던 초반에 연합 내부의 귀족들은 모두 그의 사람들이 아니었다. 그래서 그는 명의 유권자를 확대해 외부인에게 정치와 군사의 핵심권으로 들어올 기회를 제공했다. 이런 식으로 기존의 귀족을 신진 귀족으로 대체하고, 심지어 그 과정에서 기존 귀족을 베르사유 궁전에 가둬 그들이 부와 지위를 오로지 그에게 의지할 수밖에 없도록 만들어버렸다. 지도자의 입장에서 볼 때 충성심이야말로 가장 중요한 권력유지 수단이고, 연합 구성원의 능력은 도리어 해가 될 뿐이었다. 주원장은 왜 공신들을 죽이려 했을까? 그것은 연합의 능력을 약화시키는 동시에 그 구성원 역시 교체 가능하다는 것을 보여주기 위함이었다. 중국 황제의 통치가 상대적으로 안정을 구가할 수 있었던 이유는 과거제도를 통해 명의상의 유권자를 확대하고, 공신과 귀족에게 자신들이 언젠가는 교체될 수 있다는 위기의식을 주었기 때문이다.

연합과 명의 유권자의 상대적인 대소관계가 바로 정치 판도를 결정짓는 관건이다. 투표를 통한 선거, 언론의 자유, 삼권의 분립, 관리 감독 시스템의 유무는 모두 부차적인 요소에 지나지 않는다. 연합의 인원수가 충분히 많기만 하다면 민주정치의 성공적 실현이 가능해진다. 만약 연합의 인원수가 적으면 설사 민주 국가라고 해도 독재형 부패가 일어날 수 있다. 《독재자의 핸드북》에서도 이 내용을 뒷받침할 좋은 예시가 나온다. 미국 캘리포니아주 벨시티의 인구는 4만 명이 안 되고, 경제도 그리 발달하지 않았다. 그렇지만 그곳 시장은 78만 달러의 높은 연봉을 받고, 시정 위원회 회원 역시 10만 달러의 연봉을 수령한다. LA 시장의 연봉이 20만 달러이고, 미국 대통령의 연봉은 40만 달러인데, 다른 지역의 시정 위원회 연봉이 몇천 달러에 불과한 점을 감안한다면 상당히 높은 금액이 분명하다. 이곳 시장이 이렇게 높은 연봉을 받을 수 있었던 것은 소수의 사람만 참가하는 투표 시스템 덕이었다. 이 때문에 벨시티는 평범한 도시에서 '밀실정치'가 가능한 곳이 되어버렸다.

서방 국가의 상장 회사에는 무수히 많은 소액 주주(명의 유권자)들이 있지만 이사회 구성원은 고작 십여 명에 불과하다. CEO의 입장에서 볼 때 연합이 극소수로 구성되어 있다는 것은 '독재' 체제를 구축하기 쉽다는 것을 의미한다. 일반인들은 CEO의 연봉이 성과에 따라 결정된다고 생각한다. 〈이코노미스트〉가 2012년도에 보도한 최신 통계에 따르면[8] CEO의 연봉과 실적은 전혀 상관이 없었다. 사실상 CEO의 최고 전략은 실적을 만드는 것이 아니라 정치를 통해 이사회에 자신의 사람을 심어놓는 것이 되어야 한다. 예를 들어 HPHewlett-Packard Company의 CEO 칼리 피오리나Carly Fiorina는 고압적이고 독단적인 태도로 일을 하다 컴팩Compaq을 인수하는 실수를 저질렀고, 이 일은 IT 업계에서 비웃음거리로 전락했다. 하지만 그녀는 임기 내내 권력의 원칙에 부합하는 행보를 보여주었다. 칼리 피오리나는 CEO로 취임하자마자 이사회에서 자신과 뜻을 같이하지 않는 이들을 배제하며 연합의 인원수

---

8 http://www.economist.com/blogs/graphicdetail/2012/02/focus-0.

를 줄이기 시작했다. 게다가 시장의 반대를 개의치 않고 컴팩을 인수
했다. 또한 그녀는 명목상 유권자를 확대하기 위해 이사회의 반대 세
력을 무력화시키는 데 주력했고, 뒤이어 연합을 매수하기 위해 신진
이사회의 연봉 인상을 추진했다. 결국 HP의 실적과 주가가 곤두박질
치자 칼리 피오리나는 6년 만에 CEO 자리에서 물러나야 했다. 이렇
게 떠나면서도 그녀는 거액의 퇴직금을 챙겼다. 사실 칼리 피오리나를
CEO 자리에서 밀어낸 진짜 관건은 이사회가 가지고 있던 주식이었
다. 주가에 대한 그들의 관심이 칼리 피오리나에 대한 '애정'을 뛰어넘
은 것이다. 만약 HP가 기업이 아닌 국가였다면 칼리 피오리나는 '탄
핵'의 대상이 되지 않았을까 싶다.

그렇다면 국민이 광범위하게 투표권을 행사하고, 연합의 인원수가
이론상 전체 유권자의 50% 이상인 민주 국가에서 권력의 법칙은 과
연 제 역할을 해낼 수 있을까? 사실 서방 민주 국가의 지도자와 독재
국가의 지도자는 본질적으로 별반 차이가 없다. 그들은 모두 자신의
골수 지지자들의 이익을 먼저 보장해야 한다.

데 메스키타는 민주정치를 거론할 때 '국가 이익'이 환상에 불과하
다는 사실을 반드시 이해해야 한다고 주장한다. 추상적 개념의 국가
는 자신의 이익이 없는 데 반해 국가의 다양한 집단은 각자의 이익을
가질 수 있다. 정치인은 각각의 이익집단을 대표해 힘겨루기할 뿐이
다. 서방 민주 국가의 지도자는 연합의 인원수가 너무 많기 때문에 직
접적으로 돈을 사용해 그들을 매수할 수 없지만, 정책으로 그 돈을 대
신할 수 있다. 미국 대선을 예로 들면 버락 오바마의 골수 지지층은 빈
민층, 라틴계, 흑인으로 대표되는 소수민족, 젊은 세대와 여성이었다.
그래서 그는 당선된 후 사회복지와 의료보험, 지역 사회 복지 확대를

위해 거액의 세금을 쏟아부었다. 밋 롬니는 오바마의 정책을 강하게 비난했지만 그가 당선됐다 하더라도 자신의 지지층을 위해 비슷한 정책을 펼쳤을 것이다. 미국 정계에서 흔히 볼 수 있는 '이어마크 Earmark'와 '포크 배럴Pork Barrel' 현상은 바로 정치인들이 자기 선거구의 특정 유권자에 대한 보답으로 특정 혜택을 주는 수단을 의미한다. 《독재자의 핸드북》에서는 민주 국가인 미국에서 권력의 법칙이 드러나는 다양한 상황을 열거했다. 집단 투표Block Voting 혹은 선거구를 나눠야 하는 국회 선거는 연합의 인원수를 줄이는 데 목적이 있다. 민주당이 이민 확대 및 불법 이민자 대사면을 위해 목소리를 높이는 것은 명의 유권자를 확대하기 위해서다. 또한 민주당이 복지를 외치고, 공화당이 불치병 연구 등 부자에게만 유리한 사업에 거액의 연구 경비를 지원하는 것은 각자의 연합에 혜택이 돌아가도록 하기 위해서다. 공화당이 부자에 대한 증세와 의료보험 개혁에 반대하는 것은 자신이 속한 연합의 이익을 절대 건드리면 안 되기 때문이다. 이것은 비단 미국에서만 보이는 현상이 아니다. 세계 각국에서 선거에 이용되는 정치 수단은 수도 없이 많이 존재한다. 일부 국가에서는 돈을 주고 투표권을 사들이는 상황도 벌어진다. 심지어 당선 후보자에게 가장 많이 투표를 한 선거구를 뽑아서 선거가 끝난 후에 도로를 만들어주기도 한다.

어떤 사람들은 서방 민주 국가의 지도자는 진정으로 민주주의를 최우선으로 생각하기 때문에 그들의 힘을 빌려 자국의 민주주의를 실현할 수 있을 거라고 믿는다. 이들의 생각은 기가 막힐 정도로 순진무구하다. 물론 서방 민주 국가의 지도자라면 누구나 국민의 환심을 사서 권력의 기반을 다지고 싶어 할 것이다. 하지만 그 대상은 자국민에 국한된다. 사실상 서방 민주 국가의 지도자는 자국 내에서 여러 제약에 자유로울 수 없지만, 대외정책을 펼칠 때만큼은 독재자처럼 행동한다. 미국 대통령은 자국이 전 세계적으로 민주주의의 선봉장이 되어야 한다고 입버릇처럼 말하지만, 이 책에서는 그것이 모두 헛소리라고 지적하고 있다. 미국의 대외정책은 미국인의 이익을 최우선으로 두는 원칙을 지키기 때문이다. 이 때문에 미국은 외국 정부에 미국에 유리한 정책을 시행하라고 요구하며 두 가지 방법으로 압박을 가한다. 그중 최악의 상황에 쓰는 방법이 전쟁이고, 가장 흔히 사용되는 방법이 대외 원조이다.

2010년 경제학자 담비사 모요Dambisa Moyo는 자신의 저서 《죽은 원조》를 통해 아프리카에 대한 선진국의 원조가 사실상 아무런 긍정적 역할도 하지 못했다고 지적하며 다양한 증거를 제시했다. 아프리카의 실제 상황을 들여다보면 절대다수의 원조 자금과 물자가 현지 독재자의 주머니로 흘러 들어갔고, 그들은 그 돈을 연합을 매수하고 자기 편으로 만드는 데 써버렸다. 기아에 시달리는 그곳 국민에게 직접적인 원조를 하려 들면 그 나라 정부가 중간에서 세금부터 내라고 하는 것이 진짜 현실이다. 그렇지만 원조가 아무런 도움이 되지 못한다는 사실을 알면서도 선진국과 국제조직은 왜 계속해서 그들을 도우려고 하는 것일까? 왜냐하면 원조의 목적이 독재 정부를 매수하는 데 있기 때문이다. 사실 원조는 구실에 불과하다. 그 돈이 실제로 어떻게 쓰였는지 알 길이 없기 때문이다. 일례로 미국은 이집트에 대한 지원을 통해 이집트와 이스라엘의 평화회담을 끌어내려고 시도한 적이 있었다. 물론 이집트 정부는 미국으로부터 돈을 받은 후 약속대로 평화회담을 진행했다. 하지만 그들은 자국민들을 상대로 미국의 역할을 긍정적으로 홍보하지 않았고, 그 결과 미국에 대한 이집트 국민의 반감만 커지고 말았다.

데 메스키타는 연합의 인원수가 적은 국가일수록 정부가 매수당하기 쉽다는 것을 간단한 수학 모델을 통해 증명해 보였다. 그 결론만 놓고 보자면 소수 집단을 매수하는 데 많은 돈을 쓸 필요가 없다. 똑같은 금액을 서방 민주 국가에서 사용해봤자 그 어떤 문제도 해결할 수 없지만 독재 국가에서는 즉각적인 정책상의 변화를 가져올 수 있다. 이런 구조 때문에 독재 국가일수록 내부 첩자가 더 쉽게 생길 수밖에 없다. 독재 국가에 원조를 제공하는 것은 독재자가 연합을 매수해 그의 지위를 공고히 하도록 돕는 것과 같다. 통계에 따르면 UN 안보리 이사회 회원국으로 선출된 국가는 임기 동안 경제발전과 정치적 자유가 이전보다 더 퇴보했다. 도대체 무슨 이유 때문일까? 발언권이 커진 만큼 더 많은 원조를 해야 했기 때문이다. 이 안보리 효과는 독재 국가에서 더 확연히 드러난다.

매수가 쉽다는 점에서 미국의 지도자들은 독재 국가의 정부를 더 선호한다. 역사상 민선 정부가 들어선 외국 국가는 미국에게 불리했다. 심지어 미국은 직접적인 파병을 통해 이 민주 정부를 무너뜨리고 독재 꼭두각시 정권을 세워놓은 적도 있었다. 그 대표적인 예가 바로 칠레의 아우구스토 피노체트Augusto Pinochet 정권이다. 이쯤 되면 미국이 민주주의의 확산을 싫어하는 것은 아닌지 의문이 들 수밖에 없다.

사실 미국은 입으로만 민주주의를 외칠 뿐이다. 그들에게 자국의 이익을 희생하면서까지 다른 나라의 민주화에 힘써주기를 원한다면, 그것은 그저 바람으로 끝날 수밖에 없다.《독재자의 핸드북》에서도 민주주의가 무엇인지에 대한 질문에 이렇게 대답하고 있다. 민주는 바로 '국민의, 국민에 의한, 국민을 위한 정부'이다.

《독재자의 핸드북》은 미국식 민주주의의 폐단을 지적하고 있지만, 누군가는 이 책이 미국의 민주를 지나치게 미화하고 있을 뿐 아니라 미국 승리 연합의 인원수를 과대평가했다고 비난한다. 한 연구 결과에 따르면 상당수 미국 유권자의 의지가 선거에서 승리한 후에는 전혀 반영되지 않는다고 밝혔다. 하지만 어찌 됐든 이 책의 기본 논조는 충분히 곱씹어볼 만하다. 내가 보기에 이 책은 민주주의를 신성화하지 않는다. 다만 독재 체제가 소수의 사람을 매수하는 데 반해 서방 민주 체제는 다수의 사람을 매수한다는 관점에서 볼 때 이 두 체제는 본질적으로 별반 다르지 않다는 것을 독자들에게 알려주고 있을 뿐이다.

심지어 서방 민주제도는 대중의 단기적 이익을 만족시키는 데 목적을 둔 복지제도라고 할 수 있다. 이런 관점을 가장 잘 설명해주는 것이 바로 거의 모든 정부가 돈을 빌리는 데 거침이 없다는 점이다. 이런 현상이 일어나는 이유는 돈을 빌려서 쓰는 사람 따로 있고, 그것을 갚는 사람이 또 따로 있기 때문이다. 즉, 현 정부가 빌려 쓴 돈은 다음 정부의 부채가 된다. 게다가 설사 내가 돈을 빌리지 않더라도 경쟁자가 빌릴 수 있으니 내가 빚을 져서라도 경쟁자에게 정권이 넘어가지 않도록 하는 편이 차라리 낫다. 정부는 돈을 빌린다고 해서 이윤을 낼 필요는 없으니 그 돈은 연합의 환심을 사는 데 사용된다. 독재정부의 부채 한도는 돈을 빌려주는 쪽의 마음에 달렸다. 반면에 서방 민주 정부의 부채 한도는 빚을 갚지 못하면 신용등급의 하락과 연계되기 때문에 부채 규모 역시 무한정 늘어날 수 없다. 원래 경제가 성장할 때가 바로 부채를 갚을 절호의 시기지만 서방 정부는 돈이 있어도 그렇게 하지 않는다. 결국, 국가가 장기적 이익을 고려하지 않고 빚만 쌓이게 만든다고 비난하는 정치인들은 그 빚을 내가 진 것이 아니라고 속내를 내비치는 셈이다.

비록 민주정치가 다양한 폐단을 드러내고 있다 해도 그것은 여전히 독재정치보다 훨씬 강한 면모를 지니고 있다. 그래서 대부분 사람이 민주 국가에서 살기를 더 원하는지 모른다. 이 책을 읽다 보니 민주 국가의 본질이 국민으로 하여금 평온한 일상을 살아가게 해주는 것이 아닐까 하는 생각이 강하게 들었다. 혹자는 민주가 하나의 수단이라고 생각하기도 한다. 그런데 사실 민주 자체는 수단이 아니라 목적이다. 이 책 속에 이것을 뒷받침할 만한 여러 연구 데이터가 나온다. 그 데이터에 따르면 비슷한 경제 조건 아래서 민주 국가의 교육과 의료 수준은 독재 국가보다 두드러지게 앞서 있고, 민주 국가에서 지진 등 자연재해로 인한 사망자 수는 독재 국가보다 눈에 띄게 적었다. 그렇다면 도대체 어떻게 해야 진정한 민주 국가가 될 수 있는 것일까? 민주주의의 선결 조건은 정부를 먹여 살릴 수 있는 국민의 납세라고 할 수 있다. 석유와 같은 자연 자원이 풍부한 나라의 독재자라면 연합을 먹여 살릴 수 있는 수입원을 확보하기 위해 이 자원을 손에 넣기만 하면 된다. 그렇게 되면 그에게 민주화는 전혀 불필요한 수단이 돼버릴 것이다. 반면에 국가 수입을 세수에만 의존해야 하는 상황이라면 경제의 발전이 관건이 되기 때문에 독재자는 소득을 창출하기 위해 어쩔 수 없이 국민에게 더 많은 자유를 줄 수밖에 없다.

민주주의를 실천하는 또 다른 선결 조건은 국가의 건국 초기에 연합의 인원수가 비교적 많아야 한다는 것이다. 누군가는 조지 워싱턴이 무소불위를 휘두르지 않고 민주주의를 시행한 것은 그의 뛰어난 인품 때문이라고 말한다. 하지만 이것은 크나큰 착각이다. 사실 조지 워싱턴에게는 황제가 될 만한 밑천이 전혀 없었다. 미국 건국의 뒷받침이 되어준 군사적 역량은 여러 주로 구성된 연합으로부터 나온 것이지, 어느 한 주가 압도적 실력을 갖췄기 때문에 그로 말미암아 만들어진 것이 아니었다.

그렇다면 지금의 독재 국가들은 어떻게 민주주의로 전환할 수 있었을까? 이와 관련해 가장 쉽게 접할 수 있는 것은 경제발전이 민주화를 가져왔다는 논점이다. 이 논점의 논리를 살펴보자면 경제발전은 필연적으로 국민에게 더 많은 자유를 가져다주고, 풍요로움과 자유를 누린 국민은 더 많은 민주적 권리를 요구하게 되어 있다는 것이다. 이 책은 이 논점을 생각해볼 가치도 없다고 여긴다. 문제는 국가의 경제가 성장하면 그 정부의 소득도 상승하게 되고, 그만큼 지도자가 손에 쥐게 되는 돈도 많아진다. 그리고 지도자는 그 돈으로 연합을 매수하고 편안히 살 수 있으니 굳이 민주화를 시행할 이유가 없다. 역사의 경험을 돌아보면 국가 경제에 심각한 위기가 닥치고, 지도자에게 연합을 위로할 자금이 떨어졌을 때 그 국가가 돌연 민주주의 체제로 돌아설 가능성이 더 커졌다. 이런 관점으로부터 볼 때 경제 위기가 닥쳤을 때 독재자에게 돈을 빌려주는 것은 그 통치 체제를 유지하도록 돕는 것과 같다. 그렇다면 10여 년 전에 이집트에서는 왜 혁명이 일어났을까? 이 책에서는 이집트의 군대가 이전처럼 길거리에서 시위하는 군중을 진압하지 않았기 때문이라고 말하고 있다. 군대가 시위를 방관한 이유는 무바라크Hosni Mubarak 대통령에게 돈이 없었기 때문이다. 연합은 무바라크가 그들의 이익을 보장해줄 수 없다는 것을 알게 되었고, 결국 시위를 수수방관하기에 이른 것이다. 그렇다면 무바라크는 왜 빈털터리가 된 것일까? 당시 경기가 불황인 상황에서 미국이 이집트에 대한 원조를 줄였기 때문이다.

결국 서방 민주주의의 본질은 선거가 아니라 연합의 인원수라고 볼 수 있다. 그래서 민주화의 근본적인 방법은 바로 연합의 인원수를 늘리는 것이다. 하지만 지도자라면 결코 이런 요구를 기꺼이 수긍할 리 없다. 권력의 법칙에 따라 지도자는 어떤 상황에서도 연합의 인원수를 줄이고 싶어 하기 때문이다. 반면에 유권자는 어떤 상황에서도 연합의 인원수를 늘리고 싶어 한다. 그러나 연합의 규모를 키우는 힘은 결국 연합 자체의 능력에 달려 있다. 독재 국가의 연합 구성원은 본래 연합이 확대되기를 원하지 않는다. 연합의 규모가 작아질수록 모든 사람에게 돌아가는 이익이 커지기 때문이다. 그렇지만 인원수가 적다는 것은 지도자에 의해 언제든 교체될 수 있다는 위험성이 따르고, 정권 교체의 시기가 아니더라도 연합의 존립 자체가 흔들릴 수 있다. 그래서 연합은 조직의 존속을 위해 신규 연합 회원을 받아들일 수밖에 없다.

《독재자의 핸드북》은 상당히 단순한 수학 모델을 이용해 연합의 인원수가 계속 증가하면 도리어 경제상의 혜택이 돌아온다고 설명하고 있다. 즉 연합원 수의 증가는 국가가 더 민주화되는 것을 의미하고, 이로 인해 파생되는 세율의 인하는 국민에게 더 열심히 일할 동기 부여로 작용하고, 그 결과 경제가 성장하며 1인당 국민 소득도 증가한다는 것이다. 하지만 개인적으로 이런 설명은 그다지 신뢰가 가지 않는다. '민주 국가는 세율이 낮다'라는 이런 논점은 유럽처럼 높은 수준의 복지국가에서는 적용될 수 없기 때문이다.

물론 경제발전이 민주화를 가져온다는 이런 논점은 여전히 나름의 일리가 있다고 본다. 2011년에 출간된 매트 리들리Matt Ridley의 저서

《이성적 낙관주의자》에서는 상품 교환이 인류에게 막대한 혜택을 가져다준다고 강조했다. 이른바 민주와 법치는 강자가 국민에게 위로부터 아래로 하사하는 것이 아니라 국민이 시장거래 과정에서 상호 충돌과 타협을 거쳐 진화하는 것이다. 경제가 발전하면서 국가를 대상으로 더 많은 권리를 과감하게 요구하는 사람이 점점 더 늘어나고 있다. 만약 그들의 수가 충분히 많아진다면 그들은 모든 정당이 반드시 끌어들여야 하는 대상이 될 수밖에 없다.

그리고 그들 역시 승리 연합에 가입하고 싶어 할 것이다.

5

죽기 아니면
살기 식의
시장경제[9]

이 장에서는 진화에 관한 두 가지 이야기와 독점에 관한 하나의 이야기를 다루고자 한다. 이를 통해 우리가 시장경제에 대해 얼마나 잘못 생각하고 있었는지 깨닫게 될 것이다.

진화생물학자 존 엔들러John Endler는 남미에 서식하는 구피Guppy를 가지고 흥미로운 실험을 진행했다. 그는 열 개의 수조에 고작 2센티미터 길이의 구피를 넣고, 수조마다 바닥에 다양한 크기의 조약돌과 자갈 그림을 깔아두었다. 그리고 몇몇 수조에 포식자를 집어넣었다. 그렇게 14개월이 흐른 후 살펴본 수조의 상황은 확연한 차이를 보였다. 포식자가 없는 수조 속 구피는 아름답고 화려한 무늬와 색채를

---

9 구피의 진화 이야기의 출처는 팀 하포드의 저서 《어댑트: 불확실성을 무기로 사용하는 힘 (Adapt: Why success always starts with failure)》. 유전 알고리즘의 출처는 멜라니 미첼의 저서 《복잡성: 가이드가 있는 여행(Complexity:A Guided Tour)》. AT&T 이야기의 출처는 팀 우 (Tim Wu)의 저서 《마스터 스위치(The Master Switch: The Rise and Fall of Information)》.

드러냈고, 포식자가 있는 수조 속 구피는 아주 평범한 모습을 보였다. 심지어 몸의 무늬마저도 수도 아래 깔린 자갈 모양과 똑같았다. 마치 자기방어를 위해 이런 변화가 생겨난 듯 보였다.

외부인의 시선으로 봤을 때 경제적, 정서적으로 여유로운 환경은 다방면으로 뛰어난 성장을 하는 데 유리하다. 물고기 역시 화려한 색채와 무늬를 가진 물고기라면 교미의 기회를 갖기 더 쉽지만, 생존조차 위협받는 상황이라면 관심은 오로지 생존에 맞춰질 수밖에 없다.

엔들러의 실험은 그 속도가 유독 빨랐다는 점 말고는 일반적인 생물 진화와 별반 차이가 없었다. 다만 이런 간단한 실험을 통해 진화의 지혜를 습득할 수 있다는 것에 나름의 의의가 있다고 볼 수 있다.

사실 물고기는 교미할 때 자기 자손에게 어떤 모습을 물려줄지 스스로 선택할 수 없고, 유전자 돌연변이는 완전히 무작위로 일어난다. 자연적 선택을 두고 물고기들끼리 서로 '경쟁'하는 것이 아니라 순전히 각 개체가 환경을 상대로 '내기'를 하는 것이라고 보면 된다. 그 내기에서 이겨야 비로소 살아남아서 번식할 수 있게 되는 것이다.

미래가 어떻게 변할지 누구도 알지 못한다. 일반인의 생각과 달리 진화는 정해진 방향대로 이뤄지지 않고, 자연 선택은 종의 의견을 전혀 고려하지 않는다. 종의 적응 여부는 순전히 우연에 지나지 않는다.

진화는 맹목적인 것처럼 보이지만 복잡한 세상에서 가장 효율적으로 답을 찾는 방법이기도 하다. 사실상 과학자들은 1960년대부터 진화를 모방하는 방식으로 다양한 문제의 답을 찾기 시작했다. 이것을 '유전 알고리즘Genetic Algorithm'이라고 부른다.

가로와 세로가 각각 10×10으로 나뉜 바둑판이 있다고 가정해보자. 각 칸을 하나의 방으로 설정하고, 그중 절반에 해당하는 무작위로 선택한 칸에 깡통을 하나씩 둔다. 그리고 자신이 현재 위치한 방과 바로 옆에 있는 전후좌우의 방만 볼 수 있는 로봇에게 깡통을 수거하게 한다. 그 로봇이 다양한 상황에 맞게 움직이고, 지정된 시간 안에 깡통을 가능한 한 많이 수거하도록 하려면 어떤 전략을 세워야 할까?

이것은 산타페 연구소의 컴퓨터 과학자 멜라니 미첼Melanie Mitchell이 유전 알고리즘 연구에 이용한 한 가지 사례다. 멜라니 미첼은 최대한 지능적인 전략을 우선하여 설계했고, 그 난도는 그리 높지 않았다.

예를 들어 로봇은 시력이 제한적이고 기억력도 없으므로 방 안에 깡통이 보이면 바로 그것을 줍도록 했다. 만약 깡통이 없다면 다른 곳으로 이동하도록 했다. 이론적으로 이 게임에서 획득할 수 있는 최고 점수가 500점인 상황에서 이 인위적 설계를 통한 전략을 사용하면 평균 346점의 기록을 세울 수 있었다. 그러나 유전 알고리즘 시뮬레이션을 적용해 진화시킨 전략으로는 483점이 나왔다.

유전 알고리즘의 진화 과정은 다음과 같다.

1 우선 무작위로 200개의 전략을 생성한 뒤 이것을 200개의 생물로 간주한다. 이 전략은 굉장히 어리석고, 어쩌면 움직이자마자 부딪힐지도 모른다. 어쨌든 진화의 핵심은 사람이 완전히 배제된 설계다.

2 이 200개 생물의 적응도를 계산한다. 다시 말해서 깡통의 위치를 다양하게 바꿔가며 여러 번 이 생물을 테스트하고, 마지막으로 어떤 생물의 점수가 가장 높은지 확인한다.

3 적응도가 높은 생물을 골라서 둘씩 무작위로 짝을 맞추고 다음 세대를 만들어내도록 한다. 이때 적응도가 높은 생물일수록 교배 기회를 얻을 확률이 높아진다. 그 자녀는 부모로부터 각각 절반의 유전

자를 물려받고, 돌연변이가 나타날 수 있다. 다시 말해서 자녀가 물려받은 유전자 조합이 임의로 변할 수 있도록 만든다. 이렇게 해서 다음 세대가 또 200개로 늘어나도록 만든다.

4 새로운 세대를 상대로 두 번째 단계를 다시 반복한다.

이렇게 1천 회를 거치고 난 후 매우 우수한 200개의 전략 생물을 획득할 수 있다. 그중 가장 눈길을 사로잡는 전략은 전체 시야가 확보되지 않은 상황에서 로봇이 자동으로 바깥에서 안쪽으로 이동해 제한된 시간 안에 더 많은 방을 두루 돌아다니는 것이다.

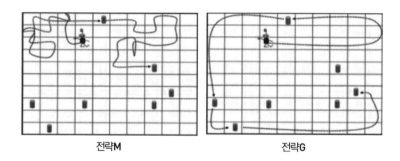

전략M   전략G

전략M보다 전략G가 더 효율적인 전략이다. 출처: 멜라니 미첼의 《복잡성: 가이드가 있는 여행》

우리가 특정 상황에서 취한 동작을 그 전략 속 하나의 유전자로 간주한다면 최고의 전략이 보여준 가장 놀라운 점은 특정 유전자의 탁월한 능력이 아니라 유전자들 사이의 결합과 협력이었다.

어떤 유전자가 눈앞에 깡통이 보이는데도 즉각적으로 줍지 않을 수 있지만, 이것이 다른 유전자의 협력을 끌어내 미래의 행동노선을 위한 일종의 표식 역할을 하도록 만들 수 있다.

유전자를 설계하는 것은 그리 어렵지 않을 수 있다. 하지만 다양한 유전자를 설계해 서로 협력하도록 만드는 일은 상당히 고난도에 속한다. 게다가 유전자 간의 협력이 적응도를 높이는데, 왜 도움이 되는지 이해하기도 어렵다.

유전 알고리즘은 이미 다양한 영역에서 광범위하게 응용되고 있다. 엔지니어는 유전 알고리즘을 이용해 기이한 모양의 안테나처럼 더 업그레이드되어 뛰어난 성능을 지닌 새로운 설계를 해내기도 한다. 하지만 그들 자신도 그 성능이 왜 그렇게 뛰어난지에 대해서는 정확히 설명하지 못한다.

진화론자가 지적 설계론자를 향해 가할 수 있는 최고의 반격이 아마 이런 것이 아닐까 싶다.

생물의 세계는 너무 신비로워서 어떤 지적인 존재가 그것을 설계해냈다고 믿기 어렵다. 설계를 통해 만들어진 존재는 진화를 거친 존재의 상대가 되지 않는다. 미래 환경이 어떻게 변할지 모르고, 그것을 설계할 지적 능력마저 없어서 미래를 어떤 방향으로 이끌어야 할지 노심초사하고 있다면 차라리 진화의 기쁜 소식을 기다리는 편이 낫다.

이런 점에서 볼 때 어쩌면 진화는 대규모 혁신을 실현하기 위한 유일한 수단일지 모른다.

사람들은 계획경제와 시장경제를 비교할 때 계획경제 시스템 안에서 생산된 제품의 품질과 서비스 수준이 떨어진다고 입버릇처럼 말한다. 계획경제는 공동분배를 보장하기 때문에 사람들은 개인의 이익을 보장하지 않는 일에 굳이 애써 매달리지 않는다. 그렇다고 해서 시장경제의 장점이 상품의 품질에 있는 것은 아니다. 그 장점은 바로 다양한 사람들의 수요를 충족시킬 수 있을 만큼 다양한 종류의 상품에서 찾아볼 수 있다. 그 원리는 시장경제가 본질적으로 탈중심화를 지향하는 데서 찾아볼 수 있다. 누구든지 자신이 생각하는 바를 바로 실행에 옮길 수 있으며, 상급자의 눈치를 보거나 지시를 기다릴 필요가 없다.

시장의 키워드는 '개인의 이익 추구'가 아니라 '무지'에 있다. 계획경제에서도 개인의 이익은 추구할 수 있기 때문이다. 어쨌든 정부의 계획이 시행되지 못한다면, 그 이유는 정부가 멍청하거나 사용하는 컴퓨터가 느리기 때문이 아니라 미래가 어떤 식으로 변할지 알 수 없기 때문이다. 사실 누구도 미래를 알 수 없다. 시장경제는 생물 진화의 이치와 맥을 같이한다고 할 수 있다.

첫째, 무작위로 변이한다. 누구라도 회사를 세우려면 위험을 감수해야 한다. 하지만 주식회사의 장점은 다른 사람의 돈을 가지고 모험을 할 수 있다는 데 있다. 어느 방향으로 가야 옳은 것인지 누구도 알 수 없지만 모든 방향으로 다 시도를 하다 보면 결국 소기의 성과를 이룰 수밖에 없다.

둘째, 자유 교배가 이루어진다. 양성생식은 단성생식보다 훨씬 효율이 높기에 생물 진화에서 신의 한 수라고 할 수 있다. 우수한 개체가 서로 결합해 더 나은 우수한 개체를 만들어낸다. 스티브 잡스는 애플의 DNA를 단순히 기술이 아니라 기술과 인문, 예술의 결합이라고 말했다. 실제로 새로운 발명은 대부분 기존의 사상과 연결되어 있다. 다시 말해서 하나만 놓고 보면 별거 아닌 것도 일단 다른 무언가와 결합하는 순간 대단한 결과물로 재탄생할 수 있다는 것이다.

셋째, 냉정한 도태가 이루어진다. 환경이 영원히 바뀌지 않는다면 새로운 종을 이렇게 많이 볼 수 없을 것이다. 환경이 변하고, 우리가 새로운 종의 출현에 환호할 때 기존의 무수히 많은 종이 이 변화에 적응하지 못하고 도태된다는 것을 기억해야 한다. 지난날 한 시대를 호령한 혁신적인 기업들이 지금은 흔적도 없이 사라졌다.

그래서 시장경제에 참여하려면 '죽기 아니면 살기'라는 정신을 가져야 한다. 이런 정신으로 무장하고 시장경제에 뛰어든다면 상업, 스포츠, 예술, 학문 등 어느 영역에 참여하든 가격 신호에 상관없이 혁신과 번영을 구가할 수 있다. 만약 이런 각오 없이 구태의연한 태도로 일관한다면 성정과 발전을 논할 생각조차 하지 말아야 한다.

그런데 중국 정부기관에서 순수한 자유시장 원칙과 부합하지 않는 듯 보이는 강력한 거시적 통제를 추진하고 있는데도 경제 성적표가 순수한 자유시장 경제보다 좋은 이유는 무엇일까? 이런 결과가 나온 이유는 무엇 때문일까?

그 답은 '앎'에 있다. 현재 중국식 경제모델의 대성공은 그 출발점이 다르기 때문이다. 다른 사람보다 뒤처진 상태에서 시작할 경우 어느 방향으로 가야 안전한지 알고 출발할 수 있다는 장점이 있다. 자신이 가보지 않은 길도 이미 누군가의 경험을 통해 어떤 길인지 알고 판단할 수 있으니 성공이 보장된 안전한 길만 따라 그대로 달려가기만 하면 된다. 이때 가장 좋은 방법은 기업이 아니라 국가가 나서서 '전력 질주'를 하는 것이다.

중국은 국가 차원에서 직접 나서서 대기업을 설립하는 등 대대적인 인프라 건설을 추진하며 모든 역량을 총동원해 몸집을 키웠다. 이때 관건이 되는 것은 모방과 확장일 뿐, 혁신에 눈을 돌려서는 안 된다.

하지만 경제가 어느 정도 수준까지 발전해 혁신의 필요성이 대두되고, 세계 경제를 선도하는 역할로 탈바꿈하고 싶다면 자유시장 체제로 진화를 시도해야 한다.

혁신은 자유시장을 고수할 수밖에 없는 유일한 이유일 수 있다. 일반적으로 시장경제의 최대 장점으로 경쟁을 꼽는 경우가 대부분이지만, 사실 경쟁은 다소 과대평가된 경향이 있다. 역사적으로 유명한 독점기업들의 사례를 살펴보면 어떤 단계에 올라서면 도리어 독점이 더 장점으로 작용했다는 것을 알 수 있다.

20세기 초, AT&T가 미국 내 전신과 전화 사업을 독점하던 시기는 이 회사는 물론 미국 국민에게도 좋은 시절이었다. AT&T의 CEO 시어도어 베일Theodore Vail은 무질서한 경쟁에 강한 반감을 드러내며 독점을 최우선 가치로 여겼고, 독점기업이야말로 국익에 도움을 줄 의무가 있다고 강조했다. 그의 이념은 주주의 이익이 아니라 국민의 이익을 위해 돕는 기업의 역할을 최우선으로 두는 것으로부터 출발한다.

시어도어 베일이 경영하던 시기에 AT&T는 이윤을 창출할 수 없는 외딴 지역을 포함한 미국 전역에 전화선을 매설했고, 전신 사업의 가격 결정권을 정부에게 넘겼다. 설사 시장 독점을 통해 이윤을 창출했다 해도 이것 역시 독식하기보다 대부분을 벨 연구소의 과학자들이 기초연구에 집중할 수 있는 환경을 만드는 데 투자했다. 벨 연구소는 미국에 일곱 개의 노벨상을 안겨주었을 뿐 아니라, 트랜지스터, 레이저, 태양열 배터리, 컴퓨터 프로그래밍 언어, 운영 시스템 등과 같은 위대한 업적을 남겼다. 심지어 천문학 발전에도 큰 공헌을 했다.

이런 흐름대로라면 규모가 커진 회사가 독점기업으로 성장해 국가와 손을 잡거나, 아예 국유화의 길을 선택하는 것이 국민과 국가를 위해 최선의 선택이라는 결론에 도달하게 된다. 하지만 이 이야기에는 한 가지 반전이 존재한다.

한때 벨 연구소는 전화 사업에 변화를 가져올 수 있는 혁신적인 아이디어를 많이 내놓은 적이 있었다. 하지만 AT&T는 이런 변화의 움직임을 용납하지 않았다.

예를 들어 자기테이프를 이용해 통화 메시지를 녹음하거나 부재 시 걸려 온 전화를 녹음하는 자동응답기 기술을 개발했다. 그런데 AT&T는 그 기술과 관련 연구를 전면 중단시키고, 관련 문서를 모두 봉인 처리했다. 그 이유는 전화 녹음과 자동응답 기능이 생기면 통화품질이 떨어지고 전화 이용률도 영향을 받을 거라고 우려했기 때문이다.

하지만 그들의 우려는 어리석은 기우에 지나지 않았다. 자동응답 기능이 있다고 해도 사람들은 지금도 여전히 전화를 사용하기 있기 때문이다. 결과적으로 AT&T는 엄청난 오판을 했고, 미국은 독일에서 그 기술을 들여와야 했다. 이와 비슷한 사연으로 출시되지 못한 비운의 제품으로 DSL과 스피커폰 기능이 있다.

이것이 바로 부분적인 혁신이 왜 '파괴적 혁신'으로 불리게 되는지를 보여주는 단편적 예다. 이런 혁신적 아이디어의 등장이 업계에 치명적인 피해를 주는 것도 아니고, 심지어 그것이 자사 내에서 만들어진 혁신이라 해도 업계 전체에 피해를 줄까 봐 받아들이지 않는 것이다. 그래서 대다수 사람은 혁신을 논할 때 겉으로만 좋아할 뿐 정작 속으로는 크게 두려워하며 안주를 선택한다.

역사를 돌이켜 봤을 때 AT&T가 새로운 기술에 대해 두려움을 가졌던 것도 나름의 일리가 있었다. 한 업체가 음 소거, 스피커 기능을 가진 전화기 주변장치를 선보이자 AT&T는 그 장치가 통화품질을 떨어뜨리고 심지어 수리기사의 안전을 위협한다는 이유로 고소장을 보냈다. 8년 동안의 치열한 법정 공방 끝에 법원은 개인이 가정용 전화기에 주변장치를 설치하는 것이 합법적이라고 판결을 내렸다. 이를 계기로 새로운 주변장치들이 속속 등장하기 시작했고, 전신, 전화 사업은 과당경쟁 시대로 접어들었다.

이것이 AT&T가 내리막길을 걷게 된 시초였다. 그 후 세월이 흘러 그 자리를 인터넷이 대신하기 시작했다. 지금도 여전히 많은 사람이 AT&T와 같은 거대 기업이 반독점을 명분으로 분할된 사실에 안타까움을 드러내고 있다. 하지만 그것은 혁신을 위한 대가였다.

세상에 공짜는 없다는 말처럼 혁신 역시 대가가 따른다. 혁신의 대가는 거액의 자금을 쏟아부어야 하는 모험을 감수하는 것이고, 위대한 기업의 몰락, 부정적 영향을 주는 요소의 등장을 받아들이는 것이기도 하다.

진화를 모방하는 지혜는 언제라도 시도할 수 있다. 다만 무언가 새로운 것이 등장했을 때 정부 부처가 아니라 시장이 먼저 선택 여부를 결정하도록 해야 한다. 새로 등장한 존재에 대해 당장은 부정적인 인식이 강하더라고 시간이 흘러 다른 요소와 결합했을 때 상상하지 못한 긍정적 시너지 효과를 낼 수 있기 때문이다.

그래서 인터넷 업계에서는 새로운 개발에 대해 먼저 발표한 후 나중에 검증해 걸러내는 방식을 선택한다. 피해를 볼지 모른다는 우려 때문에 새로운 변화의 등장마저 금지한다면 그것이 도리어 발전에 걸림돌이 될 수 있다. 일단 받아들이고 실제로 피해가 생기면 그때 가서 행동을 취해도 늦지 않는다.

요컨대 혁신형 국가로 도약하고 싶다면 혁신을 위해 얼마나 큰 대가를 치를 수 있는지 먼저 생각해볼 필요가 있다.

CHAPTER

6

기술, 국가, 생물과 기업의 생존율 문제

생사와 관련된 큰 문제를 논할 때 생존율이라는 말을 쓴다. 현재 경영 상태가 최상이라고 할 수 있는 한 회사가 있다고 가정해보자. 그렇다면 그 회사가 앞으로 계속해서 살아남을지 어떻게 판단할 수 있을까? 이 장에서는 이와 관련된 몇 가지 흥미로운 진술과 연구 결과를 근거로 생사와 관련된 중대한 문제, 즉 생존율에 관해 이야기를 나눠보려 한다.

생존 규칙은 대상에 따라 다르게 적용된다. 따라서 우리는 먼저 무형의 대상부터 시작해보자.

기술과 사상

나심 니컬러스 탈레브 assim Nicholas Taleb의 저서《안티프래질》에 등장하는 견해는 읽은 지 여러 해가 지났지만 여전히 기억에 남을 만큼 인상적이었고, 나 역시 이 견해에 일리가 있다고 본다.

중국 도서 사이트의 연간 종합 베스트셀러 순위를 살피면 신간뿐 아니라 오래전에 출간된 책들도 섞여 있다. 예를 들면 2019년 한 해 동안 베스트셀러 10위 안에 든 쉬화余華의《인생活着》이 들어 있었다. 이 책은 1992년에 출간되었는데도 무려 30여 년간 독자들의 사랑을 받고 있었다.

그렇다면 탈레브는《인생》이 앞으로도 30년 가까이 서점에서 꾸준히 팔릴 거라고 전망할 것이다. 이 책은 이미 긴 시간 자신의 '강건함'을 증명했고, 그것이 앞으로 생존 가능성을 짐작하는 근거가 되기 때문이다.

반대로 베스트셀러 순위 안에 든 책 중에서 출간된 지 1년도 안 된 책들의 생존율에 대해 그는 어떤 판단을 내릴까? 아마도 그는 그 책들이 앞으로 1년은 더 팔릴 수 있을 거라고 추정할지 모른다. 그 책의 판매 부수 이면에 과대광고의 요소가 존재했다면 운 좋게 인기를 끌었을지 몰라도 그 열기가 금세 식을 수 있기 때문이다.

물론 이 모든 것은 확률적 판단일 뿐이다. 어쩌면 10년 후에 중국에 르네상스가 찾아와 쉬화를 뛰어넘는 작가들과 훌륭한 소설이 연이어 나온다면 사람들은 더는《인생》을 읽지 않을 수도 있다. 어쩌면 이 책《지식인들의 지적 대화》가 스테디셀러로 등극할지도 모를 일이다. 하지만 이럴 확률은 극히 낮다.

탈레브의 판단 방법은 책, 기술, 사상처럼 늙지 않고, 자연 소멸이 될 리 없는 사물은 생존 기간이 길수록 미래에도 계속 살아남을 가능성이 커진다. 그것의 예상 수명과 저력은 정비례한다.

탈레브의 이런 견해는 우리에게 시사하는 바가 크다. 확률에 근거한 그의 판단 방법에 따르면 우리 앞에 새롭게 등장했던 많은 것 중 대부분이 빠르게 사라질 것이다. 일례로 신형 휴대전화는 대개 출시된 지 몇 년 안에 도태된다. 반면에 우리가 음료를 마실 때 일상적으로 사용하는 컵은 신기술이 적용된 것이 아니므로 도리어 도태되지 않고 계속 살아남을 수 있다.

다만 탈레브가 언급한 기술, 사상과 같은 대상은 살아 있지 않은 추상적 존재에 속한다. 그렇다면 그 외 다른 대상의 생존율은 어떨까?

예를 들어 국가 역시 그 수명으로 실력을 입증할 수 있을까?

국가

작가 펑민페이馮敏飛는 자신의 저서《역사의 계절歷史的季節》에서 '70년의 고비'라는 흥미로운 이론을 제시했다. 그는 중국 역대 왕조의 수명에 대한 통계를 내는 과정에서 눈에 띄는 규칙 하나를 발견했다.

그래프를 보면 총 62개 왕조 중에서 수명이 70년 이하인 왕조가 46개로 74%를 점했고, 70년을 넘긴 왕조는 고작 여섯 개뿐이었다. 그러나 70년을 넘겨서 100년에 도달하기만 하면 그 왕조의 수명은 200년을 넘겨 심지어 300년까지도 가능해진다. 이 그래프를 보면 전체 곡선

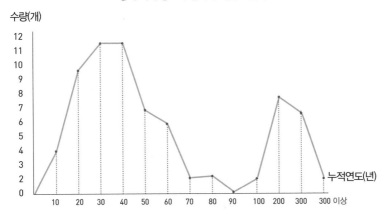

중국 역대 왕조 수명의 누적연도 분석표

이 M자 모양을 나타내고 있다.

다시 말해서 70~100년은 중국 왕조의 병목 구간이 되는 셈이다. 대다수 왕조는 이 고비에서 발이 묶였지만 일단 넘기기만 하면 아주 긴 세월 동안 통치를 이어갈 수 있다. 평민페이는 70년이라는 변곡점이 단명하는 왕조의 입장에서 보면 절대 깰 수 없는 절망적인 천장이고, 장수를 하는 절대다수의 왕조에게는 '가볍고 빠른 작은 배는 이미 만 겹의 산을 넘었다輕舟已過萬重山'라는 이백李白의 시구절처럼 한고비를 넘기고 이제부터 탁 트인 앞길을 걸으며 더 나은 미래를 계속해서 이어갈 수 있다는 것을 의미한다.

평민페이의 이 이론은 우리에게 시사하는 바가 크다. 그가 발견한 일반적인 규칙은 개국 전후로 극단적인 사건을 수도 없이 일으킨 왕조라 해도 변곡점 70년만 무사히 넘기면 천장을 깨고 나가 더 나은 미래를 열고, 그렇지 못하면 몰락의 위험에 빠지게 된다. 원나라와 청나라가 바로 이런 예에 해당된다. 원나라는 강대한 역사를 이어왔지만 결국 90여 년 만에 멸망하고 말았다. 청나라 왕조는 개국 이후 온갖 악행을 저질렀지만, 강희대제康熙大帝가 집정한 후 널리 어진 정치를 펼쳐 사회경제를 신속하게 회복시켰고, 특히 '영불가부永不加賦(영원히 부세를 증가하지 않고 세금을 동결한다)'와 같은 정책으로 인심을 얻어 변곡점을 넘기는 데 성공했다.

나로서는 이 이론의 옳고 그름을 판단할 수 없다. 그런데 왜 70년일까? 개국 왕조의 영향력이 딱 이 정도의 시간만 유지될 수 있기 때문일까? 이 이론이 다른 나라에서도 적용될까? 여기서 그 구체적인 내용까지 다룰 수는 없지만 어찌 됐든 평민페이의 이론은 탈레브의 이론과 맥을 같이하고 있고, 탈레브가 수명의 변수만 논한 것에 비해 평민페이는 나라의 존활을 '건국, 전환, 유지'의 세 가지 단계로 나눴다. 역사의 변곡점을 지나 전환에 성공하는 일은 나라를 세우는 것만큼, 심지어 그 이상으로 더 어렵다. 하지만 전환에 성공하기만 하면 훨씬 수월하게 그 왕조를 유지할 수 있다.

그렇다면 기업 역시 이럴까? 반드시 그렇지만은 않다. 기업을 논하기에 앞서 생물에 대한 이야기부터 하고자 한다. 생물의 진화는 인간 세상과 다른 점을 보여준다.

생물

1970년대 미국 시카고대학교의 진화생물학자 리 밴 베일런Leigh van Vale은 그 시대에 감히 상상도 할 수 없었던 '빅 데이터' 연구에 돌입했다. 그는 기나긴 진화의 역사 속에서 다양한 생물종의 생존 시간을 고찰했다. 어떤 종은 태어나자마자 몇 년 안 돼 멸종했고, 어떤 종은 계속해서 번성하며 몇백만 년, 몇억만 년을 살고서야 멸종되었다. 밴 베일런이 이 연구를 통해 밝히고 싶었던 것은 무엇이었을까? 만약 어떤 종이 이미 오랜 시간을 생존했다면 진화의 과정에서 일반적인 수준을 뛰어넘는 우세종으로 자리 잡았다 의미하고, 이것을 근거로 앞으로도 더 긴 시간을 생존할 수 있는지 예측이 가능해지기 때문이다.

물론 고생물 화석으로부터 이런 자료를 수집하는 것이 결코 쉽지 않은 만큼 데이터에 각종 오차가 존재할 수 있다. 그 점을 고려해 밴 베일런은 많은 그래프를 통해 상당히 일치하는 결론을 얻어냈다.

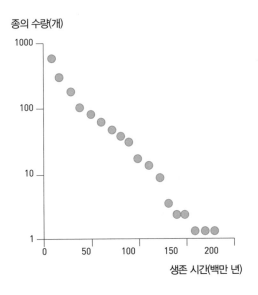

가로 좌표축은 종의 생존 시간(백만 년), 세로 좌표축은 종의 수량을 나타낸다. 이 곡선이 직선에 가깝다는 것은 종의 연간 멸종 확률이 같

다는 것을 보여준다.[10]

이 그래프를 보면 장기간 진화를 거친 우세종은 없었다.

방금 등장한 새로운 종이든 이미 천만 년을 살아온 오래된 종이든 상관없이 몇 년 안에 멸종할 가능성은 완전히 같았다. 결국 멸종 확률과 종의 나이는 아무 상관이 없다고 볼 수 있다.

주의할 점은 여기서 말하는 종의 멸종과 인류의 활동은 아무런 관계가 없다. 인류, 즉 슈퍼파워가 무차별적으로 종을 소멸시킨 것이 절대 아니라는 뜻이다. 인류는 지구 생물의 진화 역사에서 그리 긴 기간을 차지하지 않고, 화석을 이용한 연구는 모두 몇천만 년의 척도로 이루어진다.

다시 말해서 진화는 당신이 누구인지 상관하지 않는다. 당신이 고참이든 신참이든, 오늘 이 시합에서 누가 이기고 지든 확률은 같다. 계속 살아남은 종은 진화에 유리한 무언가를 발견했기 때문이 아니라 단지 운이 좋아 멸종의 환경을 만나지 못했을 뿐이다. 이 결론을 이른바 '멸종 규칙Law of Extinction' 혹은 '밴 베일런 법칙Van Valen's Law'이라고 한다.

왜 그럴까? 밴 베일런은 한 가지 가설을 제기했다. 어떤 종이 돌연 유전자 돌연변이 덕에 진화에 특화된 우세종이 되었다고 가정해보자. 하지만 세상에는 영원한 것이 없듯 다른 종 역시 진화한다는 것을 간과해서는 안 된다. 그 종의 포식자 역시 진화에 유리하게 특화될 수 있고, 그것이 피식자의 우세했던 장점을 상쇄할 수 있다. 그래서 진화에는 불변의 절대적 우세는 없다. 그래서 종은 생존을 위해 돌연변이가 되거나 멸종할 수밖에 없는 상황에서 벗어날 수 없다.

---

10 리 밴 베일런(Leigh Van Valen)의 말에 근거하여 다시 그림. 출처: Wiki Commons.

이것을 뒷받침해주는 것이 바로 '붉은 여왕 가설Red Queen's Hypothesis'이다. 즉, 어떤 생물종을 둘러싼 환경은 다른 종의 진화적 변화 등에 의해 끊임없이 악화하기에 그 종도 지속적으로 진화하지 않으면 절멸하게 된다.

《이상한 나라의 앨리스》에서 붉은 여왕은 이렇게 말한다.

"쉬지 않고 힘껏 달려야 해. 어딘가 다른 데로 가고 싶으면 적어도 그보다 배는 더 빨리 달려야 해."

물살을 거슬러 노를 젓는 것처럼 계속해서 노를 젓지 않으면 제자리를 벗어나기 힘들듯 변하지 않으면 죽음뿐인 현실이 바로 진화의 역사다. 지난 시간 속의 성공과 성취는 진화 앞에서 아무런 힘이 되지 못하고, 계속해서 '변화와 발전'을 추구하며 새로운 우위를 점해야 한다.

기업 역시 마찬가지다.

기업

기업에 관한 이야기는 두 가지 단계로 나눌 필요가 있다. 먼저 초기 창업이다. 모두가 창업 초기에는 자신감이 넘치지만, 그들의 생존율은 낮은 편이다.

다음의 그래프[11]는 미국 회사의 설립 이후 생존율 곡선이다.

당신은 알아볼 수 있다. 이들 회사가 설립 첫해 문을 닫는 것이 20%,

---

11 SCOTT A. SHANE, Failure Is a Constant in Entrepreneurship, boss.blogs.nytimes.com, July 15, 2009.

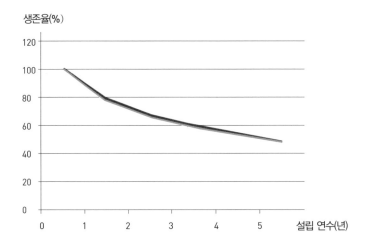

그러나 이후 문을 닫는 확률은 서서히 줄어든다. 관점을 바꿔서 우리
는 창업 회사가 각종 융자를 받는 상황을 살펴볼 수도 있다.[12]

미국 창업 회사 생존율 곡선
(2003년부터 2013년까지 설립된 미국 과학 기술 회사 융자 데이터에 기반함)

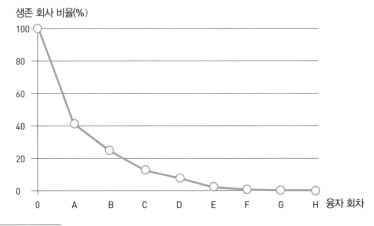

12 https://techcrunch.com/2017/05/17/heres-how-likely-your-startup-is-to-get-
acquiredat-any-stage/.

첫 번째 투자로부터 A회차 융자를 받기까지 견뎌낸 회사는 40%뿐이다. B까지는 20% 정도가 남아 있고, 그 후로는 점차 감소하며, 마지막까지 살아남아 성공적으로 상장하는 숫자는 극히 드물다.

그래서 회사가 창업 초기는 큰 구덩이와도 같다. 그렇다면 5년 혹은 10년 이상을 견뎌내고 마침내 상장에 성공한다고 해서 안정기에 접어들까? 그렇지도 않다.

합작기금회 학자 모건 하우절Morgan Housel은 10년 이상 생존한 회사와 생물종을 전문적으로 비교 분석했고, 이 둘이 직면하게 될 사망 위험도가 일치한다는 사실을 발견했다.[13]

아래 그래프는 10년~25년 동안 생존한 회사의 매년 도산 확률이다.

매년 도산하는 회사 비율(%)

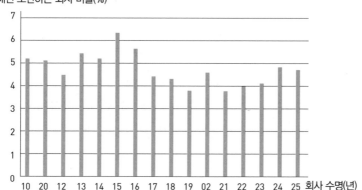

이들 회사가 설립된 지 10년 혹은 25년이라 해도 생존 확률은 거의 같다. 진화는 당신이 누구인지 상관하지 않는다는 말처럼 시장 역시 오래된 회사를 존중하지 않는다.

---

13 Morgan Housel, Keep Running! collaborativefund.com Jun 30, 2020.

회사를 설립한 후 몇 년을 잘 견뎌내기만 하면 상장에 성공해 다른 상장 회사들과 경쟁할 자격을 얻을 수 있다. 또 다른 의미의 경쟁이 시작되는 것이다. 이 경쟁 시장 안에서 회사의 나이는 우세와 열세를 떠나 아무 의미가 없다.

그래서 회사 역시 붉은 여왕 가설을 따른다. 생물 진화처럼 어느 회사도 절대적이고 영원한 경쟁우세를 유지할 수 없다. 누구라도 달리기를 멈추면 도태될 수밖에 없기 때문에 쉬지 않고 달리며 새로운 우세종이 되어야 비로소 살아갈 수 있다.

정리하자면 우리는 네 가지 대상을 들어 그 나이와 생존의 관계에 대해 말했다.

1 기술과 사상은 그것이 생존한 시간, 즉 나이로 강인함을 증명하고, 그것을 토대로 앞으로 또 얼마의 시간을 존재할 수 있는지 판단할 수 있다. 여기서 말하는 '늙음'은 오래도록 쇠하지 않고 자신의 위대함을 증명하는 것이기도 하다.

2 국가에는 병목 기간이 존재하고, 이 기간을 넘기지 못하면 멸망하게 된다. 반대로 이 병목 구간을 넘기는 순간 장기간 생존할 수 있는 길이 열린다. 유서 깊은 국가가 쉽게 무너지지 않는 이유가 여기에 있다.

3 생물종은 신구의 종을 구분하지 않고 생존 확률이 같다. 그래서 종은 끊임없는 진화를 통해 새로운 우세종으로 거듭나야만 살아남을 수 있다.

4 회사는 국가와 생물종의 결점을 모두 가진 집합체다. 창업 초기에는 병목 구간이 있고 후기까지 살아남았다고 해서 안심할 수 없다.

얼핏 보면 이 규율들은 개인에게 적용되지 않는 듯하다. 개인은 돈을 충분히 모으면 평생을 의식주 걱정 없이 살 수 있다. 예를 들어 집만 몇 채 있어도 임대 수익으로 편하게 살 수 있기 때문이다. 하지만 이것은 돈을 버는 것에만 국한될 뿐이다.

돈을 모으는 것 외에도 인간 역시 사회에서 살아남기 위해 경쟁을 피할 수 없다. 그 경쟁에서 도태되지 않으려면 경쟁우위를 점해야 하고, 그때부터 인간 역시 '붉은 여왕 가설'의 저주에 걸려들고 만다.

어릴 때는 대학만 붙으면 된다는 말만 듣고 공부만 하며 자란다. 그런데 대학에 붙으니 취직만 잘하면 된다고 하고, 취직을 하고 나면 결혼, 집 장만, 아이 등 계속해서 미션이 주어진다. 하지만 이것이 바로 대자연의 설정이니 운명을 받아들이는 수밖에 없다.

7

비주류에서
시작되는
파괴적 혁신

'제국의 폭력'과 관련된 역사적 법칙 역시 우리에게 시사하는 바가
있을 거라고 본다.

당신이 폭력을 주도하는 야만인이라고 상상해보자. 당신이 중국 외
곽 지역에 서서 풍요로운 중국 땅을 바라보고 있다면 과연 어떤 생각
이 들까?

당연히 지금의 중국을 특정해 가리키는 것은 아니다. 우리가 여기
서 언급하고자 하는 대상은 농업 시대의 '제국'이다. 예를 들면 중국의
진秦나라부터 청나라까지 2천 년에 걸쳐 세워졌던 크고 작은 제국들,
로마제국, 페르시아제국, 비잔티움제국 등이라고 볼 수 있다. 세계적
으로 이런 제국들은 세 가지 공통점을 가지고 있다.

첫째, 세금이 있다. 이 세금은 현대국가에서 의미하는 세금이 아니
다. 현대국가에서 국민의 납세는 일종의 의무라고 할 수 있다. 이것은

공공 서비스의 구매이자, 정부가 복지와 건설을 제공하는 데 필요한 수단이다. 그러나 제국의 세금은 대부분 정복자가 피정복자로부터 거둬들이는 것이고, 도적이 보호비를 받는 것에 훨씬 가깝다. 이 돈은 정복자의 몫이며, 그 용도를 물을 권리가 백성에게는 없다.

둘째, 폭력이 있다. 제국의 세금은 폭력에 의해 실현된다. 평화로운 시기가 되면 백성들은 제국의 민낯을 잊고, 관리를 부모관父母官(지방장관에 대한 존칭)이라고 부르기까지 했다. 하지만 제국의 최고 핵심 업무는 바로 폭력과 세금이다. 막스 베버는 국가를 정당한 폭력의 독점을 요구하는 집단으로 정의했다.

셋째, 영토의 경계가 있다. 이전 현대화 국가에는 현대국가처럼 이렇게 정확한 영토 의식이 없었다. 그러나 제국에는 모두 변방 지역이 있었다. 그들은 세금을 징수할 수 있는 곳이라면 어디라도 영향력을 행사했고, 통제의 손길이 닿지 않는다고 해서 징수하지 못할 곳이 없었다.

이 세 가지 특징만 있으면 우리가 제국과 관련된 중요한 법칙을 추론하기에 충분하다.

이 규칙을 처음 제기한 사람은 14~15세기경에 살았던 아랍 모슬렘 학자 이븐 할둔Ibn Khaldun이다. 중세기 이슬람 세계의 문명 수준은 상당히 높았고, 그 시대에 현자가 많이 배출되었다. 할둔은 원래 대신으로 정계에 몸담았으며 동서양 역사를 두루 섭렵한 인물이다. 그는 45세가 되던 해에 돌연 정계를 떠나 역사서를 집필하는 일에 전념했다. 토인비Arnold J. Toynbee가 역사상 가장 위대한 작품이라고 극찬했던 그의 저서《역사서설》은 제국 흥망의 법칙에 관해 이야기하고 있다.

할둔의 사상은 현대까지 이어져 내려왔고, 프랑스 역사학자 가브리엘 마르티네스 그로스Gabriel Martinez-Gros를 통해 더욱 확대 발전했다. 그는 역사상 세계 각지에 분포되어 있던 제국의 상황을 체계적으로 정리해 할둔의 법칙을 인증했고,《역사 속의 대제국: 2천 년의 폭력과 평화로 쓰인 간략한 세계 역사Brève Histoire des Empires》를 집필했다.

이 법칙에 따르면 제국의 폭력은 제국의 주변 지역에서만 올 수 있다.

이 논리를 대략 설명하기에 앞서 가브리엘 마르티네스 그로스는 자신의 저서에서 많은 국가의 예를 열거했다면, 우리는 중국의 역사에 초점을 맞출 생각이다.

제국의 흥망성쇠는 대부분 다음과 같은 과정을 거친다.

첫째, 가장 강력한 폭력적 집단이 모든 저항 세력을 소탕하고 천하를 얻는다. 이 집단이 우두머리가 바로 제국의 통치자다.

둘째, 통치자는 백성에게서 세금을 징수한다. 고대 제국은 농업을 기반으로 하므로 상품 교환이 드물게 일어난다. 그리고 '상생', '투자'와 같은 개념이 없으므로 자신의 부를 빼앗기는 순간 남의 것이 되어버린다. 그래서 할둔이 보기에 납세는 일종의 굴욕이고, 폭력에 대한 굴복이었다.

제국은 세금을 징수하는 능력을 유지하고, 외부인이 '자신의' 백성을 상대로 세금을 징수하지 못하도록 막기 위해 강력한 군사력을 보유해야 한다.

셋째, 군사력과 납세자는 분리된다. 이것은 핵심이 되는 단계라고 할 수 있다.

고대 제국의 초기 단계에는 농민과 병사의 이중 신분을 가진 백성들이 일부 존재한다. 하지만 일정 시간이 지난 후 병사와 농민은 분리되기 시작하고, 제국은 납세자의 무장을 해제시킨다.

이런 조치는 우선 제국의 안전을 위해서 시행된다. 무장한 백성을 억압하고 착취하는 일은 쉽지 않고, 만에 하나 그들의 기분을 상하게 하면 문제를 일으킬 소지가 크다. 그래서 제국은 납세자를 생산, 장사, 경영, 학문 등과 같이 일반적인 분야로 이끌어 문약文弱(문사만을 치중하고 실천이나 무예를 중요하게 생각하지 않는 성향-역주)의 숭상을 주류 문화로 만들 것이다.

그리고 이 분업은 제국의 경제 번역에 크게 이바지하게 된다. 현대 사회의 경우 성실하게 납세만 잘하면 자신의 안전을 충분히 보장할 수 있다. 개인이 독자적으로 무공을 연마할 필요가 없고, 주변 세력과의 관계에 신경 쓸 필요조차 없다. 개인은 선량한 국민이 되는 것으로 충분하다.

제국 중심의 삶은 갈수록 좋아진다. 그러나 제국은 여전히 폭력이 필요하다. 그렇다면 폭력은 어디에서 오는가? 그것은 주변 지역으로부터 얻을 수밖에 없다.

넷째, 제국은 변방의 부락으로부터 폭력 서비스를 구매한다.

고대 제국의 통치력 강도는 국경선 이내에서 조율된다. 제국은 변경지대에 사는 이민족에 대해 그렇게 강한 지배력을 가지고 있지 않다. 제국은 그들에게 세금을 징수하지 않고, 그들도 제국의 번영을 누릴 수 없다. 그러나 그들은 여전히 폭력을 장악하고 있다.

사실 '자연' 조건 아래서 고대인은 폭력을 장악해야만 한다. 삼국, 남북조 시기의 한족은 모두 용맹하고 싸움을 잘했다. 훗날 한족이 싸울 줄 모르게 된 것은 전투마가 없거나 '상무정신常武精神(무예를 숭상하는 정신)'을 잃어서가 아니라 제국에서의 삶 때문이었다. 고대 전쟁은 평소 훈련을 전혀 받지 않은 사람이라면 전쟁터에 나가서 싸울 능력이 되지 않았다. 제국이 싸울 줄 아는 사람을 원한다면 그 대상을 변경 지역에서만 찾을 수 있었다.

변경에 사는 부락인이 개인 신분으로 제국에 들어와 무장하기도 하고, 때로는 자체적으로 무장 조직을 직접 만들기도 했다. 한 무제가 흉노를 공격할 때 동원한 부대 안에는 흉노족이 적지 않았다. 게다가 훗날 흉노족은 한나라의 중요한 방위 세력이 되어주었다. 당나라 후기에도 소수민족을 많이 이용했다.

송나라의 상황은 매우 특수했다. 북송은 명목상 요遼와 동맹을 맺었지만 송나라는 매년 요나라에 조공을 바쳤고, 그것은 요나라가 송나라를 대신해 북방의 폭력을 방어하는 역할을 맡아준 대가였다. 마찬가지로 남송은 금나라를 매수했고, 일이 잘 풀린다면 금나라는 남송을 도와 몽골을 막아주는 역할을 해야 할 것이었다. 이런 매수 과정을 거쳐 송나라의 경제는 고도로 발달할 수 있었다. 다만 송나라는 폭력 서비스의 구매정책을 끝까지 고수하지 않았다. 그들은 한 번은 금나라와 연합해 요나라를 공격하고, 또 한 번은 몽골과 연합해 금나라에 맞서다 결국 자멸의 길로 들어서고 말았다.

청나라의 상황은 이보다 더 특수했다. 원래 청나라의 통치 집단은 소수민족이었고, 이들은 자신의 폭력적 기능을 유지하며 한족과 분리되었다.

다섯째, 제국의 통치자가 가지고 있던 폭력을 행사하는 능력이 점차 소멸하였다.

할둔은 폭력적 능력의 점진적인 소멸까지 고작 3세대면 충분하다고 말했다. 한 세대를 40년으로 치면 총 120년이 걸린다. 1세대는 말을 타고 천하를 얻기 때문에 당연히 폭력을 중요시한다. 2세대는 1세대의 당부에 부응하기 위해 계속해서 폭력을 중시한다. 3세대가 되면 폭력을 행사할 수 있는 능력을 이미 상실한 상태가 된다. 그렇다면 이것이 필연적으로 제국의 멸망을 불러올 수밖에 없다.

여섯째, 변경 지역의 폭력 집단이 막강한 힘을 키워 제국의 천하를 빼앗는다.

명나라의 정책은 소수민족이 변경 지역에서 서로 싸우도록 만들고, 결정적인 순간에 대리인을 지원해 그가 다른 민족과 싸우도록 힘을 실어주었다. 누르하치努爾哈赤의 건주여진建洲女眞(명대 여진족의 세 분파 중 하나임-역주)도 원래 명나라의 지원을 받아 세력을 키워갔다.

변방 부락의 문제는 그들을 결집시킬 지도자의 부재였다. 그런 상황에서 누르하치의 등장은 그들에게 지도자의 존재를 선사한 셈이었고, 그 후 변방의 폭력 집단이 결성되었다.

그리고 이때 제국 내부는 이미 폭력을 행사하는 능력을 상실했기 때문에 변경에서 제국을 공격하는 일이 훨씬 수월해졌다. 페르시아제국과 비잔틴제국을 동시에 무찌른 아랍인의 총인구는 50만 명도 채 되지 않았다. 몽골인은 유라시아 대륙을 정복했고, 그들이 정복한 인구수는 몽골 인구의 100~200배에 달했다.

그 후 이야기는 또다시 첫째 단계로 돌아가 새로운 사이클을 시작한다.

제국의 흥망성쇠 순환은 정확한 것이 아니며 제국의 구체적인 조건과 조치에 따라 속도의 완급이 달라진다. 하지만 그렇다 해도 모든 제국의 흥망성쇠는 대체로 유사한 과정을 보여준다.

그런데 농민이 폭력을 장악하지 않은 상황에서 원나라는 왜 주원장朱元璋의 농민봉기 때문에 멸망했을까? 그것이 '농민'의 봉기가 아니었기 때문이다. 당시 반란군의 주요 세력은 뱃사공, 소금 광부, 밀수업자들이었다. 그들은 적어도 사상 면에서 제국에 완전히 길들어 있지 않은 제국의 변방 지역 출신이었다. 명나라는 수도를 변방 지역에서 가까운 곳으로 정했고, 이를 통해 자신이 폭력을 행사하는 능력을 어느 정도 '확장'했다.

이 말인즉슨 제국의 폭력이 늘 가장자리 혹은 주변부에 있다는 것을 의미한다. 이것이 바로 평화의 대가이다.

그러나 가브리엘 마르티네스 그로스는 서구(유럽 대부분 지역)의 역사가 이 법칙에 적용되지 않는다고 주장했다. 11세기 이후부터 유럽에는 중앙집권 방식의 제국이 존재하지 않았고, 정부는 지방에서 거둔 세금을 수천 마일 떨어진 수도로 옮겨 가 사용할 수 없었다.

당시 유럽은 봉건국가였다. 즉, 귀족과 성으로 이루어진 분권제가 시행되었다. 이런 이유로 유럽 엘리트 집단은 무장을 선택했고, 폭력의 기능을 야만인들에게 넘겨주지 않았으며 민중의 무장해제를 반대했다.

물론 이 법칙을 완전히 적용할 수 없게 만든 계기는 산업혁명이었다. 산업혁명이 일어나면서 전쟁에서 무기의 역할은 인간의 물리적 힘을 훨씬 능가하게 되었고, 생산자는 총을 들고 군인이 될 수 있었다. 그 결과 변경 지역의 야만인은 더는 폭력적 우위를 점할 수 없게 되었다.

사실 송나라는 이미 이런 기미를 보여주었다. 송나라 군대는 말이 부족했지만 거란군과의 전투에서 오히려 패배보다 승리를 더 많이 거뒀다. 단지 말이 부족해 추격전에 불리했고, 격파전을 섬멸전으로 바꿀 수 없었을 뿐이다. 하지만 송나라 군대는 신팔궁, 소총, 포병 등 방면으로 기술적 우위를 점하고 있었다.

폭력은 제국의 변방 지역에서 나오고, 이런 법칙은 지금도 시사하는 바가 크다. 지금은 이런 폭력이나 제국이 없지만, 이것을 이용해 어떤 상황을 유추해볼 수는 있다.

일단 여기서는 제국을 일종의 질서로 간주하고, 폭력을 질서의 파괴자와 건설자로 상상해보자.

제국이 기업이라면, 폭력은 바로 혁신과 파괴를 불러오는 힘이다. 제국이 하나의 경제체라면, 폭력은 이 경제체를 유지하는 활력의 근원이다. 만약 제국이 산업이라면, 폭력은 이 산업을 도태시키는 새로운 과학 기술이다.

폭력의 법칙대로라면 이 혁신과 활력은 가장자리 지대에서 온다. 그렇다면 과학 기술의 혁신은 늘 기술의 가장자리에서 발생하게 된다.

현재 중국 제조업의 최대 장점은 산업 사슬이고, 중국의 산업 집단은 전통적인 공업기반 위에서 발전한 것이 아니라 중국 공업의 가장자리 지대에서 나타났다. 즉, 그것은 향진기업鄕鎭企業(지역 특색에 맞춰 육성하기 시작한 소규모 농촌기업-역주)에서 그 뿌리를 찾을 수 있다.

한 회사에서 조직 구조의 파괴적인 혁신도 늘 주변부에서부터 시작된다. 초창기 위챗은 텅쉰騰訊 그룹의 몇몇이 만든 소규모 프로젝트였다. 화웨이는 원래 휴대전화를 제조한 적이 없다. 하지만 지금 휴대전화 사업이 화웨이 매출의 대부분을 차지하고 있다. 알리바바의 금융 서비스 역시 주변부에서 시작되었다.

여기서 한 가지 의문이 생긴다. 제국과 폭력에 관한 정의가 이미 바뀌었는데도 폭력이 주변부에서 시작된다는 이 이치는 왜 지금까지도 적용되는 것일까? 여기서 말하는 것은 질서에 대한 적응과 파괴이기 때문이다.

제국의 중심에 있는 사람은 질서의 수혜자이고, 그들의 최대 관심은 이 질서에 더 잘 적응해 최대 이익을 얻는 것에 맞춰져 있다. 그들은 질서를 파괴할 마음이 없고, 질서를 깰 능력도 없다. 그래서 그들은 폭력을 장악하거나 지배하지 않는다.

만약 제국이 단지 이런 사람들에게만 의지한다면 결국 멸망할 수밖에 없다.

질서의 가장자리에 있는 사람은 그 질서로부터 얻는 수익과 혜택이 없으므로 자연히 현 질서를 무시하거나 자신의 질서를 세우고 싶어 한다. 그들은 제국의 중심을 장악하려는 의지와 진취적 성향이 강하다. 그들은 이기지 못하면 아무런 이익이 없으므로 폭력을 원하고, 또 기꺼이 그 폭력을 사용한다.

혁신이 주변부에서 발생하는 것은 매우 보편적인 현상이다. 그렇다면 이제 그 폭력에 어떤 요소가 수반되어야 하는지 살펴보자. 그것은 바로 자율성과 위험을 감수하는 능력이다. 미국에서 건국의 아버지로 불리는 존 애덤스John Adams는 이런 말을 했다.

"나는 내 아들들에게 수학과 철학을 공부할 자유를 부여하기 위해 정치와 전쟁을 공부해야 한다. 그리고 내 아들들은 그들의 자식들에게 그림, 시, 음악, 건축, 조각, 도예를 공부할 권리를 주기 위해 수학, 철학, 지리, 자연사, 조선, 항해, 상업, 농업을 공부해야 한다."

아주 근사한 말이지만 제국과 폭력의 시각으로 보면 폭력을 가진 통치자의 후대가 전대보다 못하다는 말이 아닐까?

기성세대의 기업가는 늑대의 성향으로 가득 차 있다. 그들은 아들을 지키고 싶은 일념으로 열심히 일하며 과감히 싸우지만, 손자 대에 가면 경영에 전혀 흥미가 없다. 이것이 과연 칭찬할 만한 일인가?

또 다른 예로 리더십을 들어보자. 혁신을 주도하는 사람은 리더십의 결정체다. 그러나 그들이 다음 세대를 위해 준비한 교육의 내용은 전부 복종에 관한 것들이다. 그렇다면 누가 다음 세대를 이끌 것인가?

만약 당신이 제국의 중심에 있다면 모든 종류의 특권을 누릴 수 있고, 교육을 포함해서 최고의 조건과 환경이 주어진다. 하지만 당신은 그 순간에도 폭력을 장악하지 못하는 순간 닥칠 수 있는 위험에 대비해야 한다.

8

미국
사회의
주요 모순

현재 미국 사회의 주요 모순은 무엇일까? 당연히 미국 양당은 '현 사회의 주요 모순'에 관한 공식적인 발표를 정기적으로 하지 않는다. 우리가 말하고자 하는 것은 단지 학자의 인식일 뿐이다. 나는 이 주제를 빌려 '역사적 추세'를 인식하는 방법에 관해 이야기하고자 한다.

'역사는 어떻게 앞으로 나아갈까?'

이 질문에 대한 답은 두 가지로 요약할 수 있다. 첫 번째 답변은 역사 속에 존재하는 대세를 따르는 방식이다. 즉 세상의 조류에 순응하는 자는 성공하고, 그 흐름을 거역하는 자는 망한다는 말처럼 '천하의 대세'가 역사를 끌고 나간다. 이것은 마치 황하의 물이 동쪽에서 서쪽으로 흘러 바다로 합류하는 것처럼 설사 저항하고 싶어도 그 도도한 흐름을 거스를 수 없다.

이 대답의 문제점은 나중에 일이 벌어지고 나서 되돌아보면 늘 일리가 있지만, 일이 일어나기 전에 누구도 그 결과를 정확히 예측할 수 없다는 데 있다. 1945년으로 돌아가 그 당시 중국인들에게 물어본다면 과연 누가 지금의 중국이 이 정도로 발전할 거라고 예상할 수 있었을까? 같은 맥락에서 1945년으로 돌아가 경제학자를 포함한 미국인들에게 물어본다면 지금의 미국이 이렇게 될 줄 전혀 예상하지 못했을 것이다.

이런 이유로 영국 역사학자 토인비는 많은 팬을 확보하고 있다. 토인비는 세계의 다양한 문명의 발전이 일부 거시적 법칙에 부합한다고 여겼고, 다른 사람이 그가 정리한 이런 법칙을 역사적 법칙으로 삼아주길 바랐지만 끝내 실패했다. 지금의 역사학자들은 토인비의 견해를 인정하지 않았고, 심지어 '확증편향의 오류'에 해당하는 전형적인 사례라고 그를 깎아내렸다.

두 번째 답변은 이 세상에 반드시 따라야 할 대세는 존재하지 않으며, 이른바 역사는 일련의 우연한 사건의 집합체에 불과하다는 것이다. 이 답변은 객관적이며 과학적 방법의 오류를 범하지 않았다.

그러나 이 답변의 문제점은 쓸모가 없다는 것이다. 우리는 이것으로 미래를 예측할 수도 없고, 과거에 무슨 일이 일어났는지 설명할 수조차 없다. 그렇다면 역사 공부가 무슨 소용이 있겠는가?

그렇다면 한 가지 좋은 생각이 있다. 아무래도 더 좋은 답변은 앞서 말한 두 가지 사이 어딘가쯤에 있어야 할 듯싶다. 우리는 역사의 필연적 법칙을 인정하지 않지만, 역사 속에 다양한 경향이 존재한다는 것을 인정한다.

예를 들어 기술의 진보, 인구 증가, 생활 개선은 하나의 추세라고 할 수 있고, 빈부 격차의 확대와 축소 역시 가능한 추세다.

이런 추세들이 바로 역사의 시합장에 참가하는 선수다. 어떤 추세는 일정 기간 주도적 위치를 차지하고, 어떤 추세는 결승에 진출하지는 못해도 두드러진 역할을 하고, 또 어떤 추세는 잠깐 반짝이다가 사라진다. 추세와 추세는 협력과 대항을 할 수 있고, 그 상호작용의 결과가 새로운 추세를 낳기도 한다.

그렇다면 예측이란 무엇일까? 우리는 시합의 결과를 예측할 수 없지만 일정 기간 어떤 선수들이 시합에 참여하는지 볼 수 있다. 가장 뛰어난 축구 전문가는 누가 월드컵 챔피언이 될지 모르지만, 최소한 지금 세계 최고의 팀과 스타는 누구인지, 가장 뛰어난 최신 플레이 방식은 무엇인지 정확히 알고 있다. 유방劉邦과 항우項羽 중 누가 천하를 얻을지 모르지만, 적어도 이 두 사람이 천하를 제패할 주인공이라는 사실만 알고 있다면 그것으로 충분하다. 아무것도 모르는 것보다 이것이 훨씬 낫기 때문이다.

소위 '주요 모순'은 현재 대항하고 있는 두 가지 대세를 가리킨다.

미국 월스트리트 저널 기자이자 경제 칼럼니스트 모건 하우절은 한 편의 글[14]을 통해 제2차 세계대전 종식 이후부터 지금에 이르는 미국의 역사를 돌아보았다. 그의 학계 인식을 종합해 명료하게 자신의 관점을 밝혔다. 우리는 이 시각으로 미국 과거 요 몇십 년 어떤 주요 추세가 있었는지 살펴보도록 하자.

1945년 미국은 제2차 세계대전에서 승리를 거두었지만, 국가 차원에서 거대한 문제에 직면했다. 당시 800만 명의 미군이 참전했고, 그중 650만 명이 18개월 이내에 귀국해 제대했다. 그렇다면 국가는 이들을 어떻게 수용해야 했을까? 당시 참전용사들의 평균 나이는 23세

---

14 Morgan Housel, How This All Happened, collaborativefund.com, Nov 14, 2018.

였고, 그들은 제대 후 가정을 이루고 직업을 갖고 싶어 했다. 그렇다면 국가는 어떤 식으로 그들의 살 곳과 일자리를 마련해야 했을까?

당시 참전용사의 정착 문제는 국운에 영향을 미치는 중요한 추세였다. 경제학자들은 대부분 비관적인 시각으로 이 문제를 바라봤다. 당시 미국은 집을 사고 싶어도 살 수 없고, 일자리를 구하려고 해도 일할 곳이 없었다. 미국 밖의 상황도 크게 다르지 않았다. 해외 역시 전쟁으로 폐허가 된 상태라 미국은 수출, 무역에 의지해 경제를 부양할 수도 없었다. 그야말로 대공황이 우려되는 상황이었다.

당시 미국 연방준비제도(이하 '연준')는 독립적인 기구가 아니어서, 미국 대통령이 연준의 정책에 개입할 수 있었다. 그 결과 장기 저금리 정책이 탄생했다. 정부는 초저금리로 대출을 할 수 있는 길을 열어주었고, 국민은 그 돈으로 집과 가전제품을 사고 생산과 사업에 투자했다. 참전용사들 역시 대출을 받아 집을 샀고, 매달 집값을 지급하는 방식이 집을 임대하는 것보다 훨씬 쌌다.

이 정책 덕에 부동산 시장과 경제가 살아났고, 일자리가 늘어났다. 참전용사의 정착 문제가 자연스럽게 해결되었을 뿐 아니라 사회 역시 전체적으로 안정기에 접어들었다.

참전용사들로부터 시작된 이 추세는 새로운 두 가지 추세를 만들어 냈다.

첫째, 대출을 받아 소비하는 것이 주류가 되면서 미국 가정의 부채율이 점점 상승했다.

둘째, 사회 각 계층이 더 평등하게 변해갔다.

그러나 이 변화를 이해하려면 그 배경을 먼저 알아야 한다.

왜 참전용사 문제가 이렇게 쉽게 해결될 수 있었을까? 민주당의 홀륭한 정책 덕이었을까? 그렇지 않다. 관건 요소는 참전용사와 제2차 세계대전을 거슬러 올라가 그 이전에 미국에 존재했던 하나의 추세에 있었다. 그것은 바로 기술의 진보였다.

1930년대 미국을 언급할 때 가장 먼저 떠오르는 사회 문제가 대공황이다. 대공황이 발생한 원인과 관련해 각종 설이 분분하지만, 나는 카토 연구소의 경제학자 아놀드 클링Arnold Kling이 2016년에 출간한 《분업과 무역Specialization and Trade》에서 언급한 말을 더 선호한다. 즉, 대공황의 본질은 기술의 진보에 있다. 신기술은 많은 일자리의 자동화를 실현했다. 이로 인해 블루칼라 노동자들의 일자리가 사라져갔고, 그들의 도태와 더불어 경제가 침체되었다. 하지만 경기침체는 일시적인 현상일 뿐이다. 물론 시간이 더 걸리겠지만 결국 신기술은 더 많은 새로운 일자리를 가져다주기 때문이다.

1930년대 미국에는 신기술과 신문물이 속속 등장했고, 전력이 보급되면서 공업과 농업의 생산이 빠르게 기계화되었다. 냉장고, 세탁기, 식기세척기 심지어 텔레비전까지 모두 그 시대에 등장했다.

그때 이미 기술의 축적이 일정 수준에 도달했지만, 전쟁 때문에 보급되지 못했을 뿐이다. 생각해보면 답은 금세 나온다. 냉장고, 세탁기, 식기세척기, 텔레비전 등을 마다할 가정이 과연 있었을까? 전쟁이 가전제품의 날개를 잠시 꺾어놓았을 뿐 그 대세를 가로막는다는 것은 불가능한 일이다.

수요가 형성되고, 저금리 대출의 길까지 열린 것도 모자라 이런 제품을 생산하려면 노동력도 필요했다. 게다가 당시 세계 각국은 전쟁으로 인해 폐허로 변한 곳이 허다했다. 그렇다 보니 미국인이 소비하고, 대출을 받고, 생산하는 경제 구조가 형성되었고, 이것이 자연스럽게 미국 경제의 호황기로 이어졌다.

이런 경제 호황은 사회 전체에 걸쳐 만들어진 합의와 공감대에 기반하고 있다.

첫째, 소비는 성장을 자극한다. 대출을 받아 소비하는 것은 부끄러운 일이 아니라 당연한 것이고, 저축은 구시대적인 행위다.

둘째, 사람과 사람은 평등해야 한다. 누구는 부자라서 캐딜락을 운전하고, 누구는 가난해서 쉐보레를 운전하지만, 부자와 가난한 사람 모두 콜라를 마시고, 같은 드라마를 볼 수 있다.

그리고 경제 성장은 정말로 계층을 더 평등하게 만들어주었다. 미국의 일반 가정의 소득 증가는 부자보다 훨씬 빨랐고, 가정의 부채율은 일정 정도까지 오른 후 멈췄다. 대출을 받아 소비하는 것이 심각한 문제를 초래하지 않았다. 1950년대와 1960년대에 미국 여성들은 해방되었고, 흑인은 권익을 보장받았다. 그야말로 미국 국민의 자신감이 넘쳐나던 시기였다. 물론 그 이면에는 베트남전쟁과 민권운동의 아픈 기억도 숨겨져 있다. 그러나 이런 요소는 에피소드일 뿐 대추세라고 볼 수 없다.

요컨대 두 개의 오래된 메가 트렌드(기술 진보와 참전용사)는 새로운 메가 트렌드를 가져왔다. 즉 빚을 내서 소비하고, 계층 간의 평등을 이루어야 하는 이 새로운 메가 트렌드 운동은 별 탈 없이 미국 사회를 이끌어갔다.

1970년대에 들어서면서 새로운 추세가 또 등장했고, 이것이 '계층 평등'에 약간의 문제를 불러일으켰다. 하우저는 이에 대해 논하지 않았고, 경제학자들 사이에서도 많은 논란이 되었지만 있었지만 이 문제는 빈부 격차를 축소하는 선에서 멈췄다. 하지만 지금도 빈부 격차가 벌어지고 있는 것이 현실이다.

빈부 격차의 확대를 초래하는 한 가지 원인은 세계화다. 전쟁 시기에는 세계 각국이 폐허 상태라 경쟁 상대가 되지 않았지만 지금은 저렴한 노동력이 미국인의 밥그릇을 빼앗아 가고 있다. 또 다른 원인은 기존 기술 진보의 배당금이 이미 소진된 상황에서 새로운 기술 진보를 가져온 정보 기술 분야가 노동력을 그리 많이 필요로 하지 않는다는 것이다.

레이건과 클린턴 시대에 미국 경제는 계속 성장했다. 하지만 이것은 과거와 같은 성장방식이었다. 이전 시대의 성장은 혜택이 모든 계층에게 미쳤고, 중산층이 확대되었다. 그러나 지금의 성장은 부자의 부를 늘리는 데 집중되어 있다. 요컨대 현재의 추세는 계층 간의 경제적 지위를 더 불평등하게 만들고 있다.

그러나 기대치의 변화는 사실의 변화보다 늘 좀 더 느리게 진행된다. 다시 말해서 미국인의 경제적 지위는 이미 갈수록 불평등해지고 있지만, 사람들은 여전히 우리가 갈수록 평등해져야 한다는 생각에 머물러 있다.

이런 기대 속에서 '평등'과 '소비'라는 이 두 가지 추세가 계속 미국을 지배하고 있다.

'당신의 연 소득은 90만 달러이고, 난 8만 달러에 불과하다고 해서 당신 아들만 대학에 가고, 내 아들은 대학에 못 가란 법은 없지! 당신은 큰 집에 살고, SUV를 몰고, 휴가철이 되면 해외로 여행을 가겠지? 나라고 그렇게 살지 말라는 법 있어? 가진 돈이 없으면 빚이라도 내서 누리면 되지!'

그 결과 미국 가정의 부채율은 더 증가했고, 이것은 결국 2008년 금융위기로 이어졌다.

금융위기 후에 많은 채무는 청산되고, 이율이 낮아졌으며, 가계의 대출 상환 비용이 소득에서 차지하는 비중이 35년 만에 최저 수준으로 떨어졌다(물론 이것은 금융위기가 폭발한 후 생긴 수혜 중 하나라고 할 수 있다. 하지만 근본적인 문제가 해결된 것은 아니다).

지금 미국 사회의 두 가지 메가 트렌드는 이미 변했다.

첫째, 각 계층이 갈수록 불평등해지고 있다.

둘째, 사람들은 심리적으로 여전히 모든 계층이 평등해야 한다고 여긴다.

이 두 가지 추세 사이의 모순이 바로 현재 미국 사회의 주요 문제점이다. 트럼프가 집권하려면 미국은 중국과 무역전쟁을 해야 하고, 바이든은 제조업을 미국으로 회귀시켜, 인프라를 구축하고, 복지를 제공하고 싶어 한다. 모든 것이 이 두 가지 모순 때문이다.

이것은 모두 제2차 세계대전 이전에 형성된 기술 진보의 추세와 제2차 세계대전 이후에 형성된 참전용사 문제에서 기원한다. 역사에는 필연적인 법칙이 없고, 단지 여기저기서 서로 영향을 미치고 대항하는 다양한 추세만이 존재할 뿐이다.

이 역사를 살펴보면 몇 가지 깨달음을 얻을 수 있다.

첫째, 경제법칙은 당신이 반드시 지켜야 할 사항이다. 당신이 대출을 받아 소비하려면 부채 문제에 직면하게 된다. 경제법칙은 정부가 나서서 결정할 문제가 아니며, 추세를 따를 뿐이다.

둘째, 하지만 이런 추세가 형성되었다고 해서 당신의 운명이 추세에 따라 결정되는 것은 아니다. 하나의 추세 외에 또 다른 추세가 있기 때문이다. 대출을 받아 소비하는 동시에 소득도 증가하면 이런 법칙은 당신에게 더는 위협이 되지 않는다.

셋째, 일부 변수는 완전히 통제할 수 없다. 기술 진보가 언제 일어나고, 어떤 수요를 가져올지, 어떤 인력이 필요할지, 해외에 경쟁자가 있을지 등의 문제는 수동적으로 받아들일 수밖에 없는 문제다. 만약 미국이 운이 좋아서 특정 기술 덕에 첨단 기술 산업이 급부상하면 실업 문제와 고용 문제가 자연스럽게 해결될 수도 있다.

넷째, 그러나 사람들은 여전히 특정한 선택을 할 가능성이 있다. 예를 들어 미국 정부는 참전용사 문제를 해결하기 위해 저금리를 유지하기로 결정했다.

또 다른 예로 현재 미국 양당에서 벌어지고 있는 논쟁을 들 수 있다. 그 논쟁은 정부가 조치하여 각 계층을 좀 더 평등하게 할 것인지, 아니면 아예 평등에 대한 기대치를 바꿀 것인지에 초점이 맞춰져 있다.

당신은 경기에 참여하는 선수를 볼 수만 있을 뿐이며, 당신은 누가 이길지 예측하기 어렵다. 역사의 추세를 통찰하는 것이 당신이 정확한 선택을 할 수 있도록 보장할 수 있는 것은 결코 아니다. 이는 마치 축구 전문가가 축구 복권으로 큰돈을 벌지 못하는 것과 같다. 그러나 모른 채 무시하는 것보다는 낫다.

9

휘그당의
역사관
깨기

우리가 역사관을 이야기할 때 '역사의식'이라고도 말한다. 어떤 이치는 머릿속에 떠오르지 않아도 크게 상관은 없지만 일단 생각이 떠오르기만 하면 놀랍도록 어디에나 적용할 수 있다. 이 글에서는 앞으로 자주 사용할지도 모를 단어 하나를 소개하고자 한다.

사실 역사관은 큰 문제에 해당한다. 우리는 모두 '역사를 거울로 삼다', '역사를 알면 지혜로워진다', '나라를 멸망시키려면 먼저 그 역사를 파괴해야 한다', '역사를 잊는 것은 배신을 의미한다'는 말에 익숙하다. 하지만 또 누군가는 역사를 승리자를 위한 기록이고, 모든 역사는 현재의 역사라고 말하기도 한다. 전자는 역사를 존중해야 한다고 말하고, 후자는 역사가 주관적이며 전혀 사실이 아닐 수 있는데 어떻게 존중을 논할 수 있겠느냐고 말한다.

역사학자가 보는 역사는 일반인과 매우 다르다. 우리는 현대 역사학자의 시선으로 역사 보는 법을 조금이나마 배워보고자 한다. 이 시선의 관건은 집착을 깨는 것이다.

우선 아래 소개하는 이야기를 읽고 난 후 당신에게 집착이 있는지 판단해보자.

어느 연구소의 창립 60주년 기념식이 되자 쉬 소장은 감회가 남달랐다. 이 연구소가 어떤 과정을 거쳐 설립되었는지, 특수한 시기에 인재들을 어떻게 지켜냈는지, 개혁개방 초기에 모두의 반대를 무릅쓰고 해외 선진 설비를 어떻게 도입했는지, 대외 교류를 어떻게 확대했는지, 그동안 국가를 위해 중대한 성과들을 어떻게 만들어왔는지 등등 이 연구소 역사의 산증인답게 그간의 일들이 그의 머릿속에 주마등처럼 스쳐 지나갔다. 그는 이 연구소가 앞으로도 더 큰 성과를 거두며 발전해 나아갈 거라고 확신했다.

쉬 소장의 말속에 담긴 무게만큼 사람들도 그의 말을 경청했다. 그런 분위기 속에서 연구원 한 명의 태도가 쉬 소장의 눈에 거슬렸다. 그 연구원은 쉬 소장의 말에 비웃듯 삐딱한 미소를 짓거나 고개를 가로 젓기까지 했다.

기념식이 끝난 후 쉬 소장이 그에게 물었다.

"무슨 문제라도 있는 건가? 자네 표정을 보니 내 말에 동의할 수 없다는 것처럼 보이더군. 내가 너무 감상적으로 자화자찬을 했다고 생각하는 건가? 하지만 다 사실이란 걸 자네도 알지 않나?"

그러자 연구원은 연신 그런 것이 아니라며 소장에게 미안한 기색을 드러냈고, 자신이 웃은 이유는 단지 최근에 들었던 한 역사관이 소장의 말과 딱 맞아떨어졌기 때문이라고 말했다.

그것은 '휘그 역사관'이라고 불리는 역사관이었다.

휘그 역사관이란 무엇일까? 현재 영국의 주류 정당은 자유당이고, 그 자유당의 전신이 '휘그Whig당'이다. 휘그당은 1688년 명예혁명 시기에 등장해 장기간 영국 정치를 지배했다. 휘그당의 사상은 자유 수호, 왕권 제한, 진보에 기반을 두며, 이것은 모두 지금의 중심 이데올로기이기도 하다. 또한 휘그당은 지금의 영국이 존재하기까지 지대한 공을 세웠다.

그러다가 19세기에 들어서면서 영국 역사학자들은 영국 명예혁명 이래의 역사를 정리하며 그것을 휘그당의 역사로 묘사했다. 이들의 펜 아래서 휘그당은 영국의 진보 세력이며, 휘그당의 주도로 영국이 발전하는 것은 필연적인 결과이고, 그들을 반대하는 세력의 실패는 불가피했다.

이것이 쉬 소장이 기념식에서 했던 말과 비슷하다고 볼 수 있을까? 우리는 이런 역사적 서사에 이미 익숙해져 있다. 심지어 많은 사람이 역사를 이렇게 써야 한다고 믿고 있다. 그렇다면 이런 식으로 역사를 쓰게 되면 어떤 문제가 생길까?

1931년 영국의 역사학자 허버트 버터필드Herbert Butterfield는 자신의 저서《휘그의 역사관The Whig Interpretation of History》에서 이런 역사관에 대해 강력한 의문을 제기했다. 간단히 말해서 버터필드는 휘그의 역사관을 승자와 집착의 역사관으로 보았다.

휘그의 역사관은 버터필드가 처음 소개한 용어이기도 하다. 당시 역사학자들은 버터필드의 이런 문제 제기를 듣고 나서야 그동안 익숙해져 있던 생각에서 벗어나 이 역사관의 문제점을 깨닫게 되었다.

지금 '휘그의 역사관'은 논쟁의 여지조차 없을 만큼 경멸의 의미를 담고 있고, 원시적이고, 후진적인 역사의 서사를 대표하는 용어라고 할 수 있다. 만약 어떤 역사학자가 쓴 《하얼빈 인민 투쟁사哈爾濱人民的奮鬪史》를 휘그의 역사라고 말한다면, 그는 분명 기분이 크게 상할 것이다.

휘그의 역사관에는 어떤 문제가 있는 걸까?

먼저 휘그의 역사관을 갖게 되면 당신은 지금의 모든 것이 역사의 필연이라고 느낀다.

2018년 월드컵 역사를 예로 들면 더 쉽게 이해할 수 있다. 만약 당신이 프랑스 팀을 주인공으로 삼아 그들이 어떤 전략으로 싸웠고, 어떤 강팀을 만났고, 강적을 만나 어떻게 싸워 이겼고, 마침내 우승했다고 장황하게 이야기를 풀어갔다고 가정해보자. 당신은 그 말 속에서 무의식중에 운명의 주인공으로 프랑스 팀을 끌어들였고, 실패할 수 없는 조연으로 강적을 표현했다. 이렇게 쓴 역사가 과연 올바른 것일까?

축구는 우연과 기회로 가득한 스포츠라고 할 수 있다. 프랑스 팀은 월드컵에 참가하는 팀 중 하나일 뿐이고, 다른 팀 역시 승자가 될 기회가 있고, 조연이 되기 위해 참가한 것이 아니다.

또한 휘그의 역사관은 지금의 가치관으로 역사 속 인물이나 사건을 평가한다.

일례로 악비岳飛를 들어보자. 예전에 누군가 '악비는 민족 영웅이 아니다'라고 말한 적이 있었다. 왜일까? 첫째, 악비가 저항하며 반격한 것은 금나라였고, 지금 금나라는 중국의 일부분이 되어 있다. 그렇다면 그 악비의 공격은 내전으로 간주할 수 있으니 그에 대한 평가 등급을 낮춰야 한다.

둘째, 악비는 농민봉기를 진압하며 강자의 편에 서서 사회적 문제를 외면했으니 그에 대한 평가 등급을 또 한 단계 더 낮춰야 한다.

이것이 바로 휘그 역사관이다.

휘그 역사관은 모든 역사를 지금의 역사에 맞춰 쓰고, 이것은 지금을 살아가는 사람들의 손을 거쳐 치장한 역사이자 승리자의 역사이다.

버터필드는 이런 식으로 역사를 쓰는 것에 반감을 드러냈다. 그는 역사학자라면 역사적 인물의 시각으로 역사를 보아야 한다고 주장한다. 당신은 휘그당의 자유주의야말로 진보라고 말하지만 그것이 존재했던 시대로 돌아가 그들의 사상을 들여다보면 반드시 그렇다고 단정할 수 없다. 만약 당신이 악비를 제대로 이해하고 싶다면 악비가 살던 때로 돌아가 실제 그의 모습에 빙의해야 한다.

내가 〈엘리트 데일리 클래스〉 칼럼에서 자주 쓰는 말 중 하나가 '역사의 현장으로 되돌아가라'라는 것이다. 그래야만 역사에 대해 정확한 판단을 할 수 있다.

일각에서는 서사는 주관적이고, 세상에는 절대적으로 객관적인 시간이 존재하지 않는데 왜 휘그의 역사관을 가지면 안 되는지 의문을 제기할 수도 있다. 물론 맞는 말이다. 휘그의 역사관 역시 하나의 시각이자 승리자의 관점이고, 이런 관점은 역사적 사건의 의미를 빠르게 찾아내도록 도와주는 장점을 지니고 있다.

그러나 이런 관점만 있다면 역사관 자체가 무척 유치해진다. 특히 역사 속에서 교훈을 얻고, 역사의 경험을 실제에 반영하거나 미래를 예측하고자 한다면 휘그의 역사관에서 반드시 벗어나야 한다.

프랜시스 후쿠야마Francis Fukuyama는 1992년 출간한 《역사의 종말》에서 전 세계의 민주주의와 자유시장 경제 체제의 최종 승리를 공식화했고, 지금은 그 말이 농담처럼 들린다. 후쿠야마의 발언은 역사에 대한 휘그당의 견해처럼 들린다. 그 후 후쿠야마는 2011년에 출간된 그의 저서 《정치 질서의 기원》에서 휘그당의 역사관을 의도적으로 비판하며, 독자들에게 자유, 번영, 대의제 정부는 확실히 진보했지만 인류 시스템이 막을 수 없을 정도의 진보는 아니었다고 강조했다.

후쿠야마는 한 가지 예를 들었다. 1922년 헝가리 황실 계급은 헝가리 국왕 안드레아 2세에게 동유럽의 '마그나 카르타the Magna Carta(대헌장)'로 알려진 '황금 문서'에 서명하도록 강요했다. 휘그의 역사관에 따른다면 이것이 영국 마그나 카르타와 서로 견줄 만하니 칭송받아 마땅한 일이고, 진보를 대변하는 일이 될 수 있다. 하지만 전혀 그렇지 않다.

헝가리의 이 대헌장은 통치권을 황제로부터 귀족 집단으로 옮겨 가는 것뿐이었다. 이것은 일반 서민에게 이익을 주지 않을 뿐 아니라 강력한 중앙 정부의 출현을 막아 국가가 외세의 침략에 저항할 수 없도록 만들었고…… 결국 헝가리는 1526년 모하치 전투에서 자유를 완전히 잃었으며, 오스만제국의 전리품으로 전락해버렸다.

당신이 휘그의 역사관을 인정하고 고수한다면 이런 사건으로 인해 피해를 볼 수 있다. 사실 나라마다 발전의 길이 다르고, 어떤 길도 필연적이지 않다.

지금의 가치관으로 옛사람을 평가하면, 아무것도 배울 수 없을 뿐 아니라 그들을 이해할 수조차 없다. 미국 역사 속에는 수많은 영웅이 존재했다. 어떤 사람은 건국의 아버지가 되었고, 또 어떤 사람은 자유와 민주주의를 위해 지대한 공을 세웠다. 하지만 지금 많은 미국 대학생들이 그들의 동상을 철거하고 싶어 한다. 왜일까? 지난 시절의 영웅들이 일찍이 흑인 노예를 소유한 적이 있는 노예주였기 때문이다.

당신이 이 기준을 따른다면 중국 고대 역사 속에서 '좋은 사람'이

단 한 명도 없을 수 있다. 미국 백인이 노예로 삼은 대상은 다른 인종이었지만, 중국 고대 선인들은 모두 동족을 노예로 삼았다. 사실 당시 사람들에게는 지금과 같은 가치관이 없었다.

역사를 제대로 공부하려면 고대와 현대의 차이점에 더 주의를 기울여야 한다. 당시 사람들이 그런 제약을 받았을 때 어떻게 반응했는지 살펴보고 하나를 통해 열을 알아내는 식의 추론을 해야 한다. 역사의 법칙은 수사학적으로 적용될 수 없고, 본질을 파악한 후 유연하게 응용해 나가야 한다.

그래서 역사를 배경으로 만들어진 외국 영화나 드라마를 보면 호인이라고 알고 있던 역사적 인물의 단점, 악인이라고 알고 있던 역사적 인물의 장점이 부각되기도 하고, 때로는 '반동 세력'을 인간적으로 접근해 묘사하기도 한다. 이것은 그야말로 역사관의 '진보'가 아닐 수 없다. 만약 당신이 그 결말 혹은 승자와 패자를 모르고 본다면 역사 속 실존 인물 중 누가 '호인'이고 '악인'인지 분간하기 힘들다. 사실 호인과 악인은 역사가 흘러가는 방향과 필연적인 관련이 없다.

그런데 현대 역사학들이 보기에 역사가 명확하게 앞을 향해 나아가는지 아닌지도 모두 문제가 된다.

휘그 역사학은 역사 속에 적어도 대략의 방향, 즉 자유, 민주와 진보 등이 존재한다고 여긴다. 물론 역사는 발전 과정에서 늘 저항과 우여곡절을 겪게 된다. 하지만 그것은 모두 에피소드에 불과하다.

그러나 현대 역사학자는 이 관점이 적어도 반드시 정확한 것은 아니며, 설사 정확하다 해도 쓸모가 없다고 반박한다. 당신 앞을 가로막은 한 차례의 저항 세력이 앞으로 몇 년 동안 그 앞에서 버티고 있을지, 지금의 시련이 어떤 문제를 또 파생시킬지 알 수 없기 때문이다.

진보는 기껏해야 일종의 신념에 불과하다.

심지어 서민들의 마음속에서 가장 논쟁의 여지가 없는 진보, 즉 과학의 진보조차도 휘그의 역사가 되어야 하는지에 관해 역사학자들 사이에서도 논쟁이 격렬하게 불붙고 있다.[15]

그럼 누군가는 정치와 문화 영역의 경우 무엇이 진보이고 퇴보인지 명확히 말할 수 없지만, 과학만큼은 진보 여부가 너무 뚜렷하지 않으냐고 문제를 제기할 수 있다. 현대 화학은 진보했고, 연금술은 뒤처진 것만 봐도 충분히 판단이 서기 때문이다.

만약 당신의 목적이 과학 발전을 찬양하는 것이 아니라 과학의 연구 방식과 역사 속에서 영감과 깨달음을 얻고 싶은 것이라면 이런 말을 해주고 싶다. 오늘날 벌어지고 있는 학술 논쟁과 과거의 학술 논쟁 사이에는 본질적 차이가 없고, 먼 훗날 미래인이 우리를 보는 시선은 지금 우리가 고대인을 바라보는 시선과 크게 다르지 않을 것이다. 예를 들어 정신분석 분야에서 지금 일부에서 고수하고 있는 학설은 미래에 새로운 학설로 대체될 것이고, 주식의 기술적 분석처럼 지금 사람들이 맹신하는 이론은 앞으로 연금술로 간주할 수 있다.

우리가 고대로부터 배워야 할 것은 경쟁하는 방법이지 자신의 파벌 집단이 반드시 이길 거라는 믿음이 아니다.

한 가지 흥미로운 사실은 누구도 휘그의 역사관을 완벽하게 피할 수 없다는 것이다. 어떤 이야기를 하다 보면 필연적으로 주인공과 주제를 정해야 하고, 이야기 속 인물과 사건에 대해 평가와 판단을 내리게 된다. 그리고 그 판단의 기준은 지금 가치관의 영향을 받는다.

---

15 우궈셩(吳國勝)의 《과학사필기(科學史筆記)》, 데이비드 우튼(David Wootton)의 《과학이라는 발명(The Invention of Science)》, 완원(萬文)의 《변혁 심리학(轉型心理學)》.

버터필드는 휘그의 역사관을 처음으로 비판한 인물이다. 하지만 과학 역사에 관한 그의 유명한 저서 《근대과학의 기원The Origins of Modern Science》의 관점을 누군가는 휘그의 역사관이라고 비판했다. 이 책은 고대의 연금술, 요술 등을 무시한 채 과학사를 '정확한 과학'의 혁명사로 기록하고 있다.

누구나 휘그의 역사관을 완전히 피할 수는 없지만 그것을 깨고자 하는 인식은 있어야 한다.[16]

이런 인식을 통해 상황의 복잡성을 이해할 수 있다. 모든 승리는 그 당시 사람들이 온 힘을 다해 일궈낸 것이고, 반드시 승리할 수 있는 일은 아무것도 없고, 영웅 역시 자신의 운명을 알지 못하며, 절대 변하지 않는 가치 역시 존재하지 않는다.

역사가 우리에게 가르치는 것은 필연성 따위가 아니라 가능성이다. 과거에 살던 사람들은 지금의 세상을 볼 수 없다. 이것은 우리가 미래의 모습을 볼 수 없는 것과 같은 맥락이다. 또한 지금의 우리처럼 과거 속의 어떤 사람들은 그들의 자유로운 임의의 상상을 실현할 수 있다.

두려울 때 낼 수 있는 용기야말로 진정한 용기다. 천명이 우리 안에 있는지, 역사가 지금 우리가 원하는 방향으로 갈 수 있는지 누구도 알 수 없지만 우리는 해야 하고, 이것이야말로 진정한 영웅이다.

쉬 소장은 연구원의 말에 당황한 기색을 드러내며 물었다.

"그럼 자네는 내가 어떤 식으로 말해야 한다고 생각하는가?"

그러자 연구원이 대답했다.

"오늘 같은 기념행사야말로 휘그의 역사를 말씀하시기에 딱 좋은

---

16 Rebekah Higgitt, Why Whiggish Won't Do. https://www.theguardian.com/science/the-hword/2012/oct/03/history-science.

기회라고 봅니다. 하지만 차기 소장에게 경험을 전하고 싶으신 것이 아니라면 다른 식으로 말씀하시는 게 더 좋았을 것 같습니다. 오늘 기념식에서 소장님의 말씀에 귀를 기울이고 연신 고개를 끄덕이던 사람들은 차기 소장이 되기에 적합한 인물들이 아니라고 보시면 됩니다."

쉬 소장은 그제야 고개를 끄덕이더니 이내 웃으며 한마디를 덧붙였다.

"차기 소장? 그게 무슨 소리지? 난 아직 물러날 생각이 없네!"

PART

04

미래의 퍼즐

1

인공지능에
대한
기대와 우려

알파고AlphaGo가 바둑에서 인간 세계 챔피언을 가볍게 물리치면서 최근 몇 년 동안 인공지능AI이 화두로 떠오르고 있다. 한동안 언론은 '인공지능 공포증'이라도 앓고 있는 듯 과장된 보도를 내세워 인류를 향한 AI의 위협이 이미 임박했다고 느끼게 했다.

예를 들어 2017년 페이스북은 챗봇 프로젝트를 중단했고, 이 일은 본래 정상적인 수순으로 진행되고 있었다. 하지만 일부 국내외 언론은 AI 시스템이 인간이 이해할 수 없는 언어로 발전하면서 페이스북이 통제 불능 AI 시스템을 폐쇄했다고 자극적인 보도를 냈다. 그 내용을 자세히 들여다보면 페이스북이 두 개의 챗봇을 개발해 채팅 가능성을 시도한 결과 두 로봇이 인간이 사용하지 않는 언어로 대화를 나눴고, 엔지니어조차 그 내용을 이해하지 못했으며, 결국 페이스북이 통제 불능 상태의 두 로봇이 인류의 파멸을 초래하는 위험한 존재로 진화할 것을 우려해 서둘러 플러그를 뽑아 이 프로젝트를 중단했다는 것이다.

언론의 이런 주장은 호기심과 경각심을 자극해 위기의식을 불러일으키기에 충분했지만, 대중의 시선을 끌기 위해 말도 안 되는 소설을 쓴 것에 불과했다. 사실 페이스북은 두 챗봇 프로그램을 이용해 인간의 협상 과정을 시뮬레이션하고자 했다. 하지만 사전에 설정을 제대로 하지 못한 탓에 대화를 나눌수록 표준 영어 문법에서 벗어난 말을 만들어내는 일이 벌어지고 말았다. 페이스북이 이 프로젝트를 폐쇄한 것은 AI가 엔지니어가 예상을 뛰어넘어서가 아니라, 단지 오류와 더불어 프로젝트의 성과가 기대에 못 미치면서 더는 투자의 가치가 없다고 판단했기 때문이다.[1]

사실 인류를 멸망시킬 정도의 파괴적인 AI 탄생은 아직 멀었다. 지금의 AI는 바둑, 의료 진단, 기계 번역, 자동차 운전 등의 영역에서 어느 정도 인간의 역할을 대신하고 있지만 아직 인간을 위협할 정도는 아니다. 인간을 위협하고 대신할 정도의 인공지능이 가능해지려면 아직 갈 길이 멀다.

새로운 시도는 늘 이런 식이다. 처음에는 별로 관심을 못 받다가 일단 주목을 받기 시작하면 그것이 가져올 긍정적인 영향뿐 아니라 부정적인 영향에 과도하게 몰입하며 경계한다. 지금 학술계(아마도 호킹을 제외한)에서는 AI가 인간의 미래를 위협할 정도로 발등에 떨어진 불이라고 보는 전문가가 거의 없다.

물론 초창기에는 그들 역시 AI가 전 세계적으로 대규모 실업을 초

---

1 핑웨스트에 실린 분석 기사: '미안하지만 페이스북의 AI는 통제 불능 상태가 아닙니다.' https://www.pingwest.com/a/127254.

래할 거라고 우려했다. 그러나 이런 관점은 최근 몇 년 사이에 서서히 사라졌다.

그렇다면 이제부터 인공지능이 인간의 일자리를 대신하는 문제에 대한 경제학적 인식의 변천 과정에 대해 알아보자.

산업혁명을 기점으로 기계가 인간의 일자리를 대신할지 모른다는 두려움이 늘 존재해왔다. 하지만 이것은 일어나지 않은 미래의 일로 치부됐고, 인류는 계속해서 새로운 일자리를 만들어왔다. 다만 이 과정에서 블루칼라가 하던 일을 기계가 대체하는 경우가 늘어나고, 노동 인력이 화이트칼라 직군으로 집중되는 현상만큼은 피할 수 없었다. 그렇다 해도 전문직 화이트칼라의 일자리는 크게 위협받지 않았다.

그런데 2010년경부터 문제가 심각해지기 시작했다.

2012년 MIT 경영학 교수 에릭 브린욜프슨Erik Brynjolfsson과 앤드루 맥아피Andrew McAfee는 《기계와의 경쟁》을 통해 인간의 일자리를 대체할 인공지능 문제의 심각성을 경제학 관점에서 부각시켰다.

그들은 2014년에 출간된 《제2의 기계 시대》에서도 비슷한 견해를 내놓았다. 특히 이 책은 최근 들어 가장 주목받는 경영학책으로 꼽히기도 했다.

두 사람이 이 문제를 이렇게까지 심각하게 바라보게 된 이유는 크게 두 가지로 정리할 수 있다. 우선 이전에 기계가 대신하던 사람의 일은 모두 단순한 노동이었다. 예를 들어 자동화된 생산라인에서 블루칼라 노동자를 대신하거나, ATM이 은행직원을 대신하는 등이었다. 그런데 지금 인공지능이 대신하려고 하는 것은 방사선 전문의, 번역가, 심지어 변호사와 같은 고위군에 속하는 직업이다.

가장 중요한 또 하나의 이유는 당시 미국의 높은 실업률이다. 2008년 금융위기로 인한 경기침체는 사실 2010년에 이미 종료되었고, 미국 회사의 이윤율은 이미 역사상 최고 수준에 이르렀다. 하지만 실업률만큼은 전혀 호전되지 않았다. 그래서 두 사람은 그 근본적인 원인을 자동화에서 찾았다.

생산라인의 자동화는 인건비를 줄이고 이윤을 높여주는 일등 공신이었고, 경제 성장에 확실히 도움 되었다. 자동화 과정에서 기계는 사람이 하던 일은 서서히 잠식해갔고, 자동화로 인해 일자리를 빼앗긴 사람들은 아무리 경제가 성장한들 그 혜택을 누릴 수 없었다.

하지만 두 사람이 이런 견해를 내놓은 시기가 2012년이었고, 지금 와서 돌이켜보면 두 사람의 우려가 다소 시기상조일 수도 있다는 생각이 든다. 아래 그래프는 금융위기 이후 2021년 2월 말까지 미국 실업률의 변화 과정이다.

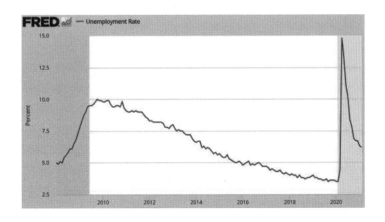

2020년 3월 이후 실업률의 급증은 코로나의 영향 때문이다. 여기서는 그 부분은 빼고, 그전까지 기록된 정상곡선에 대해서만 언급하도

록 하겠다. 2012년 기록을 보면 실업률은 8%에 육박한다. 수치로 보면 분명 높지만, 사실 당시 미국 경제는 전반적인 성장세로 돌아선 지 오래였다. 이 점에 착안해서 브린욜프슨과 맥아피는 그들의 저서에서 그 수치를 기준으로 '기계가 인간의 일자리를 빼앗아 가는' 문제를 다뤘다.

그러나 그들의 우려와 달리 그 이후 실업률은 계속해서 내림세를 보였고, 코로나가 전 세계를 강타하기 전인 2020년 2월의 미국 실업률은 3.5%에 불과했다. 이것은 1970년 이래 가장 낮은 수준이었다. 만약 코로나바이러스 감염증만 아니었다면 지금쯤 선진국의 취업 시장은 호황을 누리고 있었을지 모른다. 이것만 봐도 기계가 인류의 일자리를 위협한다는 우려는 지나친 기우처럼 보인다.

그런데도 경제학자들의 우려는 멈추지 않았다. 2016년에 들어서면서 루거스대학교의 경제역사학자 제임스 리빙스턴James Livingston은 이런 주장을 펼쳤다[2]. 지금 실업률이 낮고 일자리가 넘쳐난다 해도 따지고 보면 일자리의 질이 떨어지고 임금 수준도 낮다는 것이다.

이런 상황을 초래한 것은 자동화 때문만은 아니며, 세계화 때문일 가능성이 더 크다. 미국 노동자는 개발도상국 저임금 노동자와의 경쟁에 직면해 있다. 그러나 이런 상황은 인공지능 위협론의 논리와 일치하는 면이 있다. 인공지능이 일부 사무직 업무를 대체하기는 비교적 쉽지만 정원사, 식당 웨이터와 같은 육체노동을 대체하기는 비교적 어렵기 때문이다.

장기적으로 볼 때 이런 점이 바로 사람들이 계속해서 인공지능에 대해 걱정해야 할 이유이기도 하다. 예를 들어 유발 하라리는 2016년

---

2 James Livingston, Fuck work, aeon.co, Nov. 25, 2016.

에 출간한《호모 데우스》에서 한 가지 연구를 언급하며 일련의 고급 직종이 결국 앞으로 기계에 대체될 거라고 언급했다.

조지메이슨대학교의 경제학자 타일러 코웬Tyler Cowen은 또 다른 우려를 제기했다. 코웬은 2017년《자만하는 계급The Complacent Class》에서 중대한 사실을 언급했다. 그는 지난 수십 년 동안 미국의 기술 발전이 모두 중대한 변화를 가져올 수 있는 돌파구라기보다 삶을 조금 더 편리하게 만들기 위한 소규모 변화의 움직임에 불과했다고 말했다. 그렇게 보면 인공지능의 위협보다 인공지능의 발전이 너무 느린 것을 걱정해야 한다.

낮은 실업률에 대한 또 다른 해석을 보면 인류가 인공지능의 맹공격에 이미 적응했고, 새로운 일자리를 찾아냈다는 것이다. 코웬은 한 칼럼에서 로봇이 주도하는 경제에서 인간은 모두 시장의 마케터가 되었다고 논평했다.[3] 그는 인공지능이 인간의 직업을 모두 대체할 수 없다 해도 그 작업 구조만큼은 바꾸어놓았다고 여긴다. 즉, 인간 노동자는 생산영역으로부터 마케팅으로 이동하고 있다.

예를 들어 ATM이 처음 나왔을 때 사람들은 은행원의 대량 해고를 걱정했지만 우려할 만한 일은 일어나지 않았다. 지금 거리 곳곳에 ATM이 배치되어 있고, 은행에 들어서면 여전히 직원들이 미소를 지으며 친절하게 서비스를 제공한다. 그러나 그들의 역할은 바뀌었고, 단순한 은행 업무가 아닌 더 전문적이고 특화된 서비스를 제공한다. 그중 가장 중요한 하나는 자산관리 상품을 소개하는 것이다.

기계는 단순한 입출금 거래를 도와주는 역할에 적합할 뿐이고, 시

---

3 Tyler Cowen, In a Robot Economy, All Humans Will Be Marketers, Bloomberg, Jul 26, 2017.

장 마케팅은 사람을 상대로 하는 만큼 개인형 맞춤 서비스가 필요하다. 그래서 인류는 이 방면으로 기계가 사람을 대체할 걱정은 하지 않아도 될 듯하다. 하지만 이런 인간의 영역 또한 한 가지 문제점을 안고 있다.

지금 기업이 시장 마케팅에 사용하는 비용이 갈수록 커지고 있다는 것은 물건을 생산하는 것보다 팔릴 수 있도록 만드는 것이 더 중요하다는 것을 방증한다. 엔지니어가 디자인을 개발하고, 노동자가 생산하는 것만으로는 직접적 이윤이 생기지 않으며, 대부분 돈은 시장 마케터의 손을 거쳐야 회수된다. 그렇다면 진정한 기술의 발전과 경제 성장의 원동력은 어디에서 얻을 수 있을까? 이제 인류는 '소프트'한 일만 할 수 있는 것인가?

이 부분에 대한 우려가 커지는 가운데 2017년 독일 경제학자들은 자동화의 위험을 재평가하는 논문[4]을 발표하고, 인공지능의 일자리 대체 능력이 실제로는 그렇게 심각하지 않다고 주장했다.

이 논문에 따르면 이전 경제학자들은 인공지능이 인간의 직업을 다수 점령할 거라고 추정했지만, 자동화로 대체될 수 없는 일도 있다는 것을 계산에 넣지 않았다고 지적했다.

예를 들어 재무 담당자와 회계사가 하는 일의 대부분은 컴퓨터 알고리즘으로 쉽게 대체될 수 있다. 그러나 만약 당신이 재무 혹은 인사 담당자의 일상 업무를 주의 깊게 관찰해보면 예상치 못한 문제가 발생했을 때 경험을 토대로 유연하게 대처하고, 개인적인 영향력을 발휘해 문제 해결에 도움을 준다는 것을 알 수 있다. 이것은 기계가 해낼 수 있는 일이 아니다.

---

4 M. Arntz et al., Revisiting the risk of automation, Economics Letters, July 2017.

또한 연봉 30만 달러의 방사선 전문의가 AI로 대체될 거라는 우려도 있었지만 그런 일은 실제로 일어나지 않았다. 사실 방사선과 의사는 엑스레이를 판독할 줄만 알면 되는 것이 아니며, 그들에게는 연구를 통한 의학 기술의 혁신을 이끌 책임이 있다. 이 역시 AI가 대체할 수 있는 능력이 아니다.

이런 점을 고려해보면 인공지능이 대체할 수 있는 직업의 비율이 원래 일각에서 추정했던 39%에서 9%로 떨어진다는 연구 결과도 있다.

더구나 2021년을 넘어서면서 AI에 대한 사람들의 우려는 예전만큼 크지 않은 듯 보인다. 그사이 우리는 AI가 많은 분야에서 기존의 틀을 크게 벗어나지 않고 상업적으로 응용되는 것을 보아왔고, AI의 한계 역시 알게 되었다.

일례로 IBM의 인공지능 프로젝트인 왓슨WATSON을 들 수 있다. 왓슨은 대규모 지능형 전문가 시스템으로, 해당 분야의 모든 논문을 섭렵할 만큼 방대한 지식과 경험을 가지고 있다고 알려졌다. 왓슨은 2011년에 등장하자마자 인간 플레이어를 제치고 TV 예능 프로그램에서 우승했고, 의학적 진단 방면에서 인간 의사를 뛰어넘는 정확도를 보여주었다. 한때 왓슨에 대한 사람들의 기대는 커졌고, 심지어 그것이 의료 산업의 판도를 바꾸어놓을 거라고 여겼다.

그런데 한 매체에서 2021년 2월 왓슨 IBM이 왓슨 프로젝트를 통째로 매각할 의향이 있다는 보도를 내보냈다. 그리고 얼마 안 가 과거 왓슨에 열광했던 많은 의료기관이 현실적 난관에 발목이 묶여 결국 IBM과의 합작을 중단하기 시작했다.

그들은 대체 어떤 난관에 부딪혔던 것일까? 종양 진단을 예로 들면, 명확하게 정의할 수 있고, 의료 지식 범주 안에 드는 의료 진단이라면 왓슨의 정확도는 인간 의사보다 확실히 빠르고 정확했다. 그러나 축약되고, 주관적인 환자의 정보, 즉 의사가 작성하는 개인 맞춤형 치료 기록, 환자 상황, 처방 등에 대해 왓슨은 올바른 판단을 내리는 데 어려움을 겪었다.[5]

사실상 그런 기록은 병원에서 일반적으로 쓰이고, 의료 정보의 80%를 차지한다. 이런 것을 제대로 인식하지 못한다면 왓슨이 어떻게 의사의 자리를 대신할 수 있을까?

왓슨의 문제는 지금 모든 AI 프로젝트가 가진 가장 전형적인 난관에 속한다. 알파고는 바둑을 매우 잘 두지만, 그것은 바둑의 특징과 연관되어 있다. 바둑에는 간단하고 명확한 규칙이 있고, 그 어떤 경우에도 속임수가 통하지 않는다. 그러므로 바둑은 현실 세계를 대표하지 않는다.

현실 세계 속에 등장하는 다양한 문제는 바둑과 다르다. 현재 AI의 문제를 이해하려면 우리는 먼저 그것의 원리를 이해해야 한다.

---

5 Sylvia He, The Hype of Watson: Why Hasn't AI Taken Over Oncology? Technologyne-tworks.com, Apr 17, 2020.

2

인공지능의
현주소

대다수 사람은 인공지능이 도대체 무엇인지조차 제대로 이해하지 못한 채 이 기술에 대해 엄청난 기대를 하고 있다. 여기에서는 인공지능 기술의 기본적인 원리를 가능한 한 간단한 언어로 알려주고자 하며, 그 지식을 바탕으로 인공지능의 한계를 이해하고 더 나은 대응을 할 수 있는 계기가 되기를 바라본다.

인공지능은 간단하게 말해서 기계가 어느 정도 '지능'이 필요한 일을 수행하도록 하는 것이다. 그렇다면 기계는 도대체 어느 정도의 지능이 있어야 비로소 '지능'이라고 불릴 수 있을까?

스토브를 켜면 불길이 올라오고, 스위치를 켜면 레인지 후드가 돌아가고, 스톱워치를 누르면 시간이 측정된다. 버튼만 누르면 스토브, 레인지 후드, 스톱워치가 대신 일을 다 해준다. 그러나 누구도 그 물건에 지능이 있다고 생각하지 않는다. 그것들은 단지 당신의 명령을 따라 단순한 동작을 할 뿐이며 스스로 생각할 줄 모른다.

한 초등학교 교사가 60명 학생의 기말고사 점수를 컴퓨터 프로그램에 입력하자 한 번의 명령으로 프로그램이 즉시 총점에 따라 등수를 매겼다. 이 작업을 사람이 하면 시간이 오래 걸리고 오류가 발생하기 쉽다. 하지만 컴퓨터 프로그램 사용법만 배워서 작업하면 컴퓨터가 사람보다 더 빠르고 정확하게 처리를 해준다. 그럼 당신은 이것을 인공지능이라고 부를 수 있는가?

언어가 사회적 관습이듯 우리는 이에 대한 명확한 구분을 위해 인공지능 대신에 알고리즘이라는 새로운 이름을 붙여주었다. 정렬 알고리즘은 가장 간단하고 기초적인 컴퓨터 알고리즘이며, 프로그래밍에 관해 약간의 지식만 있으면 누구나 작성할 수 있을 만큼 단순한 작업이다. 더 자세히 들여다보면 학생들의 등수를 매기는 알고리즘은 기계적이고 단순한 작업에 불과하다.

이 지점에서 당신은 인간도 어떻게 보면 '지능'이 없는 거 아니냐고 반문할 수 있다. 그렇다면 인간의 뇌와 기계의 본질적인 차이는 무엇일까?

인간의 뇌는 그야말로 역시 기계다. 현재 과학은 인간의 뇌와 레인지 후드 사이에 본질적인 차이가 없다고 믿고 있고, 가장 1차원적인 조작은 '영혼'과 상관이 없는 물리적 작업이라고 여긴다. 여기서 말하는 의미는 지능이 연속 스펙트럼이라는 것이다. 한쪽 끝을 레인지 후드, 다른 쪽 끝을 인간의 뇌라고 한다면 정렬 알고리즘은 레인지 후드에 더 가깝고, 인간의 두뇌에서 더 먼 위치에 있다. 우리는 인간의 뇌가 지능적이라고 말하지만 정렬 알고리즘은 지능이 없다고 말한다. 이것은 단지 약속에 의해 만들어진 분류일 뿐이니 너무 의미를 둘 필요는 없다.

다만 이 통상적으로 약속된 용어인 AI가 특정한 것을 지칭한다는 것에 유의해야 한다. 즉, 이제 그것은 특정 유형의 컴퓨터 지능을 가리킨다.

SF 작품에서 인간처럼 모든 것을 할 수 있고, 인간보다 훨씬 뛰어난 지능을 가진 넓은 의미의 AI는 'AGI인공일반지능'이라는 또 다른 용어를 사용해 구분하고 있다. 최신 기술 수준은 AGI와 거리가 멀기 때문에 여기서 더는 언급하지 않겠다.

다양한 상용 애플리케이션을 형성하고, 기업가와 벤처 투자자들이 열광하는 'AI'는 모두 일종의 방법을 가리킨다. 때때로 사람들은 이 방법을 '빅 데이터' 혹은 '딥러닝', '머신러닝', '신경망', '패턴인식' 등과 같은 용어로 부른다. 사실 수학적으로 이 모든 용어는 동일한 의미, 즉 통계적 방법을 가리킨다.

그래서 업계에서 우스갯소리로 파이썬Python 프로그래밍 언어로 작성하는 것을 머신러닝이라고 하고, PPT로 작성하는 것을 AI라고 말하기도 한다.

이제 AI의 기본 원리부터 이야기해보자.

AI와 데이터

AI는 인간 두뇌의 모든 기능을 시뮬레이션할 수 없다. 아직 과학자들조차 인간 두뇌의 모든 기능을 다 알아내지 못했기 때문이다. 현재 AI가 시뮬레이션할 수 있는 것은 인간 두뇌의 특정한 기능, 즉 패턴인식뿐이다. 이것은 자기도 모르는 사이에 매일 사용하는 기능이기도 하다.

　예를 들어 고양이와 강아지 사진을 보면 누구라도 한눈에 식별할 수 있다. 그런데 그런 식별이 어떻게 가능할까? 당신이라면 '고양이'라는 동물에 대해 정확하게 정의할 수 있을까? 아래 그림 속의 두 사람[6]을 예를 들어보자.

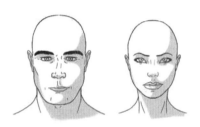

　왼쪽이 남자고, 오른쪽이 여자라는 것을 누구나 한눈에 알아볼 수 있다. 그렇다면 어떻게 알아볼 수 있었을까? 여성의 선이 좀 더 가늘고 부드러운 느낌을 주기 때문일까?

　당신은 고양이가 어떻게 생겼는지 분명히 알고 있고, 남성과 여성을 딱 보고 한 번에 구분할 수 있다. 다만 자신이 어떻게 그것을 구분해내는지 명확하게 설명하지 못할 뿐이다.

　이것이 바로 패턴인식이다. 현대 AI는 바로 '어떻게 식별했는지 말로 명확히 설명할 수 없지만 어쨌든 식별할 수 있는' 능력을 갖추고 있다. 이 능력은 매우 강력한 기능으로 이어질 수 있다. AI는 사진을 보고 사람을 식별하고, 다양한 도로 상황에서 운전하고, 음성을 텍스트로 변환하고, 텍스트를 다른 언어로 번역하고, 엑스레이 필름을 판독해 질병을 발견하고, 바둑을 두고, 스스로 글을 쓸 수 있고…… 이 모든 것

---

6 그림 출처: design.tutsplus.com

을 본질적으로 가능하게 만드는 것이 바로 패턴인식 기능이다.

운전을 예로 들어보자. 직진, 좌회전, 우회전, 감속, 브레이크 밟기 등등처럼 운전하며 조작할 수 있는 동작은 몇 가지 되지 않는다. 이 모든 것이 간단한 동작에 불과해 문제 될 것이 없다. AI의 진짜 능력은 다양한 상황에 맞춰 어떤 동작을 선택하느냐에 달려 있고, 이런 판단을 가능하게 만들어주는 것이 바로 패턴인식이다.

현재 AI의 패턴인식 능력은 상당히 뛰어나고, 때로는 믿을 수 없을 정도로 정확하다. 어떻게 이런 일이 가능해진 것일까? 그것은 바로 AI가 인간 두뇌의 신경망을 시뮬레이션했기 때문이다.

신경망 접근 방식은 인간 뇌의 원리에 부합한다. 하지만 이 방식이 처음부터 컴퓨터 과학자의 직관에 부합했던 것은 전혀 아니다. 예전에는 컴퓨터가 어떤 도형을 식별하도록 만들기 위해 몇 가지 명확한 규칙을 설정하는 식의 직관적인 방식을 선택했다. 삼각형을 예로 들어보자. 삼각형은 세 개의 변과 꼭짓점을 가진 기하학적 도형이다. 그렇다면 '변'과 '꼭짓점'은 무엇인가? 이것을 설명하기 위해서는 '직선'에 대한 정의부터 시작해야 한다. 이런 모든 정의와 정의의 정의를 판단의 규칙으로 삼아 컴퓨터가 이해할 수 있는 언어로 명확히 표현해야 비로소 프로그램이 삼각형을 인식하도록 가르칠 수 있다.

그렇지만 과학자들은 이런 방식이 실현 불가능하다는 것을 빠르게 알아차렸다. 규칙을 명확하게 설명하기 어려울 뿐 아니라, 그 규칙이 무한에 가까울 정도로 많았기 때문이었다. 도대체 어떤 도형을 사용해야 고양이를 판별해낼 수 있을까? 고양이와 개, 호랑이를 어떻게 구별할까? 이 모든 것을 포괄적으로 설명하는 것이 가능할까? 설사 삼각형이 무엇인지 설명할 수 있다 해도, 그것 역시 추상적 개념에 불과하다. 그렇다면 컴퓨터가 사진 속의 불규칙한 모양의 케이크 한 조각이 삼각형이라고 어떻게 판단할 수 있을까? 이것은 정말이지 너무 어려운 문제가 아닐 수 없다.

반면에 인간은 어려서부터 어떤 명확한 규칙을 사용하지 않은 상태에서 다양한 사물을 식별할 수 있다. 우리는 고양이와 개를 한눈에 알아볼 수 있고, 특별한 규칙을 설명하지 않아도 삼각형을 찾아낼 수 있다.

1980년대에 컴퓨터 과학자 테런스 세즈노스키Terrence Sejnowski 등은 신경망 개념의 대중화를 시작했다[7]. 언젠가 그가 MIT를 방문해 파리를 주제로 인상 깊은 강연을 한 적이 있다.

세즈노스키는 파리의 대뇌에는 고작 10만 개의 뉴런이 있고, 그것의 에너지 소모량이 적은데도 파리는 얼마든지 보고, 날고, 먹이를 찾아다니고, 번식할 수 있다고 설명했다. 그런 관점에서 출발해서 그는 MIT에 있는 1억 달러 상당의 슈퍼컴퓨터가 왜 엄청난 에너지를 소모하면서도 파리만큼 강력한 기능을 못 하는 것인지 의문을 제기했다.

그곳에 참석했던 교수 중 누구도 이 질문에 제대로 된 답을 내놓지 못하는 상황에서 뜻밖에도 한 대학원생이 정확한 답변을 제시했다. 즉, 파리의 뇌가 고도의 전문성을 띠는 것은 이런 특정한 기능만 갖도록 진화되었기 때문이다. 이에 반해 슈퍼컴퓨터는 각종 프로그래밍 작업에 사용되고 이론적으로 모든 일이 가능하지만 실제로 복잡한 일을 제대로 처리하지 못한다.

이 관건은 대뇌의 식별 능력에 있으며, 일부 규칙을 일시적으로 프로그래밍한다고 해서 만들어질 수 있는 것이 아니다. 대뇌의 모든 기

---

7 자세한 내용은 세즈노스키의 저서 《딥러닝 레볼루션(The Deep Learning Revolution)》(2019) 참고.

능은 전문적인 신경망을 통해 성장한다. 그렇다면 컴퓨터가 인간의 뇌를 모방하고 따라잡을 수 있을까?

세즈노스키는 인간의 뇌가 컴퓨터 과학자들에게 보낸 네 가지 힌트를 언급했다.

첫째, 대뇌는 강력한 대용량 패턴 인식기라고 할 수 있다. 인간의 뇌는 혼란스러운 장면 속에서 자신이 원하는 것을 식별해내는 능력이 아주 뛰어나다. 이를테면 사람들로 붐비는 길거리일지라도 아는 사람이 지나가면 한눈에 알아볼 수 있다.

둘째, 대뇌의 식별 능력은 훈련을 통해 향상될 수 있다.

셋째, 대뇌의 식별 능력은 연습 여부를 떠나서 다양한 논리와 규칙에 따라 만들어지는 것이 아니다. 사람의 얼굴을 식별할 때 추상적인 규칙에 근거해 비교, 대조 과정을 거치거나 혹은 두 눈 사이의 간격을 재서 판단하는 일은 일어나지 않는다. 이런 과정을 거치지 않아도 우리는 그가 누구인지 한눈에 알아볼 수 있다.

넷째, 대뇌는 뉴런으로 구성되어 있다. 우리의 뇌 속에는 수백억 개의 뉴런이 있고, 대뇌의 계산은 명확한 규칙이 아니라 뉴런에 기반해 이루어진다.

이것이 바로 신경망의 계산을 통해 이루어지는 일이다. 그리고 이 네 가지 힌트가 미래 AI 연구의 길을 열어주었다. 지금 사용 중인 실용 단계의 AI는 모두 신경망의 계산에 기반해 작동되고 있다.

다음의 그림에서 보여주는 것이 바로 컴퓨터에서 사용하는 두 가지 신경망이다.[8]

그림 속의 각 점은 뉴런을 나타내며, 뉴런은 왼쪽에서 오른쪽으로

---

8 그림 출처: Towards Data Science 웹사이트.

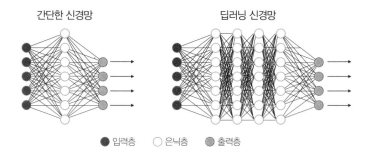

간단한 신경망　　　　　　딥러닝 신경망

● 입력층　　○ 은닉층　　● 출력층

여러 층을 형성한다. 두 개의 신경망은 모두 입력층Input Layer, 은닉층 Hidden Layer, 출력층Output Layer으로 구성되어 있다. 왼쪽 그림은 한 개의 은닉층만 있는 간단한 신경망이고, 오른쪽 그림은 여러 개의 은 닉층이 있는 '딥러닝Deep Learning' 신경망이다. 신경망의 크기는 제각 각이고, 어떤 것은 수백 개의 뉴런을 사용해 수십 층으로 나뉘어 있기 도 하다. 하지만 그 구조는 거의 비슷하다. 신경망의 식별 지식을 결정 하는 것은 그 안에 존재하는 각 뉴런의 매개변수라고 할 수 있다.

그 매개변수를 조정하는 방법이 바로 '훈련'이다. 예컨대 손으로 쓴 아라비아 숫자를 식별할 수 있는 신경망을 만들고 싶다고 가정해보자.[9] 수백 개의 픽셀로 만들어진 고정된 크기의 그래픽이 주어졌을 때 0에서 9까지의 아라비아 숫자 중 어느 숫자가 그 그림에 대응하는지 어떻게 알 수 있을까? 아래 그림 속 숫자가 '5'라고 어떻게 판단할 수 있을까?

---

9 마이클 닐슨(Michael Nielsen)의 딥러닝 온라인 과정. http://neuralnetworksanddeep learning.com/chap1.html. 〈엘리트 데일리 클래스〉 시즌 3, '딥러닝 알고리즘 배우기'.

구체적인 과정은 너무 기술적으로 세분되어 있으므로 여기서는 자세히 설명하기보다 대략적인 부분만 짚고 넘어가고자 한다. 우선 그림을 일련의 픽셀 번호로 대체해 신경망의 입력층으로 삼아야 한다. 이를테면 이 그림의 해상도가 28×28이라면, 28×28=784 픽셀값을 사용해 이 이미지를 나타낸다. 그럼 우리의 신경망 입력층은 784개의 뉴런을 가지고 있는 셈이다.

신경망의 입력층을 열 개의 뉴런으로 설정하고, 0부터 9까지의 숫자로 표시한다. 전체 신경망은 아래 그림과 같다.

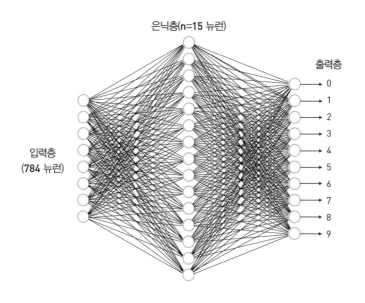

그래픽, 즉 픽셀값 그룹을 입력하면 신경망은 중간층의 전도 계산을 거쳐 출력층을 통해 하나의 신호를 내보낸다. 만약 입력한 그래프의 숫자가 '5'라면 출력층에서 숫자 '5'를 나타내는 그 뉴런의 수치가 가장 커진다.

우선 각 뉴런의 매개변수를 무작위로 선택한다. 만약 입력 '5' 모양의 그래픽을 입력했을 때 출력되는 값이 '5'가 아니라면 어떻게 해야 할까? 이때 필요한 핵심 기술이 바로 '오류 역전파 네트워크'이다. 다시 말해서 출력치와 정확한 답 사이의 오차를 통해 각 뉴런의 매개변수를 역으로 수정하는 것이다.

이렇게 한 차례 입력과정을 거쳐 정확한 답과 대비한 후 각 매개변수를 수정하면서 한 번의 '훈련'이 완성된다.

그리고 수학자들은 훈련의 횟수가 증가할수록 매개변수에 대한 조정 폭이 줄어들고, 뉴런의 매개변수가 안정적인 수치로 서서히 수렴된다는 사실을 증명해 보였다. 이때가 바로 신경망의 연습이 완성되는 시기라고 할 수 있다.

그래서 다른 그래프를 가져와도 다른 사람의 정확한 답과 대조하는 과정을 거치지 않고도 이 신경망을 이용해 그것이 어떤 숫자인지 계산해낼 수 있게 된다.

이것이 바로 '기계학습'의 가장 기본적인 원리다.

복잡한 이미지 속에서 고양이 한 마리 혹은 집 호수를 찾고자 한다면 더 복잡한 신경망이 필요하다. 더 많은 중간층을 추가하고, '콘볼루션 네트워크Convolutional Network'[10]를 사용해야 한다. 층수가 늘어날수록 훈련도 점점 더 어려워질 수밖에 없다 보니 현재 화웨이, 구글, 엔비디아 등 일부 기업에서 신경망 계산에 전문적으로 사용되는 AI 칩을 개발하기에 이르렀다.

그러나 아무리 변해도 본질은 달라지지 않기 때문에 모든 AI는 패

10Timothy B. Lee, Deep Learning - How Computers Got Shockingly Good at Recognizing Images, arstechnica.com 12/18/2018.

턴인식을 통해 식별하고, 기계학습은 신경망의 훈련 과정이라고 볼 수 있다. 그리고 이 모든 훈련은 네 가지 단계로 이루어진다.

1 데이터를 입력한다.
2 신경망을 이용해 데이터를 계산한다.
3 계산 결과를 정답과 비교한다.
4 비교 결과에 근거해 신경망의 매개변수를 수정한다.

그중 '정답'은 명확할 수도 있고 아닐 수도 있으며, 학습 방식은 '지도'와 '비지도' 학습으로 나눌 수 있다. 하지만 대량의 데이터를 이용해 신경망을 훈련하는 '기본 원칙'에는 변함이 없다.

이것이 바로 우리가 지금 말하는 AI이다.

멍청한 빅 데이터

AI의 기본적인 원리를 이해했다면 두 가지 주요 속성에 대해 이야기해보자. 이 두 가지 속성 역시 지금 AI가 직면한 치명적 결함이라고 할 수 있다.

첫째, 사실 AI는 자신이 무엇을 하고 있는지 전혀 이해하지 못한다.

모든 것이 신경망의 매개변수일 뿐이다. 어떻게 이런 매개변수 집합이 아라비아 숫자나 기하 도형을 식별할 수 있을까? 이 특정 뉴런의 구체적 매개변수는 어떤 의미를 갖는 것일까? 우리는 그 답을 알 수 없다. 마치 이 책 속의 문자를 눈으로 식별할 수 있을 뿐 그 구체적인 과정을 알지 못하는 것과 같다고 보면 된다. 사실 우리가 눈에 보이는 글자를 인식할 수 있는 것은 눈과 뇌 속에 존재하는 수많은 뉴런의 결합과 그 뉴런이 눈 속의 광전자 신호를 생각으로 전환하는 역할을 수행해준 덕이다. 하지만 이런 세부적인 내용은 무의미하며, 우리는 그 결과만을 알고 있을 뿐이다.

세부적인 과정이 아무런 의미가 없으므로 우리는 명확한 규칙들을 제대로 알지 못하는 상황에서도 각종 물체를 자동으로 식별할 수 있게 된다. 삼각형을 식별하기까지 어떤 방법이 쓰였는지 굳이 알 필요는 없다. 우리는 그저 그것을 삼각형으로 식별할 줄 알면 그것으로 충분하다.

다만 인간의 뇌는 그 이상의 능력을 갖추고 있다. 우리는 바둑을 둘 때 패턴인식뿐 아니라 바둑의 전투력을 상승시킬 다양한 전술과 기술을 사용한다. 예를 들면 바둑을 둘 때는 귀, 변, 중앙의 순서로 가는 것이 가장 효율적이고, 이립삼전二立三展(세워진 돌이 둘일 때는 세 칸을 벌린다-역주), 삼립사전三立四展(세워진 돌이 셋일 때는 네 칸을 벌린다-역주) 등과 같은 기술이 필요하다. 즉 우리가 하는 패턴인식은 이해와 추리가 결합한 것이고, 단순한 의미의 패턴인식이 아니다.

그러나 AI는 순수한 의미의 패턴인식만을 한다. 알파고는 바둑을 둘 때 어디에 두면 승률이 가장 높다고 알려줄 뿐이며, 그 이유까지 설명해주지 못한다. 알파고는 자신의 신경망이 이런 결과를 출력했기 때문에 승률이 크다고 판단할 뿐이지 바둑을 온전히 이해하고 추리하는 것이 아니다.

신경망의 본질은 '블랙박스'라고 할 수 있다. 신경망이 어떤 도형을 숫자 '7'이라고 판단했을 때, 그 판단이 '7의 왼쪽 아랫부분 모퉁이가 비어 있는' 규칙에 따른 것일까? 그 답은 누구도 알 수 없다. 각종 규율과 규칙이 모두 신경망의 무수한 매개변수에 적용되었지만 어떤 매개변수가 어떤 규칙을 나타내는지 아무도 모르기 때문이다.

이것은 신경망의 장점이자 골칫거리이기도 하고, 이런 이유로 누구도 AI와 정확한 이치를 추론하고 따질 수 없다. AI는 우리에게 어떻게 하라고 말만 해줄 뿐이다. 우리가 다른 방법으로 하고 싶어도 AI는 한번 출력한 최상의 답변을 거둬들이지 않는다. 당신이 왜 그래야 하는지 묻든, 자신을 설득해보라고 추궁하든 AI에게는 아무 소용이 없다. AI는 무조건 자신의 말을 들으라고 할 것이다. 과연 우리가 이런 AI의 보조 서비스를 받아들일 수 있을까?

둘째, AI의 행동은 본질적으로 훈련을 통해 얻은 데이터에 기반한다.

AI를 훈련하려면 데이터가 필요하다. 아무 데이터나 다 쓸 수 있는 것이 아니라 콘텐츠와 답이 정해져 있는 데이터가 있어야 비로소 훈련 자료로 사용할 수 있다. 다음의 사진은 스탠퍼드대학교 교수로 재직하며 인공지능을 연구해온 리페이페이李飛飛가 이미지넷ImageNet 기계학습 패턴인식 대회에서 참가팀에게 제공한 훈련용 데이터다. 사진을 보면 네 종류 색깔로 구분된 네모 틀 안에 네 개의 물체, 즉 사람, 강아지, 의자 두 개가 있다. 이 표기 작업은 사람이 완성한 것이다. 시대의 흐름을 타고 이런 작업에 종사하는 'AI 데이터 라벨러'라는 신종 직업이 생겨났지만 급여가 높지 않기 때문에 부업 개념으로 재택근무를 하는 경우가 많다.

리페이페이는 매년 이미지넷 참가자들에게 이런 라벨링이 되어 있는 100만 장의 사진을 제공하고 있다. AI의 뛰어난 성능 뒤에는 이런

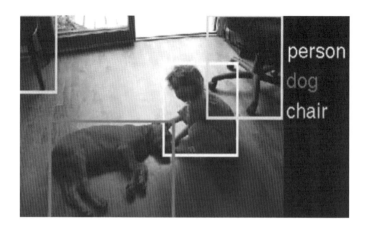

대량의 데이터가 존재한다. 내가 아는 한 모든 AI 알고리즘은 공개되고, AI의 훈련 방법도 비밀이 아니다. 메이저 AI 기업의 진정한 경쟁 우위는 누가 더 많이, 더 좋은 데이터를 가지고 있느냐에 달려 있다.

만약 데이터가 바로 석유에 견줄 만한 새로운 자원이라고 가정한다면 많은 사람이 세계 최대의 중산층 소비집단을 보유한 중국이 가장 많은 데이터를 생성하는 AI 강국이 될 거라고 생각할 수 있다. 하지만 나는 다른 의견을 가지고 있고, 데이터를 석유에 버금가는 자원으로 보는 생각에도 동조하지 않는다.

석유는 유통기한이 정해지지 않은 보편적으로 통용되는 자원이다. 하지만 데이터는 그렇지 않다.

지금 자율주행에 관심이 많은 자동차회사는 모두 도로 교통 데이터를 수집해 자신들이 만든 AI를 훈련하는 데 사용하고 있다. 그들의 AI 훈련 과정은 다양한 노면 상태, 거리 상황, 날씨 및 교통상황에 익숙한 자동차가 대로변과 골목길을 가리지 않고 어디든지 운전할 수 있도록 만드는 데 목적을 두고 있다. 이때 사용되는 데이터는 보편적으로 사용되는 것이 아니다. AI가 미국에서 축적한 '운전 경험'이 아무리 풍부하다 해도 그것을 예컨대 중국에서 도로 상황에 그대로 적용하는 것은 위험하다. 중국의 교통 신호, 교통 법규, 도로 설계, 보행자와 자전거의 이동 습관이 미국과 확연히 다르기 때문이다. 미국인은 중국에서 운전할 수 있다. 하지만 AI는 인간이 아니고, 사고 능력이 없으므로 모든 일을 경험에 의존해야 한다. AI의 입장에서 보자면 중국은 물론 영국, 독일도 미국과 다르기는 매한가지다.

이것은 AI의 훈련 데이터의 거래 가치가 높지 않다는 것을 의미한다. 다시 말해서 AI는 지역에 따라 그곳 상황에 맞춰 전문적인 훈련을 다시 받는 과정을 거쳐야 한다. 미국 기업이 중국에서 사업을 할 생각이 아니라면 중국 소비자의 구매 습관에 관한 데이터는 그들에게 크게 의미가 없다.

게다가 올해 구매 습관 데이터가 내년에도 쓸모 있을 거라고 아무도 장담할 수 없다. 유행의 추세와 인간의 행위 습관은 모두 변하기 때문에 올해의 경험이 내년에도 반드시 적용되는 것은 아니다. 이것이 바로 '빅 데이터'를 이용해 영화의 흥행 여부를 예측할 수 없는 이유다. 어떤 사람은 넷플릭스Netflex에서 제작한 시리즈 드라마 〈하우스 오브 카드〉가 사용자들이 선호하는 콘텐츠를 빅 데이터로 분석해 기획된 것으로 생각하지만 사실 전혀 그렇지 않다. 훌륭한 플롯은 시나리오 작가의 창작 능력에 의해 좌우되며, 작가의 능력이 아무리 뛰어나다 해도 다음 작품 역시 인기를 얻을 거라고 보장할 수 없다. 만들기만 하면 '반드시' 성공하는 흥행 공식 따위는 어디에도 존재하지 않는다. 한 작품이 다음 시리즈에서도 인기를 얻으려면 이전과 다른 흡인력이 있어야 한다. 하지만 AI가 만들어내는 것은 본질적으로 이전과 똑같은 것이다.

어떤 경우에는 AI가 외부 세상에서 제공하는 데이터를 필요로 하지 않기도 한다. 최초의 알파고는 실제 바둑 대회에서 나온 기보를 사용해 바둑을 두는 훈련을 했다. 그러나 알파고 제로AlphaGo Zero 시대가 되면서 AI는 제로에서 시작해서 자신과 바둑을 두는 방식으로 완벽하게 혼자서 바둑을 배웠다. 이런 방식으로 훈련된 AI는 인간의 경험에 얽매이지 않는 '궁극'의 학습법으로 능력을 키워갔다. 그러나 이 AI는 여전히 경험에 기반한다는 사실에 주목할 필요가 있다. 한 가지 차이가 있다면 스스로 알아낸 경험을 사용한다는 것뿐이다. 사실 자율주행 AI도 이론적으로 같은 방법을 사용할 수 있지만, 도시 교통은 바둑보다 훨씬 복잡하고, 탐색과 훈련에 드는 비용이 너무 많이 든다.

데이터는 현실에 기반을 둔다. 또한 데이터는 AI의 동력이 아니라 그것을 제약하는 존재다.

요컨대 AI는 자신이 무엇을 하는지 이해하지 못하고, 무엇을 하든 과거의 경험을 기반으로 삼아야 하는 두 가지 특징을 가지고 있다. 그리고 이것이 AI의 능력을 크게 제한하는 요인이 되고 있다.

많은 학자가 AI의 한계를 충분히 인식하지 못하고 있다. 유발 하라리는 자신의 저서 《호모 데우스》, 《21세기를 위한 21가지 제언》에서 AI가 거의 만능에 가까워지며 머지않아 인간의 모든 영역을 대체하는 슈퍼 지능을 갖게 될 거라고 예측했다. 그것은 실제로 공상 과학 수준의 인식이 아닐 수 없다. 그런 인식은 헛된 기대와 끝을 알 수 없는 두려움으로 사람들을 몰아갈 뿐이다.

그나마 가장 객관적이고 현실적인 사람은 바로 AI를 최전선에서 연구, 개발하는 과학자와 엔지니어들이다. 그들은 현재 AI의 결함에 대해 거론하고 있다.

　AI는 자신이 무슨 일을 하는지 이해하지 못하기 때문에 도덕적 감각을 지니고 있지 않다. 자율주행차는 위험한 상황에 맞닥뜨렸을 때 승객의 안전을 최우선으로 생각해야 할까? 아니면 차 밖에 있는 보행자를 먼저 고려해야 할까? 이런 질문에 대한 답은 인간이 수동으로 설정해야 한다. 하지만 어떻게 설정해야 할까? 차량 안팎으로 어느 쪽의 사람이 더 많은지, 어린이와 여성은 누구인지, 사망과 부상 중 어느 쪽의 확률이 낮은지에 대해 사전에 아무리 상세하게 설정을 한다 해도 실제 상황에 맞춰 구체적으로 분석하는 것만 못하다.

　또 다른 예를 들어보자. 한 자동차 제조업체가 자신들이 생산한 차를 도덕적이라고 강조하며, 자동운전 시스템이 위험한 상황에서 보행자의 안전을 가장 먼저 보장할 것이라고 말한다면 어떨까? 과연 당신은 이 차를 구매할 의사가 있을까? 나라면 내 목숨이 달린 일을 자동차가 대신 결정하게 두지 않을 듯하다. 만에 하나 자동차의 잘못된 판단으로 내가 희생되는 일은 없어야 하고, 특정 상황에서 불가피하게 나를 희생시킬 수도 있는 차를 운전하고 싶지도 않다.

　훈련은 과거의 데이터에 온전히 의지해야 하므로 AI는 본질적으로 차별에 대한 인식을 가지고 있다. 미국의 데이터 통계에 따르면 흑인의 범죄율이 더 높게 나타나고 있다. 그렇다면 AI가 한 사람의 범죄 가능성을 판단할 때 흑인이 불리해질 수밖에 없다. 반면에 인간 경찰은 현장에서 단서를 찾아내 더 나은 판단을 내릴 수 있다. 설사 흑인이라 해도 그의 행동이 위험해 보이지 않고, 표정 역시 선하다면 경찰이 그를 범죄자로 단정 지을 확률은 낮아진다. 하지만 AI의 데이터를 통한 훈련에서 이런 구체적이고 다양한 요소는 훈련 소재 속에 라벨링이 되어 있지 않다. 그렇다 보니 AI는 모든 요소를 전면적으로 고려할 수 없다.

만약 한 남자가 주방에 서 있다면 AI는 그를 여자로 식별할 가능성이 더 크다. 어쨌든 빅 데이터 안에서 여자가 주방에 나타날 가능성이 훨씬 크기 때문이다. 폭설 예보에 맞춰 지방 자치단체에서 도로에 미리 염화칼슘을 뿌려놓자 테슬러 자율주행 시스템은 한 번도 본 적이 없는 '염화칼슘 라인'을 인식하지 못해 오작동을 일으켰다.

이 모든 것이 경험하지 못한 것에 대한 대처 능력이 전혀 없기 때문에 발생한다. 훈련에 사용하는 데이터가 아무리 많아도 실제 상황에서 맞닥뜨리게 되는 의의의 변수 앞에서 무용지물이 되는 것이다. 길에서 아이 몇 명이 오리를 쫓아가며 뛰고 있다면, AI는 아이의 행동 궤적을 예측할 수 있을까? 레이저 거리 측정기가 만에 하나 작동하지 않는다면 어떻게 될까? 도로에 표준화되지 않은 교통 표지판이 있다면 어떻게 될까? 자율주행 자동차가 99.9999%의 상황에서 완벽한 운행을 한다 해도 인간은 0.0001%의 사고를 용납하지 못한다. 2016년 테슬라 세단이 오토파일럿 상태에서 앞서가던 하얀색 트럭을 흰 구름으로 오인해 교통사고를 냈고, 결국 운전자가 사망하고 말았다.

그렇다면 누군가는 분명 더 많은 의외의 사고와 변수에 대해 치밀하게 고려하고 문제를 개선하면 된다고 말할 것이다. 당연히 맞는 말이다. 하지만 그것은 불가능에 가까운 일이다. 훈련에 사용하는 데이터의 양이 비현실적으로 방대해지기 때문이다.

사실 현재 각 기업의 자율주행 기술은 '평소 사용 가능한' 수준에 도달해 있지만 신뢰할 만한 수준까지 가려면 아직 한참 멀었다. 가까운 미래에 AI가 인간을 대신해 완전 자율주행을 실현할 가능성은 그리 크지 않다.

최근 몇 년 동안 과학자들은 AI 안에서 더 많은 희망을 찾는 대신에 AI의 또 다른 '활로'를 찾아내는 데 성공했다.

이를테면 이미지 인식이다. 콘볼루션 네트워크와 딥러닝에 기반한 이미지 인식이 이미 매우 높은 정확도를 보인다. 일례로 스마트 감시 카메라는 자동으로 얼굴을 인식할 수 있다. 그리고 이 카메라가 얼굴을 인식하려면 이미지 속에서 어떤 것이 '사람'인지 알 수 있어야 한다. 2019년 벨기에 루벤대학교의 연구팀이 컬러 그래픽[11]을 이용해 AI를 속이는 데 성공했다.

그들은 이 그래픽을 A4 용지 한 장 크기의 종이에 인쇄한 후 얼굴을 가리지 않은 채 배 부위에 걸었다. 그 결과 AI는 종이를 걸고 있던 사람을 '사람'으로 인식하지 못했다.

---

11 즈둥시(智東西) 기사 내용: '종이 한 장의 마법에 속아 넘어간 AI! 인간을 '투명인간' 취급하는 스마트 감시 카메라의 위기가 온 것인가?' https://zhidx.com/p/146179.html.

또 다른 예로[12] 한 남성 연구원이 특수 안경을 착용하자 AI는 그를 유명 여배우로 인식했다.

아래 사진 속 통학버스의 위치를 육안으로 아무런 특이점을 발견할 수 없을 만큼 약간만 조정해도 AI는 그것을 '타조'로 인식했다.

스쿨버스   '타조'

왜 이런 현상이 나타나는 것일까? AI의 이미지 인식이 디테일에서 시작되기 때문이다. 사람의 눈은 그림을 볼 때 대략의 윤곽을 먼저 본다. 반면에 AI는 그림 속에서 이미지의 면적이 차지하는 비율이 아니

---

12 멜라니 미첼《인공지능: 생각하는 인간을 위한 안내서(Artificial Intelligence: A Guide for Thinking Humans)》(2019).

라 그림 속에 존재하는 작은 물체에 주목한다. 즉, 사람의 눈이 간과할 수 있는 세부적인 것들이 AI의 눈에는 매우 중요한 구조적 특징이 되는 것이다.

2019년에 출간된 컴퓨터 과학자 멜라니 미첼은 자신의 저서《인공지능: 생각하는 사람을 위한 안내서Artificial Intelligence: A Guide for Thinking Humans》에서 AI의 인식 오류에 대한 문제점을 언급했다. 그녀의 연구팀 중 한 명이 기존의 그래픽 라이브러리를 이용해 '이 사진 속에 동물이 있는지 여부'를 판단할 수 있는 딥 신경망 훈련을 진행했다. 이 신경망의 정확도는 매우 높았지만 연구 과정에서 한 가지 큰 문제점이 발견되었다. 즉, 그 신경망이 '사진 속에서 흐리게 처리된 배경'을 이용해 동물이 있는지를 판단했기 때문이다. 이것은 사진사가 훈련용 사진을 찍을 때 동물이 있을 경우 동물에 초점을 맞춰 배경을 흐리게 처리하고, 동물이 없으면 배경 전체를 선명하게 찍었기 때문에 생긴 문제였다. AI가 동물이 있는지를 판단하기 위해 흐릿해진 배경을 감지하는 것은 매우 효율적 처리 방식이지만 실제 상황에서 도리어 오류로 이어질 수밖에 없다.

또한 AI는 자신의 판단 기준을 스스로 명확히 말할 수 없기 때문에 (신경망은 신경망 매개변수의 집합체일 뿐이다) 테스트를 해보지 않으면 무엇이 누락되었는지 절대 알 수 없다.

결국 이런 문제의 근본적인 원인은 AI가 각 요소 간의 논리적 관계를 이해하지 못하는 데 있다. AI는 경험을 기반으로 하고, 그 경험은 훈련에 사용되는 자료에 따라 결정된다. 한 연구를 보면 인간 사진사처럼 그렇게 마음에 드는 각도를 찾아 포커스를 맞춰 사진을 찍는 것이 아니라 로봇이 직접 방 구석구석을 돌아다니며 무작위로 사진을 찍으면 AI가 그 사진 속 이미지를 잘 식별하지 못했다. AI가 이렇게 찍은 사진을 본 적이 없기 때문이다.

그렇다면 AI는 어떤 점이 똑똑한 것일까? 알파고는 대단한 바둑 실력을 갖추고 있지만, 그것은 단지 무한한 경험과 무차별적 대입을 통한 계산에서 나올 뿐이다. 이것은 똑똑하다기보다 놀라운 정보 처리 능력에 속한다. 사실 현실 속에서 AI는 놀라울 정도로 멍청하다.

AI는 자신이 하는 일을 이해하지 못하며, 모든 것을 경험에만 의존한다. 본질적으로 AI는 성능이 좋든 나쁘든 대량의 데이터를 이용해 능력을 키워 나가며, 어떤 상황을 막론하고 그 능력의 표출은 완전히 데이터에 의해 결정된다. 그래서 미국의 컴퓨터 과학자이자 철학자인 주데아 펄Judea Pearl은 '데이터는 정말 멍청하다'[13]고 돌직구를 날렸다.

그야말로 '인공지능'으로 과대 포장된 '인공저능'인 셈이다.

인공지능이란 무엇인가?

이제 전 세계 어느 대학을 가든 인공지능과 관련된 커리큘럼은 앞서 언급한 내용, 즉 데이터, 신경망, 딥러닝, 콘볼루션 알고리즘을 벗어나지 않는다. 현재 실용화 단계에 접어든 것은 AI뿐이다. 하지만 이것 역시 아직 갈 길이 멀다. 사실 과학자들은 인간과 똑같은 지능을 가진 기계(혹은 적어도 통계 방법보다 더 지능적인 기계)를 만들기 위해 그 방

---

13 원문: Data are profoundly dumb.

법을 모색해왔다. 여기서 우리는 비교적 이슈가 되고 있고, 희망적인 세 가지 방향에 관해 이야기하고자 한다.

첫 번째 방향은 AI가 인과관계를 학습하도록 만드는 것이다.

범죄 용의자가 총을 쏜 후 피해자가 죽었다면, 총을 쏜 것은 원인이고, 죽음은 결과이다. 이것은 인간의 입장에서 아주 간단한 인과관계에 불과하지만, AI는 이해할 수 없는 부분이다. 우선 이 하나의 데이터는 이유를 설명할 수 없는 그야말로 우연한 사건에 속한다. 게다가 범인이 총을 쏘지 않았다면 피해자는 안 죽었을지도 모른다. 하지만 컴퓨터는 인간이 총에 맞아 죽는 이유를 전혀 이해하지 못하기 때문에 이 상황에 대해 판단 자체를 할 수 없다.

엄밀하게 말해서 컴퓨터가 맞다. 인과관계는 인간의 사유를 편리하도록 만들어주는 사고의 한 모델일 뿐이다. 철학자들은 이 세상에 진정한 인과관계가 있는지를 두고 열띤 토론을 벌이기도 했다.[14] 하지만 인과관계는 우리가 결정과 판단을 내리는 데 매우 중요한 역할을 한다. 인과관계를 제대로 파악할 줄 알면 데이터와 훈련 따위의 도움 없이도 정확한 판단을 내릴 수 있게 된다.

주데아 펄[15]은 컴퓨터가 인과관계를 제대로 파악할 줄 알면 다음 세 가지 질문에 대답할 수 있다고 말했다.

1 관측: 이 사건이 발생했으니 그 일도 뒤따라 발생할 것인가?
2 개입: 내가 이 행동을 취하면 어떤 결과가 발생할까?
3 상상: 내가 애당초 이 행동을 하지 않았다면 지금 어떻게 되었을까?

---

14 〈엘리트 데일리 클래스〉 시즌 4, '과학적 사고' 시리즈.
15 Judea Pearl, 《The Book of Why: The New Science of Cause and Effect》(2018).

이 세 가지 질문에 대답할 수 있어야 AI는 비로소 정확한 결정을 내릴 수 있다. 주데아 펄과 연구진은 베이지안 분석Bayesian Analysis 방법에 기반한 인과관계 전달망을 발명했다. 그들은 이 네트워크 프로그래밍을 사용해 AI가 두 가지 사건 사이의 인과관계를 이해하고 적어도 현명한 판단을 내리도록 만들었다.

앞으로 이 첫 번째 방향의 가장 적합한 응용 시나리오는 의료와 같은 특정 분야의 '전문가 시스템'이 될 것으로 예상한다. AI의 판단 범위는 매우 제한적일 것이다. 만약 제약이 없는 현실 세계에서 의사결정을 내리게 된다면, AI는 해당 환경 속에서 발생할 수 있는 다양한 일과 변수를 이해해야 하고, 그런 일에 얽힌 복잡한 인과관계를 파악할 줄 알아야 한다. 그리고 이것은 두 번째 방향과의 결합이 필요하다.

두 번째 방향은 '상식'을 갖춘 AI로의 전환이다.

상식은 우리가 알게 모르게 일상에서 사용하는 지식이며, '암묵적 지식Tacit Knowledge'으로도 불린다. 컴퓨터 비전 전문가 안드레이 카파시Andrej Karpathy[16]가 그 대표적 예를 제시했다.

다음의 사진을 보면 양복을 입은 남성 몇 명이 서 있다. 그중 한 명은 미국의 버락 오바마 전 대통령이다. 체중계 위에 한 남자가 서 있고, 다른 사람들은 미소를 지으며 그를 바라보고 있다.

당신은 그들이 웃는 이유를 이해하는 데 1초도 걸리지 않을 것이다. 체중을 재는 남성 뒤로 그 체중계에 한쪽 발을 올려놓은 오바마의 모습이 눈에 들어오기 때문이다. 이렇게 하면 남성의 몸무게는 더 늘

16 ndrej Karpathy, The State of Computer Vision and AI: We Are Really, Really Far Away. Oct 22, 2012, http://karpathy.github.io/2012/10/22/state-of-computer-vision/.

어날 수밖에 없다. 그 모습을 보며 웃는 사람들의 표정은 하나같이 우호적이고 유쾌하다. 당신은 이 사진을 보며 다들 이 장난 자체를 재미있어한다고 느꼈거나, 혹은 오바마가 대통령의 무거운 직책에서 벗어나 이런 장난을 친 것에 더 웃음이 터진 거로 생각할 수도 있다.

여기서 우리가 알고 싶은 것은 AI가 이 사진을 보고 '재미있다'고 여기게 하려면 어느 정도까지 발전해야 하는지이다.

안드레이 카파시는 그런 날이 오려면 아주아주 멀었다고 말하고 있다. 이 사진은 아주 짧은 2차원 색상의 수열일 뿐이지만, 인류 지식 중 빙산의 일각을 보여주고 있다.

AI가 이 사진을 보고 그 상황을 이해하려면 체중계가 어떻게 쓰이는지부터 알아야 한다. 즉, 체중계는 압력을 가하면 저울의 판독 값이 증가한다. 그리고 한 남성이 체중을 재는 일이 왜 나머지 사람들을 웃게 했는지와 오바마가 누구인지 등을 알아야 한다. 초등학교에 들어가지 않은 어린아이도 이 사진을 보고 상황을 이해할 수 있고, 그들의 지식은 컴퓨터 과학자들조차 어떻게 해야 AI가 그 모든 것을 습득하

451

게 만들 수 있을지 모를 정도로 많다.

AI에게 이 모든 상식을 어떻게 가르칠 수 있을까? 지금 그 해답을 얻기 위해 사이코프Cycorp 기업이 AI를 겨냥한 인간 상식 시스템을 만드는 Cyc 프로젝트를 진행하고 있다. Cyc에 포함되는 몇 가지 상식은 다음과 같다.

- 하나의 실체는 동시에 여러 장소에 있을 수 없다.
- 하나의 개체는 한 해가 지날 때마다 한 살씩 늙어간다.
- 누구에게나 인간 여성인 어머니가 있다.

    ......

Cyc는 이런 상식을 바탕으로 논리적 추론을 할 수 있다. 예를 들어 당신이 베이징에 있다고 알려주면, Cyc는 당신이 하얼빈에 있지 않다는 것을 알게 된다. 그런데 여기에 큰 문제가 하나 숨어 있다.

이런 상식은 누구나 알고 있지만 아는지조차 모르는 지식이다. 우리는 각자 얼마나 많은 상식을 가지고 있을까? 그리고 그것을 모두 종이에 옮겨 적을 수 있을까? 당연히 우리는 자신이 얼마만큼의 상식을 가졌는지 모르고, 그것을 다 옮겨 적을 수도 없다. Cyc 시스템은 이런 상식을 이미 1,500만 개 정도 보유하고 있다. 연구진이 그렇게 많은 상식을 어떻게 다 나열했는지 알 길은 없다. 사이코프의 판단에 따르면 이 수치는 최종적으로 필요한 상식의 총량 중 5%에 불과하다.

이 방향으로 가는 길은 조금만 생각해봐도 험난하기 짝이 없고, 심지어 신경망 알고리즘을 발명하기 이전의 무궁무진한 규칙을 설정해야 했던 시기로 다시 돌아가는 것은 아닌지 의구심마저 든다.

여기서 또 하나 궁금한 점이 생겨난다. AI를 지능화하는 일이 이렇게 어려운데 인간은 어떻게 이런 지능을 자연스럽게 갖게 되었을까? 아이들이 AI처럼 온종일 공부만 하는 것도 아닌데 왜 갑자기 무엇이든 다 할 줄 아는 것처럼 보이는 걸까? 이런 궁금증이 세 번째 방향을 끌어냈고, 이것은 가장 중요한 연구 방향이기도 하다.

세 번째 방향은 AI가 인간의 두뇌를 지금보다 더 비슷하게 모방하도록 만드는 것이다.

지금 우리는 뇌에 대해 제대로 이해하지 못하고 있다. 지난 30년 동안 뇌과학은 크나큰 발전을 거두었고, 현재 가장 활발하게 연구가 진행되고 있을 뿐 아니라 유익한 성과를 거두고 있는 분야이다. 그러나 우리는 뇌에 대해 여전히 아는 바가 별로 없다. 뇌가 뉴런의 미세한 연결의 조합을 통해 어떻게 거시적인 감정과 생각을 만들어내는지, '의식'이 실제로 어떤 학습 과정을 거쳐 만들어지는지 전혀 알지 못한다.

그러나 한 가지만은 확실히 안다. AI는 인간의 뇌 속 신경망을 모방하지만, 인간의 학습 방법은 AI와 매우 다르다.

인간의 뇌 속 학습원리를 꾸준히 연구해왔던 프랑스 인지과학 심리학자 스타니슬라스 드앤Stanislas Dehaene은 AI와 비교해서 인간의 뇌는 학습 방면으로 몇 가지 특별한 장점이 있다고 말했다.[17]

인간의 뇌 학습에는 빅 데이터가 필요하지 않다. 엄마가 손으로 나비를 가리키며 딸에게 "이게 나비란다!"라고 한마디만 하면 충분하다. 딸은 이런 과정을 단 한 번 거치는 것만으로도 무엇을 나비라고 부르는지 알 수 있다. 뇌는 추상적인 개념을 잘 이해한다. 알파벳 자음 'A'

---

17 Stanislas Dehaene, 《How We Learn: Why Brains Learn Better Than Any Machine…
for Now》(2020)

의 모양을 보고 기억해두면 다음번에 필기체처럼 쓰인 'A'를 보더라도 바로 알아볼 수 있다. 당신이 'A'에 내포된 추상적인 개념을 이미 파악하고 있기 때문이다. 인간은 유추에도 능하다. 하나를 보면 열을 알 듯 이미 알고 있는 사실을 근거로 다른 것을 추론해낼 수 있다. 또한 뇌는 지식을 전달하는 능력도 갖추고 있다. 당신이 토스트기를 구입하여 사용설명서를 보고 어떻게 사용하는지 파악한 후 엄마에게도 한 대를 사주었다고 가정해보자. 엄마가 토스트기를 받은 후 당신에게 전화를 걸어 사용법을 물어보면 당신은 어떻게 사용하는지 바로 가르쳐줄 수 있다. 뇌는 내재적인 사상과 언어를 가지고 있어 논리적 추리를 가능하게 만들어준다.

이것은 AI에게 없는 능력이다. 왜 인간의 뇌는 이토록 대단한 걸까? 우리 뇌에는 특정한 학습 방법이 있기 때문이다. 우리는 자기도 모르는 사이에 세상의 규칙을 추측, 요약하고 실제로 적용하며, 능동적인 학습을 한다. 엄마가 강아지를 가리키며 아이에게 "강아지"라고 말한다고 가정해보자. 그 순간 아이는 100만 개에 달하는 엄마의 빅데이터를 분석할 필요조차 없이 즉각적인 학습이 가능해진다. 이 상호작용이 이루어지는 순간 아이는 바로 스스로 추측하게 된다. 어쩌면 엄마는 모든 강아지를 '강아지'로 부른다 말한 것일 수도 있고, 혹은 그 작은 강아지의 이름이 '강아지'여서 그렇게 가르쳐주었을지도 모른다. 아이는 추측을 시작하고, 그런 후 그것을 확인할 기회를 기다린다.

다른 상황에서도 엄마는 다른 강아지를 가리키며 "강아지"라고 말했다. 그 순간 아이는 '강아지'라는 단어가 모든 강아지를 가리키는 일반적인 말이라는 것을 깨닫게 된다. 물론 엄밀히 말하면 이 결론이

100% 완벽하지 않은 경우도 생길 수 있다. 하지만 아이는 또 다른 상황과 마주쳤을 때 똑같은 훈련을 거치며 자신의 추측을 수정해갈 것이다.

발달 심리학자 앨리슨 고프닉Alison Gopnik은 아이의 이런 학습 방법이 과학자들의 생각과 일치한다고 말했다. 이 학습 방법이 가설을 세우고 검증하며 규칙을 만들어내는 과학자들의 논리적 사고 과정과 일치하기 때문이다. 이것이야말로 가장 빠른 학습 방법이다.

그렇다면 아이는 어떻게 이런 방법을 사용할 수 있는 걸까? 그들은 어떻게 논리적 추리법을 배우게 된 걸까? 현재까지 과학적으로 밝혀진 결론에 따르면 그것은 타고났을 가능성이 가장 크다. 아이의 뇌는 태어날 때부터 백지상태가 아니다. 즉 우리의 뇌에는 태어날 때부터 이미 논리적 능력, 물리학과 수학적 지식, 소리에서 언어를 추출하는 능력은 물론 도덕적 직관을 담당하는 유전자가 장착되어 있다.

AI에는 이런 능력이 장착되어 있지 않다. 그렇다면 어떻게 해야 AI에게 이런 능력을 제공할 수 있을까? 지금 일부에서는 컴퓨터를 이용해 어린아이의 뇌를 시뮬레이션하려고 시도하고 있지만 아직도 걸음마 단계에 머물러 있을 뿐이다. 이것을 바꿔 말하면 인간의 뇌는 앞으로도 무궁무진한 발전 가능성이 존재하고, 오랫동안 이 우주에서 가장 신비롭고 놀라운 존재가 될 것이다.

결론적으로 '지능'을 기계가 대체하는 일은 결코 쉬운 일이 아니며, AI에 대해 지나치게 우려하는 것 역시 시기상조로 보인다. 게다가 오늘날 인간 세상에는 이것 말고도 걱정해야 할 일이 너무 많다.

3

혁신을 위한 비용과 딜레마

몇 년 전에 중국이 차세대 소립자 실험 장치인 '원형 전자-양전자 충돌기Circular Electron Positron Collider, CEPC' 건설에 거액의 돈을 투자하는 문제를 두고 찬반양론이 거세게 일어났다.

특히 양전위 교수는 "파티가 끝났다"며 이제 그 분야에 그렇게 큰 돈을 쓸 가치가 없다고 반대 의사를 밝혔다. 수많은 현역 물리학자와 과학 애호가들은 물리학 연구가 강대국을 실현하는 기반이 되므로 반드시 투자해야 한다고 주장했다.

그래서인지 〈엘리트 데일리 클래스〉 칼럼의 수많은 독자가 내 의견을 물어왔다.

나는 양전위 교수의 의견을 지지하는데, 중국 정부 역시 건설하지 않기로 결정했다. 다만 우리가 간과하지 말아야 할 문제는 충돌기나 가속기와 같은 실험 장치를 이용해 소립자물리학을 연구하는 것이 본질적으로 비트코인을 채굴하는 게임과 다를 바 없다는 데 있다. 즉, 이 것은 유저들이 많아질수록 채굴 난도가 올라가 보상 토큰이 줄어드는 메커니즘을 그대로 따르고 있다. 이 규칙은 다른 혁신 영역에도 그대로 적용된다.

우리는 앞으로 이것과 비슷한 일련의 선택과 마주하게 될 것이고, 양전위처럼 원하지 않는 결정을 내려야 할 경우가 생길 수 있다.

많은 이가 미래에 대해 가장 낙관적이다. 그들은 경제 성장에 익숙하고, 지난 세대보다 더 나은 삶을 살고, 미래를 위해 투자하는 데 익숙하며, 우리의 삶을 바꾸는 기술에 익숙하고, 노력해야 보답을 받을 수 있다는 논리에 익숙하다.

하지만 '세상은 그렇게 될 의무가 없다'라는 것을 고민해본 적이 있는지 묻고 싶다.

인류가 기술의 발달 덕에 초고속 경제 성장을 이룩한 것은 지난 200년 동안의 일이다. 인류 역사의 보편적인 흐름은 모든 사람이 힘들게 노동을 해도 그 노동력과 극히 제한된 부를 교환할 수 있을 뿐이었다.

중국 경제의 비약적 발전 역시 최근 40년 사이의 일이며, 중국은 이제 개발도상국 대열에 들어섰다. 사실 선진국의 경우 일반적으로 매년 2%씩 경제 성장을 할 수 있는 것만으로도 감지덕지할 일이다.

우리는 중국이 계속해서 성장할 것이라고 믿을 만한 근거를 전혀 가지고 있지 않다. 특히 고속 성장은 지속 가능하지 않을 가능성이 훨씬 크다.

경제학자들은 이 점을 일찌감치 간파했다. 만약 아무것도 없는 가난한 개발도상국이 아니라면 투자와 노동력에만 의존해 경제 성장을 견인하는 데 한계가 있을 수밖에 없다. 장기적으로 보면 경제 성장을 위해 진정한 견인차 구실을 해줄 대상은 기술 발전뿐이다.

다시 말해서 기술의 발전이 멈추면 세계 경제는 빠른 속도로 안정기에 접어들며 더 이상의 성장을 멈출 것이다. 많은 사람이 기술 발전이 멈추는 것을 걱정하고 있다.

타일러 코웬은 그의 저서 《자만하는 계급》과 《거대한 침체》를 통해 미국의 기술 발전이 정체기로 접어들고 있다고 밝혔다.

스탠퍼드대학교와 MIT의 경제학 교수 네 명이 일련의 데이터 분석을 통해 우리에게 안 좋은 소식을 전했다.[18]

'전반적인 기술의 발전 속도는 변하지 않은 것 같은데 기술 발전의 대가는 갈수록 높아지고 있다.'

이 연구의 핵심을 공식으로 나타내면 다음과 같다.

$$경제\ 성장률 = 연구\ 생산율 \times 연구원\ 수$$

지금의 상황을 살펴보면 연구원 수는 갈수록 늘어나는데 연구 생산율은 도리어 낮아지고 있다. 꽤 좋은 성적의 경제 성장률을 유지할 수 있다 해도 그것을 위해 지불해야 할 대가, 즉 기술 연구 개발을 위한 비용은 갈수록 커지고 있다. 이런 연구, 개발은 지속가능성이 떨어진다.

일례로 무어의 법칙Moore's law에 따르면 한 개의 MPU에 집적된 트랜지스터 수가 18개월마다 2배로 증가한다.

---

18 Bloom, Nicholas, Charles I. Jones, John Van Reenen and Michael Webb (2017) "Are IdeasGetting Harder to Find?" NBER Working Paper No. 23782. https://web.stanford.edu/~chadj/IdeaPF.pdf.

지난 수년 동안 무어의 법칙이 과연 계속 적용될 수 있을지 의심하는 사람들도 있었지만, 반도체 산업은 여전히 안정세를 유지하고 있고, 반도체 칩의 발전도 지속되고 있다.

아래 그림을 보면 1971년부터 2011년까지 칩에 포함된 트랜지스터의 수는 매년 35% 정도씩 꾸준히 증가하고 있다(그림 출처: Bloom 등의 논문).

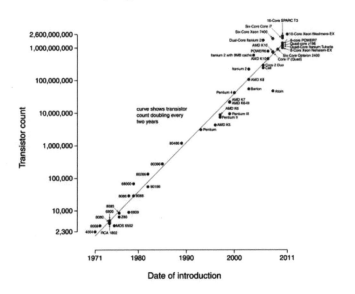

그림만 본다면 칩의 연구, 개발이 직면한 어려움이나 무어의 법칙의 실패할 기미를 전혀 찾아볼 수 없다. 하지만 이 성장 그래프는 하나의 문제를 숨기고 있다.

그것은 바로 연구, 개발에 드는 비용이다. 신기술은 갑자기 하늘에서 뚝 떨어지는 것이 아니며, 칩 공정은 수십 나노미터에서 10나노미터, 7나노미터, 5나노미터로 진화하는 단계마다 각기 다른 물리학과 제조 기술의 난제와 맞닥뜨릴 수 있고, 대량의 자금과 연구 인력을 투입해야 한다.

아래 그래프는 1971년부터 2014년까지 트랜지스터 밀도가 무어의 법칙에 따라 안정적으로 증가하는 것을 증명하기 위해 반도체 산업에서 투입한 유효 연구원 수의 변화를 나타낸다.

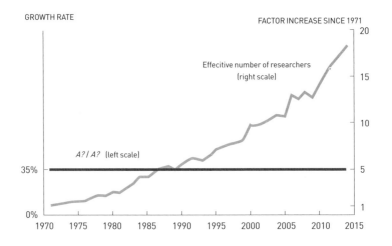

40여 년 동안 연구 인력수는 18배로 증가했다.

여기서 우리는 이들이 생산자가 아니라 연구자라는 사실에 주목해야 한다. 그들의 임무는 바로 트랜지스터 밀도를 높이는 것이었다. 만약 40여 년 전에 트랜지스터 수를 2배로 늘리기 위해 천 명의 연구 인력이 필요했다면, 연구 난도가 똑같다고 가정했을 때 지금 다시 트랜지스터 수를 2배 늘리려면 그때와 똑같이 천 명의 연구원이 필요해야 마땅하다.

그러나 똑같은 기술의 발전을 달성하기 위해 지금 필요한 연구 인력수는 과거보다 18배나 많아져야 한다. 이것은 각 연구자의 생산율이 18배 떨어진다는 것을 의미한다. 만약 이 연구자들이 지난 시대의 사람들보다 더 멍청해진 것이 아니라면 우리는 지금 진행되는 연구의 난도가 18배 증가했다고밖에 설명할 길이 없다.

연구원 수의 변화를 고려하면 지난 수십 년 동안 주요 영역의 연구 생산율은 모두 하락했다. 농업을 예로 들어보자. 지금 농업 분야는 과학적 육종, 품질면에서 더 우수해진 화학비료, 유전자 변형 기술 등이 가능해지면서 생산량이 확실히 개선되고 있다. 하지만 연구, 개발에 투입되는 연구 인력의 수도 증가했다. 경제학자들은 육종 방면의 연구 생산율이 매년 약 5% 하락한 반면에 농업 전체의 연구 생산율은 매년 3.7% 하락했다고 추정했다.

의료업 역시 마찬가지다. 의학 연구가 발전하면서 의사들은 암과 심장병에 대처할 방법이 더 많아졌고, 환자의 사망률도 다소 하락했다. 그렇다면 이런 발전의 대가는 무엇일까? 미국은 매년 의학 연구 분야에 천문학적인 규모의 연구비와 대량의 연구원을 투입하고 있다. 하지만 현실적으로 드러난 결과는 여전히 기대에 훨씬 못 미치고 있다. 환자의 사망률은 거의 감소하지 않은 반면에 연구원 수는 계속해서 증가하고 있다. 요컨대 의학 연구의 생산율이 매년 평균 8~10% 하락하는 중이다.

제약업계는 어떨까? 미국 제약업계에는 이룸의 법칙Eroom's law이 존재한다. 이것은 '무어Moore'에 해당하는 영문 철자를 거꾸로 쓴 것으로 '반 무어의 법칙'이라고도 불린다. 1950년부터 신약을 연구, 개발

하는 비용은 9년마다 2배로 올랐다.[19]

New drugs per $billions R&D (log scale)

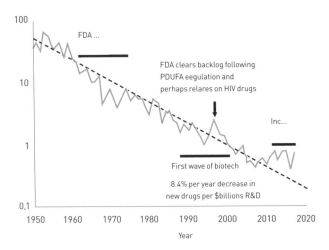

그 말인즉슨 연구, 개발 비용이 갈수록 비싸진다는 의미이기도 하다. 이 추세대로라면 우리는 앞으로도 신약을 계속해서 연구, 개발할 수 있을까?

과거 100년 동안 미국의 GDP 증가율은 매년 크게 변함이 없었고, 이것은 주로 과학 혁신의 공헌이 뒷받침된 덕이었다. 한편 미국에서 과학 혁신 분야에 참여한 연구 인력은 계속 증가하고 있고, 혁신이 소수의 공헌에서 다수의 직업으로 전환되면서 미국 역시 혁신 국가의 면모를 갖추게 되었다. 그러나 이 두 가지를 하나로 묶어 생각해보면

19Scannell, J., Blanckley, A., Boldon, H. et al. Diagnosing the Decline in Pharmaceutical R&D Efficiency. Nat Rev Drug Discov 11, 191200 (2012) , https://doi.org/10.1038/nrd3681.

한 가지 문제가 드러난다.

혁신의 수준은 높아지지 않았는데 혁신에 참여하는 인력만 많이 늘어나고 있다면 과연 어떻게 될까? 혁신이 어려워질수록 혁신에 참여하는 인력의 생산율이 낮아진다는 결론이 나온다.

경제학자들은 미국의 연구 생산율이 매년 평균 5.3%씩 하락한다고 추정했다. 이 말은 미국의 GDP 성장률을 동일하게 유지하려면 13년 마다 연구 인력의 총수를 2배로 늘려야 한다는 것을 의미한다.

모든 미국인이 어느 날 갑자기 과학 연구에 참여하는 것은 불가능하지 않을까? 결국 이런 식의 연구, 개발은 지속 불가능할 수밖에 없다.

이 상황은 마치 비트코인 채굴을 보는 듯하다. 비트코인은 알고리즘을 사용해 블록을 채굴하는 것이다. 비트코인 채굴이 처음 등장했을 때만 해도 성능이 별로 좋지 않은 개인용 컴퓨터로도 혼자서 많은 비트코인을 마음껏 채굴할 수 있었다. 하지만 사람들은 비트코인 채굴용 전용 컴퓨터, 즉 '마이너minor'를 사용해 채굴하기 시작했고, 지금은 마이너의 가격이 갈수록 비싸지고 있다. 전기 소모량 역시 채굴한 비트코인의 양에 버금갈 정도가 되었다.

이것은 비트코인의 개발자로 알려진 사토시 나카모토Satoshi Nakamoto가 비트코인을 채굴하기 점점 더 어려워지도록 의도적으로 설정했기 때문이다. 이로 인해 비트코인 21만 개를 채굴할 때마다 그 발행 속도가 절반으로 떨어질 것이다. 비트코인 채굴을 위한 투입과 산출비가 갈수록 낮아지는 셈이다. 이런 설정은 인위적이며, 비트코인의 가치를 보존하는 데 그 목적을 두고 있다.

이로부터 혁신을 '아이디어'의 채굴이라고 간주한다면, 이것이 비트코인을 채굴하는 것과 크게 다르지 않다는 것을 알 수 있다.

물론 아무도 이런 식의 의도적 설정을 하지 않겠지만 '아이디어'를 채굴하는 비용이 갈수록 비싸지고 있는 것만은 사실이다.

다시 물리학 분야를 살펴보자. 어니스트 러더퍼드Ernest Rutherford를 필두로 물리학자들이 입자의 내부 구조를 연구하려면 가속기 혹은 충돌기를 사용해 입자를 고속으로 충돌시켜야 했다. 그리고 이 '게임'의 비용은 갈수록 비싸졌다. 러더퍼드는 원자핵을 발견함으로써 인류의 지식을 위해 큰 공헌을 했고, 그 연구 경비는 고작 70파운드에 불과했다. 여기서 주목해야 할 부분은 70억 파운드가 아니라 70파운드라는 사실이다.

반면에 1960년대 말에 미국은 입자물리학 연구소 페르미랩Fermilab 건설을 준비하며 수억 달러를 들여 가속기를 건설해야 했고, 이것은 국가 차원의 역량을 동원해야 할 정도의 수준이었다. 정부가 돈을 쓰도록 설득하기 위해 일부 사람은 페르미랩과 국방력을 연관시켰고, 의회는 물리학자 로버트 윌슨Robert R. Wilson에게 이 연구와 국방이 어떤 관련이 있는지 말해줄 것을 요구했다. 윌슨은 이렇게 대답했다.

"그것과 나라의 안보는 직접적인 연관이 없습니다. 그것은 다만 우리나라의 안보를 더 방어할 가치가 있게 만들 뿐입니다."

이것이야말로 물리학자가 미지의 세계를 탐색하는 위대한 열정의 출발점이다. 그 후 페르미랩은 모두의 기대에 부응하며 바닥 쿼크 Bottom Quark와 탑 쿼크Top Quark, 뉴트리노Neutrino 등을 발견하며 일련의 성과를 거두었다. 이런 성과는 경제적 가치는 별로 없다해도 교과서에 실릴 만한 중대한 돌파구 역할을 했다. 다만 이 성과는 러더퍼드의 원자핵 발견과 견줄 만한 수준은 아니었다.

어쨌든 21세기에 들어서면서 거대 하드론 충돌기Large Hadron Collider,

LHC의 비용은 수백억 달러에 달했다. 그렇다면 그것을 통해 우리는 무엇을 얻었을까? 그것은 수십 년 전 힉스 입자Higgs Boson에 대한 물리학자의 추측을 검증하는 데 결정적인 역할을 했다. 다만 이런 성과는 지식의 발전이라 볼 수 없으며, 기존의 물리학 이론인 '표준 모델'이 옳다는 것을 다시 한번 알려주는 데 그쳤을 뿐이다.

기본 입자물리학에 대한 투자는 크기 정도(혹은 크기 자릿수, Order of magnitude)만큼 증가했지만, 투자 대비 출력량은 그 크기 정도만큼 감소했다.

이것은 단지 '파티는 이미 끝났다'라는 문제가 아니라, 앞으로 매 끼니가 점점 더 형편없어질 뿐 아니라 저렴해지는 문제라고 할 수 있다.

페르미랩은 미지의 세계를 탐구하고자 하는 열정의 산실이자 진정한 국력의 상징이다.

열정과 지식은 가치를 논할 수 없다. 그래서 가령 내가 열정을 가지고 미지의 세계를 적극적으로 탐험하고 싶다 해도 일단 한정된 자금을 가시적 성과를 낼 가능성이 더 큰 방향으로 투자해야 하는지 딜레마에 빠지게 된다. 단지 가시적 성과를 위해 우주 망원경을 만들고, 탐사선을 발사해 암흑 물질과 암흑 에너지를 연구하고, 인공지능이나 알츠하이머병을 정복하는 분야에 뛰어드는 것처럼 한계효용 체감이 뚜렷하게 나타나는 방향으로 꼭 가야만 하는지 논란이 일 수밖에 없다.

현재 가장 끔찍한 사실은 거의 모든 방향이 똑같은 딜레마에 빠져 있다는 것이다.

지금은 연구에 매진하는 사람이 갈수록 많아지고 있다. 그런데 왜 그에 상응하는 연구 결과가 예전만큼 중요하게 취급되지 않는 것일까? 스탠퍼드대학교와 MIT의 논문이 발표된 후 사람들은 이 부분에 대해 여러 원인을 분석하기 시작했다.[20] 누군가는 금융위기의 여파 때문이라고 말했고, 또 누군가는 논문의 통계가 디지털 경제를 간과했거나, 기초연구의 비중을 전혀 고려하지 않았기 때문이라고 지적했다. 내가 보기에 이런 식의 국지적, 일시적, 기술적 요인은 전체 국면에 영향을 미치지 않는다.

근본적인 원인은 아무래도 잘 익은 최상급 열매를 이미 다 따 간 상태에서 남은 열매의 효용 가치도 점점 줄어들 수밖에 없다는 데 있다. 특히 연구 분야는 한계효용 체감이 두드러지게 나타난다.

어느 한 영역이 막 첫선을 보일 때야말로 가장 쉽게 성과를 거둘 수 있는 시기라고 할 수 있다. 마치 잘 익은 과일이 주렁주렁 열린 과일나무처럼 누가 봐도 탐스러운 과일이 한가득 매달려 있고, 조금만 노력하면 얼마든지 크고 달콤한 과일을 따 갈 수 있다. 하지만 이 잘 익은 최상급 과일들을 다 따 가고 나면 남아 있는 과일은 크기도 작고 맛이 없을 수밖에 없다. 심지어 그중에서 좀 나은 과일을 찾아내는 것조차 하늘의 별 따기처럼 어려운 일이 되어 간다.

전통적인 농업은 주로 농지와 수리 시설에 크게 의존한다. 농지 관리, 충분한 물 공급, 집중 재배, 거름의 제공이 안정적으로 유지되는 한 생산량은 기본적으로 거의 비슷하다. 만약 이때 세배의 노동력을 제공해 농사에 집중한다고 해서 생산량이 반드시 30% 높아지는 것은 아니다. 식물의 수확이 경작 노동에 점점 둔감해지기 때문이다.

경작지의 생산량을 더 늘리고 싶으면 새로운 차원의 농사법, 예를

---

20 John Horgan, Is Science Hitting a Wall? https://blogs.scientificamerican.com/cross-check/is-science-hitting-a-wall-part-1/.

들어 화학비료의 사용 등을 시도해야 한다. 화학비료는 수확량에 결정적 영향을 미치지만 그 연구는 농작물을 집중적으로 재배하는 방법을 알아내는 것보다 훨씬 난도가 높다. 그래서 현대 농업에서 화학비료의 사용이 보편적으로 이루어지고 있다 해도 그것을 이용해 생산량을 계속해서 더 높일 수 있다고 생각했다면 큰 오산이다. 이것은 생각처럼 쉬운 문제가 아니다. 일례로 유전자 변형과 관련된 연구에 대량의 인력과 물적 자원을 투자했지만 결과적으로 생산량이 그렇게 큰 폭으로 늘어나지 않았다.

현대 의학은 인류의 건강에 지대한 공헌을 했고, 그 대표적인 예가 바로 페니실린, 스트렙토마이신과 같은 항생제의 발견이다. 이런 약물들은 과거에 가장 흔하면서도 치명적이었던 질병으로부터 사람들을 구했고, 기대수명을 크게 연장하는 데 결정적인 역할을 했다.

박테리아 문제를 해결한 후 현대인의 주요 사망 원인은 심장병과 암이 되었다. 이런 질병은 치료 난도가 박테리아로 인한 질병을 훨씬 뛰어넘을 만큼 어렵고 복잡했으며, 면역력이 낮은 고령자들이 더 쉽게 걸리는 경향을 보여주었다. 다시 말해서 이 질병은 극복하기 어려울 뿐 아니라, 설사 그중 하나를 극복했다고 해서 기대수명이 갑자기 20년 연장될 수도 없다.

한계효용 체감 법칙은 투자 비용은 갈수록 비싸지는 데 반해서 그 효과는 점점 더 낮아지는 것을 의미한다. 사실 우리 주변에서도 이런 법칙이 적용되는 경우를 흔히 볼 수 있다.

아프리카 아동의 학업 성취도를 높이고 싶을 때 가장 간단하고 효과적인 방법은 최고의 교사를 고용하는 것이 아니라 그들에게 최소한의 영양분과 교과서를 제공하는 것이다. 한 연구 결과에 따르면 아프리카 아동의 가장 큰 문제는 교사의 수준이 떨어져서가 아니라 교과서조차 없는 열악한 환경이었다. 정상적인 아이라면 영양 상태가 좋고, 읽을 책이 있고, 매일 학교에 갈 수만 있어도 시험에서 60점 정도는 비교적 쉽게 받을 수 있다.

여기서 한 발짝 더 나아가서 시험성적을 60점에서 80점으로 올리고 싶다면 가정환경이 중요한 요소로 작용한다. 방과 후에 집에 가면 먹을거리가 준비되어 있어야 하고, 부모가 아이의 학습을 어느 정도 관리, 감독해야 하고, 방해받지 않고 숙제할 수 있는 공간이 마련되어야 한다. 그렇지 않고 방과 후에 매일 밖에 나가 놀도록 방임한다면 더 이상의 성적 향상은 기대하기 어렵다.

80점에서 90점으로 올리고 싶다면 비교적 좋은 학군을 선택해야 하고, 아이도 공부에 어느 정도 재능이 있어야 한다. 90점에서 95점으로 올리려면 아이를 명문 학교를 보내야 한다. 95점에서 98점으로 올리는 일은 아이가 아주 똑똑하고 스스로 열심히 노력해야 가능해진다.

성적을 올리는 단계마다 투자해야 하는 부분은 점점 커지고, 조건은 갈수록 까다로워진다. 반면에 그 효과는 의외로 점점 떨어진다. 물론 '명문대의 좁은 문'을 뚫고 지나가기 위해 매년 20만 위안을 들여 성적을 95점에서 98점으로 올리는 일이 누군가에게는 충분히 가치 있는 일이 될 수 있다. 그러나 앞에서도 언급했듯이 몇 점 차이로 좋은 대학에 합격하거나 떨어지는 것이 학생의 미래 소득에 미치는 영향은 아주 미미하다는 것을 기억할 필요가 있다.

한계효용이 점차 줄어들기 때문에 현대 사회의 수많은 재화는 사실 이미 충분히 그 효용 가치를 다하고 있다고 볼 수 있다.

예를 들어 중국에서 미국까지 비행시간은 10시간 정도가 걸리고, 이것은 대부분 사람이 충분히 받아들일 수 있을 만큼 빠른 비행 속도에 속한다. 만약 그 시간을 2배로 늘리고 싶다면 얼마나 큰 대가를 치러야 할까? 민간 여객기의 순항 속도는 이미 음속의 0.8배이고, 속도를 더 늘리려면 초음속으로 비행을 해야 한다. 그리고 이 초음속 비행은 엄청난 양의 비싼 기름을 소비해야 하고, 민간 여객기보다 더 위험하며 심지어 지면에 엄청난 소음공해를 유발한다. 매주 한 차례 태평양을 건너야 하는 사람이 도대체 몇 명이나 될지 생각해본다면 이런 대가를 지불하고도 굳이 초음속 여객기를 개발할 가치가 있을까?

인류는 한때 음속의 2배로 순항할 수 있는 대형 여객기, 즉 콩코드를 보유하고 있었다. 일반 비행기를 이용하면 뉴욕에서 파리까지 7시간이 걸리지만 콩코드를 타면 3시간 30분 정도밖에 걸리지 않는다. 하지만 콩코드 일반석 비용은 일반 여객기의 일등석보다 훨씬 비싸다. 게다가 지상에 발생하는 소음이 너무 크다 보니 많은 국가에서 콩코드의 비행을 금지했다. 지금 모든 콩코드는 이미 폐기되었고, 그것을 그리워하는 사람들도 거의 없다.

우리는 늘 기술 발전의 잠재력을 과소평가하는 경향을 보여준다. 1980년대에 빌 게이츠는 640KB 정도면 모든 사람에게 충분한 메모리 용량이라고 발언한 적이 있었다. 하지만 지금 시대에 그 이야기는 구시대적 농담이 되어버렸다. 지금 모든 컴퓨터는 몇 기가바이트의 메모리 용량을 가지고 있기 때문이다.

다만 모든 것이 영원히 더 빠르고, 더 높고, 더 강해야 하는 것은 아니라는 사실에 주목할 필요가 있다. 적어도 대중교통에서만큼은 컴퓨터 메모리의 논리를 따르지 않고, 비용과 안전을 더 중요한 고려 대상으로 삼고 있다.

이론적으로 한 시간 만에 저렴하고, 안전하게 베이징에서 워싱턴까지 갈 수 있는 기술은 존재하겠지만, 그 기술을 연구, 개발하려면 막대한 비용을 투자해야 하고, 엄청난 위험부담을 감수해야 한다. 더구나 사람들은 그런 대가를 지불해야 할 당위성을 느끼지 못하고 있다.

사람들이 이론적으로 채굴 가능한 비트코인을 모두 채굴할 필요는 없다. 그들은 비트코인을 채굴할 때 사용되는 소비 전력의 가치가 비트코인의 가치를 뛰어넘을 때 채굴을 중단한다.

한계효용이 줄어드는 저주에서 벗어날 수 있는 유일한 방법은 완전히 새로운 영역을 개척하는 것이다. 이것은 경제학자들이 혁신 속에 존재하는 S 곡선에 주목하며, 회사가 어느 수준까지 발전하면 신제품의 '블루오션'을 찾아야 한다고 말하는 것과 같은 맥락이다.

그리고 인류가 다가올 미래에 직면하게 될 상황은 새로운 블루오션을 아직 찾지 못한 상태에서 오래된 S 곡선이 곧 정점에 다다르는 것이다.

만약 혁신이 정말 멈추면 경제 성장은 근본적인 추진력을 잃게 되고, 그것은 매우 끔찍한 상황을 초래할 것이다.

현대 경제 운용의 근본적인 가설은 바로 경제가 성장한다는 것이다. 기업가는 자신의 지갑에서 꺼낸 아주 적은 돈을 투자하고, 심지어 자신의 돈을 전혀 쓰지 않은 상태에서 은행에서 대출을 받는 식으로 자금을 조달해 회사를 차리고, 직원을 고용하고, 기계를 구입하고, 생산까지 할 수 있다. 은행이 한 업종의 많은 기업인에게 대출을 제공하는 것은 그 업종의 전반적인 성장을 예상했기 때문이다. 그리고 기업가가 창업을 하는 이유는 돈을 벌 확률이 높다고 판단했기 때문이다.

그러나 경제가 성장하지 않는다면 전체 시장의 게임은 바로 제로섬 게임이 되어버린다. 한 회사가 돈을 많이 벌면 다른 회사는 덜 벌 수밖에 없다. 업계의 총 이윤에 대한 기대치가 0이라면 은행의 대출 위험도가 너무 커진다. 그 결과 은행이 대출을 하지 않거나 대출 금리가 너무 높으면 기업가는 회사를 차릴 수 없다.

게다가 이런 세상 안에서 맬서스Thomas Robert Malthus의 인구론은 정확히 맞아떨어진다. 맬서스는 인구가 기하급수적으로 증가하다가 어느 순간부터 산술급수적으로 증가하는 식량의 양을 초과하게 되고, 결국 식량 부족이 초래된다고 내다봤다. 이 이론에서 그가 계산에 넣지 않은 유일한 요소는 바로 화학비료를 이용한 농업 기술의 혁신이었다.

만약 미래에 혁신이 중단된다면 자녀를 많이 낳는 것은 자원을 그만큼 더 많이 점유하는 것을 의미한다.

이런 식의 미래는 생각만으로도 끔찍하지만 다행히 또 다른 가능성이 존재한다. 미국 과학 작가이자 기업인 피터 디아만디스Peter H. Diamandis와 스티븐 코틀러Steven Kotler는 2020년에 출간한 저서 《컨버전스 2030》에서 매우 낙관적인 전망을 내놓았다.

그들은 무인 자동차, 인공지능, 빅 데이터, 3D 프린팅처럼 그동안 큰 기대를 모았던 기술이 지금까지도 우리의 실생활에 큰 변화를 가져다주지 못한 이유를 충분히 축적되지 못한 역량 때문이라고 지적했다. 그리고 2020년 이후부터 변화의 시기가 무르익어 우리의 기대를 충족시킬 거라고 내다보았다. 여기서 핵심은 새로운 기술이 통합되어야만 비로소 큰 역할을 할 수 있다는 데 있다.

예를 들어 공상과학 장르의 작품 속에서 21세기에 세상 곳곳을 날

아다니던 '하늘을 나는 자동차'는 왜 아직도 나오지 못하고 있을까? 이참에 한번 기술적 분석을 해보자.

우선 하늘을 나는 자동차는 활주로를 이용하기 불편하기 때문에 헬리콥터처럼 일종의 수직 이착륙을 해야 한다. 그러나 재래식 헬리콥터는 세 가지 중대한 결함을 지니고 있다. 하나는 안전하지 않다는 것이다. 농구 스타 코비 브라이언트Kobe Bryant가 헬리콥터 사고로 사망하면서 헬리콥터의 안전 문제가 다시금 부각되었다. 그리고 소음이 너무 크고, 가격이 비싸다.

안전하지 않고 소음이 큰 이유는 헬리콥터의 회전 날개가 하나이기 때문이다. 그것이 고장 나면 비행 자체가 불가능해진다. 또한 회전 날개는 크기가 크고, 주파수가 높아야 하기 때문에 소음이 커질 수밖에 없다. 이 문제를 해결할 수 있는 유일한 방법은 회전 날개를 하나가 아닌 여러 개로 바꾸는 것이다. 만약 회전 날개가 십여 개라면 설사 두 개가 망가진다 해도 안전하게 착륙할 수 있다. 회전 날개의 크기가 작아지면 소음도 자연히 줄어들게 된다.

문제는 회전 날개를 이렇게 만들려면 지금까지 시도된 적이 없는 기존 기술의 적용과 결합이 필요하다는 데 있다.

우선 빅 데이터와 기계학습이다. 예전처럼 풍동 실험을 통해 이렇게 많은 회전 날개를 가진 비행기를 설계하는 것은 그 자체로 아주 비현실적이고, 그 공기 역학이 너무나 복잡하다. 이제는 빅 데이터와 기계학습을 통해 컴퓨터로 시뮬레이션을 할 수 있고, 심지어 클라우드에서 설계할 수 있다.

둘째, 소재 과학이다. 과거에는 헬리콥터의 금속 동체가 너무 무거웠지만 지금은 탄소 섬유 소재를 사용해서 동체가 매우 가벼우면서도 충분히 튼튼하도록 만들 수 있다.

셋째, 배터리 기술이다. 가솔린의 에너지 전환 효율은 28%에 불과하고, 이것으로 하늘을 나는 자동차 수준의 동력을 제공하는 것은 불가능하다. 그래서 전기를 사용해야 하는데, 지금 전기 동력의 효율은 95%에 달한다. 현재 리튬 배터리 기술은 이제 막 상용화 단계에 들어섰고, 테슬라 자동차에 아주 잘 사용되고 있다.

넷째, 인공지능이다. 10여 개의 회전 날개가 동시에 회전하려면 어떤 식으로 조합을 해야 할까? 날개마다 회전 속도와 각도를 조정하려면 사람의 능력만으로는 안 되며, 인공지능의 도움이 필요하다. 하늘을 나는 자동차의 비행 형태를 수시로 파악해야 하고, 가속도계, 각종 레이더, GPS 시스템이 필요하며, 대용량 데이터를 동시에 처리해야 하기 때문이다.

마지막으로 3D 프린팅이다. 3D 프린팅을 활용해 하늘을 나는 자동차의 부품을 아주 저렴하게 대량 생산할 수 있다.

이 모든 기술은 예전에 각자의 길을 독립적으로 걸어가며 세대교체를 해왔고 무어의 법칙처럼 빠른 속도 발전해왔다. 하지만 서로 간의 협력이 제대로 되지 못하면서 그 모든 기술의 위력을 느낄 수 없었다.

하늘을 나는 자동차는 그 모든 기술을 하나로 연결해 기술의 융합을 이루어낸 결과물이라고 볼 수 있다. 융합은 '1+1>2'의 힘으로 가시화되며, 거대한 변화를 이끌어낼 수 있다. 디아만디스와 코틀러는 2019년을 기준으로 이미 25개의 회사가 하늘을 나는 자동차를 만들고 있고, 2030년 전까지 하늘을 나는 자동차를 타는 일이 택시를 타는 것처럼 편리해지는 세상이 올 거라고 밝혔다. 또한 그들은 이 몇 가지 핵심 기술의 융합이 10년 안에 에너지, 오락, 쇼핑, 의료, 식품 등 각 방면으로도 혁명을 일으킬 거라고 보고 있다.

우리가 그런 변화에 대해 큰 기대를 걸 이유는 충분하다. 하지만 그 기대가 단지 기술의 진보가 인간의 삶을 바꾸고, 또 다른 열매를 거두게 만들어줄 거라는 낙관적 판단에 근거한다는 점을 간과해서는 안 된다.

물론 그 과정에서 연구, 개발에 드는 비용은 점점 비싸지고 난도 역시 갈수록 높아지는 추세는 피하기 어렵다.

예전에 한 물리학 교재의 서언에서 옌지츠嚴濟慈 교수가 이런 말을 했다.

'지금 대학생들은 자질도 뛰어나고 열심히 하려는 의지도 강하다. 남학생은 아인슈타인이 되고 싶어 하고, 여학생은 퀴리 부인이 되고 싶어 할 만큼 포부도 크다…… 그런데 대학에 들어온 후 큰 인물이 되고자 하는 꿈과 야망이 커지는 것이 아니라 점점 작아지고, 진취적인 생각마저 위축되어 앞으로 나아가지 못한 채 제자리걸음을 하고 있다면, 교육 현장에 있는 우리 같은 사람이 제자들을 잘못된 길로 이끈 것이 아니고 무엇이겠는가? 그렇게 된다면 기성세대인 우리는 젊은이들과 이 나라에 미안할 뿐이며…….'

그 당시만 해도 옌지츠는 지난 몇 년의 시간 동안 아인슈타인과 퀴리 부인 같은 인재를 단 한 명도 배출하지 못할 거라고 상상조차 못 했을 것이다. 더구나 이제는 이미 아인슈타인과 퀴리 부인 같은 인재를 배출할 수 없는 시대가 되어버렸다. 지금 대학생들이 배우는 물리학 지식은 이전보다 훨씬 어렵고, 그들이 그것을 바탕으로 만들어낼 수 있는 성과 역시 훨씬 제한적이다.

만약 경제학자가 총괄적인 경향을 파악하지 않는다면 모든 물리학

박사가 잠재적인 아인슈타인이라고 생각할 수 있다. 다들 알다시피 박사의 가치는 점점 떨어지고, 아인슈타인과 같은 성과에 도달하기까지의 비용은 갈수록 비싸지고 있다. 고등 교육이 더는 젊은이들의 능력을 끌어올릴 수 없다는 것은 무엇을 의미할까?

예전에 하버드대학교 총장은 대학 교육이 너무 비싸다고 생각되면 무지의 대가를 치르라고 말한 적이 있다. 지금 와 보니 이 말은 문제가 있다. 대학 교육의 가치도 한계효용 체감의 법칙이 적용되기 때문이다.

미국 대학의 학비는 갈수록 비싸지고 있고, 4년 동안 대출받은 학자금을 마흔 살이 될 때까지 갚아야 한다. 돌이켜보면 명문대 졸업생의 연봉은 10만 달러가 안 되고, 대학에 가지 않은 고졸자는 트럭 운전사로 일하며 1년에 7만 달러를 번다. 그렇다면 높은 학비와 대출을 감수하며 대학에 갈 가치가 있을까?

이 책을 통해 어떤 해결 방책이나 조언도 제시할 수 없다는 것이 심히 유감스러울 뿐이다. 하지만 이런 역사적 추세가 사실이라면 아무리 나쁜 소식이라 해도 우리는 있는 그대로의 사실을 알 권리가 있다. 설사 이런 추세가 사실이 아닐 지라도 한 번쯤 생각해볼 가치는 충분히 있다고 본다.

이런 분석의 가장 큰 역할은 혁신의 가치를 깨닫게 해주는 것이다. 앞으로 또 다른 블루오션을 잡을 기회가 온다면 우리는 무슨 수를 써서라도 그것을 잡아야 한다. 물론 그런 기회가 오지 않을 수도 있다. 그렇다면 더 큰 비용과 대가를 치르더라도 수익성이 조금이라도 있는 한 그곳에 집중할 수밖에 없다.

어쨌든 혁신은 결국 우리를 찾아올 것이다. 다만 혁신을 통한 미래의 모습이 더 나아질 거라고 장담할 수 없을 뿐이다. '내일은 더 나아질 것이고, 혁신만이 미래를 만들고, 인식의 업그레이드가 부의 자유를 가져다준다'라는 말을 귀에 못이 박히도록 들어왔다. 내가 말하고자 하는 바는, 세상은 당신에게 영원한 발전을 제공할 의무가 없다는 것이다.

4

희소성 후광효과:
풍요로운 시대에
가장 비싼 것은 무엇일까?

사람들은 생산력의 지속적인 발전과 함께 '물질적으로 엄청난 풍요'의 시대를 맞이하고, 그때가 되면 모든 사람이 평등한 '대화합의 시대'가 열릴 거라고 말한다. 이것은 상당히 합리적인 꿈이다. 우리가 보는 경제 발전의 흐름은 마치 자가용이나 비행기를 타고 여행을 가는 것이 소수의 전유물이었던 시대를 지나 지금은 누구나 그런 이동 수단을 이용할 수 있는 시대가 된 것처럼 변화의 과정을 겪고 있다.

예전에 희귀했던 것들이 미래에도 희소가치를 가질 거라고 장담할 수 없다. 경제학은 이런 추세를 완벽하게 설명해줄 수 있다. 즉 희소하기 때문에 원하는 사람이 많아지고, 그렇게 되면 그것을 생산하기 위해 많은 사람이 뛰어들고, 생산량이 늘어나면 결과적으로 그 물건은 희소성을 잃게 된다.

내가 말하고자 하는 대상은 제아무리 물질적으로 풍요로운 사회가 되더라도 계속해서 희소성을 유지할 수 있는 그런 존재들이다. 게다가 그런 것들은 물질적으로 풍요로워질수록 더 희소가치를 띠게 된다.

예를 들어 월드컵 챔피언 타이틀이 여기에 해당된다. 축구는 누구나 할 수 있지만 월드컵 챔피언은 단 하나이기 때문이다. 그래서 대회 상금, 출연료, 광고비를 막론하고 챔피언의 몸값은 점점 더 높아질 것이다. 월드컵 챔피언이라는 자리는 이론상으로도 그 수가 한정된 만큼 영원히 희소성을 띨 수밖에 없다.

이런 것이야말로 풍요로움이 넘쳐나는 시대에 가장 귀한 가치를 지니고 있다고 볼 수 있다.

사회적 자본Social Capital 회사에서 일하고 있는 과학 기술 블로거 알렉스Alex는 최근 '희소성 후광효과'라는 흥미로운 개념[21]을 제기했다.

희소성 후광효과는 군중 사이에서 당신을 돋보이게 할 수 있고, 당신의 순위를 앞쪽으로 옮겨놓는 역할을 한다. 사회가 풍요로워질수록 어떤 것을 얻기 위해 줄을 서는 사람은 많아질 것이고, 그것은 결국 점점 희소해질 수밖에 없다. 희소성 후광효과에 포함되는 것은 대량 생산이 가능한 눈에 보이는 상품이 아니라 사람들의 머릿속에 존재하지만 그 가치를 이용해 또 다른 가치를 재생산할 수 있고, 항상 구매가 가능하다.

일류 학술지나 하버드대학교 경영대학원이 대단하다고 생각되는 것은 그것이 희소성 후광효과를 가지고 있기 때문이다. 이런 시각으로 어떤 대상을 판단할 수 있게 되면 현대 사회에 대해 더 명확하게 이해할 수 있을 뿐 아니라 희소성을 식별해 더 많은 비즈니스 기회를 잡을 수도 있다.

21 Alex, Positional Scarcity. https://alexdanco.com/2019/09/07/positional-scarcity/.

당신은 무언가를 그저 경외의 대상으로만 볼 것이 아니라 스스로 무엇을 쟁취하고, 조심해야 하는지를 생각하고 판단하는 법을 깨우쳐야 한다.

희소성 후광효과는 크게 세 종류로 나눌 수 있다. 바로 '우월감Prestige', '접근 권한Access', '큐레이팅Curating'이다.

'우월감'은 다른 사람보다 더 높은 '지위'를 두드러지게 보여줄 수 있는 것을 의미한다. 예를 들어 자동차로 가득한 거리에서 당신이 두드러져 보이고 싶으면 최고급 외제 차가 필요할 수 있다. 사치품의 가치는 사용에 있는 것이 아니라 '나는 돈이 있고, 평범한 사람이 아니다'라는 정확한 신호를 보내는 데 있다. 그래서 사치품은 반드시 '한정수량'으로 자신의 희소가치를 보장해야 하며, 돈이 있다고 해서 다 살 수 있는 물건이 되어서는 안 된다.

'접근 권한'은 넘쳐나는 사람들 속에서 당신에게 모종의 특권을 줄 수 있는 것을 의미한다. 예를 들어 일등석 비행기 티켓을 가지고 있거나, 골드 카드 회원에게 일반 승객보다 먼저 탑승할 수 있는 특권이 주어지는 식이다. 혹은 아주 혼잡한 도로에서 통상적인 차로 옆에 유료 전용 통행로를 만들어놓는다고 가정해보자. 돈을 주고 그 차로를 쓰고자 하는 사람이 적기 때문에 교통체증이 생겼을 때 유료 도로는 막히지 않고 빠른 속도로 차들이 움직일 수 있다. 이것 역시 특권이다.

검색엔진의 광고 입찰 순위는 본질적으로 접근 권한을 파는 것이다. 아무리 정보를 얻기 편해도 검색 결과 페이지 1순위 위치는 영원히 희소가치를 지닌다.

만약 우월감과 접근 권한을 돈으로밖에 살 수 없다면, 큐레이팅은 자체 관리를 해야 비로소 얻을 수 있는 귀중한 희소가치를 담고 있다.

'큐레이팅'은 다른 사람이 찾고자 하는 것을 개인 취향과 생활방식에 맞춰 직접 선별해주는 능력이다. 최근 인기를 끌고 있는 '인플루언서 상품'이 바로 큐레이팅의 대표적 사례다. 전통적인 큐레이팅은 쇼핑 가이드 잡지, 검색엔진 추천, 맞춤형 음악 재생 목록, 자동차나 다양한 물건의 리뷰 등이 주를 이뤘다.

큐레이팅은 사람들이 선택하도록 도와주는 역할을 한다. 물질적으로 풍요로워질수록 상품의 수는 많아지면서 선택에 어려움을 겪는 사람들도 늘어나고 있다.

문제는 이 세 종류의 희소성 후광효과가 두 개씩 결합했을 때 나타날 수 있는 사회적 불공평 요소의 증가라고 할 수 있다.

'우월감 + 접근 권한 = 그들만의 세상Proximity'

고급 외제 차, 명품 시계, 명품 가방 등은 아무리 비싸다 한들 집값이 비싼 지역의 집과 비교할 수 없다. 비싸고 좋은 집의 가치는 그 집이 가져다주는 우월감과 더불어 수준 높은 사회 공동체 안에 진입했다는 것에 있다. 이웃의 수준이 그리 높지 않다고 해도 당신의 자녀가 명문 학교에 다닐 수 있으면 당신 이웃의 자녀조차도 수준이 덩달아 올라간다.

우월감과 접근 권한의 결합은 사회의 불평등을 가속화한다. 예전에는 명문대에 진학하려면 공부만 잘하면 됐지만, 지금은 똑똑한 것은 기본이고 돈도 있어야 한다. 만약 명문대가 부자와 엘리트의 집합소가 된다면 학문이 사치품이 될 가능성도 배제할 수 없다.

그러나 우월감과 접근 권한의 불평등은 아직은 단지 온화한 불평등에 지나지 않는다. 그것이 큐레이팅과 결합하는 순간 광범위하고 공격적인 불평등을 만들 가능성이 커진다.

'큐레이팅 + 우월감 = 정통Legitimacy'

소셜 미디어 인플루언서는 물건의 구매욕을 불러일으키고, 부자와 스타는 단지 사람들의 이목을 사로잡을 뿐이다. 그렇다면 사람들의 이목을 끌면서 구매욕까지 불러일으킬 수 있다면 당신은 유행을 주도하는 트렌드세터가 될 수 있다. 예전에는 사회가 정해놓은 틀 안에서 옷차림이나 스타일, 행동의 제약을 받았지만, 지금은 스타의 영향력이 사회를 주도하고 있다. 예를 들어 스티븐 호킹과 미국 시트콤 〈빅뱅 이론〉은 실제로 물리학에 관한 이야기를 '유행'처럼 만들어 진입 장벽을 낮추는 역할을 했다.

만약 당신이 집이나 차를 사는 데 드는 것보다 더 많은 돈을 가지고 있다면 아마도 '벤처 투자자'가 되고 싶을 수도 있다. 이것은 당신이 돈만 있는 게 아니라 최신 첨단 과학 기술을 이해하고, 자신의 영향력을 이용해 당신이 투자한 회사를 끌어줄 수 있다는 것을 의미한다. 다시 말해서 지금까지 알려지지 않은 기술이 당신의 투자를 통해 주목받을 수 있게 될지 모른다.

만약 당신이 권위 있는 위치에 있고, 당신의 제안이 특히 신뢰할 만하다면 당신은 소위 '정통'을 대표하는 것이다. 왜 '컨설팅 회사'가 지금 이렇게 수익을 낼 수 있게 된 걸까? 왜 대기업 경영진은 스스로 의사 결정을 하기 전에 컨설팅 회사에 자문을 구하는 것일까? 컨설팅 회사가 내놓은 의견은 일종의 '정통성'을 가지고 있기 때문이다. 직설적으로 말하자면 컨설팅 회사는 관건이 되는 순간에 당신의 결정을 대신해서 책임져 주는 역할을 해줄 수 있다.

만약 어떤 신약에 관한 논문이 〈네이처〉에 발표되고, 유명 대학의 교수들이 모두 나서서 홍보를 돕고, 방송에서도 앞다투어 보도해준다면 그 신약에 날개를 달아준 것과 같다. '정통성'을 가진 기관들은 조심스럽게 자신의 명성을 지킬 테지만, 가끔 명성을 수익으로 연결시키는 일에 전혀 개의치 않는다.

'큐레이팅 + 접근 권한 = 강탈Extortion'

예전에 워런 버핏이 '유료 브릿지'라는 말을 한 적이 있다. 도시 한가운데에 강이 하나 있고, 그 강을 건널 수 있는 다리가 딱 하나밖에 없다. 그리고 시민들은 매일 이 다리를 건너야 한다. 만약 당신이 이 다리의 소유주라면 당연히 요금을 청구할 수 있다. 그렇다면 이 다리는 얼마의 가치가 있을까?

구글, 페이스북과 같은 웹사이트는 이제 인터넷에서 유료 브릿지를 제공한다. 만약 그들이 검색 서비스만 제공해 소비자와 사업자를 연결한다면 크게 비난받을 일이 아니다. 내가 어떤 음식을 먹고 싶은데 어디에 맛집이 있는지 모를 때 앱을 열어 검색만 해보면 바로 찾을 수 있으니 이용자 입장에서 더할 나위 없이 편한 서비스다.

그러나 큐레이팅과 접근 권한이 함께 결합하면 '유료 브릿지'를 가진 기업의 힘이 막강해진다. 일례로, 'Hulu'는 미국의 대규모 온라인 사이트다. 만약 당신이 구글에서 'Hulu'라는 키워드로 검색했을 때 가장 상단에 뜨는 것은 Hulu가 자체적으로 비용을 낸 광고이고, 2위는 Hulu의 공식 홈페이지라는 것을 알 수 있다. 이 두 결과가 가리키는 웹사이트 주소는 완전히 동일하다.

왜 그럴까? 자신의 웹사이트가 이미 1위에 올라가 있는 이상 굳이 돈을 들여 광고를 살 필요가 있었을까? 만약 Hulu가 이 광고를 사지 않았다면 이 광고 자리가 다른 사람에게 팔릴 수 있고, 그렇게 되면 이용자가 보게 될 첫 번째 검색 결과는 Hulu의 웹사이트가 아닐 수 있다.

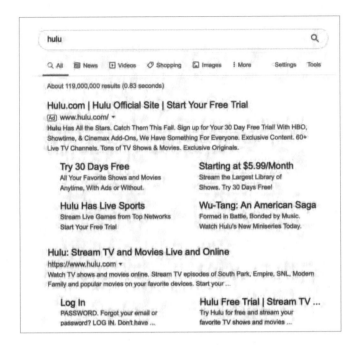

사업가는 구글의 이런 방식에 대해 불만도가 높지만 1위 자리를 지키기 위해 돈을 지불해 광고를 살 수밖에 없다.

구글은 소비자가 사업가를 찾을 수 있도록 길을 열어줄 뿐 아니라, 그들이 등장할 위치를 결정하는 힘을 가지고 있다. 한마디로 구글이 사업주를 '협박'할 수 있는 위치가 되는 것이다. 또 다른 예로 서점에 가 보면 어떤 책들은 입구 진열대에서 가장 눈에 띄는 곳에 진열되어 있다. 이 책들은 서점에서 적극 추천하기 위해 무료로 눈에 띄는 곳에 진열해놓은 것이 아니라 서점과 출판사 사이에 이루어진 거래의 결과물이다.

아마존을 비롯한 온라인 쇼핑몰은 잘 팔리는 최고 인기 상품을 첫 번째 페이지에 노출할 만큼 정직하지 않다. 그들은 이 순위권을 업자를 '협박'하는 데 사용할 것이다.

한 잡지사에 콘텐츠를 페이스북에 게재하려면 페이스북에서 요구하는 작성 방법과 같은 요구 조건을 충족시켜야 한다. 음식 배달 앱은 그들의 규정에 맞춰 배달 음식을 만들도록 음식점에 요구할 수 있다.

억지로 비유하자면 이것은 중국의 〈엘리트 데일리 클래스〉 칼럼이 미국의 저명한 학자들에게 중국 독자의 구미에 맞는 책을 쓰라고 강요하는 것과 같다. 그들이 이 '협박'을 받아들이지 않으면 중국의 대다수 독자가 그의 글을 보지 못하게 되고, 그는 존재하지 않는 것과 같다. 일부 통계에 따르면 구글 검색의 절반 정도는 사용자가 다른 웹사이트를 클릭하지 못하도록 막고 있다. 구글은 사용자 질문에 대한 답변을 검색 결과에 직접 표시하기 때문이다.

이런 행동을 나쁘다고 볼 수만은 없다. 이것이 바로 '희소성'의 힘이라서 그렇다.

그렇다면 우월감, 접근 권한, 큐레이팅과 같은 '희소성 후광효과'가 서로 합쳐지면 어떤 결과가 만들어질까?

알렉스는 이를 통해 '충성 회원'이 만들어진다고 믿는다. 예를 들어 어떤 항공사에 대한 충성도가 높은 회원이라면 세 종류의 희소성 후광효과를 동시에 가지고 있다.

- '골드 카드', '실버 카드' 등으로 구분되며, 각종 '로열'과 같은 칭호로 신분을 과시하는 것이 바로 우월감을 조성한다.
- 다른 승객보다 우선 탑승하고, 우대 가격으로 더 좋은 좌석을 제공하는 것이 바로 접근 권한이다.
- 항공사에 대한 충성도는 이 회사의 비행기만을 타고, 기내 쇼핑상

품을 구매하는 것으로 이어지고, 이것이 바로 큐레이팅이다.

프리미엄 카드사, 명품 매장, 아마존이 이런 방식을 쓰고 있고, 앞으로 더 많은 회사가 그 길을 따라갈 것이다. 그들이 원하는 '충성'은 교회에서 원하는 '신앙'과 같은 의미라고 보면 될 것 같다.

이런 개념이 이 글을 읽는 독자들에게 깨달음을 가져다주기를 바란다. 나는 희소성이 존재하기 때문에 물질적으로 풍요로운 시대가 모든 사람에게 평등하고, 분쟁이 없는 아름다운 시대가 되어야 한다는 의견에는 동의할 수 없다.

5

값싼
사치품

발전의 원동력을 보여주는 하나의 사회 현상을 분석해보자.

왜 모든 세대가 세상이 점점 더 속물처럼 변해가고 있다고 느끼는 것일까?

'세상의 기풍이 날로 무너지고, 인심이 예전 같지 않다'라는 옛말처럼 사회 풍조는 나빠지고, 사람들에게서도 예전처럼 그렇게 순박하거나 도덕적인 모습을 찾아보기 힘들어졌다. 이는 사람들이 나빠진 것이 아니라 사회 전체가 '고급스러움'을 없애고 있기 때문인 듯하다.

혹은 고급이 저급으로 변했다고도 말한다. 최근에는 'premiocre'라는 신조어까지 생겨났는데, 그 뜻은 고급의 평범함을 의미한다.

월간 잡지 〈애틀랜틱〉의 칼럼니스트 어맨다 멀Amanda Mull은 언젠가 칼럼에서 적지 않은 돈을 들여 명품을 모방한 고급 가구를 한 세트 샀는데 품질이 너무 안 좋았지만, 어쩔 도리가 없었다고 푸념을 한 적이 있다.[22] 하지만 주변을 돌아보면 기존의 사치품을 평범하게 전락시키는 제품과 서비스를 심심찮게 볼 수 있다. 명품 생산 공장에서도 누구나 살 수 있는 제품을 만들어내고 있다. 예를 들어 구찌Gucci의 가방은 무려 3,500달러로 일반인이 사기에 꽤 고가에 해당한다. 그런데 그렇게 콧대 높았던 구찌가 400달러면 살 수 있는 벨트를 출시했고, 사람들은 자신의 소유욕을 충족시키기 위해 이 벨트를 샀다. 그야말로 정말 '고급의 평범화'가 이루어진 셈이다.

그런데 이런 현상 속에는 한 가지 문제점이 숨어 있다. 고급스러움이 계속해서 평범하게 변해간다면 사회는 점점 평준화될 수밖에 없다. 그렇다면 이 추세가 장기간 지속되는 것은 옳지 않아 보인다. 그런데 어째서 모든 세대가 계속해서 '세상이 날로 속물처럼 변해가고 있다'라고 개탄하는 것일까? 모든 고급스러움이 평범해지고 나면 고급스러움은 또 어디에서 찾을 수 있을까?

나는 이런 변화의 한 가운데 고급과 평범을 오가는 동력학이 존재한다고 여긴다. 그리고 당신은 이 동력학으로 돈을 벌 수 있다.

2012년에 《플루토크라트》라는 책이 출판되었다. 이 책의 저자인 캐나다의 정치 기자 크리스티아 프릴랜드Chrystia Freeland는 지금 시대에 거부가 되려면 세 가지 경로를 거쳐야 한다고 말했다.

첫째, 관건이 되는 위치를 선점해 자원을 통제하고, 그 권력을 이용해 경제적 이익을 얻는 것이다. 둘째, 인터넷의 신흥 귀족처럼 혁신적인 비즈니스 기회를 잡아야 한다. 이 두 가지 경로는 원한다고 해서 갈 수 있는 길이 아니다. 전자는 배경이 있어야 하고, 후자는 혁신적인 사업 기회를 포착해 따라잡을 수 있어야 한다.

---

22 Amanda Mull, It's all so …premiocre, The Atlantic, April 2020.

물론 세 번째 경로 역시 쉽지 않다. 하지만 내가 보기에 이것이야말로 평범한 사람이 '슈퍼스타'가 되기 위해 노력하는 방향이 아닐까 싶다. 이 경로를 통해 돈을 버는 방법은 두 가지가 있다.

19세기 경제학자 알프레드 마샬Alfred Marshall이 그 첫 번째 방법을 정리했다. 그는 산업혁명이 모든 종류의 제품을 더 저렴하게 만들며, 기계가 인간을 계속해서 대신해 나가고 있고, 자본가는 점점 더 부자가 되고, 일반 노동자의 교섭력은 갈수록 약해지고 있지만 슈퍼스타의 소득만은 나날이 높아지고 있다고 말했다.

그리고 이것은 시대의 흐름일 뿐이다. 산업혁명은 사회 전반에 걸쳐 부를 상승시켰으며, 부자는 더 많은 돈을 쓰고 싶어졌고, 슈퍼스타의 서비스는 대체 불가한 것이 되었다. 예를 들어 당신이 유명한 배우이거나 혹은 뉴욕에서 가장 잘나가는 변호사, 업계에서 인정받는 일류 디자이너라면 당신은 대체 불가능한 존재, 즉 희소성을 갖춘 존재가 되고, 부자들은 거액을 지불하더라도 당신의 서비스를 이용하고 싶어 할 것이다.

우리는 이 방법을 '마샬 효과'라고 부른다. 그 본질은 부유한 계층을 위해 전문적인 서비스를 제공하는 것이다. 마샬은 이런 슈퍼스타가 매우 성공한 사례이기는 하지만, 산업 시대에 부를 창출할 수 있는 '대량 생산'을 수단으로 삼지 못하기 때문에 결국 슈퍼 리치Super Rich가 될 수 없다고 지적했다. 가수가 아무리 대단한 인기를 누려도 공연장에 올 수 있는 관객의 수는 한정적이기 때문이다.

지금의 슈퍼스타는 돈을 버는 새로운 방법을 사용해 공장의 사장보다 더 많은 돈을 벌 수 있게 되었다. 이 방법은 20세기 경제학자 쇼윈 로젠Sherwin Rosen에 의해 처음 제기되었으며, '로젠 효과'라고 불린다.

로젠 효과는 문화 상품의 '양산'을 의미한다. 채플린은 극장의 크기에 제약을 받을 필요가 없어졌고, 그의 영화는 전 세계 영화관에서 비용을 받고 상영되었다. 슈퍼스타는 이제 부자들만을 위한 전유물이 아니라 모든 방법을 강구해 양산에 나서야 했다. 로젠 효과는 문화의 산업화라고 볼 수 있다.

앞서 언급한 프릴랜드의 통찰력은 문화의 산업화가 영화나 음반과 같은 문화 상품에 국한되지 않는다는 것까지 포착해냈다. 고급 브랜드 역시 본질적으로 문화에 속한다.

패션을 예로 들어보자. 초창기에는 사람들이 옷을 집에서 직접 만들어 입었고, 여성이라면 누구나 손바느질을 할 줄 알았다. 물론 부자들은 재단사를 불러 옷을 맞춰 입었지만, 아무리 솜씨 좋은 재단사라고 해도 큰돈을 벌지 못했다.

19세기 초반에 파리에 고급 의상실이 등장했다. 이 의상실은 일반인이 아니라 귀족들을 위한 맞춤복 전문점이었다. 이런 전문점은 이전처럼 고객이 원하는 대로 만드는 것이 아니라 다양한 옷을 직접 디자인해서 고객의 체형에 맞게 만들어주는 방식으로 영업을 한다. 다시 말해서 이 의상실은 귀족을 위해 다양한 의상 디자인을 제공하며 패션에 관한 해결사 노릇을 해주었다.

이것은 새로운 형태의 패션 산업이 되었고, 즉각적으로 귀족들 사이에서 인기몰이를 시작했다. 또한 신흥 귀족, 특히 미국에서 온 벼락부자들은 거금을 주고라도 그들이 만든 옷을 입고 싶어 했고, 그 과정에서 거액의 돈이 그들에게 흘러 들어갔다. 그 결과 패션 브랜드가 탄생하게 되었다.

그러나 20세기 초반까지만 해도 패션 의류는 모두 대량 생산이 아닌 소수 부자만을 위해 만들어졌다. 그 이유 중 하나는 당시 자동화된 재봉 기술이 아직 양산할 정도의 수준이 아니었고, 의상실에서 옷을 맞춰 입는 것이 집에서 만드는 것보다 훨씬 비쌌기 때문이다. 또한 당시 표준화된 사이즈가 없어 신체 사이즈를 일일이 재지 않으면 옷을 만들 수 없었다.

변화의 바람은 1941년부터 불기 시작했다. 그해에 미국 농무부는 여성 1만 5천 명의 신체 사이즈를 측정해 표준 사이즈를 배포했다. 이와 더불어 재봉 기술도 양산에 적합한 자동화 기술 시스템을 갖추게 되었다. 이때부터 패션 의류 사업은 양산 시대로 접어들었다. 원래 부자를 위해 존재했던 고급 브랜드는 이 기회를 이용해 기성복을 대량 생산해 상점에서 판매했고, 사람들은 상점에서 파는 옷이 마음에 들면 바로 구매할 수 있게 되었다. 스타의 로젠 효과가 나타난 것이다.

부자들은 이 상황이 탐탁지 않을 수도 있다. 예전에는 자신을 포함한 소수만 누렸던 특권이 누구나 돈만 있으면 누릴 세상이 되었기 때문이다. 하지만 패션 브랜드 제조업체는 이런 시대적 흐름이 그들에게 날개를 달아준 격이니 전혀 아쉬울 것이 없다. 지금 그들이 버는 돈은 예전의 백 배 이상이다.

이 모든 변화는 고급 이미지와 대량 생산이 결합한 결과물이며, 이것은 현대 사회에서 돈을 버는 길이기도 하다. 단지 대량 생산만 하면 공장 가동에 목을 매는 사장에 지나지 않을 거고, 고급화에만 치중하면 재주만 있을 뿐 기회를 잡지 못하는 시대의 낙오자가 될 수 있다. 마샬 효과로 고급화를 이루고, 로젠 효과로 양산에 도달해야만 비로소 슈퍼스타가 될 수 있다.

그러나 여기에도 한 가지 문제점이 숨어 있다. 바로 양산과 고급화

사이에 존재하는 모순이다. 만약 이 패션 브랜드가 이미 양산에 돌입해 그들이 생산한 옷을 입고 다니는 사람들이 거리에 넘쳐난다면 고급화 이미지가 과연 만들어질 수 있을까? 양산은 대중화를 이끌 뿐 고급화 이미지와 공존할 수 없다.

이것이 바로 우리가 앞서 언급한 문제점의 연장선이다. 즉 양산은 고급화를 파괴하고, 평범과 고급은 공존할 수 없다. 그렇다면 고급화를 살리는 길은 없는 것일까? 우리는 이 답을 찾기 위해 고급화를 살리기 위한 방법을 찾아내야 한다.

이것은 물리학의 언어로 말하면 더 명확해질 수 있다. 고급스러운 사치품은 마치 높은 곳에 올려놓은 커다란 돌처럼 잠재 에너지를 가지고 있다. 이 돌이 떨어지면 잠재 에너지는 운동 에너지로 변하고, 당신은 돈을 벌 수 있게 된다. 평범한 물건은 땅 위에 있는 돌처럼 잠재 에너지가 없기 때문에 운동 에너지도 존재하지 않는다. 그래서 이런 돌로는 기껏해야 가공 비용만 벌 수 있을 뿐이다.

브랜드가 대량 생산을 하든, '고급스러운 평범'을 추구하든 이것은 모두 사치품의 잠재 에너지를 운동 에너지로 바꾸는 과정이다. 그럼 초기 잠재 에너지는 어디에서 왔을까? 이것은 마셜 효과가 만들어낸 것이고, 더 솔직히 말하면 부자들이 받들어준 덕이다.

당신이 진정한 의미의 귀족, 부자, 스타라면 당신의 임무는 유행을 만들고 선도하는 것이지 유행을 좇거나 모방하는 것이 되어서는 안된다. 즉 새로운 제품, 새로운 브랜드, 새로운 라이프 스타일을 가장 먼저 시도해야 한다. 그런 과정을 통해 잠재 에너지의 확립을 돕는다면 소비는 사회 발전을 촉진하는 것과도 같다.

그러나 브랜드는 부자들을 위한 서비스 단계에만 머무를 수 없고 반드시 양산의 과정을 거쳐야 한다. 로젠 효과를 일으키기 위해서는 위에 있는 돌을 반드시 아래로 떨어뜨려 운동 에너지를 얻어야 한다. 관리가 잘된 브랜드는 아주 절제된 형태로 잠재 에너지를 방출해 운동 에너지로 전환한다. 그들이 쓰는 가장 근본적인 방법은 바로 생산을 제한하는 것이다. 다이아몬드가 많이 있다고 해도 그것을 조금씩 시장에 내놓아야 가격이 낮아지는 것을 막을 수 있다. 에르메스 버킨백의 공급이 수요를 따라가지 못해도 가격을 제한하면 희소성이 높아진다. 왜 이래야 하는 걸까? 그 이유는 잠재 에너지를 구축하기 쉽지 않기 때문이다.

하버드대학교의 명성은 잠재 에너지고, 하버드대학교 경영대학원의 마케팅은 운동 에너지다. 포퓰러 레이싱카는 잠재 에너지고, 대중 스포츠카는 운동 에너지다. 장이머우張藝謀 감독이 올림픽 개막식을 기획한 것은 잠재 에너지고, 각 지역에서 〈인상○○〉와 같은 '인상' 시리즈 공연을 기획한 것은 운동 에너지다.

혁신적인 제품을 출시하고자 한다면 테슬라에서 전기 자동차를 출시한 것처럼 먼저 고급 시장을 겨냥해 잠재 에너지를 구축한 다음 서서히 운동 에너지를 얻어 나가는 것이 가장 좋다.

이 모델에 근거해서 우리는 다음과 같이 세상을 예측할 수 있다.

첫째, 잠재 에너지를 방출하는 것이 그 에너지를 구축하는 것보다 쉽기 때문에 미래 사회는 분명히 점점 평등하게 변해갈 것이다. 열역학 제2 법칙처럼 엔트로피entropy는 증가할 뿐이고, 온도는 모든 곳에서 갈수록 균일해질 것이다. 산업혁명은 상류층을 중산층으로 만들고, 그 과정에서 서민은 상류층이 점유하고 있던 좋은 것들을 쓸 수 있게 되었다. 이런 추세는 막을 수 없는 시대의 흐름이고, 세상의 총체적인 잠재 에너지는 점점 줄어들 것이다.

둘째, 그러나 잠재 에너지는 점점 더 가치를 갖게 될 것이다. 이 산에 거대한 바위가 있다고 가정해보자. 예전에는 정보가 발달하지 않아 사람들의 시야가 제한적이다 보니 이 바위에 대해 다들 전혀 개의치 않았다. 마찬가지로 20세기 중반까지만 해도 보통 사람들은 패션 트렌드를 별로 신경 쓰지 않았다. 우리가 여기서 말하고자 하는 모든 잠재 에너지는 문화적 잠재력이며, 문화에 돈을 쓰고자 하는 사람이 많아질수록 잠재 에너지의 가치는 커진다.

셋째, 장기적으로 잠재 에너지가 운동 에너지로 바뀌면서 이것이 좋은 사업 기회를 제공할 것이다.

이런 이치는 우주가 마침내 열죽음heat death 또는 열사熱死의 상태로 돌아가지만, 생명은 탄생과 죽음의 순서를 따르고, 엔트로피 법칙을 역행하는 현상을 바탕으로 그 안에서 중요한 역할을 담당해야 한다. 생명은 엔트로피의 증가를 가속화할 뿐이지만 우주를 더 아름답게 만든다.

소수의 사람만 누릴 수 있었던 것을 다수가 누리기 시작하면서 값싼 사치품을 만드는 것이 혁신적인 사업 아이템이 되었다. 예전에는 부자들만 운전기사를 고용했지만 지금은 다들 택시를 원하는 곳으로 불러 타고 다닐 수 있다. 또한 부자들만 전문 요리사를 고용했던 시절과 달리 지금은 누구나 맛집을 찾아다니며 원하는 음식을 주문해 먹을 수 있다. 이뿐 아니라 지금은 돈만 있으면 손쉽게 주치의, 개인 트레이너, 개인 영양사, 개인 비서 서비스, 개인 변호사 등을 고용할 수 있다.

사회의 변화를 개탄하기보다 그 변화를 긍정적으로 받아들이는 편이 차라리 낫다. 부자들이 또 어떤 전유물을 가졌는지 살피고, 그것의 양산 가능성을 따져보는 것이야말로 오래도록 변함없이 지속되는 사업 아이디어의 원천이다.

6

풍요로운
물질의
시대

우리는 역사상 유례없는 풍요의 시대에 살고 있으며, 인류는 이런 시대에 그다지 잘 적응하지 못하고 있다. 우선, 육체적인 부적응이다. 과거에는 먹거리가 부족했던 탓에 가능한 한 많은 지방을 몸속으로 흡수하고 축적해야 했고, 지금도 여전히 과거의 식습관에 익숙해진 몸이 지방을 축적하려는 경향을 보이면서 비만 환자가 늘어나고 있다. 둘째, 대뇌의 부적응이다. 과거에는 정보가 부족해서 활자로 인쇄된 모든 것에 관심을 보이는 습관이 많았다. 하지만 현대 사회에서도 여전히 그런 식의 습관을 지니고 있다면 진짜 유용한 정보를 처리하지 못한 채 놓칠 수 있다. 셋째, 정신적인 부적응이다. 사람들은 미래가 지금보다 더 나아질 거라는 장밋빛 전망을 믿기보다 비관적인 예측에 더 공감하는 경향을 보이고 있다.

2013년 스위스 정부는 신문 지면을 통해 소득 수준에 상관없이 성인 1인당 2,500스위스 프랑(약 390만 원)을 주는 방안을 놓고 국민투표를 통해 찬반을 결정할 준비를 하고 있다고 발표했다.[23] 즉, 스위스의 합법적인 시민이라면 일을 하지 않아도 기본 소득을 주겠다는 내용이었다. 이 법안의 제안을 지지하는 사람들은 그 법안의 목적이 무위도식이 아니라 개개인이 하고 싶은 일을 하도록 만드는 데 있다고 주장했다. 다시 말해서 생계 걱정에서 벗어나 인간적 품위를 유지하며 자신이 원하는 방향으로 더 나은 삶을 살도록 하자는 것이다. 이보다 더 흥미로운 사실은 스위스 정부가 그 비용을 감당할 능력이 되는지에 대해 관심을 두는 사람이 거의 없었다는 사실이다. 그들이 유일하게 걱정했던 지점은 이 정책 때문에 젊은이들이 일과 배움에 대한 동기를 잃게 될지도 모른다는 것이었다.

설마 스위스가 공산주의 사회에 먼저 진입한 것은 아닐까? 일각에서는 공산주의 사회가 '물질이 매우 풍족한 사회'가 될 것이라고 말하기도 한다.

세계는 이미 변했다. 모든 것이 부족했던 시대의 운영 법칙은 지금처럼 풍족한 사회에 적합하지 않다. 전체적으로 볼 때 이 시대의 빈부격차는 줄어들지 않았고, 세계화와 기술의 발전, 더 자유로워진 경제 체제로 인해 도리어 더 확대되었다. 그런데 지금 시대에는 여태껏 단한 번도 본 적 없는 현상이 하나 존재한다. 역사적으로 부자는 안락한 삶을 즐기고, 가난한 사람은 온종일 힘겨운 노동을 해야 했다. 하지만 2012년에 출간된 《플루토크라트》에 소개된 연구 결과에 따르면 지금은 부자가 가난한 사람보다 훨씬 더 피곤한 삶을 살고 있다. 그들은 과도한 업무량과 엄청난 스트레스로 인해 극도로 불안정한 삶을 살아간

---

23 http://finance.sina.com.cn/world/20131218/114217672654.shtml.

다. 어떤 부자들은 자신이 매일 새벽 2시 반에 일어나야 세계의 변화 리듬을 따라잡을 수 있다고 여길 정도다. 그들이 보기에 8시간 근무제는 가난한 사람의 특권이 돼버렸다. 이전 세대의 부자들과 비교했을 때 지금 세대의 부자들은 대부분 상속보다 스스로 부를 일궈냈으며, 그들 중 70% 이상이 지난 10년 동안 돈을 벌어들인 사람들이다. 인구 대비 상위 0.01%에 속하는 이들은 연 소득이 1천만 달러를 넘고, 그 대부분 소득 역시 순수 자본 투자가 아니라 임금과 사업을 통해서 번 돈이었다.

한편 선진국 '빈곤층'(2013년 미국 최저 생계비는 3인 가족 기준 연 소득 19,530달러 미만)은 꽤 윤택한 삶을 살고 있다. 미국의 복지 수준은 매우 높은 편에 속하지 않는다. 그럼에도 미국 내에서 복지제도에 대한 중국 중산층 이민자들의 불만의 목소리가 끊이지 않고 있다. 미국으로 이민 간 한 중국인이 열심히 돈을 모아 투자 용도의 건물을 구입해 임대사업을 시작했다. 그런데 세입자 가족 중 일부는 일하지 않은 채 복지 서비스를 이용해 살아가고 있었다. 그들은 정부 보조금으로 임대료를 내고, 무료 식권을 받아 랍스터를 사 먹기도 했다. 이 중국인은 겨울에 세입자의 집을 수리하러 갔다가 그 집의 난방 온도가 자기 집보다 훨씬 높은 것에 충격을 받았다. 게다가 드나들기 귀찮다는 이유로 문까지 계속 열어놓고 지냈다. 그는 중국 커뮤니티 사이트에 글을 올려 이 일을 공론화했고, 그와 생각을 같이하는 이들의 분노와 공감의 댓글들이 이어졌다. 아마도 이런 현실 때문에 중산층들이 자신이 힘들게 번 돈이 일하지 않는 자들을 위해 쓰이는 현실에 분개하며 감세를 요구하는 듯하다.

하지만 지금처럼 물질이 풍족한 시대에 가난한 사람에게 돈을 주고 소비를 하게 하는 것은 사회 발전에 유리하게 작용한다. 더 중요한 것은 그렇게 하는 것이 경제 성장에도 도움 된다는 것이다.

미국 경제사학자 제임스 리빙스턴James Livingston은 자신의 저서 《절약에 반대하다Against Thrift》에서 경제, 정치, 도덕적 측면에서 봤을 때 소비가 일을 통한 생산보다 못한 것이 아니라고 주장했다. 이 책은 지난 100년 동안 미국 정부가 채택한 여러 경제 성장 수단을 요약한 것으로 참고할 만한 가치가 있다고 본다.

경제학에는 투자가 경제 성장을 이끈다는 '상식'이 존재한다. 자본가는 이윤을 얻기 위해 기업을 운영하고, 이윤을 얻은 후에는 그것을 독식하는 것이 아니라 그중 일부를 기계를 사거나 더 많은 노동자를 고용하는 등 확대 재생산을 위해 투자한다. 이런 방식은 앞으로 더 많은 이익을 획득하고 고용을 촉진하는 데 도움 된다. 이윤은 경제 성장의 원동력이다. 하지만 모든 경제학자가 이 상식에 동의하는 것은 아니다. 미국에서 대다수 사람이 지지하는 경제 이론에 따르면 투자에 대한 감세정책이 필요하다. 이렇게 해야 자본가는 기꺼이 투자를 확대할 것이고, 그 덕에 경제와 고용이 동반 성장할 수 있다고 보는 것이다. 이 원리에 따라 미국을 포함한 많은 선진국에서는 투자 소득에 대한 세율이 임금과 같은 소득에 부과하는 세율보다 낮다.

소비와 투자 중에서 투자를 더 장려해야 한다는 이 원리는 심지어 인류 문명의 전통적인 '미덕'과도 맞아떨어진다. 즉, 오늘의 즐거움을 내일로 미루고, 가진 돈을 쓰지 말고 아껴 두었다가 투자하면 더 큰 기쁨으로 돌아온다는 것이다.

그러나 투자가 성장을 가져온다는 이 이론을 곰곰이 생각해보면 그 배후에 '시장이 무한대'라는 가설이 숨어 있다. 투자로 생산된 제품이 계속해서 팔리고, 끊임없이 투자가 이어져야 비로소 그 이론이 의미를 갖는다. 만약 시장이 포화상태이거나 새로운 제품이 개발되지 않으면 어디에 투자해야 할까? 물리학의 관점에서 볼 때 '투자가 성장을 자극한다'라는 것은 분명히 단순한 선형 이론일 뿐이며, 비선형 조건에서는 성립이 되지 않는다.

리빙스턴은 투자가 경제 성장을 이끈다는 주장을 거짓 신화라고 지적했다. 그러나 그는 이를 입증하기 위해서 어떤 물리학적 이론이나 법칙을 고안할 필요는 없었다. 그가 보기에 경제학적 사고의 거대한 변화는 새로운 이론으로 만들어지는 것이 아니라 허블의 우주 팽창이나 갈릴레오의 행성 운동 법칙처럼 새로운 사실과 경험에 기반을 두어야 하기 때문이다. 리빙스턴은 미국 역사 속에서 경제 데이터를 조사해 투자가 성장을 견인한다는 가설이 1919년 이전에 확립되었다는 사실을 밝혀냈다. 1920년 이후에는 기술 발전에 힘입어 자동 생산이 가능해졌고, 그로 인해 제품 생산에서 자본가의 투자 비중이 점차 감소하기 시작했으며, 사회는 더는 민간 투자를 필요로 하지 않게 되었다. 1900년에는 거의 모든 투자가 민간 기업을 통해 이루어졌지만, 2000년에 이뤄진 투자는 대부분 정부 투자와 개인 주택 구매를 통해 채워졌다. 생산율이 높아지고, 생산량이 증가하면서 비용을 늘리지 않아도 이윤이 증가했다. 그렇다면 이 여분의 이윤은 어디로 갈까? 그것은 생산에 투입되는 대신에 부동산, 주식 및 기타 국가에 투자하는 데 사용되었다.

이 돈이 주식시장과 부동산으로 흘러 들어간 것이 거품 경제와 금융위기의 근본적인 원인이 되었다. 많은 사람이 2008년 금융위기가 돈을 갚을 능력이 없는 사람들에게 마구잡이로 대출을 해준 은행과 월스트리트의 탐욕 때문에 발생했다고 비난한다. 그러나 월스트리트가 탐욕을 부리지 않은 적이 단 한 번이라도 있었던가? 서브프라임 모기지Subprime Mortgage 사태의 근본적인 원인은 그렇게라도 돈을 빌려주지 않으면 마땅히 돈을 투자할 만한 곳이 없다는 데 있다. 1930년대 미국 '대공황'의 원인에 대해 밀턴 프리드먼Milton Friedman은 중앙은행의 긴긴축 통화정책으로 인한 시중의 통화량 감소 때문이라고 분석했다. 반면에 리빙스턴은 대공황의 원인을 과도한 잉여 이윤에서 찾았다. 그렇다면 1930년대에 은행과 민간 투자가 모두 긴축 기조를 유지한 가운데 1933년부터 경제는 왜 회복세를 보이기 시작했을까?

이때의 성장과 그 후 미국 경제의 성장은 모두 민간 투자로 대표되는 '효율성' 때문이 아니라 '공정성'에 기인한다. 루스벨트의 뉴딜정책은 노동자의 임금 인상을 위해 두 가지 조치를 취했다. 첫째, 연방 정부는 설사 적자가 늘어나더라도 일자리를 창출할 일련의 사업 프로젝트를 추진했다. 이런 종류의 '투자'는 이윤의 획득이 아닌 고용 확대에 그 목적을 둔다. 둘째, 노조의 탄생을 허용했다. 루스벨트 정부가 노조를 허용하면서 노동자는 자본가와의 교섭 능력을 강화할 수 있게 되었다. 이 외에도 의료보험과 퇴직 연금 등의 복지 혜택이 확대되면서 미국 경제에서 정부의 역할이 점점 중요해졌다. 지방 정부와 연방 정부의 사업 확대는 취업률을 가장 빠르게 끌어올리는 통로가 되었고, 실제로 1960년대에 18~20%에 달하는 노동력이 정부 주도 사업과 관련된 일에 고용되었다.

그러나 1970년대 중반에 이르러 미국의 경제 성장이 급격히 둔화하였다. 경기침체의 원인에 대해 리빙스턴은 그의 저서에서 명확한 답을 들려주지 않았고, 나는 그 답을 《미래에 대한 단상The Future

Babble》[24]에서 찾을 수 있었다. 그 책을 보면 당시 석유 위기가 미국 경기침체의 원인으로 나와 있다. 정치인들은 새로운 성장 방법을 연구하기 시작했고, 감세를 통해 민간 투자를 확대하자는 결론에 도달했다. 그리고 로널드 레이건Ronald Reagan은 이런 의견을 받아들였다.

역사는 '레이건의 경제학'이 성공했다는 것을 증명해주었지만, 이 역시도 민간 투자의 결과가 아니었다. 데이터를 자세히 살펴보면 1981년 감세정책을 통해 가장 큰 혜택을 누린 50대 기업이 향후 2년 동안 투자를 도리어 축소했다. 바꿔 말해서 민간 기업은 감세정책을 통해 절약한 돈을 생산에 투자하지 않았다. 레이건 경제정책의 진정한 효과는 재정 적자의 확대를 통한 소비 증진에 있었다.

그러나 어찌 됐든 레이건 경제정책 덕에 임금의 비중은 감소하고, 자본가가 차지하는 소득의 비율은 증가했다. 그렇다면 1990년대에 미국 경제가 어떻게 계속해서 성장세를 유지할 수 있었을까? 이것은 임금 감소 효과를 상쇄하는 세 가지 요소 때문이다. 그것은 바로 사회복지와 같은 이전 지급Transfer Payment의 꾸준한 증가, 미국 가정의 소비 확대, 신용카드의 보급에 따른 대출 소비의 보편화라고 할 수 있다. 하지만 그 이후 임금 감소 추세로 인한 문제가 수면 위로 떠오르게 되었고, 감세정책을 채택한 부시의 결정으로 인해 결국 경기침체가 초래되고 말았다.

리빙스턴이 들려주는 미국 경제 스토리의 주된 골자는 지금 경제성장을 이끄는 동력이 투자가 아니라 소비라는 것이다. 그러나 리빙스턴은 여기서 그치지 않고 마르크스와 케인스 경제학을 통합하려고 시도했다.

---

24 저자: 다니엘 가드너(Daniel Gardner).

마르크스 경제학 이론에 따르면 상품마다 사용 가치와 교환 가치라는 두 가지 가치가 공존한다. 자본주의가 등장하기 전에 사람들은 가치 상승이나 저축이 아니라 사용 가치를 얻기 위해 상품을 생산하고 매매했다. 마르크스는 이 단계를 '단순 상품 순환'이라고 불렀다. C=상품, M=자본이라고 가정했을 때 위의 순환은 C-M-C 구조를 형성한다. 하지만 자본주의가 등장한 이래 사람들은 교환 가치, 즉 더 많은 이윤을 얻기 위해 생산과 교환을 진행했다. 이런 상품 순환은 M-C-M의 구조로 이어진다. 이때 사용 가치는 교환 가치를 얻기 위한 수단으로 간주하였다. 간단히 말해서 과거에는 소비하기 위해 일을 했지만 지금은 자산 가치를 높이기 위해 일한다. 이런 자본주의 시대에는 월급을 소비를 위해 다 써버리면 비난을 받지만, 그 돈을 각종 금융 상품에 투자해 재테크를 하면 돈을 가치 있게 썼다고 칭찬을 받을 것이다.

마르크스 경제학 이론이 사용 가치와 교환 가치를 구분하는 데 공헌했다면, 경제 위기를 해석하는 데는 케인스의 이론이 주효했다. 1930년 케인스는 《화폐론A Treatise on Money》에서 경제 위기의 원인을 확대 재생산과 개별 주주에게 배당금으로 지불하지 않은 잉여 이윤의 탓으로 돌렸다. 이것은 리빙스턴이 《절약에 반대하다》에서 강조한 핵심 논점이기도 하다. 케인스가 경제 성장에서 수요와 소비의 역할을 강조한 것은 이미 잘 알려진 사실이다. 리빙스턴 역시 선진 자본주의 사회는 새로운 도덕성을 가져야 한다고 말한 바 있다. 케인스는 산업화와 자동화가 노동시간을 단축했고, 이것은 나쁜 소식이 아니라 좋은 소식이라고 주장했다. 경제 문제는 이미 해결되었고, 이것이 소비를 위해 사람들을 해방시켰다고 본 것이다. 또한 케인스는 돈을 위해 일해서는 안 된다고 충고했다.

리빙스턴은 마르크스와 케인스의 일부 경제학 이론을 결합해 물질이 극도로 풍부한 시대에 관한 네 가지 논점을 제시했다.

첫째, 경제 침체를 유발하는 원인은 잉여 이윤이다. 민간 투자를 늘리는 것은 더는 경제 성장을 촉진할 수 없기 때문에 소비를 통해 경제 성장을 견인해야 한다.

둘째, 소비를 확대하기 위해 사회복지 증진과 같은 부의 재분배가 이루어져야 한다.

셋째, 투자를 사회화해야 한다. 사업의 착수 여부를 결정할 때는 그것을 통해 얻을 수 있는 이윤뿐 아니라 사회 전체가 함께 그 사업의 가치, 즉 사용 가치를 따져야 한다.

넷째, 돈을 쓰는 것은 도덕적이고, 소비문화는 훌륭한 것이다.

이런 '새로운 도덕 표준'은 특별히 언급할 만한 가치가 있다. 전통적으로 우리는 성실히 일해서 돈을 모으고, 부자가 되고 나면 그 돈을 투자해야 한다고 여겨왔다. 또한 돈을 저축하는 것은 도덕적 행위지만, 빚을 지며 소비하는 것은 부도덕한 일이라고 배웠다. 적어도 돈을 쓰려면 자신이 번 돈을 써야 했다. 통계에 따르면 미국에서 은퇴한 노부부가 평생 정부 의료보험 사업에 내는 비용은 평균적으로 14만 달러에 불과하며, 그들이 의료보험 혜택을 받는 비용은 무려 43만 달러에 달한다. 이것은 과연 도덕적인가? 만약 소비를 통해 성장을 촉진할 수 있다고 가정한다면 대출을 받아 소비하고, 사회복지 혜택을 받는 것은 모두 도덕적인 일이다. 리빙스턴은 1990년 이후 미국의 경제 성장이 가계 부채의 결과이고, 부채가 잉여 이윤의 부정적인 영향력을 감소시켰다고 분석했다.

리빙스턴은 여기서 한 걸음 더 나아가 세계를 깜짝 놀라게 할 만한 관점을 제시했다. 즉, 소비가 생산보다 더 훌륭하다는 것이다. 여기서 개인적으로 좀 더 덧붙이자면 그가 말하는 생산은 오로지 돈을 벌기 위한 목적에서 이루어지는 것이라는 점이다. 사람은 교환 가치를 위해 일하고, 소비는 사용 가치를 추구한다. 이를테면 옷은 구입하는 순간 교환 가치를 상실한다. 그런데 이때 자신에 대한 타인의 평가를 위해 옷을 구입했다면(이것만으로도 소비는 생산보다 훌륭하다), 이것은 사회적 효용을 높이기 위해 자신의 돈을 희생한 것이 된다. 가족을 부양하기 위해 돈을 벌던 노동자가 소비자가 되면 그의 가치와 수준이 올라간다. 그 또는 그녀는 다른 사람이 자신을 어떻게 보는지 관심을 기울이기 시작하고, 더 나은 모습을 보여주기 위해 노력하기 때문이다. 바로 이런 메커니즘이 사회 전체의 가치와 수준을 높이게 된다. 우리의 소비는 대부분 정신적인 추구로부터 시작된다. 즉, 자신보다 더 나은 무언가를 향한 영혼의 승화를 추구하는 것이다. 이것이 바로 상업적 광고가 범람하고, 소비문화가 발달한 곳일수록 사람들이 쉽게 동정심을 드러내는 이유라고 할 수 있다.

사실 미국에서 민권운동과 같은 사회적 진보를 촉진하는 움직임이 자주 일어나는 것도 소비문화의 영향이 크다. 원래 재즈나 블루스 같은 흑인 음악은 남부의 일부 지역에서 국한되었고, 그 예술적 수준은 클래식 음악에 비할 바가 아니어서 주류 문화를 이끌었던 상류층의 관심을 끌지 못했다. 하지만 20세기 이후 음악에 대한 입맛이 그리 까다롭지 않았던 일반 시민이 돈을 벌어 소비자가 되면서 음반이 등장하고, 흑인 음악이 비로소 빠르게 유행하기 시작했다. 이를 통해 흑인의 이미지가 개선되고, 언론의 광범위한 보도를 통해 흑인에 대한 동정 여론이 형성되었다. 또한 1980년 미국 프로미식축구 슈퍼볼 광고를 통해 흑인 문화가 정식으로 주류 문화에 발을 들여놓게 되었다. 한때 무시당하던 흑인 음악과 흑인의 영향력이 커지고, 그들의 위상이 달라지는 데 큰 공을 세운 인물은 분명 마틴 루터 킹과 같은 인물들이다. 하지만 그들에게 전략적 기회를 가져다준 것은 미국의 소비자였다.

이 모든 것은 미국 좌파의 초창기 슬로건인 '더 많이more'라는 말로 요약할 수 있다. 1907년 미국 경제학자 사이먼 패튼Simon Patten은 모든 것이 부족했던 시대에서 이제는 과잉의 시대로 바뀌었고, 과거가 '고통의 경제'였다면 지금은 '쾌락의 경제'라고 자신의 관점을 제기했다. 그의 제자 월터 웨일Walter Weyl은 1912년 《신민주주의론The New Democracy》에서 소득 재분배와 생산의 사회화가 잘 진행된다면 절대적 사회주의를 넘어서 조건적 사회주의가 될 수 있다고 주장했다. 이와 함께 미국 노동 총동맹American Federation of Labor의 창립자이자 노동자의 정신적 지도자인 새뮤얼 곰퍼스Samuel Gompers는 자본주의 체제나 대기업을 전복할 생각이 없으며, 자신이 원하는 것은 '협력 사회cooperative society'라고 밝혔다. 이것은 사회주의가 아닌 순수 자본주의 이후에 발생하는 일종의 평행한 사회구조이다. 곰퍼스는 근로자가 유일하게 원하는 것은 'more', 즉 더 높은 임금, 더 나은 근무 조건, 더 많은 여가 시간이라고 주장했다. 쾌락의 경제는 과거의 가난하고 무지했던 사람을 부유하고 지적으로 만들어 민주주의를 더 강화하고 매우 이상적인 사회로 발전하는 데 도움 된다.

경제학 이론에 의문을 제기하지 않는 역사가는 좋은 저자가 아니다. 다만 《절약에 반대한다》에 나오는 잉여 이윤에 대한 우려와 비판은 이미 전부터 제기되어 오던 것이다. 케인스와 수요파 경제학자들도 이런 말을 한 적이 있다. 최근 다니엘 알퍼트Daniel Alpert 역시 《공급 과잉의 시대The Age of Oversupply》에서 비슷한 문제를 지적했지만, 진부하다는 평을 받았다.[25] 이런 점에서 보면 리빙스턴은 미국 경제사를 이용해서 수요파 경제학에 또 다른 '총알'을 제공해준 공을 세웠다고 볼 수 있다. 또한 '절약 반대'에 대한 지나친 강조가 행여 과도한 소비로 이어져 자원 부족과 환경파괴를 일으킬지 모른다는 우려도 나올 수 있다. 그러나 리빙스턴이 진짜 중점을 둔 것은 사용 가치이다. 오늘날 수많은 정부 프로젝트는 단순히 이윤을 추구하며 각종 요소를 종합적으로 고려하는 것이 아니라 이미 투자의 사회화를 추구하고 있다. 그러나 리빙스턴은 돈, 즉 시장이 자원을 배치하도록 허용하지 않아도 '투자의 사회화'가 효율적으로 작동할 수 있을지에 대해 충분한 논점을 제공하지 못했다. 또한 부의 재분배(부자에게 더 많은 세금을 부과해 가난한 이들에게 분배하는 것) 역시 무한정 사용할 수 없다. 현재 미국에서 상위 10%에 해당하는 부자가 연방 세금의 절반 이상을 부담하고 있다.[26] 내가 보기에 이 책의 특징은 많은 사람이 소비문화를 반대하고 있는 상황에서 소비문화의 중요성을 강조하고 있는 것이다.

이른바 '소비문화'는 '보통 사람'이 만들어낸 인류 역사의 진보라고 볼 수 있다. 과거에는 엘리트 계층이 대부분 문화, 과학, 예술, 정치의 진보를 주도했고, 수많은 소시민은 온종일 기본적인 생존 조건을 위해 바쁘게 일하느라 그 외의 것에 관심을 기울일 여력이 없었다. 보통 사람들의 시대별 역할을 살펴보면 그들은 원시 사회의 노예, 봉건제 사회의 농민, 자본주의 사회의 노동자로 살아왔다. 다시 말해서 그들

---

25 http://marginalrevolution.com/marginalrevolution/2013/09/the-age-of-oversupply.html.

26 USA Today : Fact check: The wealthy already pay more taxes, By Stephen Ohlemacher, The Associated Press. Updated 9/20/2011.

은 모두 노동자의 역할을 맡아왔다. 하지만 물질적으로 풍요로운 시대가 되면서 그들에게 '소비자'라는 새로운 역할이 주어졌다. 그들은 소비자로서 더는 눈치 보지 않고 자유롭게 말을 할 수 있고, 노동력으로 사회의 선택을 받는 것이 아니라 스스로 선택할 권리를 갖게 되었다. 그들의 선호도와 선택이 예술의 흐름을 바꾸고, 과학 기술의 운명을 가르고, 어떤 인재가 부자가 될 수 있는지를 결정한다. 그들은 독자적인 생각과 개성을 갖게 되고, 타인이 인정하는 사용 가치를 추구하기 때문에 공감과 동정심을 사회 진보를 이끄는 데 이용할 줄 안다.

때로는 소비문화가 너무 가벼워 보이기도 하고, 소비자의 범람하는 동정심이 간혹 정책을 후퇴시킬 수도 있다. 하지만 좀 더 큰 시간의 척도로 본다면 '더 많이', 즉 더 많은 물질, 교육, 여가 시간이 보장되어야만 모든 사람이 귀족으로 살 수 있는 그런 세상이 만들어질 것이다. 소비문화야말로 진정한 '서민의 승리'다.

지식인들의 지적 대화

초판 1쇄 인쇄 2024년 11월 19일
초판 1쇄 발행 2024년 11월 25일

지은이 | 완웨이강
옮긴이 | 홍민경
펴낸이 | 최윤하
펴낸곳 | 정민미디어
주 소 | (151-834) 서울시 관악구 행운동 1666-45, F
전 화 | 02-888-0991
팩 스 | 02-871-0995
이메일 | pceo@daum.net
홈페이지 | www.hyuneum.com
편 집 | 미토스
표지디자인 | 강희연
본문디자인 | 디자인 [연;우]

ⓒ 정민미디어

ISBN 979-11-91669-82-4 (03100)